범우고전선 49

韓國痛史

박은식 지음 / 김승일 옮김

범우사

韓國痛史

"내가 세상에 태어난 이후 목격한 최근의 역사는 힘써 볼 만한 일일 것이다. 이에 갑자년(甲子年, 1864년)부터 신해년(辛亥年, 1911년)에 이르기까지 3편 114장을 지어 통사(痛史)라 이름하니 감히 정사(正史)를 자처하는 것은 아니다. 다행히 우리 동포들이 국혼(國魂)이 담겨져 있는 것임을 인정하여 버리거나 내던지지 않기를 바랄 뿐이다."

— 1915년 백암 박은식

■ 차 례 ■

이 책을 읽는 분에게 9
범례 15
삽화 16
한국통사 서(序)/캉 유웨이(康有爲) 29
서언(緖言)/태백광노(太白狂奴) 39

제 1 편 45
제1장 지리의 대강(大綱) 47 │ 제2장 역사의 대강(大綱) 63

제 2 편 73
제1장 대원군의 섭정 75 │ 제2장 경복궁의 중건(重建) 77 │
제3장 서원 철폐 78 │ 제4장 재정의 개혁 79 │
제5장 국방을 염려하고 풍속을 교정함 81 │
제6장 천주교를 엄금하고 신도를 학살함 82 │
제7장 프랑스군을 크게 이김 86 │ 제8장 미국 선박을 방어함 88 │
제9장 일본과의 교섭 91 │ 제10장 대원군 하야 92 │
제11장 일본과의 제1회 조약 94 │ 제12장 자주외교와 이홍장의 충고 98 │
제13장 일본인에 대한 통상과 토지 조차(租借) 105 │ 제14장 임오군졸의 난 108 │
제15장 청나라 군사가 들어오고 일본 군사는 물러감 112 │
제16장 일본의 요구 해결 113 │ 제17장 중국과 일본이 군대를 주둔시킴 115 │
제18장 유럽 열강과의 통상조약 116 │ 제19장 갑신년(1884년) 혁명당의 난 118 │
제20장 일본이 요구한 5조약 125 │ 제21장 중·일의 천진조약(天津條約) 126 │

제22장 러시아 세력의 전개 128 | 제23장 대원군의 귀국 130 |
제24장 방곡령(防穀令) 사건 132 | 제25장 내정이 극도로 부패함 132 |
제26장 갑오 동학의 난 134 | 제27장 청군을 요청한 전말 139 |
제28장 일본군의 입성 143 | 제29장 일본 공사의 건의 및 기타 상황 144 |
제30장 원세개의 귀국 147 | 제31장 일본군의 궁중 난입 148 |
제32장 중·일 교섭의 전말 149 | 제33장 중·일 양국의 개전 156 |
제34장 우리나라의 개혁 157 |
제35장 조·일간의 잠정 조약과 조선에 대한 근본 정책 162 |
제36장 청·일군의 평양대전 164 |
제37장 청·일 양국의 황해(黃海) 격전 167 | 제38장 청국에서의 전투 168 |
제39장 청·일의 마관(馬關) 조약 173 |
제40장 3국 간섭과 요동 반환 178 | 제41장 열강이 중국의 군항을 분할함 181 |
제42장 오도리(大鳥)가 가고 이노우에(井上)가 오다 182 |
제43장 박영효의 재차 망명 186 | 제44장 을미 차관조약 190 |
제45장 일본인이 우리 국모를 시해함 191 |
제46장 폐후(廢后)와 복위(復位) 201 | 제47장 지방 의병 205 |
제48장 아관파천(俄館播遷) 206 |
제49장 러시아 세력이 점차 신장되고 열강이 이권을 나눠 가짐 208 |
제50장 한국에서의 일·러 협약과 러시아에서의 협약 209 |
제51장 각 철도를 외국인에게 인가함 211 |

제 3 편 213

제1장 대한 독립과 독립당 215 | 제2장 재정고문(顧問)의 문제 218 |
제3장 일본과 러시아의 3차 협약 219 | 제4장 일본이 광산을 빼앗음 220 |
제5장 일본인이 어업권과 포경권을 점거함 220 |
제6장 일본인이 우리 송도 인삼을 도둑질함 224 |
제7장 울릉도, 장고도(長古島) 사건 225 | 제8장 제일은행권의 강제 발행 229 |

제9장 영·일동맹과 러·프협약 230 |

제10장 한만(韓滿) 문제에 관한 러·일의 교섭 232 |

제11장 일본이 러시아 함대를 습격함 238 | 제12장 러·일의 선전포고 239 |

제13장 일본군의 입성(入城)과 의정서(議定書) 강제 체결 241 |

제14장 이토 히로부미(伊藤博文)가 한국 대사로 부임함 242 |

제15장 일본인이 통신기관을 강점함 245 |

제16장 일본 선박의 자유 운항 248 | 제17장 일본의 황무지 개간권 요구 250 |

제18장 삼림벌채 및 포대건축·금전 갈취·도축 256 |

제19장 한반도 북쪽에서의 일본군 횡포 257 |

제20장 일본 헌병의 대리 경찰역 자행 259 |

제21장 허위(許蔿) 격문과 일본 헌병에 의한 집회 금지 261 |

제22장 일본인이 찬정 최익현을 구금함 265 |

제23장 각 부서의 일본인 고문(顧問) 267 |

제24장 일본이 우리 군대를 감축함 273 |

제25장 군용지 강제 점거와 강제 징수 및 징용 275 |

제26장 한국 경내에서 러·일 양국의 싸움 280 |

제27장 러·일 양국의 여순전투 281 |

제28장 요동 각지에서 일·러 양국의 싸움 289 |

제29장 러·일 양국의 해전 296 |

제30장 영·일동맹의 개정 301 | 제31장 러·일 양국의 화친조약 307 |

제32장 주영 대리공사 이한응(李漢膺)의 자결 309 |

제33장 한국 선비가 일본 천황에게 상소함 311 |

제34장 이토가 특파대사로 한국에 옴 314 |

제35장 이토가 보호조약을 강제로 체결함 320 |

제36장 황성신문이 봉쇄되고 사장이 구금됨 329 |

제37장 매국을 성토한 상소(上疏)들 331 |

제38장 민영환, 조병세, 홍만식, 송병선, 이상철, 김봉학 등이 순국함 340 |

제39장 중국지사 반종례(潘宗禮)가 바다에 투신 자살함 350 |
제40장 반대당의 투옥 353 |
제41장 찬정(贊政) 최익현(崔益鉉)의 격문 356 |
제42장 일인이 우리 황제를 감시 통제함 362 |
제43장 군항 점령과 북간도 문제 등 366 |
제44장 우리나라의 국보급 유물과 일본인의 절취 367 |
제45장 동양척식회사 378 | 제46장 헤이그 만국평화회의의 밀사 파견 379 |
제47장 이토가 우리 황제를 폐위시킴 382 | 제48장 정미 7조약의 성립 393 |
제49장 군대 해산과 참령(參領) 박승환(朴勝煥)의 순국 394 |
제50장 민긍호(閔肯鎬) 등 의병의 봉기 398 |
제51장 일본인의 포학성에 대한 개황 401 |
제52장 한국인의 교육이 말살됨 405 |
제53장 한국인의 산업이 전무하게 됨 408 |
제54장 장인환, 전명운이 미국인 스티븐스를 사살함 415 |
제55장 이토가 육군, 사법 양부를 폐지함 417 |
제56장 안중근(安重根)이 이토를 사살함 418 |
제57장 이재명(李在明)이 이완용(李完用)을 찌름 423 | 제58장 한 · 일 합병 425 |
제59장 한국인의 불복과 의심스런 투옥사건 439 |
제60장 우리나라의 종교와 일본의 속박 440 |
제61장 120인의 대규모 투옥 사건 453 |

결 론 464

한국통사 후서(後序) 468
한국통사 발(跋) 470

부록 / 한국근대사 연표 472

▍이 책을 읽는 분에게 ▍

　한국 민족주의 사학은 19세기말 외세의 침략으로 말미암아 각성되었다. 반봉건 반외세의 민족의식을 기반으로 계몽주의적 개화기 역사학을 거쳐 구한말 일제 강점기에 성립되는데, 이를 처음으로 주도하여 기초를 닦은 사람이 바로 박은식이다. 이러한 그의 민족의식과 역사관은 종교관과 밀접하게 연계되어 있는데, 그는 종교와 학문, 종교와 국사를 궁극적으로 동일하게 보면서 장차 국권을 회복하고 국가와 민족의 행복을 이룰 수 있는 유일한 방법으로 민족주의 사학을 고창시켜야 한다고 주장하였다.
　박은식은 1911년 4월 만주로 망명하여 대종교 신도인 윤세복 집에서 1년간 거처하면서〈이순신전〉등 많은 전기와 역사서를 저술하였는데, 그 과정에서 그는 자연스럽게 민족정신의 근원을 국조인 단군에 두어야 한다고 생각하게 되었고, 이로 인해 그의 역사의식은 단군숭배를 주로 하는 대종교의 종교관과 연계되었다.
　그 가운데 일본의 침략상을 국민들에게 고취시키기 위해, 근대 이후 일본의 침략과정을 자세히 기술한 ≪한국통사≫는 그가 망명한 직후부터 구상한 것으로, 1915년 간행되어 최초로 한국근대사를 체계화시키면서 민족주의 사학의 기원을 열었던 것이다.
　≪한국통사≫는 전체 3편으로 구성되었는데, 제1편에는 우리나라 지리와 역사의 대강(大綱)을 2장으로 나누어 서술했고, 제2편에는 대원군의 등장으로부터 러·일전쟁까지 총 51장으로 나누어 서술하였으며, 제3편은 총 61장으로 나누어 일제의 한반도 지배 과정과 그 상황을 서술하였다.
　즉 갑신정변으로부터 1910년 일본에 병탄되기까지의 민족독립투쟁 과정을 서술함으로써, 한국인의 지통심(知痛心)을 자각케 하여 독립운동의

정신적 원동력을 공급하기 위한 민족의식을 고취시키려 했던 것이다. 이러한 점은 이 책의 결론 부분에 서술한 그의 역사관 속에 잘 나타나 있다.

"국교(國敎)·국학(國學)·국어·국문·국사는 혼(魂)에 속하고, 전곡(錢穀)·졸승(卒乘: 병사와 전차)·성지(城池: 성벽과 제방)·함선(艦船)·기계는 백(魄)에 속한다고 할 수 있다. 혼(魂)이 있는 자는 백(魄)에 따라서 죽고 살지 않으므로, 나라에서 국사(國史)를 가르치게 되면 그 나라는 망하지 않게 된다. 오호라 지금의 한국은 이미 백은 죽었다고 할 수 있으나 소위 혼이라는 것은 남아 있는가 아니면 이미 없어져 버렸는가?"

이는 그가 국가와 역사의 관계를 '형(形)'과 '신(神)'으로 파악하여, 역사교육을 통해 민족의 혼을 일깨워 국권을 회복해야 한다는 역사관을 피력한 것이다.

박은식은 자신이 이 책을 쓰게 된 동기에 대해서 다음과 같은 일화를 소개하고 있다.

"하루는 애양(愛陽)이라는 곳에서 우리 동포집을 찾아 묵게 되었는데, 다음날 그 집 주인이 나에게 말하기를 꿈에 어떤 사람이 나타나서 '지금 여기에 있는 자는 우리나라의 역사를 써야할 소임을 가진 사람이다' 라고 하였다 한다. 나는 그 말을 듣자마자 눈물을 흘리며 우리 선조님들이 묵묵히 소자에게 명을 내리신 것이라고 생각했다."

그러면서 자신이 이런 대업을 맡을 큰 인물은 아니지만, 그 동안 이를 쓸 사람을 기다렸으나 나타나지 않은 데다, 자신도 이제 나이가 들어 자기라도 쓰지 않으면 안 될 것 같아 쓰는 것이라고 이 책을 쓰게 된 동기에 대해 회고하였다.

이처럼 그는 일찍이 나라의 존망이 경각에 처하게 된 원인이 민족의 본질을 일깨워 주는 역사교육에 있음에도, 이에 대한 책 하나 없음을 한탄하며 이를 해내는 것이 자신의 소임이라고 생각하였던 것이다.

이러한 박은식의 역사관을 생각하면서, 한국근대사에 일어났던 매 사건의 상황을 자세히 피력하고 있는 그의 섬세한 문장력을 동시에 눈여겨 본다면, 역사소설같은 재미마저 느끼며 읽을 수 있는 유익한 책이라고 하겠다.

끝으로 본서를 읽는데 알아둘 몇 가지를 전하면서 본서에 대한 소개를 마칠까 한다.

1. 본서를 번역하는 데 있어서 일차적 대본으로 삼은 것은 저자 박은식 선생의 순한문체 원서인 상해본이나, 보다 정확한 번역을 위해 그 동안 번역 출간된 박노경(朴魯庚)씨의 국한문체 ≪한국통사≫(달성인쇄소, 1946년) 및 이장희(李章熙) 선생의 ≪한국통사≫(박영사, 1996년 제3판)를 참고하였다.

2. 지금까지 출간된 ≪한국통사≫는 1915년 상해간본이 있고, 1975년에 단국대 동양학연구소에서 간행한 ≪박은식 전서≫에 실린 상해간본 영인본 등이 있다. 그리고 번역본으로는 상해간본을 토대로 재미한국인

들이 민족교육을 위해 하와이에서 번역 출간한 고한글체의 ≪한국통사≫(국민보사, 1917년)가 있고, 위에서 말한 두 사람의 번역본 등이 있다. 그러나 이들 번역본들은 국한문체 아니면 이전의 문체로 쓰여져 현대 독자들이 읽는데 불편함이 많다. 그리하여 이번에 순 현대문으로 번역하게 된 것이다.

  3. 번역을 하는 도중 독자들의 이해를 돕고자 전문 용어나, 역사적 설명이 필요한 곳에는 역자주를 달았다.

  4. 이 책의 부록으로 박노경본에 있던 '한국 근대사 연표'를 덧붙였다. 연표를 참고하면 역사적 흐름을 일목요연하게 파악하는 데 도움을 줄 것이다.

옮긴이

한국통사

〔일러두기〕
- 외국 지명, 인명 표기는 되도록 원어를 살려서 표기하였다.
  다만, 러시아 지명, 인명과 일부의 독일, 일본 인명 등은 부득이하게
  한문을 우리 한자음으로 그대로 읽어서 표기했다.
- 이 책의 구성체제는 1915년 상해본을 그대로 살려서 엮었으며,
  본문의 삽화도 상해본의 삽화를 그대로 실었다.

범례

1. 이 책의 구성은 근대에 일어난 새로운 사건의 순서에 따라 장을 나누어 서술과 논평을 하였는데, 그 방법은 사건을 먼저 서술한 다음에 논평을 하였거나, 혹은 사건에 대해 서술하면서 논평을 겸하기도 하였다. 그럼에도 충분하게 서술되지 않은 사건에 대해서는 기존의 설명을 덧붙였다.

2. 이 책의 시작과 끝은 최근 50년간의 시기로 한하였는데, 제1편에서는 우리나라의 지리와 고대사를 개략하여 실었고, 제3편에서는 과거의 사실 중에서 교육이 될 만한 내용의 유래를 서술하여 4천년간 이어온 우리 민족정신의 정수를 함유토록 하였다.

3. 참고한 서적은 대략 10여 종인데, 갑진년(1904년) 이후의 사건들은 매우 복잡하기 때문에 자료수집 과정에서 누락된 부분이 없지 않아 앞으로 보완할 예정이다.

4. 참고서적은 대부분 한글 및 일문판인데, 번역하는 데 급급하여 그 뜻을 제대로 표현하지 못한 데다가 문장 또한 부드럽지 못한 감이 있다. 한편 조약상의 문장도 모두 직역을 하였기 때문에 그 뜻을 해석하는데 그쳐, 그 의미를 이해하기 위해서는 부족한 점이 많다고 생각된다. 이 점 독자의 양해를 구하는 바이다.

▌삽화 목록 ▌

1. 제사(題辭) · 17
2. 백두산 천지(天池) · 18
3. 고적(古蹟) · 19
   신라 태종묘비, 신라 선덕여왕 천문대, 신라 자웅옥적(雌雄玉笛), 고려점화경(點畵鏡), 선화경(線畵鏡), 1신3동경(一神三童鏡), 쌍용경(雙龍鏡), 신라경주 불국사 고탑(古塔), 경주 봉덕사 거종(巨鍾), 금강산 유점사(楡岾寺)탑, 지리산 사리탑.
4. 이충무순신 철갑 귀선(龜船) · 20
5. 금강산(三神山之一) · 21
   내금강 명경대(明鏡臺), 내금강 만폭동(萬瀑洞) 입구, 내금강 보덕굴(普德窟), 해금강 총석정(叢石亭)1, 해금강 총석정2, 해금강 총석정3, 해금강 근경, 해금강 봉래도(蓬萊島), 내금강 진주담(眞珠潭), 외금강 미륵봉(彌勒峯), 신(新)금강 석문(石門)폭포.
6. 경성궁전(京城宮殿) 명소 · 22
   경복궁 성향정(醒香亭), 창덕궁 주합루(宙合樓), 덕수궁 일부, 경복궁 경회루(慶會樓), 경복궁 근정전(勤政殿).
7. 경성(京城) 명소 · 23
   경성의 전경 일부, 북한산성, 독립문과 독립관, 도지부(度支部), 대한의원, 궁내부(宮內府).
8. 한국 황실 · 24
   광무제(光武帝), 대원왕(大院王), 융희제(隆熙帝), 의왕(義王), 영왕(英王, 황태자)
9. 융희제후(隆熙帝后) · 25
   어양잠실(御養蠶室).
10. 황실의장(儀仗)과 경내 명소 · 26
    광무제 행행(幸行)시 성대한 의례, 환구단(圜丘壇), 경복궁 광화문, 독립문, 숭례문(남대문), 창덕궁 내전.
11. 한 · 일간 2차례 조약 체결시 대한제국 조정 대신 · 27
    외부대신 박제순, 학부대신 이완용(정미 7조약과 합병시 총리대신), 내부대신 이지용, 군부대신 이근택, 농상대신 권중현(이상 을사 5조약 승인자), 학부대신 이재곤, 농상대신 조중응, 군부대신 이병무, 법부대신 고영희, 내부대신 송병준, 도지부대신 임선준(이상 정미 7조약 승인자), 일진회 괴수 이용구(합방 찬성서 발표자).
    한일 교섭 중 일본 인물
    사이고 다카모리(西鄕隆盛), 구로다 기요다카(黑田淸隆), 이노우에 가오루(井上馨), 미우라(三浦梧樓), 오도리(大鳥圭介), 하나부사(花房義質), 가쓰라 타로오(桂太郎), 고무라 쥬타로(小村壽太郎), 하야시(林權助), 이토 히로부미(伊藤博文), 소네 아라노스케(曾彌荒之助), 데라우치(寺內正毅).
12. 을사조약 체결 이후 순국인물 · 28
    민충정영환[전 원사부(元師府) 총장], 안의사중근[의군(義軍) 참모 중장], 제(諸)열사 영정.

16

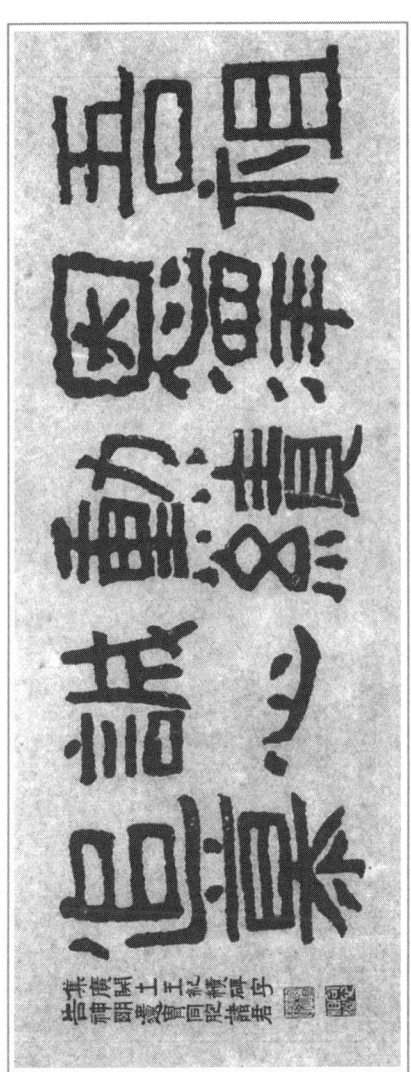

各 古 蹟

二 慶州新羅善德女王天文台　四 慶州新羅寶物雌雄玉笛非慶州人吹其音不出

一 慶州新羅太宗武烈王(征日本)墓碑　三 高麗古鏡綠畫鏡一神三童鏡點畫鏡雙龍鏡

慶州佛國寺古磴

新羅王鐘（慶州本德寺）口徑八尺重量十二萬斤

外金剛楡岾寺磴及將旗

求禮智異山（三神山之一）華嚴寺舍利磴

19

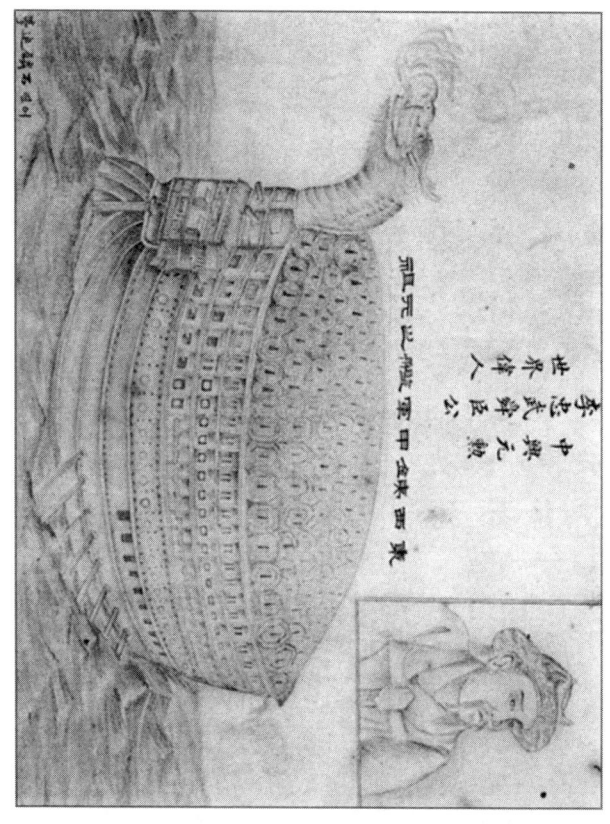

李忠武公像及其所創龜船圖

（龜船）即今三百年前韓王辰年間，所俟武剛作新造，輪榦具以鐵甲蔽之。選中閑欲人物熟練從征，北海大破日本海軍，日本海軍此果日本世史之名譽。甲鍵古美李舜臣，今水軍艦萬高軍焉。

金剛山

天下名勝（三神山之二）華人
詩曰願生高麗國一見金剛山 （一萬二千峯）

一　内金剛明鏡臺
二　内金剛萬瀑洞入口
三　内金剛普德窟
四　海金剛叢石亭之一
五　海金剛叢石亭之二
六　海金剛叢石亭之三
七　海金剛近景
八　海金剛澤
九　内金剛眞珠潭
十　外金剛彌勒峯
十一　新金剛石門瀑

景内殿宫城京

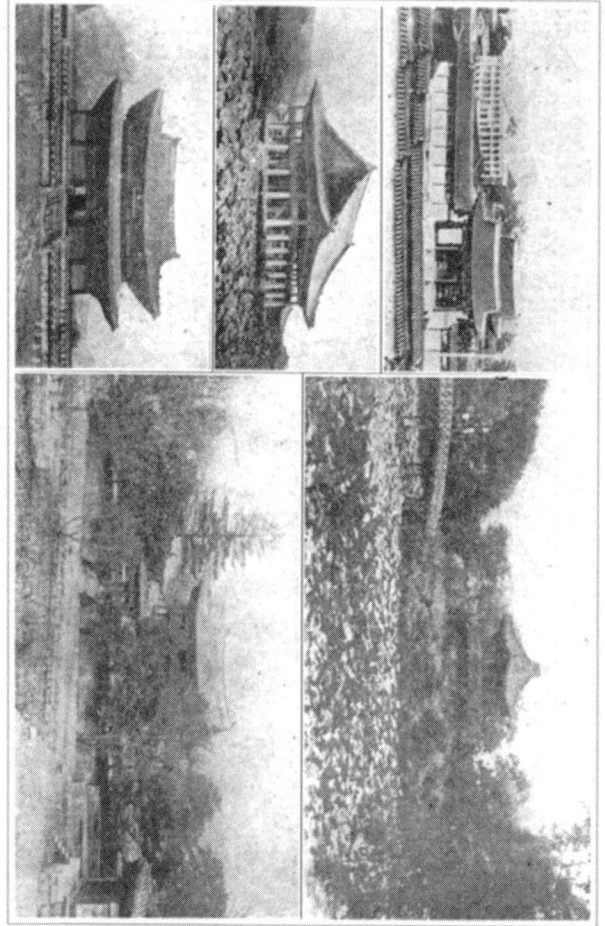

京城景福宫之一斑
故宫内庭十四仙楼
花冈石柱人会楼
景福宫勤政殿

京城景福宫集香亭
昌德宫秘苑有合楼

京城全景之一部

彰義門外北漢山城　度支部

新門外乾峴獨立門及獨立館　大韓醫院

宮內府

韓國皇室

1. 光武帝
2. 大院君 光武帝父
3. 隆熙帝 光武帝子
4. 英王 光武帝子
5. 英王妃 英王太子

昌德宮內御養蚕室

隆熙皇后

光武帝行幸時盛儀

京城南別宮圜丘壇　京城新門外獨立門

京城景福宮之光化門　高城南大門(崇禮門)

京城昌德宮內殿

韓時締勒次兩約條七約五韓日
（賊七賊五之謂人韓）臣大各廷

二一
外學
部部
大大
臣臣
朴李
齊完
純用

三二
總七
理條
大約
臣定
時

四五
農商
工部
大臣
權重
顯

五四
內五
部約
大時
臣署
李名
址
鎔

六六
軍度
部支
大部
臣大
李臣
根閔
澤泳
綺

七九
法農
部商
大部
臣大
李臣
夏權
榮重
顯

十七
宮內
部大
臣李
載克

十一
一進
會以
首七
領條
李約
容贊
九成
光

物人本日之中史涉交後前日韓
（敵公）之謂人韓

二一
西黑
園田
寺清
公隆
望

四三
井陸
上奧
馨宗
光

六五
加花
藤房
高長
明

八七
大三
鳥浦
圭梧
介樓

九
森
有
禮

十
林
董

十一
小桂
村太
壽郎
太
郎

十二
寺
内
正
毅

十三
伊
藤
博
文

十四
井
上
馨
之
助

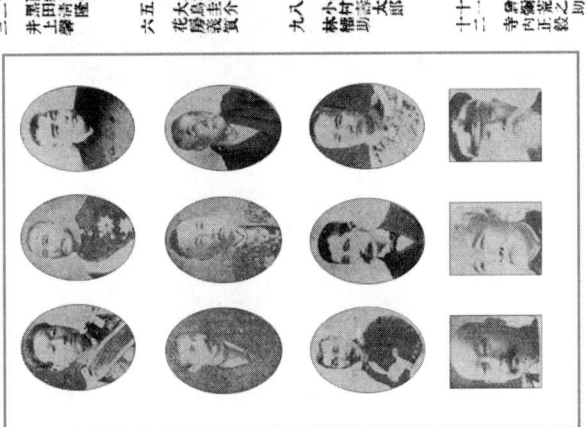

根頭士義发

刻存今烈俊已
入未無選蕭
得稷像先以

焕泳正忠闓

■한국통사 서(序)■

캉 유웨이(康有爲)

　내가 예전에 인도를 여행한 적이 있었는데, 그 때 어느 인도 사람이 "우리 인도인들은 개나 고양이와 다를 게 없소이다"라고 하는 말을 들은 적이 있다. 그것은 아마도 나라를 잃었다고 하는 비참함을 가슴 아파해서 한 말일 것이다. 또 어느 베트남 사람이 "우리가 왜 새나 짐승, 혹은 초목으로 태어나지 않고 불행하게 사람으로 태어났는지 마음이 아프다"고 하는 말도 들었는데, 이 또한 망국민이 되었음을 슬퍼하며 한 말이다. 고양이나 개만도 못하다고 하는 그 말 속에서 그들의 아픔을 알 수가 있다. 예전의 어떤 우리나라 시인이 말하기를 "푸르디 푸른 어린 나무야, 아무것도 모르는 네가 부럽기만 하구나"라고 한 것은 확실히 인간이 초목만도 못하다는 말을 한 것이리라.
　내가 세계를 두루 돌아다니면서 망한 나라들을 살펴보았는데, 유럽의 폴란드·이스라엘, 아시아의 인도·미얀마·베트남·자바·말레이시아를 거쳐 아메리카의 멕시코를 다니면서 망국의 백성들을 목격하고 그들의 참혹한 정경을 자세히 살펴보았다. 그들의 모든 소리는 슬프게 들렸고, 그들의 얼굴빛은 참담한 기색이 역력하였다. 그것은 그들이 사람축에도 들지 못하는 대접을 받고 있기에 그런 것이니 어찌 이상하지 않겠는가! 멕시코가 스페인에 망하자 그들의 책은 불태워졌고, 그들의 문자는 없어졌으며, 그들의 지식인들은 살육당하고 말았다. 폴란드가 러시아와 독일에 망하자 폴란드의 말과 글은 금지되었고, 심지어 폴란드 사람들이 땅을 사는 것조차도 금지당하고 말았다. 콩고가 벨기에에 망하자 벨기에 사람들은 콩고인을 노예로 삼았고 마음대로 옆구리를 찌르고 팔다리를 꺾고 가슴을 도려내며 몸을 마음대로 베었는데, 그 정경은 차마 볼 수가 없을 지경이었다.

　인도는 나라가 망한 지 백 년이 되었어도 자국민이 문관의 높은 자리에는 오를 수가 없게 되어 있었고, 무관이라 해도 천부장(千夫長)이 될 수가 없었으며, 의사·법률가·기술자도 그 직책의 장은 되지 못했다. 도살장의 칼도 7일에 한 번은 점검을 받아야 했고, 작은 칼조차도 몸에 지닐 수가 없었으며, 우체국에는 관원을 많이 주재시켜 놓고 편지를 다 뜯어보게 하고는 한 마디라도 상국(영국)을 범하는 구절이 있으면 반역죄를 적용하여 교수형에 처했다.

　우리나라가 아직 망하지는 않았지만 아마도 자바 사람과 다를 바가 없다고 생각된다. 자바인 중 여행을 하는 사람은 반드시 증명서를 소지해야 했고, 반 년에 30리 밖으로는 여행할 수가 없게 되었다. 이것은 20년 동안 1200리 밖을 나갈 수 없다는 말이 된다. 그들은 네덜란드인이 경영하는 여관에 투숙할 수도 없고, 네덜란드인과 함께 식사할 수 없으며, 길에서 네덜란드 사람을 만나면 허리를 굽혀 인사를 해야했고, 실내에서 네덜란드 사람을 만나면 공손하게 꿇어앉아 절을 해야 했다. 더구나 가혹하게 세금을 거둔다든가, 혹은 폭력으로 재산을 빼앗아 그 나라의 부자들을 곤궁케 하여 날이 갈수록 가난하게 만들었다. 또 엄하고 무서운 형벌을 가하거나, 혹은 의심스러운 사람들을 모두 처벌함으로써 지사들을 날로 줄어들게 하였다. 또 허위 벼슬은 주어도 실직(實職)에는 임용되지 못하게 하였다. 그리고 노예를 제공하기 위해 그들 백성들을 데리고 가 모두를 비천하게 만들었다. 공부도 단지 언어와 공상(工商)분야만 가르치고 대학에는 전문학과를 설치하지 않아 망국의 지사들을 대우하기보다는 오히려 무식하게 만들어 날이 갈수록 그들을 어리석게 하였다. 그 외에도 교당(敎堂)·학사(學舍)·공회(公會)·유원지·여관·목욕탕·선박·식당 등 모든 것을 다 다르게 하여 차별했으므로 혹시 이들 장소에 들어가더라도 감히 그들과 나란히 할 수가 없었다. 또 관공서의 비밀문서 같은 것은 볼 수가 없었으며, 포대가 설치된 곳이나 중요한 곳은 갈 수가 없었고, 군사학은 더더구나 배우게 하지 않는 등 마치 외국사람 대하듯 하였다. 또 집이 있어도 마음대로 팔 수 없게 하였고, 집기도 자유로이 옮기지 못하게 하였으며, 금은은 자유롭게 운반할 수가 없었다. 여행도 자유롭게 할 수가 없었는데, 외국여행은 더욱 엄격히 금하여 여권을 가지고 있는 사람조차 가는 곳마다 엄밀히 추적되었고, 해당 지역의 영사에게 보고하여 엄격히 조사를 받고, 다니는 장소를 통제하여 꼼짝 못하게 하였으므로 마치 국사범을 대하듯 하였다. 심지어는 그들 인종이 많이 늘어나는 것을 두려워하여 마시는 물에다 독을 타거나, 병을 진찰하는 의사에게 독약을 주어 점차 그들 인종을 죽이도록 하는 선까지 이르렀다. 학교에서는 종주국의 어문을 가르치게 하고, 권력과 이해관계를 통해 망국민을 유혹하면서 고국의 어문을 배우지 못하게 하여 그 유래조차 잃어버리게 하였다. 또한 노예의 습성을 익히게 하여 동화시킴으로써 자신이 어떤 처지에 있는지를 스스로 알지 못하게 하였다.

 나라를 잃은 다른 나라들도 그런 상황은 마찬가지였다. 그들은 매우 천시되었고, 쫓겨나기도 하였는데, 그들 중에서도 폴란드와 이스라엘이 가장 심하였다. 남양(南洋)의 풍속 가운데 관리의 통역관이 옆에 서서 관리의 얼굴을 우러러보는 모습이 제일 천하다고 하였지만, 수십 명이 자리를 다투어 그 중에서 그 자리를 얻은 자는 마치 정원(鼎元:三公의 으뜸)이라도 차지한 것처럼 되어 지위가 높고 영화롭게 여겨서 죽을 때까지 따듯하게 입고 배불리 먹으며 부자노릇을 할 수 있었지만, 도리어 자기 민족을 능멸하고 짓밟았으므로 그의 동족들은 그의 기분을 살펴가며 아부하고 섬기기에 바빴다. 또 자신의 저서를 써서 발표하면 감시가 매우 엄하여 한 글자라도 망언을 할 수가 없었고, 조금이라도 의심이 가는 문장이 있으면 바로 형벌이 뒤따르게 되니 망국민들의 신세는 다 똑같았던 것이다. 비록 형벌이 때에 따라 경중이나 유무가 가감되는 경우가 있기는 했지만 결국 그 결과는 마찬가지였다.

대체로 종주국의 나라가 크고 국민이 많으며, 망한 나라가 작고 국민수가 적으면 종주국의 대함이 그래도 너그러웠는데, 그것은 종주국을 배반하기가 어렵다고 생각했기 때문이었다. 반대로 종주국의 나라가 작고 국민이 적은 대신 망한 나라의 면적이 넓고 국민이 많으면 그 대함이 아주 혹독했는데, 그것은 그들을 제압하기가 어렵다고 생각했기 때문이다. 사자와 호랑이는 철창에 가두어 키우고 닭과 오리는 둥지와 홰에서 기르는 것과 같은 것이니 이는 바로 자연의 이치인 것이다.

어쨌든 망했다고 하는 의미는 이미 망했거나 망한 지가 오래된 나라들이라는 뜻이다. 나라가 망한 국민들은 오랜 기간 동안 낳고 자라면서 길들여지는 사이에 천하고 곤궁한 것에 습관되어 그 고통을 잊게 되고 익숙해지게 된다. 예를 들면, 동굴 속에 사는 물고기가 밝은 곳을 찾으려 하지 않고, 정원의 굽은 고목들은 곧게 펴지기를 바라지 않으며, 오랫동안 전족을 한 부인이 전족을 풀면 편하다는 것을 알지 못하고, 감옥에서 늙은 자가 감옥이 옛집처럼 편하다고 하는 것과 같은 것이다.

 가장 가슴 아프고 괴로운 것은 아직 망하지는 않았으나 장차 곧 망할 나라를 보는 것이며, 그들은 점점 망해가다가 끝내는 망하고 마는 것이다. 큰 부자가 처음 가난하게 되거나 권력과 귀함에서 쫓겨났을 때와 일반인이 감옥에 들어갈 때가 가장 근심스럽고 괴로운 것이다. 거부가 걸인신세가 되고 권력있는 귀족이 노예로 되며, 일반인이 수갑을 찬 채 고문을 당하고 담금질을 당해 살점이 베어진다면 그 고통은 말로 형용할 수 없을 것인데, 한국이 바로 이와 같은 처지이다.

 내가 일찍이 대만을 돌아보고 귀국한 사람을 만난 적이 있는데, 그가 그곳 유민들의 참상을 말하는 것은 차마 들을 수가 없을 지경이었다. 그러나 애석하게도 우리나라 사람들은 날마다 나라 안에서 노래나 부르고 춤이나 추면서 여러 망한 나라들의 백성들이 어떤 형상에 처해 있는지를 보지 못 하고 있다. 만일 그러한 사실을 안다면 당연히 두려워서 벌벌 떨고 비통해 하며 분발하지 않을 수 없을 텐데 말이다.

 우리 국민은 예로부터 왕조가 바뀌면 구차해지고 어리석어지는 것에 익숙하여, 심지어는 "누가 우리의 주인이 되어 세금을 받아갈까"하고 말하기까지 하였다. 부끄러움을 모르는 자들은 기꺼이 순종하는 국민이 되었고, 간교한 자는 구미 나라에 현혹되어 그들 국가의 연방(聯邦)이 되는 것을 면할 수는 있을 것이라고 믿곤하였다. 그러나 그들은 모두가 망국민으로서 참혹한 지배를 받았을 뿐이다.

 하지만 비록 그렇다고는 하더라도 옛날과 지금의 망한 나라 사람들이 자국을 망하게 한 방법은 다르다. 옛날에는 자기 나라를 멸망시키는 데 군대가 도둑놈처럼 이용되었으나, 지금은 나라를 망하게 하는 데 사기꾼과 같은 술수를 쓴다는 점이다. 또 때로는 이 두 가지 술책을 모두 쓰기도 한다. 옛날 이사(李斯)가 진나라 사람에게 육국(六國)을 멸망시키는 방법을 가르치면서, 다음과 같이 말했다. 즉 "몰래 모사(謀士)에게 금옥을 싸가지고 제후들에게 보내 유세하면 제후 토사(土司:조공하는 나라의 수장)는 재물로써 항복시킬 수가 있으니, 많이 보내서 그들과 결탁하되 수긍하지 않는 자는 예리한 칼로써 위협하여 따르게 하라"고 하였다. 또 군신 간의 사이를 이간시키는 계책으로는 훌륭한 장수로 하여금 자신의 뒤를 따르게 하였으니 이것이 바로 상대를 기만하는 술책이었던 것이다.

  지금 강대국들에서 날마다 남의 나라를 취하려고 하는 것을 직분으로 삼는 자는 이사의 가르침을 신봉하지 않을 수 없을 것이다. 따라서 그것을 실행에 옮기되 서서히 할 것이고, 그것을 실행하되 기회를 보아가며 할 것이며, 두려움을 주되 위협으로써 할 것이고, 상대를 미화시키되 명분을 가지고 정권을 빼앗을 것이다. 그리하여 당을 빼앗고 존귀하고 요직에 있는 사람에게는 뇌물을 주고, 당끼리 싸우게 하여 그들을 분열시켜 쫓아낸 다음 삼켜버리는 것이다. 그러나 그들은 그 국민들에게 "우리가 너희들을 보호한다"고 기만하는 말만 하는 것이다.

  어느 베트남 사람이 나에게 "프랑스인들은 우리나라 국민을 너무 학대한다"고 했는데, 저 베트남 사람들은 자신의 왕이 종묘와 백관에게 호령하는 것을 보고 아직도 자기 나라가 있다고 생각하고 있으니, 어찌 큰 땅을 가진 나라의 지도에 베트남이 없어진 지 오래되었음을 알 수가 있겠는가?

영국의 초대 총독 워런 해스팅(Werren Hastings)이 인도를 멸망시키려고 동인도의 모든 왕국들을 서로 싸우게 하여 먼저 30여 개의 성을 빼앗은 후, 점차 갠지스강으로 올라가 중인도에 도달하였다. 그는 군사 10만을 수도 델리에 주둔시킨 다음 인도의 200여 제후들을 불러 다음과 같이 말했다. "우리 영국은 당신들 모든 나라들이 골육상잔하는 것을 매우 애통하게 생각한다. 그래서 이 전쟁을 멈추게 하려고 하는데, 이 회의석상에서 모두 앞으로는 서로 그러지 않겠다고 보증하는 것이 옳을 것이오"라고 하였다. 그러자 그 자리에 모였던 200여 나라의 제후들은 이 말을 두려워하여 감히 따르지 않을 수 없었다. 또 모든 왕들이 위병(衛兵)을 인솔하고 와 모여 있는 것을 보고는 "싸움을 멈추게 하는 회의에 무기가 없어야 하는 것이 당연한 일이니 위병을 물리치도록 하시오"라고 하자, 제후들은 또한 이 말도 두려워하여 공손히 그의 명을 들었다. 총독은 이어서 "싸움을 멈추게 하기 위해서는 군사수만 한정시킬 게 아니라, 나라의 크고 작음을 따지지 않고 군대의 숫자를 줄여야 한다"고 하니, 이 말 또한 두려워하여 감히 명을 듣지 않을 수 없었다. 이러한 요구를 실행하려는 참에 영국 총독은 또 다시 다음과 같이 말했다. "우리는 당신들 모든 나라들이 각자 자기의 성으로 돌아가게 되면 또다시 서로 싸우지 않을까 염려된다. 따라서 우리 영국이 대신 군대를 파견하여 감독할 것이니 당신들 각 나라 군대수의 10분의 몇을 영국 군대의 휘하에 둘 수 있도록 해 주길 바란다"고 하였다. 잠시 있다가 또 말하기를 "우리 군대가 당신들을 보호코자 하는데 어찌 우리 영국의 군량을 소비할 수 있겠소. 당신들은 의당 우리 군대를 먹여살려야 할 것이오"라고 하였다. 그리고는 군량

조달이 조금이라도 지체되면 이를 트집잡아 "당신들 인도인들은 믿을 수가 없으니 우리가 대신해서 재정을 관리하겠다"고 하고는 군대를 크게 증가시켜 병권과 경찰권을 대신 집행하기에 이르렀고, 영국에서 3인을 파견하여 인도 왕궁과 주방과 수레를 감시케 하면서 두 나라 이상의 왕이 모여서 말하는 것을 금했으며, 반드시 영국사람이 입회하여 들어야 대화할 수 있게 하였다. 그리하여 인도는 그 넓은 땅이 모두 망하게 되었던 것이다.

지금 일본사람들이 대한제국을 취함에 있어 전후 체결한 조약이 10여 가지나 되었는데, 그 조약문을 읽어보면 모두가 대서특필할 내용들이다. 즉 "조선 영토를 보존케 하여 제3국의 침략으로부터 보호해 준다. 황실의 존엄을 보존해 준다. 조선과 일본의 우의와 동아의 평화를 오래도록 유지케 한다. 조선의 독립·치안·부강을 돕는다"는 등의 내용이다. 그리고는 곧바로 통감을 설치하여 정권을 빼앗고 얼마 있지 않아서 베트남처럼 만들었다. 심지어 일본에 합병되는 시기에 이르러서도 영토와 치안을 보전한다고까지 하였다.

그럼에도 한국인들은 그들이 독립하는 것을 돕고, 황제라고 불러주자 거국적으로 환호하면서 일본 사람들의 의를 숭상하는 덕을 칭송하여 마지 않았다. 그러는 중에 권력을 지닌 귀족들이 금전과 작위를 받고, 그들의 이간책을 곧이들으면서 그들에게 지휘권을 넘겨주었고, 더구나 그들을 위해 일까지 대신해 줌으로써 스스로 멸망하기에 이르렀던 것이다. 그리하여 13년 만에 영토를 빼앗기고 노예로 전락하고 만 것이다.

이 통사를 읽으면, 일본이 한국을 망하게 하는 술책이 코뿔소의 뿔을 태우는 것과 같고 쌀 알을 일일이 세는 것과 같으니 두렵고 애통하고 놀랍고 분통할 뿐이다.

대체로 약하면 겸병(兼倂)을 당하고, 몽매하면 공격을 받고, 혼란스러우면 탈취되고, 망하면 멸시를 받는 것이다. 옛날부터 나라에 도덕이란 것이 없으면 교활한 것들만 생각하게 되어 사람을 속이는 술책만이 난무하게 되고, 이를 통해 남의 나라를 탈취하는 것이 고금천하에 일관되어 온 도리이다. 한국인이 일본인에게 무엇을 원망하겠는가? 이미 한국인들은 혼란해 있고, 이미 약해져 있으며, 또 무지몽매하기까지 하니 다만 다른 나라 사람에게 속임을 당하는 것만을 슬퍼할 따름이다. 한국인을 어린 아이처럼 다루어서 가끔씩 대추나 밤을 먹이면 좋아하여 따르고, 회초리로 겁을 주면 무서워서 풀이 죽고, 때로는 서로 싸우도록 유도하면 같은 형제끼리도 싸우게 된다. 이렇게 하는 동안 결국은 한국을 강점하여 그들을 마음대로 하니 그저 어린애처럼 엉엉 울 뿐이다. 비록 충신애국지사들이 있다할지라도, 싹이 트기 전에 먼저 보지 못하고, 위태롭지 않을 때 분발하지 못한다면, 이미 그 난무함이 혼란스러워 결국은 반드시 망하게 되는 것이다.

내가 예전에 미얀마를 여행하면서 망국의 대부들을 방문하는 중에, 재정부 대신인 오동(烏東)을 만난 적이 있는데, 그는 자기 나라가 망하게 된 연유에 대해 자세히 이야기해 주었다. "이미 우리 미얀마는 끝났소. 다만 근래의 중국을 보건대 아마도 우리 미얀마의 전철을 밟는 것과 같은 양상이니 반드시 경계하고 신속히 이에 대한 대비가 이루어지기를 바라겠소"라고 하였다. 그때 내가 들은 그의 큰 소리는 마치 사자가 울부짖는 것 같아서 귀가 3일 간이나 멍멍하고, 머리를 들어도 볼 수가 없었으며 발로 걷기조차 힘들었다.

이제 ≪한국통사≫를 읽어보니, 망한 나라가 반드시 거치게 되는 과정이 더욱 선명하게 나타나 있다. 스스로 태백광노(太白狂奴)라 부르는 이가 있었는데, 그는 예전 한국의 유신(遺臣)으로서 절개가 높고 학문이 풍부하며 문장의 필체가 뛰어나고 필력이 웅건하며 세찼다. 그는 고국이 망한 것을 슬퍼하면서 이 통사를 저술하여 나라가 망한 데 대한 슬픔을 표현하였다. 나는 이 책을 읽으면서 흐르는 눈물을 어쩔 수가 없어 옷깃을 적시곤 하였다. 조자환(曹子桓)은 "죽은 자를 슬퍼하면서 그를 생각하며 그의 뜻을 실행해야 한다"고 하였다. 우리 국민들은 이 책을 읽고 우리나라의 장래 모습이 이처럼 되지 않을지 두려워하고 걱정해야 할 것이다. 나 또한 이 통사를 읽으면서 마음에 동하는 바가 있어서 나 스스로가 먼저 분발하고자 한다. 중국이 아직은 희망이 있다고는 해도 분발하지 않으면 제2의 조선이 될 날도 멀지 않을 것이니 그저 한숨만 지을 뿐이다.

공자 2465년(1915년) 2월

서언(緒言)

태백광노(太白狂奴)

　대륙의 원기가 동쪽으로 가 바다에 이르렀으니 그 끝이 백두산이다. 북으로는 넓은 평야가 전개되어 있고 남으로는 우리 한반도가 있다. 우리나라는 중국의 요임금이 통치하던 때에 세워졌고, 이 나라의 인문(人文)은 일찍부터 열려 있었으며, 그 백성들의 윤리 도덕은 돈독하기 그지없었다. 그리하여 천하의 군자나라로 역사에서 일컬어지는 가운데 면면히 4300년을 이어내려 왔던 것이다.
　이러한 우리의 옛 문화는 극동의 세 섬(일본)에 미쳐 그들의 음식과 의복, 그리고 궁실 등 모두가 다 우리에게서 나온 것이다. 교종의 불교와 학술도 또한 우리나라에서 나온 것들이다. 그러므로 그들은 일찍부터 우리를 스승으로 받들어 왔던 것인데 이제 오늘에 이르러 우리가 그들의 노예가 되었구나.
　내게 재앙이 닥쳐 자라난 곳을 떠나게 되니 애통하기가 그지 없지만, 그렇다고 그냥 죽을 수는 없어 드디어 경술년 모월 모일에 결국 도망길에 올랐다. 아침에 서울을 떠났는데 저녁에는 압록강을 건넜다. 거기서 다시 북안을 거슬러 올라가 위례성(尉禮城)이 바라다 보이는 곳에서 머물렀다.
　고금을 돌아다 보니 예전과 다름이 확연히 느껴진다. 그리움에 끌려 성 안으로 가려 했지만, 오랫동안 기다렸어도 갈 수가 없구나. 이역땅에서 오랫동안 숨어 있다 보니 사람 대하기만 더욱 부끄러워지도다. 거리의 아이나 시장 잡배들도 나를 나라 잃은 노예라고 꾸짖는 듯하다. 천지가 비록 크기는 하나 이러한 빚을 지고 어찌 편안히 돌아갈 곳이 있겠는가!
　지금 혼강(渾江)에 가을이 저무니 초목들도 앙상한 가지만 남아 있고,

애처로운 원숭이와 두견이만이 슬피우는구나. 내가 울음 섞인 목소리로 소나무, 가래나무, 뽕나무에게 말하는데, 이 눈물이 아직 마르기도 전에 눈가에 들어오는 이러한 정경들은 나를 더욱 슬프게 하니 어찌 견딜 수가 있겠는가? 귀기울여 고국 소식 들어보지만 구름 연기처럼 가물가물한 소식만 들려 온다.

아름다운 우리 산천이여! 우리 조상님들이 여기에 집을 지으셨고, 울창한 산림도 우리 조상님들이 심으신 것이다. 넓고 비옥한 토양에 우리 조상님들은 경작을 하셨고, 금은동철은 우리 조상님들이 채굴하셨으며, 가축과 냇가에 사는 고기들은 우리 조상님들의 가효(佳肴)였다. 궁실은 건조함과 습기참을 피할 수 있도록 지었고, 의관은 금수와 다르도록 바르게 하였으며, 그 사용하는 것들마다 재질을 잘 이용하여 만들었다. 그리고 예악(禮樂)과 형정(刑政)으로 문명을 이루었으니, 이 모두가 조상님들의 손에 의해 만들어진 것이다. 이처럼 우리 조상들은 끊임없이 머리와 피와 땀이 고갈되도록 힘쓰셨고, 우리 자손들을 낳으셨으며, 생산적인 교육을 시키시어 모든 것을 준비하면서 대대로 어려움을 극복하며 지켜왔다. 그렇게 해서 우리의 생은 후덕하게 보낼 수 있었고, 우리의 덕을 바르게 하여 즐거우면서도 서로 공경하는 사회를 만들어 아주 오랫동안 이어져 오게 했던 것인데, 어찌 하루 아침에 다른 민족에 다 빼앗겨 버리고 호구지책으로 사방에 떠돌게 되었는가? 더구나 앞으로 이런 것들이 완전히 소멸되는 것이나 아닌지 근심스럽기 한이 없다.

또한 약소국을 침략하여 병탄하고 타민족을 도태시키려고 하는 세상의 강폭자인 일본으로부터 그러한 혹독하기 그지 없는 짓을 받는 나라는 우리나라 외에 다른 나라는 없을 것이다. 고금을 통해 멸망했던 나라들과 비교해 보면, 스웨덴·오스트리아·헝가리 모두가 다른 나라를 합방시켰다 하더라도 그들 민족에 대한 대우는 아무런 차별이 없었다고 하는데, 한국만이 현재 그런 억압을 받고 있는 것이다.

  터어키가 비록 이집트를 병합했어도 아직도 그들의 왕이 존재하고 있고 그들의 사직에 제사를 받들게 하고 있다. 영국은 캐나다 전지역에 헌법을 허락하여 이를 보장해 주고, 의회를 세워 이를 유지케 하고 있다. 그외 다른 나라와도 조약을 체결할 수 있게 하여 일일이 모든 것을 보전하고 있으나, 우리 한국의 황제도 왕으로써 봉작을 받았으니 한국도 이러한 대우를 받을 수 있는 것이다. 그러나 일본이 한국을 통치하는 것이 대만에서 하는 짓과 별 차이가 없고, 그들과 동등한 나라로 취급하고 있으니, 나라를 잃으면 그 지위도 낮아지고 마는 것인가 보다.

  또한 무릇 사람이란 먹고 입고 해야 하는데, 땅에 떨어진 곡식이나 주워 먹고, 흐르는 샘물이나 먹는 벌레들과는 달라야 함으로, 살아남기 위해서라도 오직 산업을 부흥시켜야 하는 것이다. 영국이 인도와 이집트에서, 프랑스가 베트남에서, 이탈리아가 필리핀의 루손섬에서, 비록 강력한 힘으로 그들 나라의 국권을 침탈했지만, 백성들이 하는 일은 그대로 그들에게 맡기고 그들 스스로가 보존케 하고 있다. 그러나 일본은 가난한 나라인지라 수많은 가난한 사람들이 재정이 날로 적어지고, 빚이 날로 늘어가자, 한국인들에게 가렴주구를 통해 만회하고자 하고 있다. 수많은 세금과 복잡한 징수를 통해 가난한 일본인들이 맨손으로 한국에 벌떼처럼 들어와 우리나라의 산물을 약탈해 가지 않는 것이 없으니, 어찌 우리 민족이 살아갈 수 있겠는가! 이제 식민 정부가 자진해서 급히 우리 국민의 명맥이라도 유지할 수 있게 무엇인가를 주려하지만 줄 만한 것이 아무것도 없는 상황이다. 비록 한국인들에게 관용스런 정치를 베풀어 생명의 맥을 이끌어가게 하려 해도 이미 어찌할 방법이 없는 것이다.

이런 상황을 보건대, 고금을 통해 나라를 잃은 비참함은 바로 한국과 같은 것이리라. 황폐한 땅이 망망대해와 같고 남은 목숨이 경각에 달려 있으니, 비통함을 절규하고 원망한들 이미 스스로 이를 극복하는 것이 불가능한 상황이다.

옛사람들이 이르기를 나라는 멸망하더라도 역사는 망할 수 없다 했다. 나라라는 것은 형체만을 말하는 것이고 역사는 바로 신명과 같은 것이다. 오늘날 우리나라의 형체는 이미 훼손되고 말았으나, 신명만큼은 고고히 남아 존재하고 있으니, 이 통사는 바로 이런 뜻에서 쓰는 것이다. 신명이 존재하여 없어지지 않으면 형체는 언젠가는 다시 살아날 것이다. 그래서 이를 편찬하고자 하는 것이다. 이 통사는 갑자년 이후 불과 50여 년간의 역사지만, 우리나라 4천년 역사 전체의 신명을 전하는 데 부족함이 없다고 본다.

이제 우리 민족은 우리 조상과 조국을 생각해야 하고 결코 이를 잊어서는 안 된다. 예루살렘이 비록 망해서 다른 나라로 흩어지기는 했으나 다른 민족에 동화되지 않고 2천 년이나 흐른 지금에도 유태인이라는 칭호를 잃지 않고 있다. 이렇게 될 수 있었던 것은 바로 그들 조상들의 가르침을 보존할 수 있었기 때문이다. 인도도 비록 망하기는 했지만 바라문(婆羅門)이 여전히 굳게 그 조상들의 가르침을 지키고 있으면서 다시 흥하기를 기다리고 있다.

그러나 멕시코는 스페인에게 망해서 자기 민족을 교화시킬 수 있는 문자마저 소멸돼 버렸다. 비록 멕시코인이 존재하기는 하지만 그 사용하는 언어가 모두 스페인어이고, 그 행동함이 모두 스페인화되어 버리고 마는 것이다. 그리하여 그들이 흠모하는 것이 모두 스페인의 호걸밖에 없으니, 멕시코인은 비록 그 형체는 존재하고 있으나 신명은 이미 모두 소멸돼 버리고 만 것이다.

지금 우리 민족은 우리 조상의 피로써 우리 골육을 이루고 있고, 우리 조상의 혼으로 우리의 영감을 구비하고 있다. 또한 우리 조상들의 신성한 가르침으로 교화되고 있고, 신명스런 정치와 법도가 있으며, 신성한 문사(文事)와 무공(武功)이 있으니, 우리 민족은 그것으로 구함을 얻을 수가 있는 것이다.

무릇 우리 형제 동포는 이를 잃지 않음으로 해서, 형체와 신명 모두가 소멸되는 것을 막아야 하고, 열심히 이를 되찾도록 희망을 가져야 할 것이다. 이것이 바로 이 책에서 추구하는 바이고, 이렇게 되면 우리 민족의 융성한 역사를 다시 한 번 이룰 수 있을 것이다.

제1편

제 1 편

제1장 지리의 대강(大綱)

한국은 아시아주의 동남쪽에 돌출한 반도국이며, 그 경계가 동쪽은 바다를 건너 일본에 이르고, 서쪽은 황해를 건너 중국의 산동·강소 두 성과 마주보고 있으며, 북쪽은 압록강과 두만강을 건너 만주 3성 및 러시아령 블라디보스토크 시베리아와 접하고, 남쪽은 조선해협을 건너 일본 규슈(九州)와 마주보고 있다. 동남쪽으로는 쓰시마와 마주하고 있는데 수로로 100여 리밖에 떨어져 있지 않다. 하늘이 맑고 깨끗한 날에는 육안으로도 보이곤 한다.

우리나라의 위치는 동서가 동경 125°5′에서 130°50′이고, 남북이 북위 33°46′에서 43°2′에 달하며, 면적은 약 8만 평방마일이고 인구는 약 2천만이다.

백두산[산해경(山海經)에는 불함산(不咸山)으로 적혀 있고, 당서(唐書)에는 태백산(太白山)으로 적혀 있다]은 북방 만주와의 경계에 있으며, 높이가 1만 척이고 산 정상에 천지(天池)가 있으며 주위가 80리이다. 그 물줄기는 세 갈래로 나뉘어 흑룡·두만·압록 세 강이 되고, 산은 전국 모든 산의 근원이 되는데, 동쪽은 바다를 따라 남으로 내려가 함경·강원 두 도에서 철령·금강산·대관령이 되며, 경상도 태백산에 이르러 산맥이 두 갈래로 나뉘는데, 오른쪽 갈래는 동쪽으로 뻗어 바다에 이르고, 왼쪽 갈래는 소백·조령(鳥嶺)·속리·덕유산 등이 되고, 지리산(일명 頭流山)에 이르러 끝이 나니 이것이 가장 긴 줄기이다. 덕유산의 한 갈래는 동남쪽으로 뻗어 해남을 거쳐 바다를 건너 제주도의 한라산이 되니 항간에서 삼신산 (三神山)이라 칭하는 것이 곧 금강·지리·한라산이다.

평안·황해·경기·충청도 등에 있는 산이 또한 백두산 가지에서 나온 산인데, 그 모양이 이탈리아 알프스와 비슷하기 때문에 땅의 형세를 논하는 사람은 우리나라를 '동아시아의 이탈리아'라고 부른다. 또 열강의 세력이 충돌하는 장소라는 점에서 볼 때 유럽의 발칸반도와 아주 비슷한 까닭에, 정치에 관하여 논하는 사람은 '아시아의 발칸'이라 부른다.

해안은 동서의 지형이 매우 특수한데, 동해안은 기암절벽이 많고 출입 굴곡이 거의 없으며, 좋은 항구와 섬들이 적고 조석간만의 차도 아주 작아 원산은 1척, 부산은 6척에 이른다. 서해안은 평지가 많고 출입 굴곡이 심하며 좋은 항구와 섬들이 많다. 밀물과 썰물의 차가 대단히 커서 10척 내지 35척에 달하며 경기도 인천이 특히 심해 35척에 이른다. 남해안도 출입의 굴곡이 많고 물이 깊어서 정박하기에 적격이다.

동해안에는 동조선만(東朝鮮灣)이 있는데, 들어간 곳이 영흥만(永興灣)이 되고 서북쪽에는 송전만(松田灣), 그 남쪽에 덕원만(德源灣)이 있으며, 만 안이 원산항(元山港)인데 동해 제일의 항구로 항 내의 물이 깊어서 큰 선박을 수용할 수가 있다. 그 북쪽에 북청·단천·성진(城津)포가 있으며, 러시아와 접경한 지점에 경흥만이 있다. 동조선만의 남쪽에 영일만이 있고 또 그 남쪽에 울산만이 있으니 바닷물이 깨끗하고 맑아 벽해(碧海)라고 부른다.

서해안은 황해에 반도 형상의 돌출 부분이 있는데, 그 북쪽의 큰 만은 서조선만(西朝鮮灣)이라 하며 바다 근처에 섬들이 많다. 황해와 반도 사이에는 대동하구(大東河口) 만이 있으나 얕아서 선박 통행이 어렵다. 대동강 하구를 대동만(大同灣)이라 부르는데, 큰 선박을 수용할 수 있다. 강화만은 황해 남쪽에 있으며 만 안에 인천항 및 제물포가 있고 부근에는 대선박을 정박시킬 수가 있다. 한강 하구에도 선박의 출입이 가능하며,

강화만 남쪽에는 남양반도가 튀어나와 있는데 그 남쪽만을 남양만이라 한다. 전라도 해안에는 여러 섬들이 흩어져 있고 들어간 곳이 많아서 정박지로 아주 적격이다.

남해안은 돌출된 곳이 많아 해안선이 매우 복잡하고 섬들이 가장 많아 다도해라고 부르며, 좋은 항구도 많다. 서쪽으로 돌출해 있는 우수영(右水營)에서 진도까지를 벽파정(碧波亭)이라 하며, 동쪽으로는 곧은 길이 있어 거제도 가까이에는 진해·마산 등 두 개의 만이 있다. 진해만은 아주 커서 세계 열강의 함대 전체를 수용할 수 있어 동양 해전의 제일 요지가 되고 있다. 또 동쪽 구석으로 절영도가 있고 그 가까이에 만이 하나 있는데 바로 부산포이다.

큰 강으로는 두만·압록·대동·한강·낙동강이 있는데, 물줄기가 5백 리, 7백 리, 천 리를 흘러 바다로 들어간다. 압록강은 백두산 서쪽 기슭에서 발원하여 두만강과 등을 지며 흐르는데, 처음에는 남으로 흐르다가 다시 서쪽으로 흐르면서 많은 샛강과 합쳐지고, 훈하(渾河)의 큰 물줄기를 더하여 창성(昌城) 이하는 능히 배가 다닐 수 있다. 옥강진 이하에는 모래사장이 있으며, 구련성(九連城)에 이르러서는 애하(愛河)와 합류하고, 그 아래에 구리도(九里島)·어적도(於赤島)·중강도(中江島)·금정도(黔定島)가 있는데 여기서 나뉘어 세 갈래 강이 되고 안동현(安東縣)에서 다시 합하여 하나의 강이 되는데, 기선과 작은 군함이 드나들 수 있다. 그 아래에 신의주(義州)·용암포(龍岩浦) 등이 있어 천리를 흐르는 우리나라 최대의 강이다.

청천강은 평안도 중앙에서 서쪽으로 흘러 황해로 들어가니 강의 남쪽을 청남(淸南)·북쪽을 청북(淸北)이라 한다. 고구려 명장 을지문덕이 수나라 군사를 크게 이긴 곳이기도 하다. 칠불사(七佛寺)·골적도(骨積島) 등 고적이 많다.

대동강은 그 원류가 두 개인데 하나는 평남 영원(寧遠)에서 나오고 또 하나는 황해도 곡산(谷山)에서 나와 중간에 많은 하천과 합류하며, 남으로 흘러 평양의 기름진 들판을 이루고 서서히 흐르기 때문에 상선들이 폭주하다가 만경대(萬景台)에 이르러서 기선이 정박하며 진남포(鎭南浦)를 거쳐 어은동(漁隱洞)에 이르면 폭이 넓어져 10여 리나 되며, 깊이가 20심(尋:1심은 8척임)이나 된다. 그리고는 황해로 들어간다.

 한강은 남북 두 강이 있는데(남은 습(濕), 북은 산(汕)이라 한다), 남강(남한강)이 가장 길다. 강원도 오대산에서 발원하여 구불구불 남쪽으로 흘러 영춘(永春)에서 충청도로 들어가고, 다시 서북쪽으로 흘러 충주를 거쳐 경기도로 들어가고 북강을 합하여 수량이 증가하고, 아울러 경기도 남쪽을 경유하여 북으로 꺾이어 임진강과 합치고 그 흐름이 더욱 커진다. 그리고는 예성강과 합류하여 황해로 들어간다.

 금강은 그 근원이 하나는 덕유산에서 나오고 하나는 속리산에서 나와 충청·전라도의 농업용수로 이용되는데 생산물이 풍부하며, 강경(江景)은 그 하류로서 상업의 요지가 된다.

 낙동강은 남한의 큰 강인데 경상도 전체가 그 물로 농사를 짓기 때문에 농산물이 전국에서 제일 풍부하며, 대구 서쪽, 성주 동쪽을 거쳐 밀양을 경유하여 삼랑진에서 남쪽으로 꺾여 다대포에서 해협으로 들어가는데, 강 어구에는 섬들이 많고 가덕도가 그 근처에 있다. 강 길이는 700리이고 600리까지는 배가 운행하기 편하고 하류에는 큰 배와 100톤의 기선이 다닌다. 겨울철에는 얼음이 얼지 않는다. 연강평야는 남쪽을 향해 펼쳐져 있고, 바다 바람이 따스하게 불어 기후가 온화하다. 또한 선적 화물도 중류서부터 강을 이용하는데, 남쪽으로 내려오면 바로 마산포와 진해만으로 나올 수가 있다.

 두만강은 백두산에서 발원해 압록강과 반대 방향인 서북쪽으로 흐르며, 수많은 하천과 합하여 경원과 훈춘 사이로 흐르며 한국과 만주의 경계를 이룬다. 경흥(慶興)을 지나면서 러시아령과 국경을 이루고, 조산만(造山灣)과 러시아령 피요트르만 사이를 경유해서 동해로 들어간다. 녹도(鹿島) 또한 대륙을 연결하며 반도 모양을 이루고 있다. 강의 길이는 900여 리로 강

어구에는 100톤짜리 기선이 통행할 수 있으며 경흥의 강안까지 이를 수 있다.

정치구역은 이전에는 8도로 나누어 경기 · 충청 · 전라 · 경상 · 강원 · 함경 · 평안 · 황해도가 있었으나, 지금은 충청 · 전라 · 경상 · 함경 · 평안 5도가 각기 남북으로 나뉘어 전부 13도가 되었다.

경기도는 전국에서 중앙에 있으며 경성(京城)은 우리나라의 수도인데, 본래 백제의 옛 도시였으나 고구려가 빼앗아 남평양이라 불렀고, 신라에서는 신주(新州) 또는 북한주(北漢州), 한산주(漢山州)를 설치했다. 고려에서는 남경(南京)이라 불렀고 조선 태조가 국도로 정했다. 삼각산은 경성의 진산(鎭山:자기 고장을 지켜준다는 산)이며, 산봉우리가 하늘로 치솟아 세 떨기 부용(芙蓉)과 같고 높이가 2,634피트이다. 북한산 백운대(白雲臺)가 산 허리에 높이 솟아 험한 절벽을 이루고 서쪽에 안현(鞍峴)이 있으니 곧 인조(仁祖) 갑자년에 정충신(鄭忠信)이 역적 이괄(李适)을 격파한 곳이다. 경성 사방에는 백악(白岳) · 목멱(木覓) · 낙산(駱山) · 인왕(仁王) 등의 산이 둘러싸여 있고, 서쪽 일대는 한강과 접하고 궁궐 및 중앙정부가 북쪽에 있으며 서남쪽에 시가지가 있다.

성균관은 전석현(磚石峴) 북쪽에 있으며 대성전(大成殿)에는 공자 · 안자 · 증자 · 자사 · 맹자를 받들고 있으며, 70여 명의 제자와 중국 한 · 당 · 송의 유학자와 본국의 명현도 함께 제사 지내고 있다. 성균관에는 4개의 공부방이 있었는데 유생들이 거주하였다.

청옥탑(靑玉塔)은 경성 탑동(塔洞)에 있으며 700년 전 고려 공민왕후인 원나라 노국공주(魯國公主)의 원탑(願塔)이다. 이 탑은 청옥으로 13층을 쌓았으며, 조각이 매우 정교하여 우리나라 고적 중에 유명한 곳이다.

용산은 용호(龍湖)라고도 하는데, 바다의 조수를 이용해 8도의 물건을 배로 운반하고 여객 및 화물이 닿는 곳이다. 마포는 인천을 왕래하는 작은 기선의 발착지점이다.

행주산성은 고양(高陽) 남쪽 20리에 있으며 선조(宣祖) 계사년에 도원수 권율(權慄)이 왜병을 대파한 곳으로 대첩비가 있다.

광주부(廣州府)는 경성부 동남쪽 80리에 있으며 백제 시조 온조왕(溫祚王)이 도읍을 정한 곳으로 사당이 있으며, 성이 아주 높은 산꼭대기에 있어 자연히 요충지가 되었다.

개성(開城)은 경성 서북쪽 130리에 있는데 일명 송도(松都)라고도 하며, 신라 때에는 송악군(松岳郡), 고구려에서는 부소갑(扶蘇岬), 백제에서는 동비홀(冬比忽)이라 불렀다. 고려 왕씨가 이에 도읍을 정하여 470여 년을 다스렸고, 만월대(滿月臺)·자하동(紫霞洞)·화대암(花臺岩)·숭양서원(崧陽書院 : 정몽주 선생을 제사 지내는 곳)·선죽교(善竹橋) 등 고적이 있다. 시가가 번창하고 인구가 조밀하여 7포의 무역이 통하여 상업이 전국에서 제일이었다. 인삼은 우리나라 특산품 중의 특산품이다. 천마산(天摩山)이 북쪽에 있어 기세가 웅장하고 성거(聖居)·오관(五冠) 두 산 사이에 대흥동(大興洞)이 있고 길이가 만장이나 되는 박연폭포(朴淵瀑布)와 대흥산성(大興山城) 등 명승이 많다.

강화도는 경성의 서남쪽 120리에 있는데 동북쪽은 강이고 서쪽은 바다이다. 강 연안이 모두 돌벽이라 자연적으로 험준한 요새를 이루니, 고려 고종이 몽고병을 피하여 10년간 도읍을 옮겼고, 조선도 유영(留營)을 설치하고 이궁(離宮)을 세웠으며 사고(史庫)를 지어 역사서적을 보관했다. 북쪽 마니산에 단군제천단(檀君祭天壇)이 있는데 위는 네모지고 아래는 둥근 모양이며 동양 건축 중에 가장 오래된 것이다. 전등산(傳燈山)에는 단군의 세 아들이 성을 쌓은 유적지가 있으니 삼랑성(三郎城)이라 부른다.

인천은 옛날의 미추홀(彌鄒忽)이며 강화만 안의 항구로서 한강의 해구(海口)에 붙어 있다. 내항은 얕고 좁아 2000톤 이상의 선박을 수용할 수 없다. 외항은 주요한 무역항이다. 경인철도가 있어서 교통이 아주 편리하며 연안에는 포대와 등대가 있으며, 한강을 이용하여 서울까지 작은 증기선이 왕래하였다. 외항은 거대한 선박의 왕래가 끊이지 아니하였고, 항구 안에는 내외국인의 거류가 성하고 많은 화물이 모여 유명한 항구도시가 되었다.

충청도는 옛날 마한(馬韓), 백제의 땅이다. 공주는 남쪽에 금강을 끼고 있어 수륙교통이 편하며, 평야와 농산물이 풍부하여 봄 가을에 열리는 큰 시장에는 각지의 상인들이 몰려든다. 쌍수산성(雙樹山城)은 인조대왕이 이괄의 난을 피하여 잠시 기거하던 곳이다. 부여는 금강 하류의 백마강변에 위치한 백제의 옛 도시로서 자온대(自溫台)·낙화암(落花岩)·천정대(天政台)·조룡대(釣龍台) 등의 고적이 있다. 홍주(洪州:洪城)는 내포에 농산물이 풍부했으며, 서남에는 섬들이 많아 배가 폭주하였다.

계룡산은 공주·진잠(鎭岑)·연산(連山) 등 여러 고을에 걸쳐 있어 그 기세가 웅장하고 수려하며, 산 속에 용천동(龍泉洞)·대석구(大石臼) 등의 명승지가 있다.

청주는 충북의 중심지로서 조령이 그 남쪽에 있고, 달천은 서쪽에 있으며 시장과 국방의 요지가 되었다. 달천강 연안에는 탄금대(彈琴臺)와 사휴정(四休亭)이 있는데, 신라인 우륵이 거문고를 타던 곳이다. 그 밑에 있는 양진(楊津)은 임진왜란 때 신립(申砬) 장군이 전몰했던 곳이다. 그 남쪽은 단월역(丹月驛)으로 충민공 임경업(林慶業)의 사당이 있다.

청주는 동진강(東津江)에 이르러 큰 산이 뒤에 있고, 중앙에 광야가 전개되어 곡식이 풍부하다. 상당산성(上黨山城)이 있는데 높고 험하며, 그 남쪽의 국사봉(國士峰)은 임진왜란 때 유생 조헌(趙憲:1544~1592)이 왜병과 싸운 곳이다.

진천(鎭川) 서쪽에 길상산(吉祥山)이 있으니 신라 김유신이 탄생한 곳이다.

속리산은 보은군(報恩郡) 동쪽에 있고 그 기세가 웅대하며, 산꼭대기에는 문장대(文莊臺)가 있고 그 남쪽에 법주사가 있다. 창건자는 신라 승려

의신(義信)이며, 돌다리 · 돌로 만든 물통 · 돌항아리 · 돌삽 · 산호전(珊瑚殿) · 금신장육상(金身丈六像)과 동당(銅幢) 등이 있으며 모두 신라 때 만든 것이다.

전라도는 옛날의 마한 · 백제의 땅이며 신라 경덕왕이 전주 · 무주 두 도독부를, 고려 성종이 강남 · 해양(海陽) 두 도시를 설치하고 현종 때에 전라도라 합칭했으며 이후에도 그대로 따라 불렀다. 산천이 아름답고 기후가 온화하며 하늘이 내리고 사람이 만든 산물이 전국에서 제일 풍부하다.

전북의 중심지는 전주인데, 동쪽은 위봉산(威鳳山)이 자리 잡고 서북쪽은 기린(麒麟) · 건지산(乾止山)을 끼고 있으며, 후백제 왕 견훤의 도성으로서 궁전 유적이 있고 남문 안의 경기전(慶基殿)은 조선 태조의 초상화를 모신 곳이다.

남원은 마이산(馬耳山) 남쪽에 있으며 임진왜란 때 명장 양원(楊元)이 성을 쌓은 유적지가 있다.

운봉(雲峰)은 전라 · 경상 두 도의 통로상에 있으며 조선의 태조가 왜적을 섬멸한 곳으로 승전비가 있다.

금산(錦山)에는 칠백의사묘(七百義士墓)가 있으며, 임진왜란 때 명유 조헌이 의병을 일으켜 왜군을 치다가 700명의 동지가 동시에 이곳에서 순절했다.

익산 용화산(龍華山) 위에는 옛 성터 유적이 있으니 곧 기자(箕子) 41대손 무동왕(武東王) 준(準)의 아들 무강왕(武康王) 탁(卓)이 축조한 성이다.

덕유산은 무주 구천동에 있고 적상산성(赤裳山城)은 덕유산과 지리산 사이에 있는데, 붉은 절벽이 사면에 치마를 두른 듯한 모습이고 사고(史庫 : 조선시대에 실록(實錄) 등 국가의 중요 문헌을 보관하던 창고)가 있다.

부안 변산은 바다에 임해 있는데, 날카로운 산봉우리들이 둘러싸고 있으며, 계곡이 매우 깊고 옛 절이 있는데 이곳은 신라의 명승 진표(眞表)가 기거하던 곳으로 나무사다리 높이가 100척이고 사다리 밑은 주지가 거처하던 방이며 그 밑은 만길 낭떠러지로 철끈으로 집을 매고 바위에 구멍을 뚫어 매어두었다.

군산포(群山浦)는 무역에 편리한 항구로 큰 배를 수용할 수 있어 미곡·목재·소가죽·마지 등을 금강을 통해 육지로 수출하여 강경포의 차장(車場)과 연계된다.

전남은 우리나라의 가장 남쪽에 있고 복잡한 해안선과 많은 섬들이 있어서 해상 방어의 요충지이다.

광주는 전남의 중심지로서 영산강 상류에 있으며, 고려 명장 정지(鄭地)와 조선의 명장 김덕령(金德齡)·정충신(鄭忠信)이 탄생한 곳이다. 땅이 기름지고 산물이 풍부하며 미곡·무명·대나무 제품·부채·발(簾)·종이 등이 많이 산출되며 나주도 역시 마찬가지이다.

목포는 항구 안에 큰 배를 수용할 수 있으며 섬들이 앞을 막고 있어 풍랑을 막을 수 있으므로 좋은 항구가 될 수 있으나, 항구로 들어오는 문이 좁아서 배의 왕래가 어려운 까닭에 상업상으로 군산항에 뒤진다. 그러나 나주·광주의 산물이 이곳에서 수출되니 가까운 바다에 항구와 섬들이 매우 많다. 서해상의 쌍자열도(雙子列島)는 목포 입구의 항구가 되고, 우수영·진도 사이에 있는 벽파정(壁波亭)은 임진왜란 때에 충무공 이순신이 왜선을 섬멸한 곳이요 남쪽에는 고금도(古今島)가 있다.

제주는 우리나라에서 가장 큰 섬으로 생김새가 타원형인데, 긴 쪽은 400리요 짧은 쪽은 170리이다. 제주의 옛 이름은 탐라국이며 조선시대에 들어 1목(一牧)과 3군(三郡)을 두었다. 북부는 제주이고 남서는 대정(大靜)이며 동북은 정의(旌義)이다. 풍습이 순박·검소하고 장수하는 사람이 많으며 중앙에 한라산이 있으니 우리나라에서 두 번째로 높은 산으로 삼신산의 하나이며 영주(瀛州)라 칭하기도 한다. 산꼭대기에는 백록담이 있는데 검푸른 물빛 때문에 가까이 가서 볼 수가 없다. 산 속에는 온갖 꽃들과 거대한 수목들이 한데 어우러져 있어 그 안에서 나오는 향기로운 바람이 온 산에 가득하니 실로 천하의 절경이다. 원당악(元堂岳)이 동쪽에 있으며 산 위에 목이 있는데 큰 가뭄에도 마르지 않는다.

추자도(楸子島)는 제주의 북쪽에 있는데 고려 원종 때 김방경(金方慶)이 반군 삼별초(三別抄)를 토벌한 곳이다. 명월포(明月浦)는 도통사 최영이 원의 질길리(迭吉里)를 격파한 곳이며 감귤·말·해삼·건어물·미역 등의 생산물이 많으며, 또 목마장도 있다.

거문도(巨文島)는 제주의 북동쪽에 있으며 감천(甘泉)이 많고 인구가 2천여 명에 이른다.

경상도는 옛날 진한·변한의 땅이며 신라 시조가 이곳에 건국하고 경덕왕이 상주·양주(良州)·경주 세 도독부를 설치했다. 고려 성종 때에는 영남·영동·산남(山南) 3도를 설치했으며, 예종 때 이를 합하여 경상·진주 2도를 설치하고 명종은 경상도라 합칭했다. 신종(神宗)은 진안도(晋安道)라 개칭하고 충숙왕(忠肅王)이 다시 경상도라 칭하여 조선에서도 그대로 따라 불렀다. 지리가 가장 아름답고 풍습이 건실하다.

대구는 경상북도의 중심지이며 낙동강 중류의 평원에 위치하여 큰 도시를 이루고 있다. 사면이 모두 산이며 중간이 평야 지대이니 동서가 50리며 남북이 20리이다. 금호강(琴湖江)이 그 사이로 흐르는 탓에 미곡·채소·과일이 풍부하고 매년 2월, 10월에는 대령시(大令市)가 열려 상인들이 모여든다.

경주는 신라의 천년고도로서 신라 왕릉과 첨성대·불국사·집경전(集慶殿)·포석정 등 고적이 많으며 북쪽은 영일만과 가깝다.

상주(尙州)는 충청도와 맞닿은 곳으로 낙동강 상류에 있으며, 기린군 선산(善山)과 함께 옛부터 인물이 배출되는 지방이다. 성주(星州)는 바로 옛날의 성산(星山) 가야국이니 낙동강과 가야산 중간에 있다.

조령(鳥嶺)은 경북의 서북쪽 경계에 있고 우리나라에서 세 번째로 높은 산이며 남쪽에서 가장 험준한 곳이다. 북쪽에는 주흘(主屹)이 있고 남쪽에는 견탄(犬灘)이 있으며 서쪽에는 희양청화(曦陽靑華)가 있고 동쪽에는 천주대원(天柱大院)이 있다.

태백산은 봉화군(奉化郡)의 북쪽에 있고 운표(雲表)가 뛰어나게 우수하며 정상에 황지(黃池)가 있고 경치가 빼어나며 신라 때는 북악(北岳)이라 불렀다. 산 위에는 단군사당이 있고 아래에는 각화홍제암(覺華弘濟庵)과 사고(史庫)가 있다.

소백산은 그 서쪽에 있으며 항상 붉고 흰 구름에 둘러싸여 있고 욱금동(郁錦洞)·비로전(毗盧殿)·퇴계원(退溪院) 등의 명승지가 있다. 동쪽 기슭에는 신라 고찰 부석사가 있는데 절 뒤에 두 개의 큰 바위가 있어 언뜻 보기에 두 바위가 포개져 있는 것 같으나 중간에 가는 끈이 통과하기 때문에 부석(浮石)이라 한다. 또 취원루(聚遠樓)가 있어 공중에 아물거리니 신라 이래 모든 명승의 초상이 되었다.

청량산(淸凉山)은 예안강(禮安江) 위쪽에 있으며 동굴이 매우 깊고 기암절벽을 이루고 있다. 산 안에 난가대(爛柯臺)가 있으니 최고운(崔孤雲)이 바둑을 두던 곳이라 전하며, 석굴 속의 노파상은 고운의 노비상(奴婢像)이라 전한다.

안동은 박달산(朴達山) 남쪽 기슭에 있는데 예안강(禮安江)이 동남쪽을 둘러싸고 있으며, 남쪽 강변에 영호루(映湖樓)가 있는데 고려 공민왕이 놀던 곳이며 누각 북쪽의 서악사(西岳寺)·귀래정(歸來亭)·임청관(臨淸關) 등이 모두 신라의 고적이다.

예안 도산(陶山)은 우리나라 명유(名儒) 이황(李滉)이 기거하던 곳이며 수풀과 물이 아름다운 까닭에 명종 임금이 병풍에 풍경을 그리고 감상한 사실이 있으며 도산서원(陶山書院)이 이곳에 있다.

전남의 치소는 진주로 분강(汾江:南江) 기슭에 위치해 있으며, 남해안 가까이에 있다. 그 연안에 촉석루(矗石樓)가 있어 경치가 뛰어나다. 강 가운데 의로운 바위가 있는데 임진왜란 때에 왜병이 진주를 함락시키고 병사 황진이 전사하자 기생 논개(論介)가 이 바위에서 왜장을 껴안고 강물로 떨어져 함께 익사한 곳이니 의랑사(義娘祠)가 있다.

지리산은 경상도 서쪽 경계에 있으니 백두산의 큰 줄기가 남으로 내려오다가 이곳에서 멈춘 까닭에 일명 두류(頭流)라 하고 또 방장(方丈)이라고도 하니 곧 삼신산(三神山)의 하나이다. 기후가 따뜻하고 토지가 기름져 산 아래 사는 사람이 흉풍을 알지 못하며, 산 북쪽에는 함양지(咸陽池)·영은동(靈隱洞)·군자사(君子寺)·벽소동(碧宵洞)·구품태(九品台)·매계(梅溪) 등 뛰어난 고을이 있다.

가야산(伽倻山)은 합천 성주(星州)에 있는데 홍류동(紅流洞)·무릉교(武陵橋)·비천반석(飛泉磐石) 등 명소가 많으며 신라 최고운의 유배지였다고 전한다. 산 속에 해인사(海印寺)가 있으며 신라 애장왕 때 건축한 고찰로서 팔만대장경 판각을 보존하고 있다.

고성(固城)은 통제영(統制營)의 옛땅이며 선조 때 설치하여 경상·전라·충청 3도의 해군을 관할했고, 충무공 이순신이 왜군을 격파한 곳이다.

김해는 낙동강 서쪽에 있으니 옛 가락국(駕洛國) 김수로왕이 도읍을 세운 곳으로 성곽 유적지가 있다.

항만 가운데 진해는 군사상의 요지이며 부산·마산 등은 상업상의 중심지이다.

동래는 부산항 동북 30리에 있으며 시가지는 번창하고 화물이 쌓이며, 서북동 3면은 산으로 둘러싸여 병풍을 친 것처럼 됐으며, 서산 마루에는 천연석 문이 솟아 공중을 빗겨나간 듯하여 천하의 기이한 광경을 연출하고 있다. 산기슭에는 온천과 범어사(梵魚寺)가 있다.

강원도는 본래 북부여왕이 동쪽으로 내려와 이름을 예맥국(濊貊國)이라 불렀던 지방이다. 신라 경덕왕이 명주(溟州)·삭주(朔州) 두 도독부를 설치하고 고려 성종이 삭방도(朔方道)라 불렀다. 명종은 명주·춘주(春州) 2도를 설치하고 충숙왕이 춘주를 고쳐 회양도(淮陽道)라 불렀으며 공민왕이 명주를 강릉도라 고치고 조선 태조 때에 합하여 강원도라 불렀다.

회양의 금강산은 동방 제일의 명산이며 1만2천 봉이 모두 흰색 바위로 이루어진 까닭에 개골산(皆骨山)으로도 불린다. 바위와 동굴, 폭포, 누각, 사찰이 모두 천하의 절경이라 말과 글로써는 도저히 표현할 길이 없다. 이런 까닭에 중국 사람들의 평생 소원이 고려국에 태어나 금강산을 한번 보는 것이라는 말도 있다. 오대(五臺)·한계(寒溪) 등의 여러 명산이 있으며 또 강릉 경포대(鏡浦臺)·고성 삼일포(高城三日浦)·통천 총석정(通川叢石亭)·양양 낙산사(襄陽洛山寺)·삼척 죽서루(三陟竹西樓)·울진 망양정(蔚珍望洋亭)·평해 월송정(平海月松亭)·간성 청간정(杆城淸澗亭)이 세칭 관동팔경(關東八景)이라는 것이며, 오대산에는 사고(史庫)가 있고 또한 오세암(五歲庵)이 있으니 곧 매월당 김시습이 불교에 귀의해 세상을 바라보던 곳이다.

춘천은 강원도의 중심지이며 한강 상류에 있고 팽오통도(彭吳通道)의 고적과 백금 광산이 있다.

철원은 태봉(泰封)의 왕 궁예가 도읍한 곳으로 명주와 철이 많이 생산된다.

원주의 치악산은 그 기세가 웅대하고 경치가 뛰어난 곳이 많으며 고려 충신 원천석(元天錫)의 옛집이 있다.

강릉은 푸른 바다를 마주보고 뒤쪽에는 대관령이 있으니 곧 옛날의 창해군(滄海郡)이다. 장양(張良)이 "동쪽으로 창해군을 보고 역사(力士)를 얻는다" 함이 이 땅이며, 신라 때에는 명주(溟州) 혹은 북명(北溟)이라 불렀다. 바다와 가까워 해운에 유리하고 주민들이 부유하다.

영월(寧越)은 조선 단종이 왕위에서 물러난 곳이니 장릉(莊陵)과 자규루(子規樓) 등의 유적이 있다.

울릉도는 삼척 앞바다 가운데 있으며 주위가 100여 리이고 옛날의 우산국(于山國)이다. 섬 연안과는 거리가 800리나 떨어져 있으며 해안은 험준하며 수목이 울창하여 좋은 목재가 많이 난다. 복숭아가 하도 커서 되박 만하고 고양이의 크기도 개만 하며 물고기가 많이 잡혀 아주 풍족한 곳이다.

함경도는 옛날 동북 옥저(沃沮)와 동현도(東玄菟) 지방이다. 고려 성종 때는 삭방도(朔方道)에 속했으며, 문종은 동북면(東北面)으로, 명종은 연해도(沿海道), 명주도(溟州道)라 불렀다. 공민왕 때에 강릉삭방도(江陵朔方道)라 부르고 조선의 태종은 영길도(永吉道)로, 성종은 영안도(永安道)라 불렀으며 중종 때에 이르러 함경도라 불렀다.

함흥은 동조선만에 가깝고 배산임수의 지형에 기름진 옥답이 많으며, 조선의 발상지로서 근교에 태조가 어릴 때 살던 집이 있고 인심이 소박 강건하다.

북청(北靑)은 북방 요충에 해당하며 그 남쪽에 마양도(馬養島)가 있다.

원산항은 동해안의 덕원만(德源灣) 안에 있으며 부산과 블라디보스토크를 오가는 항로의 중심지이다. 남으로 경성까지 육로와 철도가 부설되어 있고 광산 및 해산물이 풍부하며 내외국인의 무역이 번성하며, 서쪽에 마식령(馬息嶺)이 있다.

안변의 황초령에는 진흥왕 순수비가 있고, 문천·영흥에서는 금과 철이 생산되고, 갑산은 유명한 동광이 있으며 단천에도 동광이 있다.

북도의 주요 도시로는 경성(鏡城)이 있는데 요충지이다. 북쪽에는 조산만(造山灣)이 있고 또 마정만(馬丁灣)·웅기만(雄基灣)이 있어 좋은 정박지가 되었다.

경흥(慶興)은 두만강변에 있는 상업 근거지이고 또한 동북변 방어상의 추축(樞軸)이다. 두만강을 거슬러 올라가 무산(茂山)·회령(會寧)·종성(鍾城)·온성(穩城)·경원(慶源)·경흥(慶興)을 북도6진(北道六鎭)이라 부르는데 세종(世宗)이 김종서에게 명하여 야인을 몰아내고 설치한 곳이며, 임진왜란 때 정문부(鄭文孚)가 7의사(七義士)와 함께 가토 기요마사(加藤淸正)의 왜군을 격파한 곳이다.

백두산 부근은 옛날 숙신(肅愼) 지방이며 발해 태조와 청의 시조가 이 지방에서 발상한 까닭에 이곳을 '영웅 산출 지역'이라 부른다.

경성(鏡城) 남녘에 명천(明川)·길주(吉州)가 있고 명태(明太)와 해삼 어장이 많으며 그 남쪽에 성진항(城津港)이 있다.

평안도는 고조선의 문명이 처음 열린 지방이며 평양은 남도의 중심지로서 옛날에는 왕검성(王儉城)이라 불렀다. 성 안에 단군기자, 동명왕의 사당이 있으며 성 북쪽에는 기자릉(箕子陵)이 있다. 대동강(大洞江), 보통강(普通江)이 삼면을 둘러싸서 반도와 같고, 모란봉(牧丹峯), 을밀대(乙密臺) 등의 명승지가 무수히 많다. 동남쪽은 강변이고 돌벽이 견고하여 성곽 구실을 하므로 옛부터 방어의 요충지가 되며, 철도가 종횡으로 달리고 수륙교통도 편리하다. 부근에서 농공광업 생산물이 풍부하여 우리나라에서 손꼽는 대도시가 된다.

석다산(石多山)은 평양 서쪽 80리에 있으며 옛날 을지문덕 장군의 탄생지이다. 대동강 북쪽 기슭에 삼화진남포(三和鎭南浦)가 있는데 상당히 좋은 항구지만 겨울에는 얼음이 얼어 항해에 불편하다.

강동군(江東郡)은 대동강 상류에 있는데, 읍의 서쪽 30리 지점에 큰 무덤이 있고 주위가 480척이니 사람들은 단군릉(檀君陵)이라 부른다. 고려 충숙왕이 관리를 두어 벌목을 금지시키고, 조선의 성종이 낡고 무너진 데를 고치고, 영종 때에는 관찰사에게 명하여 수리하고 제사를 올리게 했으며, 정종은 능지기를 두고 금표를 세워 사람들의 출입을 막았다. 중화군 동쪽 용산(龍山)에 동명성왕의 능과 진주지(眞珠池)가 있다.

국내 광산은 평안남북도가 제일 유명한데, 남도는 성천(成川)·은산(殷山)·순안(順安)·개천(价川)이고, 북도는 운산(雲山)·선천(宣川)·삭주

(朔州)가 특히 유명하다.

　영변(寧邊)은 옛날 북도의 중심지(지금은 신의주)로서 청천강(淸川江) 북쪽에 있으며, 사방의 거대한 언덕이 자연스레 성벽을 이루고 있는 까닭에 일명 '철옹성(鐵瓮城)'이라 한다. 약산 동대(藥山東臺)의 절경이 있고, 동쪽에 묘향산(妙香山)이 있으니 사명산(四名山)의 하나로서 신인굴(神人窟)이 있는데, 그 위에 제단을 쌓고 단군을 제사 지낸다. 또 큰 사찰이 많고, 유명한 서천대사(西天大師)의 영정이 있다.

　귀성(龜城)은 그 서쪽에 있으며, 역시 경치가 빼어난 곳이다. 고려 때 강감찬 장군이 거란을 격파하고, 박서(朴犀)가 몽고를 물리치고, 조선의 이완(李浣)이 만주족을 방어한 곳이므로 삼첩승지(三捷勝地)라 부른다.

　의주(義州)는 압록강과 마주보는 곳이며, 고구려 명장 을파소(乙巴素)와 명장 양만춘(楊萬春)이 탄생한 곳이다. 만주 구련성(九連城)과 가까운 탓에 옛부터 양국민의 교역 장소이며, 상류에 창성(昌城)·자성(慈城)이 있고, 동북쪽 강변에는 구리·금·인삼 등이 생산된다.

　황해도는 옛날 마한 땅인데 신라 경덕왕 때 한주도독부(漢州都督府)에 예속되고, 고려 성종 때는 관내도(關內道) 소속이며, 현종 때는 서해도를 두었다.

　조선의 태조 4년에는 풍해도(豊海道)라 불렀고, 17년에 황해도라 개칭했다.

　해주(海州)는 황해도의 중심지로서 앞쪽은 황해를 바라보고 뒤로는 수양산을 등지고 있다. 산 위에 청성묘(淸聖廟)가 있고 '백세청풍(百世淸風)'이라는 네 글자를 걸어놓았으니 공자님이 말씀하신 '소련대련(小連大連)'이 바로 이 고장 사람들이며, 지금의 오(吳)씨가 그 후예라 한다. 해주 서쪽에 고려 명유 최충(崔沖)의 옛집이 있고 또 석담촌(石潭村)이 있는데, 조선의 명유 율곡 이이(李珥)가 거처로 삼고 후학을 가르치던 곳이다. 해주 동쪽에 북숭산(北嵩山)이 있으며 산 아래에 신광사(神光寺)가 있는데 장엄하고 웅장·화려함이 우리나라에서 제일이다. 원나라 순제가 태자로 귀양살이를 하게 되었는데, 이곳 청도(靑島)에 기거하면서 매일 불공을 드려 고국으로 돌아가게 해달라고 기도했는데, 결국 돌아가게 되어 제위에 오르자 목수를 보내 이 절을 짓게 하였다 한다.

면악산(綿岳山)은 평산군(平山郡)에 있고 산 아래 화천동(花川洞)에 고대 무덤이 있는데 청나라 황제의 조상묘라고 전해온다.

연안(延安)·백천(白川)·은율(殷栗)·풍천(豊川)·송화(松禾)·문화(文化)·재령(載寧)·신천(信川)·황주(黃州)·봉산(鳳山) 지방은 토지가 비옥하고 땅이 넓어 곡물이 풍부하게 생산되고, 송화(松禾)의 금광, 은율(殷栗)의 철광 또한 유명하다. 연안(延安)은 임진왜란 당시 이정복(李廷馥)이 왜병을 격퇴한 곳으로 승전비가 있고, 문화(文化)는 옛날 당나라 수도인 장안에 버금갈 정도로 번창하였다.

문화는 옛날 당장경(唐藏京)으로 또한 장장평(莊莊坪)이라 칭하였다. 구월산(九月山)은 일명 아사달산(阿斯達山)인데 석봉이 하늘로 솟아 있고 신지선인(神誌仙人: 단군때 선인)이 말한 백아강(白牙岡)이다. 삼성사(三聖祠)가 있어 환인(桓因)·환웅(桓雄)·단군 삼신을 받들어 제사 지낸다.

제2장 역사의 대강(大綱)

상고에 신인(神人)이 있어 천부3인(天符三印)을 가지고 태백산 단목(檀木) 아래로 내려오니 온 나라 사람들이 추대하여 임금을 삼고 당요(唐堯: 중국 전설상의 성왕(聖王) 효제(堯帝)가 다스리던 태평성대) 무진년에 나라를 세우니 이가 곧 단군이다. 국호를 조선이라 하고 의식주의 법도를 가르치며 제천의 예를 행하였다. 왕자 부루(扶婁)를 보내 하우(夏禹) 도산회(塗山會)에 보내니 이것이 국교의 시초가 되었다. (하우는 중국 하나라를 세웠다는 전설상의 임금, 도산은 안휘성에 있는 산으로 하우가 도산氏를 취한 곳이라 함)

조선 민속에 자녀가 처음 태어나면 삼신(三神)에게 제사 지내고 축복을 기도하며 빌기를, '삼신이 낳으시고 삼신이 보호하신다' 하니 삼신은 바로 환인, 환웅, 단군을 말한다. 이 삼신으로 백성들의 시조를 삼고, 보본(報本 : 태어난 근본을 잊지 않고 그 은혜를 갚는 것)을 중히 여기는 까닭은 단군에 제사함으로써 교화의 근본을 삼는 것에 기인하며, 약 1480년간이나 계속해서 국가의 통치를 이어왔다고 전해지고 있다.

  은나라 태사 기자(殷太師箕子)가 주(周)를 피하여 동으로 오니 따르는 자가 5천이었다. 지금의 봉천(奉天) 회녕현(會寧縣)에 자리잡고 국호를 조선이라 부른 뒤 예로써 백성들을 가르치고 팔조(八條)의 금령을 세우니 백성들이 남의 재물을 훔치지 않으며 밤에 문을 닫지 않고 부녀는 정절을 지켜 음탕하지 않으며 성현의 교화가 행해지니 공자도 역시 살고자 하였다.

  단군의 뒤는 해부루(解扶婁)라 하는데, 북부여에서 나라를 세우니 지금의 봉천 개원현(開原縣)이다. 뒤에 동부여와 졸본부여로 나뉘고, 북부여가 가장 오랫동안 왕위를 이어갔으니 2천 년에 달한다.

  기자조선은 연(燕)나라와 국경을 마주하고 있었는데, 연이 점차 강성하여 주나라 말기에 우리 땅 2천여 리를 연에게 빼앗기고 요하에서 대동강으로 천도했다. 진(秦)말 한(漢)초에 연과 제(齊)나라 사람들 가운데 피난하여 오는 자가 많아졌으며, 그 중 연나라 사람 위만[燕人衛滿]이 무리를 이끌고 도망쳐 오니 무동왕 기준(武東王箕準)이 가련히 여겨 서쪽 변경 땅을 정해주고 안주케 했다. 뒷날 위만이 점차로 강성해지더니 오히려 기왕을 습격했고, 기준은 배를 타고 남쪽으로 도망와 마한의 왕이 되니 기씨조선은 900년간 나라를 다스렸다.

  위만의 손자 우거(右渠)는 자국의 강함을 토대로 동방의 여러 나라를 정복하고 한의 조공로를 막았다. 이에 한무제가 사신을 보내 타일렀으나 듣지 않자 무제는 양복(楊僕)·순체(荀彘) 등을 보내 위씨를 토벌하고 그

지방에 낙랑(樂浪)·임둔(臨屯)·현도(玄菟)·진번(眞蕃)의 사군(四郡)을 설치하니 위씨는 3대 87년간 다스렸다. 이때 열수(洌水) 이남에는 여러 소국이 각기 자치를 형성하고 있었고, 그 중에 마한·진한·변한이 가장 강대한 국가로서 삼한이라 불렀다.

고구려는 시조 주몽이 동부여로부터 졸본으로 내려와 나라를 세우니 천성이 용맹하여 각 부족을 정복하고 단군·기자의 옛 땅을 회복했고, 아들 유리왕(類利王)은 선비(鮮卑)를 토벌한 후 병합하고, 손자 대무신왕(大武神王)도 크게 영토를 개척하여 부여·양맥(梁貊)·개마(盖馬), 낙랑 등을 병합하고 동방의 영웅이 되었다. 17대 손자 광개토왕은 용맹이 천하를 뒤덮을 만하여 북으로 거란을 정벌하고 영토 수천 리를 얻었으며, 남으로 왜를 정벌하여 신라를 구하고, 또 백제를 정벌하여 조상의 원수를 갚으니 그 공적비가 지금의 봉천성(奉天省) 집안현[輯安縣: 그 당시 환도성(丸都城)]에 있다. 영양왕(嬰陽王) 때 수나라 양제(煬帝)가 천하의 병사를 움직여 우문술(宇文述)로 하여금 평양을 공격케 했으나 고구려 을지문덕에게 대패하여 따르는 군사가 전멸했다. 보장왕 때에는 연개소문이 외교를 소홀히 하여 당태종의 노여움을 사니 태종이 몸소 대병을 이끌고 안시성(安市城)을 공격하다가 성주 양만춘(楊萬春)에게 패하여 돌아갔다. 그후 연개소문의 아들 남건(男建), 남생(男生)이 권력을 탐하여 서로 싸우고, 남생이 당나라 군사를 이끌고 조국을 공격하니 신라도 동시에 협공하여 고구려가 망했는데 왕위를 이어온 지 700여 년이다.

백제 시조 온조왕은 고구려 동명성왕(東明聖王)의 셋째 아들이며, 한산(漢山)에서 나라를 세우니 지금의 한경(漢京)이다. 부여씨(扶餘氏)로 성을 정하고 매년 10월 하늘에 제사 지내며, 동명성왕의 사당을 세우고 마한을 정복했다. 그리고 기루왕(己婁王)이 비로소 벼농사를 시작했다.

개로왕(蓋鹵王) 때에 영일현에 사는 영오(迎烏)라는 사람이 일본에 들어가 왕이 되었다. 근초고왕이 문학을 장려하여 고흥(高興)을 박사로 삼았으며, 침류왕이 대학을 건설하고 법령을 공포하니 문치(文治)가 크게 진보했고 그 여파가 일본에 보급되었다. 동성왕(東城王)이 무력으로써 영토를 개척했으나, 그후 의자왕에 이르러 잔치를 일삼고 대신 성충(成忠)의 간함을 듣지 않아 국방을 소홀히 했다. 신라가 당에 군사를 요청하여 협공하니 장군 계백이 용감히 싸우다 전사하면서 끝내 백제가 망하니, 나라를 세운 지 678년이다.

신라 시조 혁거세(赫居世)는 성이 박씨이며 고구려보다 21년 전에 진한에서 개국하여 지금의 경주에 도읍을 정했다. 하늘의 덕으로 백성을 다스리니 원근이 모두 따르고 석탈해(昔脫解)·김알지(金閼智)가 그 덕을 이어받아 다스렸다.

박·석·김 세 성이 서로 번갈아 왕위를 양보하는 풍습이 있었고, 태종 때에 국력이 크게 발전해 영토를 널리 개척하였다. 일본을 정벌하여 명석(明石)에서 항복을 받으니 지금의 적마관(赤馬關)이 바로 그곳인데, 전쟁이 끝나면서 일본은 굴욕적인 강화라고 할 수 있는 성하지맹(城下之盟)의 맹약을 맺어야 했다. 문무왕이 김유신을 시켜 백제·고구려를 정복했다.

삼국시대는 무력을 크게 숭상하는 한편, 천문·지리·의학·미술·공예 및 유·불 두 종교가 동시에 발달하여 찬란한 문명을 이룩했으며, 일본에게도 전수하여 미개함을 깨우쳐준 것이 많았다. 신라는 경순왕 김부(金傅)에 이르러 고려에 항복하니 박씨 10왕, 석씨 8왕, 김씨 38왕으로 나라를 세운 지 992년이다.

고구려가 망하자 속말부(粟末部) 사람인 대조영(大祚榮)이 고구려 숙장(宿將)으로 귀양가다 동모(東牟)에 이르러 남은 사람들을 불러모아 일시에 고구려땅을 회복하고 발해를 건국했다.

선왕(宣王) 때에 이르러 더욱 영토를 확장하고 5경(京) 15부(府) 62주(州)

를 두었으며 문물이 융성하여 해동성국이라는 칭송을 들었다. 후세에 와서 요나라 태조 아보기(阿保機)에 멸망하였으니 나라를 세운 지 214년 만이었다. 발해국 이후에 정안국(定安國)이 세워졌다고는 하나 그 연대를 밝힐 수가 없다.

신라 말기에 진성여왕이 정치를 잘 못하여 사방에서 도적이 일어났는데, 그중 하나인 궁예는 담력이 있어 북원(원주)의 의적인 양길(梁吉) 휘하에 들어가 장군이 되어 활동하면서 그 명성을 점점 떨치게 되었다. 그러자 그는 "신라가 당나라의 힘을 빌어 고구려를 멸망시킨 것은 옳은 일이 아니다. 내가 반드시 고구려를 위해 복수를 하겠다"고 맹세하며 철원에 나라를 세우고 여러 주를 정벌하여 취하면서 전국의 2/3정도를 차지하게 되었다. 그리하여 태봉(泰封)이라는 나라를 세웠다.

그 뒤 수년 후에 상주 농가의 아들인 견훤이라는 사람이 그의 담략(膽略)으로 대중을 복종시키더니 반란을 일으켰다. 그는 "백제는 우리의 조국이다. 600년을 이끌어 오다가 당나라 군사가 신라와 합하여 나라를 멸망시켰으니, 내 비록 덕은 없으나 반드시 의자왕의 원통함을 씻을 것이다"라고 맹세하면서 완산(전주)에 웅거하면서 후백제를 세웠다. 이로 말미암아 후삼국의 판도가 형성되었는데, 이후 고려 태조가 일어나 다시 하나로 통합시켰다.

고려 태조의 성은 왕(王)씨요 이름은 건(建)이다. 처음에는 태봉 왕(泰封王) 궁예를 섬겨 시중(侍中)이 되었으나, 인품이 후덕하고 천하를 다스릴 만한 도량을 갖추고 있었다. 궁예가 교만하고 잔학무도하므로 여러 장군이 왕건을 추대하여 왕을 삼으니 국호를 '고려'라 하고 연호를 '천수(天授)'라 했다. 문무의 도와 유·불교를 받들고 권장하니 규모가 크고 치적이 매우 많았다.

광종(光宗)은 학문을 숭상하여 제도가 정비되고, 성종 때는 거란의 소손녕(蕭遜寧)이 대군으로 서쪽 국경을 침략했으나 서희(徐熙)가 격퇴했다.

현종 때 거란이 40만 대군으로 침략하자 양규(楊規)·정성(鄭成) 등이 이를 물리쳤고, 후에 다시 많은 병사를 동원해 국경을 침범했지만 강감찬(姜邯贊)·강민첨(姜民瞻) 등이 귀주에서 대파했다. 감찬은 문무에 큰 재주가 있으며 국가의 대들보로 세 임금을 섬겼다.

의종(毅宗) 이후는 무신 정중부(鄭仲夫) 등의 발호로 왕권이 실추되어 정변이 자주 일어났는데, 명종(明宗)·신종(神宗)·희종(熙宗)·고종(高宗) 네 임금에 걸쳐 최충헌(崔忠獻) 등이 국권을 마음대로 휘두르고 조정 중신을 함부로 죽이며 왕위 폐립이 빈번했다. 병력은 개인의 사병(私兵)이 되었으며 금군(禁軍)과 변경을 지키는 군졸은 쇠약하기 짝이 없고, 다시 금산왕자(金山王子)의 변란과 몽고와의 10년 전쟁이 계속되어 국력이 몹시 피폐해졌다. 간신히 몽고와 조약을 맺고 결혼으로 미봉책을 세웠으나, 이에 더하여 원 세조가 왜를 정벌할 때, 김방경(金方慶)으로 하여금 병사 7만으로 원나라 군사를 돕게 했으나 태풍 때문에 그냥 돌아와 국력의 소모가 막심했다.

공민왕 때에 홍두적(紅頭賊) 10만여 명이 개경을 함락하자 정세운(鄭世雲)·이방실(李芳實) 등이 공격하여 격파하고 원나라 왕의 옥새와 금인 각 한 과(顆)씩을 탈취하였다. 또 나하추(納哈出)가 북쪽 국경을 침략했으나 동북면 병마사(兵馬使) 이성계(李成桂)가 격파하였다. 최유(崔儒) 등이 원나라 군사 1만여 명을 대동하고 들어와 덕흥군을 세우려 했으나 도순위사 최영과 이성계가 이들을 물리쳤다. 그때 해안 지방이 빈번히 왜구의 침략을 받아 피해가 막심했는데, 최무선이 화약을 만들어 적선 500척을 불지르니, 적은 선산과 운봉 등지로 들어가 살육과 약탈을 일삼했다. 그러나 이 또한 최영과 이성계의 활약으로 전부 평정되었다. 또 적들은 큰 배 수백 척으로 남해현을 침범했는데, 정지(鄭地)가 화포를 쏘아 적선 17척을 불사르면서 이들을 대파시켰다. 왜장 아지발도(阿只拔都)란 자는 가장 날쌘 장수로서 갑옷도 겹쳐 입고 있었으나 이성계와 이지란(李之蘭)이 쏘아 죽였으며, 이로부터 왜구의 침입은 끝나고 말았다. 그러나 국내의 우환이 끊이지 않고 왕실은 점점 더 쇠약해져 수습이 곤란한 지경에 이르렀으므로, 이러한 때 공양왕이 이성계에게 왕위를 물려주니 고려가 건국한 지 465년의 일이다.

조선 태조의 성은 이씨요, 이름은 성계인데 후에 단(旦)이라 고쳤다. 왕씨에게 왕위를 물려받아 한양으로 도읍을 옮긴 뒤, 어질고 현명한 선비를 등용하고 강직한 간언(諫言)을 구하며, 전대의 폐정을 혁신하고 정도전(鄭道傳)·하윤(河崙) 등에게 경국대전을 편찬케 하였다.

태종은 뛰어난 재능과 탁월한 지략으로 태조를 보좌하여 건국에 큰 공이 있으며, 경연(經筵:옛날 임금이 경서 강의를 듣는 것)을 열고 통치의 방책을 강구하였고, 사병(私兵) 제도를 폐지하고 노비의 호적을 없앴다. 참위(讖諱) 서적을 불사르고 여자의 의복을 고쳤으며, 활자를 고안하여 서적을 인쇄하고 널리 보급시키니 세계에서 가장 먼저 발명된 활자인쇄이다.

세종은 천성이 뛰어나고 거룩하여 다스림을 배우는데 부지런하고 경연 강학을 매일같이 거르지 않았으며, 성균관을 건설하여 왕실과 양반 자녀를 배우게 하고, 집현전을 설치하여 어질고 능력 있는 선비를 양성했다. 고려사(高麗史)를 편찬하고, ≪오례의(五禮儀)≫·≪삼강행실(三綱行實)≫·≪농사집설(農事集說)≫·≪치평요람(治平要覽)≫·≪용비어천가(龍飛御天歌)≫·≪신제진법(新製陣法)≫·≪구황촬요(救荒撮要)≫ 등 이름 높은 서적을 편찬했다. 특히 우리 글을 몸소 만드시어 '훈민정음'을 반포하고, 음악을 바로 잡았고, 의방을 편집하여 민생을 돌보았으며, 혼천의(渾天儀)로 시간을 알리게 했고, 측우기를 만들어 농작물 재배에 이용토록 했으니 동방의 사람들은 그를 요순이라 믿었다. 문치가 융성한 데다 무치마저 세상에 떨쳤는데, 김종서에게 명하여 북방 오랑캐를 몰아내고 관북6진(關北六鎭)을 설치했으며, 이종무(李從茂)를 보내 병선 500척으로 대마도를 토벌토록 한 것이었다.

세조는 단종을 폐위하고 왕위를 찬탈하여 충신을 학살한 것은 의롭지 못한 일이지만, 문무의 지략이 뛰어나고 말 타고 활쏘기를 잘하며 전략에도 밝아 5위부(五衛府)를 설치하고 ≪병장도설(兵將圖說)≫을 편찬하기도 했다. 또 만강대(挽强隊)를 설치하여 문무가 뛰어난 자를 추천케 했으며, 신숙주를 보내 북방 오랑캐를 정벌케 하였고, 귀성군(龜城君) 준(浚)·허종(許宗)·강순(康純)·남이(南怡) 등을 파견하여 군사 수만을 이끌고 회령에서 반란을 일으킨 이시애(李施愛)를 토벌하여 죽였고, 어유소(魚有沼)·남이 등에 명하여 건주위(建州衛)에 들어가 이만주(李滿住)와 납타비랄(納打肥剌) 등을 공격케 하여 변방을 편안토록 하였다. 동시에 학문을 장려하여 친히 ≪주역구결(周易口訣)≫을 편찬케 하였으며, 의학고과법을 세웠고, 제천의를 회복했으며, 문신에게 명하여 ≪국조보감(國朝寶鑑)≫·≪역학계몽보해(易學啓蒙補解)≫·≪동국통감(東國通鑑)≫·≪여지승람(輿地勝覽)≫·≪삼국절요(三國節要)≫·≪대전속록(大典續錄)≫·≪역대연표(歷代年表)≫·≪동문선(東文選)≫·≪유선록(儒先錄)≫·≪필원잡기(筆苑雜記)≫·≪중정오례의(重訂五禮儀)≫·≪경국대전(經國大典)≫ 등을 편찬케 했다.

성종은 학문을 좋아하여 경(經)·사(史)·백가(百家)·성력(星曆)·종률(鍾律) 등 통달하지 않은 것이 없었다. 활솜씨와 서화에도 능해 아주 오묘한 경지에 이르고 있었다. 그는 지방관리를 선택하여 뽑았으며, 대간(臺諫)의 풍절(風節)을 숭상하고 장려했으며, 친히 밭에 나가 밭을 갈았으며 왕후도 누에를 쳤다. 또한 자주 태학에 나가 노인들을 위한 연회를 베풀었으며, 존경각(尊敬閣)을 세우고 양현고(養賢庫)·홍문관(弘文館)을 설치했으며, 태학전(太學田)을 내렸다. 신진 문신 중에 재주 있고 행실 좋은 자를 뽑아 호당(湖堂)에 나가 독서할 여가를 주었으며, 동성간 혼인을 금지시켰다. 경서를 간행하고 제도를 반포하여 모든 일들이 모두 흥성하였다.

연산군은 음란하고 포악하여 대신들이 그를 퇴출시키고 중종을 옹립

했다. 연산군 이후는 사화(士禍)가 연이어 일어나고, 선조 이후에는 당쟁의 폐단이 끊이지 않아 망국의 근원이 되었다.

선조 24년(1591년) 일본 관백(關白)인 토요토미 히데요시가 중국을 정벌한다는 구실로 우리나라에게 길을 빌려 달라고 하였는데, 국서의 내용을 요약해 보면 "본인이 어머니 뱃속에 있을 때, 어머니가 꿈을 꾸니 태양이 품속으로 들어왔다"고 했는데, 관상쟁이가 말하되 "햇빛이 비추어 비치지 않는 곳이 없으니 장년이 되면 반드시 사해에 그 이름을 떨치게 된다고 하였으니 이를 어찌 의심할 수 있겠는가"고 하였다. "인생이 한 번 태어나면 백 살을 채우지 못하는데, 국가가 서로 멀고 산하가 가로 막고 있으니, 명나라 대국으로 바로 들어가 우리나라의 풍속을 400여 주에 바꾸어 놓으려는 것이 바야흐로 눈앞에 있다"고 운운하였다. 우리나라 조정에서 이를 거절함은 당연한 일이었다.

선조 25년 임진(壬辰) 4월에 토요토미는 우키다(浮田秀家)로 원수를 삼고 가토 기요마사·고니시 유키나가를 선봉장으로 하여 우리나라에 쳐들어 오니 그 수가 오십만이었다. 우리나라는 곧 여러 고을이 쑥밭이 되었고, 삼도(서울, 평양, 개성)가 함락되니 어가는 의주로 피난을 갔고 명나라에 원병을 청하였다. 이를 허락한 명나라가 우리나라에 들어오니 3국의 군대가 우리나라 안에서 혈전이 벌어졌다. 그렇게 8년을 보내는 동안 토요토미가 죽자 왜병은 그제서야 철수하였다.

고니시가 평양성을 함락시키자 모든 장수에게 명하기를 서쪽으로 모이라고 하며 "토요토미 태합(太閤)의 뜻은 명나라를 치는 데 있다. 이제 평양성을 탈취했으니 평양 이서지방은 지탱치 못할 것이다. 압록강에서 북경까지는 1천여 리에 불과하므로 우리 전병력이 신속히 돌진하면 저들은 군비를 갖출 틈이 없어 우리의 뜻을 이룰 수 있을 것이다"라고 하였다. 그러자 우키다는 "전라·강원 두 개 도가 아직 함락되지 않았으니 깊숙이 들어 가는 것은 옳은 일이 아니다. 내가 수군을 이끌고 전라도를 따라 북행하여 황해에서 만날 것이니 수륙 양군이 함께 나가는 것이 만전의 방책이다"고 하였다.

만약 이때 저들이 그들의 계획대로 중국으로 갔다면 중국에 미친 환란은 어떠했겠는가? 다행히 이순신 장군의 용병술이 신과 같아 철갑귀선(鐵甲龜船)을 만들어 적 10만 수군을 공격하여 섬멸시킨 관계로 저들의 계책은 실패로 돌아가고 말았다. 그러므로 일본인들은 이순신 장군을 가리켜 고금을 통해 수전에서 제일 위대한 분이라고 했고, 영국의 넬슨 제독보다 더 훌륭하다고 했다.

이 난리 통 속에서 우리나라 국민들은 일본군에게 살육 당하고 약탈 당한데다 명군의 수색까지 가중되었으니, 적들이 한 번 지나가면 머리를 빗은 것처럼 말끔히 아무것도 없었다. 그리하여 국민의 피해가 막심하고 인구의 감소가 지대하여 수백 년을 거쳐도 회복할 수가 없었던 것이다.

선조 갑진년(1604년)에 도쿠가와 이에야스가 다시 수호할 것을 청해왔다. 인조 때 이르러 우리나라는 명나라를 숭상하고 청나라를 배척했던 까닭에 정묘·병자년의 호란을 연이어 당했다. 그러자 효종은 그들에게 설욕하려는 차원에서 무비(武備)를 갖추기 시작하였고 현종 자신도 게을리하지 않았다. 그러나 그를 보좌하는 신하들은 그를 보필할 만한 재목들이 못 된 데다, 강희제의 융성기를 맞이하여 실행에 옮길 수가 없었다. 이후부터 나라에 외환이 없어지게 되자 나태에 빠져 허례허식만 숭상하고, 군정을 폐지하기에 이르렀으므로 국력은 더욱 쇠약하게 되었다.

한편 숙종·경종 때부터 현종·철종대에 이르기까지 당쟁은 더욱 심해져서 국민들의 사기가 꺾인 데다 외척들이 전권을 잡아 정치를 하니 뇌물이 성행했고, 국고가 텅 비고 국민의 생산이 퇴폐하게 되었으며, 세상 풍습이 더럽혀져 인심이 헤어나질 못하여 국가 정세는 날로 쇠퇴하게 되었다. 이 때 광무제(고종)가 즉위했으나, 세계 정세가 변화무쌍하고 강대국들이 서로 다투어 사변이 자주 일어나게 되니 환란은 더욱 심해져 갔던 것이다.

제2편

제 2 편

제1장 대원군의 섭정

1863년(계해년) 12월에 철종 임금이 승하하고 후손이 없자, 익종(翼宗) 왕비 조씨가 하응(昰應 : 흥선 대원군의 이름)의 둘째 아들 재황(載晃)을 받들어 왕위를 잇게 했다. 대신 김좌근(金左根)·정원용(鄭元容) 등이 의식을 갖추고 운현궁(雲峴宮)에서 궁궐로 받들어 모셔가 왕으로 책립하니 그때 나이가 12세였다.

조씨를 높여 '대왕대비'라 하고, 흥선군을 '대원군(大院君)'이라 하였다.

국사가 어려울 때 새 임금이 나이가 어렸으므로, 대왕대비가 대원군에게 명하여 정사를 대신 돌보게 하고, 조두순(趙斗淳)을 영의정(領議政)으로, 김병학(金炳學)을 좌의정(左議政)으로 삼았으며, 이경하(李景夏)를 훈련대장 겸 포도대장(捕盜大將)으로 삼았다.

(살펴보건대) 대원군이 섭정함에 주위 사정과 제반 조건이 중흥을 기대할 수 있었으나 학식의 부족함이 참으로 애석하다. 대범하고 지·인·용(智仁勇)을 겸비한 사람이라도 지위를 얻지 못하면 치적을 쌓지 못하는 법인데, 대원군은 그 지위가 군주와 같아 대권이 손 안에 들고 모든 관료가 그 지휘를 따르며 만백성이 그 위세를 우러르고, 명령하면 행하고 금하면 그쳐 후세의 이윤(伊尹 : 은나라의 어진 재상)·주공(周公 : 주나라 문왕의 아들로 주의 문화 발전에 공이 큰 인물)이 될 수도 있었다. 그러나 비록 그런 자리에 있더라도 재주가 미치지 못하면 일을 능히 처리할 수가 없는 것이다.

대원군은 용맹 과감하여 혁신을 단행함에 있어서 옛일에 구애받지 않고 남의 말에 좌우되지 않았으며, 권위를 배제하고, 문벌을 타파했으며, 군포(軍布)를 개혁하고, 서원(書院)을 철폐하는 등의 일에 탁월한 추진력을 가지고 있었으며, 오랜 관습인 동주(銅柱)·철벽(鐵壁)도 손을 대기만 하면 깨는, 실로 정치상 대혁명가였다. 또 그 당시는 세계 정세가 급변하고 서양 문물이 동아시아에 침투하여 중국은 아편전쟁을 치렀고 일본은 혁신의 소리가 높을 때였다. 우리나라도 이에 호응하여 만약 걸출한 수완으로 옛것을 바꾸고 새것을 취했다면 국가 민족의 융성을 기대할 수도 있었으며, 또 그 무렵은 오랜 세도정치로 백성이 혁신을 절실하게 기대하던 때였으니 곧 그 지위가 충분하고 그 힘이 충분하며 그 시기도 적절했던 때였다. 단지 고금을 통할 수 있고 국내외를 관찰할 수 있는 학식이 부족하여 개인의 지혜를 내치에 치중하니 과격한 경우가 많았으며, 대외적으로는 배척하는 것을 위주로 하여 쇄국정책을 편 탓에 스스로 소경이 되었고, 마침내는 화가 아주 가까운 주변으로부터 미쳐왔으니, 나라가 중흥할 수 있는 시기를 잃게 된 것은 참으로 원통하고 애석한 일이다. 따라서 우리나라의 한스런 역사가 바로 여기서 시작하는 것이다.

대원군이 정권을 통일하나 종래부터 정당이 사색(四色 : 노론, 소론, 남인, 북인)으로 나뉘어 자자손손이 당파를 이어가며 서로 승부를 다투어왔으니, 갑이 강하면 을이 쇠하고, 동이 넘어지면 서가 일어나 보복이 그칠 새가 없었고 선혈이 낭자하였다.
선조 이래 300년간 어질고 똑똑한 선비와 충신이라 할지라도 당쟁의 소용돌이 속에 말려들지 않은 자가 없으며, 국가 대사보다 오로지 당쟁에서의 승리를 노렸고, 더욱이 왕실의 외척이 정권을 제멋대로 행사하고 각 가문이 권력을 다투었으며, 환관 내시가 제각기 사사로운 이익을 도모하여 정령이 한군데에서 나오지 못했다. 대원군이 외척을 배제하고 당쟁을 소멸시켰으며, 사람을 쓸 때 오로지 개인의 능력 만을 보고 문벌과 당파를 불문하니 행정이 하나가 되고 권력이 통일되었다.

제2장 경복궁의 중건(重建)

경복궁은 개국 초에 지었는데 임진왜란으로 인하여 황폐했으며, 헌종 때 수리할 것을 계획했으나 재정이 모자라 그만두었다. 대원군이 선왕의 뜻을 계승한다는 구실을 내걸고 간언을 듣지 않고 공사를 서둘렀는데, 대장군 이경하(李景夏)에게 감독을 맡기고 세금을 올렸으며, 인두세(人頭稅)라는 특별세를 부과하고 장정들을 징발하여 매일 수만 명을 작업에 동원했다. 또 춤꾼과 노래 잘하는 기생을 모집하여 인부들을 위로하는 공연을 열었고, 강원도의 큰 나무를 벌채하여 운반해 놓은 것이 산처럼 쌓여 있었다.

어느날 저녁 불이 나서 모두 타버리자 사람들이 놀라 공사를 중지하자고 건의했으나 대원군은 털끝 만큼도 움직이지 않고 더욱더 재목을 채집하여 공사를 독촉했다. 또 각처의 무덤가에 있는 나무까지 벌채하고는 이것은 국가의 성스러운 일이니 그대 집안 선대가 영험이 있다면 필시 즐거하며 도움을 줄 것이라고 하였다.

그리고는 원납전(願納錢)이라는 강제 기부금을 백성들에게서 징수하고, 다시 당백전(當百錢)을 주조하여 공사비를 조달했다. 을축년에 시공하여 정묘년에 준공하니 공사비가 8천만 냥이었다. 더욱이 6부 청사를 대궐 밖 좌우편에 건축하니 위치가 정정했다. 이리하여 왕이 창덕궁에서 이궁해 오시고, 과거를 실시하여 준공식을 올렸다.

경회루(慶會樓)는 매우 크고 장엄 화려하여 사방에서 볼 수 있도록 우뚝 솟게 하였는데, 이는 대원군의 과단성 있는 결정으로 밀고 나가지 않으면 될 수 없었던 것이다. 이런 것을 통해 대원군의 과감한 성격을 충분히 엿볼 수 있다. 그러나 나라 살림이 윤택한 시대라면 왕궁 수리도 할 수 있지만, 이 무렵은 국력이 피폐하고 민심이 어지러운 시대임에도 불구하고, 일의 우선순위를 헤아리지 못하고 공사를 단행한 것은 적절치 못한 처사였다. 더욱이 당백전을 주조하여 화폐제도를 문란케 하고, 원납전을 강제로 징수하여 백성들에게 부담을 준 것은 크나큰 실책이라 할 것이다.

제3장 서원 철폐

우리나라의 서원 제도는 중종 때 유생 주세붕(周世鵬)의 백운동(白雲洞) 서원이 처음이다. 서원은 산수가 조용하고 한적하며 이름난 선비가 머물던 곳을 골라 선현을 받들고 인재를 양성하는 곳으로서, 왕실에서 편액(扁額)과 서적을 하사하고 장려하였다. 이로 인해 지방 유생들이 일어나 각지에 서원을 세웠고, 학술과 예절교육이 번창하더니 결국에는 폐해가 생겨나기 시작했다. 별의별 자들이 모두 모여들어 입으로는 예의염치를 말하면서도 분쟁을 일삼았고, 고상(高尙)함을 사칭하고 명리를 팔았으며, 조상의 음덕을 빙자해 횡포를 감행했다. 이로 말미암아 서원은 본래의 사명이 몰각되어 당론 연출장으로 변했고, 각 가문이 자기의 주장만을 고집하는 소굴이며, 무위도식하는 자들의 집합소라고 보는 것이 옳았다. 특히 화양동(華陽洞) 송씨(宋氏) 서원과 같은 곳은 막강한 세력이 있어 원장에 임명되면 그 영광이 대신이 된 것보다 못하지 않았으며, 백성을 호령함이 지방관보다 엄했기 때문에 화양동 서원의 묵패자(墨牌子)는 백성들이 두려워하는 표적이 되었다.

대원군이 민간에 시찰을 나가 그런 폐단을 살펴보고, 붕당과 유림을 제거함에는 그 소굴을 철거하는 것이 선결책이라고 생각했다. 각도에 명령하여 서원 가운데 특수한 서원 약간만을 남겨두고 전부 철폐하며, 서원에서 기거하던 유생은 귀가하여 수업케 하고 위반자는 처형하도록 했다.

서원에서 받들던 인물은 대개 이름 있는 가문의 조상이며, 재산과 토지는 모두 유림이 애지중지하던 것들이었다. 따라서 사방에서 반대가 맹렬히 일어났고, 각도 유생이 통지하여 무리를 모으고 대궐 문 앞에서 진정하는 자가 만여 명이 넘었다. 조정 대신도 변란이 일어날까 염려되어 대원군에게 모두 진언하기를, "서원은 선현을 제사하고 사림을 배양하는 곳이거늘 공연히 철수하여 백성들에게 원망을 들을 필요가 있습니까. 원컨대 보존토록 하옵소서" 하였다.

이에 대원군이 노하여 말하기를, "만일 백성에게 해가 된다면 공자가 만든 제도라도 용납치 못할 것인데, 하물며 서원은 이름만 선현을 받들 뿐이지 사실은 백성에게 해가 되므로 공자에게 죄를 지은 것이니 어찌 용서를 받을 수 있겠는가" 하며 즉시 형조 및 포도청 군졸을 풀어 한강 밖으로 유생들을 쫓아버리고, 지방관리 가운데 눈치를 보며 시행하지 않는 자는 관직을 박탈하고 형벌을 가하니 조선 팔도가 두려움에 떨며 일시에 서원을 철거했다. 이로써 지방 유림은 그 근거지를 잃고 대원군을 동방의 진시황이라 비방했지만, 백성들은 그의 영단(英斷)을 칭송했다.

제4장 재정의 개혁

조선의 세금 가운데 군포(軍布)라는 것이 있는데, 천하의 세금 중에 이보다 더 악독한 것은 없다. 군포는 4백년 동안 그럭저럭 시행됐으나 대원군이 이를 혁신하였다.

지금의 군포 제도를 설명하자면, 대개 납세는 국민의 균등한 의무이며 세금을 많이 내는 자는 국민의 권리가 있고, 세금을 내지 않는 자는 국민의 자격을 잃는 것이 각국의 통례인데, 우리나라는 이와 반대로 세금을 내는 자는 천하고 자격이 없으며, 세금을 내지 않는 자는 고귀하고 권리가 있는 자이다.

국초에는 국민 모두에게 호포(戶布)를 부과하더니 중종 때에 이르러 중신 양연(梁淵)의 건의에 따라 군포 제도로 바뀌게 되었다. 즉 군졸로써 소집할 필요가 없는 자는 포(布:세금)를 납부하여 병역 의무를 대신하고 집에서 생업에 종사하는 제도를 말한다. 군포가 처음 실시될 때는 별다른 지장이 없었으나, 시일이 경과함에 따라 새로운 군포 부담자는 점점 증가하고 구군졸에 대한 군포는 면제되지 않았다. 심지어 죽은 자에게도 과세하여 백골도 군포를 납부하니 그 유족은 물론이요, 그 동네에서 연대책임을 당하는 것이다. 한편 양반 가문, 충신 가문, 효자 열녀 가문, 과거 급제자, 점치는 관리(筮仕), 현직 관리는 전부 병역 의무를 면하고 군포가 면제되었다. 이러한 사람들은 국민의 의무는 부담치 않고 반대로 우월한 권리를 누리게 되어 그 수가 점차로 증가하니 세금이 어디서 나오겠는가. 무릇 군인은 국가를 방위하고 인민을 보호하는 것이 그 직분이므로 부양 보호하고 우대해 주는 것이 국가의 임무이거늘, 오히려 학대하고 멸시함이 이처럼 심한 것이다. 지난날에도 개혁론이 있었으나 결행치 못했으며, 대원군이 의연히 단행하여 군포를 혁파하고 호포(戶布)를 징수하여, 귀천 없이 국세를 고르게 부담하니 쌓인 폐단이 한꺼번에 정리되었다.

　우리나라의 사창(社倉) 제도는 고구려 고국천왕 때 시작됐으며, 원래는 흉년에 가난한 백성의 구제를 위하여 곡식을 대여해 주는[賑恤借貸] 법이다. 봄에는 나라의 곡식을 빌려주어 빈민의 농사를 돕고, 가을 추수 뒤에 대출미를 거둬들이는데 이를 환상미(還上米)라 부르니 참으로 백성을 돕는 법으로서 대를 이어 내려온 훌륭한 제도이다. 그러나 지금은 오히려 민폐가 되니 무슨 까닭인가 하면, 간신 모리배가 나쁜 쌀을 적게 대출해 주고 거둘 때는 좋은 쌀로 더 거둬들여 중간에서 떼어먹기 때문이다. 이 지경에 이르러 대원군이 주자(朱子)가 만든 사창제(社倉制)로 개혁하여 폐해를 교정하였다.

아울러 재정 통일책을 실시했는데, 징수한 각종 세금을 중앙으로 보내고, 각종 세금의 체납을 엄금하니 선혜청(宣惠廳), 만리창(萬里倉), 상평창(常平倉), 군자감(軍資監), 광흥창(廣興倉)이 전부 가득 찼다. 이에 은괴와 화폐를 부자에게 맡겨 이잣돈을 놓게 하고, 다시 종친부(宗親府) 안에 창고를 건축하여 은화를 저장해 두었다. 이때 재정이 십 년을 쓰고도 남을 만큼 근래에 보기 드문 국부를 저축했으나, 백성들의 소득을 고려하지 못하고 산업을 장려하여 개발하지 못한 것은 역시 학식이 모자라는 까닭이며 크나큰 한이 된다.

제5장 국방을 염려하고 풍속을 교정함

병인년(1866년) 1월에 러시아 선박 1척이 원산에 나타나서 통상을 요구했으나 거절했다. 이에 군비를 살펴보고 국방을 강화했는데, 일본에 사람을 보내 총검을 구입하고 대포를 주조했으며, 강화, 문수(文殊), 인천, 영종 각지에 포대를 쌓고 남양만(南陽灣)의 방비를 엄중히 했다. 비변사(備邊司)를 폐지하고 삼군부(三軍府)를 설치했으며, 강화부를 진무영(鎭撫營)으로 승격시켜 유수(留守)를 진무사(鎭撫使)라 하고, 용감한 인물을 널리 모집해 별효사(別驍士)라 칭하며 진무영으로 보냈다. 또 관북지방이 러시아 땅과 가까우므로 무산·후주(厚州) 등지에 둔전을 개척하여 농민과 군병을 이주시켰다. 아울러 백성들이 무사안일에 젖어 무인 중에도 말타고 활쏘는 일에 능숙치 못한 자가 있으므로 무인이 가마 타는 것을 금지시키고, 승마로써 체력과 무예를 단련케 하고 만주에 사람을 보내 건강한 말을 구입한 후 여유가 있는 백성에게 사육케 하여 군용 마필을 충당하니 이러한 국방태세가 다른 나라의 신식 무장에는 비교할 수 없으나 국방의 준비에는 소홀함이 없었다.

또 풍속 방면에도 개혁이 있었는데, 옛부터 우리의 의관이 큰 갓을 쓰고 넓은 소매가 달린 옷을 입었으나 작은 갓과 좁은 소매로 고쳐 활동에 편하게 하고, 관리의 신발은 백피(白皮)와 비단을 썼으나 흑피(黑皮)로 고쳤다. 긴 주영(珠纓:구슬로 만든 목걸이)을 짧게 줄이고 담뱃대도 작은 것을 쓰게 했다. 양반의 갓끈에 나무 열매(木實)와 칠죽(漆竹)을 쓰지 못하게 하고, 길 가는 자는 큰 부채 대신 작은 부채를 가지고 다니게 하고, 편지는 대간지(大簡紙) 대신 소간지(小簡紙)를 쓰게 했다. 그밖에 기생의 화대 (纏頭債)와 기생아범(妓夫)을 두는 풍습까지 각각 제한을 두었다.

우리나라의 귀족정치는 신라 중엽부터 시작됐으며, 신라에서는 진골(眞骨)이라 불렀는데 왕족의 혈통이란 의미이다. 고려에서는 양반이라 불렀으며 문무의 반열에 속한다는 뜻이다. 조선시대에 이르러 양반의 세력이 더욱 커지고 요직에 올라 그 직위와 재물을 세습했으며, 지방 유생들도 또한 문벌을 빙자하여 고을 유지로 생활하고, 김호(金虎:김씨 성을 가진 호랑이), 이랑(李狼:이씨 성을 가진 늑대)이 기세를 올리며 죄없는 평민에게 혹독한 사형(私刑)을 가해 재산을 빼앗아도 지방관리가 감히 금지시키지 못하는 형편이었다. 국가도 양반의 불법한 횡포를 관례로 인정했으나, 대원군이 즉위하여 엄중히 금단하고 그 가운데 지나친 자를 처벌하니 비로소 폐단이 그쳤다. 또 그 무렵 과객당(過客黨)이란 것이 있었는데, 무지한 자들이 15명씩 무리를 지어 농촌을 돌아다니며 음식과 돈을 빼앗아 민폐가 극심했으나, 대원군이 이러한 악풍 또한 근절시켰다.

제6장 천주교를 엄금하고 신도를 학살함

대원군의 천주교 박해에 관한 피의 역사는 배외감정에서 나온 폭정이 지나쳤던 경우지만, 지금에 와서 관찰하건대 천주교가 우리나라에서 크게 발달하게 된 원인이 그때 피를 흘린 대가라고 생각된다. 이제 그 사건의 전말을 간단하게 적어 보면 다음과 같다.

천주교가 우리나라에 처음 들어온 연혁은, 인조 때 사신 정두원(鄭斗源)이 중국에서 돌아올 때 서양인 육약한(陸約翰: 마테오리치의 친구)이 기증한 ≪치력연기(治曆緣起)≫ 1권, ≪천문략(天文略)≫ 1권, ≪마테오리치천문법(利瑪斗天文法)≫ 1권 및 자명종을 얻어와 임금께 올렸다. 또 서양대포와 지도, ≪직방외기(職方外記)≫, ≪서양풍속기(西洋風俗記)≫ 등을 전하니 이것이 서양 학문이 들어오게 된 효시이며 포교한 사실은 없다. 효종 4년 네덜란드인 하멜이 제주에 표착하여 12년간을 체류했으나 포교 통상한 사실은 없으며, 천주교가 숙종 때 청나라에서 들어왔다는 말이 있지만 확실치는 않다.

정종 15년(1791년) 프랑스 천주교회가 신도를 파견해 천주교를 전하니 이것이 천주교가 입국하게 된 시초이며 그 즉시 많은 신도가 생겼다. 천주교 신부 중에 세례명이 알렉산더라는 자가 있었는데, 조선에 군대를 파견해 신도를 보호해 달라는 편지를 로마 교황청에 보냈으나 발각되어 처형됐으며, 이가환(李家煥)·정약종(鄭若鍾)·홍낙민(洪樂敏)·이승훈(李承熏)·김건후(金健厚)·김백순(金伯淳)·최창현(崔昌顯)·이희영(李憙英) 등이 이때 박해에 연루되어 처형당했다. 이어서 사신이 서양 서적을 가지고 입국하는 것을 금하고, 국내의 서양 서적을 모두 수색해 태워버렸다.

순조 1년에는 각 도에 명하여 천주교 단속을 더욱 엄하게 했는데, 그때 황사영(黃嗣永)이라는 자가 중국 소주(蘇州) 사람 주문모(周文謨)를 초청해 교리를 가르쳤으며, 외국 군대를 불러 들이려다가 체포되어 죽음을 당했다.

헌종 원년(1835년)에 프랑스 신부 모방(Maubant)이 북경으로부터 조선 국경을 몰래 넘어와 경성에 잠입했으며, 3년 뒤에는 샤스탕(Chastan) 및 앙베르(Imbert) 등이 뒤따라 입국하여 포교에 노력한 결과 신도 9000명을 얻었다.

헌종 6년(1840년)에는 프랑스가 선교사 2대를 파견했는데, 한대는 인도차이나 반도 쪽으로 향하고 다른 한대는 조선으로 보냈다. 이때 조선은 정부의 배외정책이 심하여 동년 9월 21일 모방, 앙베르, 샤스탕이 모두 처형당했고, 이들과 함께 화를 입은 조선 신도가 130여 명에 달했다. 그 후 얼마 지나지 않아 청나라에서 아편전쟁(阿片戰爭)이 일어나 동양의 풍운이 위급해졌으며, 조선도 그 영향을 받아 루이·필립(路易非爾尼布: 프랑스 선교사)이 이 기회를 이용해 조선과 화평무역조약을 체결하고자 군함 2척을 동방에 파견토록 했지만 아편전쟁이 끝나는 바람에 성과가 없었다. 그 후에도 프랑스 선교사가 여러 차례 포교활동을 위해 입국을 시도했으나 뜻을 이루지 못했다.

헌종 12년(1846년)에 프랑스 극동함대 사령관 세실(Cécile)이 군함 3척을 이끌고 한강에 들어와 우리나라가 전에 선교사를 학살한 사유를 따지고 배상을 요구했으나 다른 사고 때문에 회답을 듣지 못하고 해안의 일부를 측량한 뒤 퇴각했다. 이어서 해군 대령 피에르(La Pierre)가 군함 2척에 선교사 약간 및 통역을 태우고 마카오[奧門]로부터 조선에 들어왔으나, 전라도 해안에서 2척이 모두 좌초하여 어쩔 수 없이 되돌아갔다. 그 후 프랑스도 대혁명이 일어나 나라 안이 복잡해졌기 때문에 한국과 프랑스의 교섭도 자연히 중단되었다. 그러나 선교사들의 조선 포교에 대한 열망은 좌절되지 않았으며, 전에 상해로 돌아갔던 선교사가 다시 동지와 함께 상복을 입고 조선에 잠입하여 언어와 문자를 학습한 다음 몇 권의 천주교 서적을 인쇄해 배포하니 철종 8년 경에는 신도가 16,500명이었다. 베르누 신부(Berneux)가 이 해에 경성에 들어왔으며, 광무제 초년에 영국과 프랑스가 북경을 함락했다는 소식을 듣고 온 나라가 크게 놀라 겁을 먹었으며, 시민 중에는 공공연히 십자가를 가슴에 걸고 천주교도임을 표시하여 서양인에게 아부하려는 자도 나왔다. 이에 천주교가 크게 퍼지고 정종 이래로 내려진 금령이 허사로 돌아갔다. 중신 중에도 홍종삼(洪鍾三), 남상교(南尙敎), 이신규(李臣逵) 등은 신자였으며, 왕실 유모 박씨는 마이타(碼爾陀) 부인이라 칭하며 복음을 전파했고, 다블뤼 신부(Davelue)는 고문 자격으로 궁중에 출입하니 당시 한성 안팎의 신도가 10여만에 달했다.

고종 3년(1866년) 1월에 러시아 군함이 원산에 와서 통상과 조선 내 이주를 청했다. 이때 러시아는 북경조약의 결과로서 흑룡강 이북의 땅을 차지하여 우리나라와 국경을 마주하게 됐으며, 태평양으로 진출하려는 욕심에 이와 같이 교섭했던 것이다. 대원군은 엄중하게 이를 거절했으나 속으로는 두려워 전국적으로 국방을 강화하였다. 선교사들은 이 기회를 이용해 포교의 자유를 얻어보려고 궁중의 신도와 중신 중의 신도들에게 러시아를 방어할 수 있는 방법은 영국 · 프랑스와 동맹하는 것이 가장 좋으며, 영국 · 프랑스와 결합하려면 선교사의 힘을 빌리는 것이 옳다고 아뢰게 하고 대원군에게 선교사들을 만나 볼 것을 권했다. 그때 러시아 함선이 닻을 뽑고 돌아가 버리자 대원군은 국제 문제를 신도들에게 청탁하는 것이 매우 치욕스런 일로 생각하고, 마음 속으로 크게 노하여 천주교도들을 섬멸하고자 하였다. 그때 마침 북경에서 정보가 와 청국이 종전에 천주교를 박해해도 복수가 없었고, 최근에 다시 천주교도를 탄압할 의논이 결정되었다고 전했다. 또 각도 관리가 대원군이 외세를 배격하겠다는 뜻을 속에 품고 있음을 알아채고 양이(攘夷)를 앞다투어 주장하니 대원군의 뜻이 관철되어 천주교도들을 학살하는 참극이 벌어졌다. 즉, 2월 20일 밤에 홍종삼(洪鍾三), 남상교(南尙敎), 이신규(李臣逵) 등이 체포되었으며, 대장 이경하(李景夏), 이재소(李在韶) 등이 대원군의 명을 받아 장안의 신도를 수색하여 남녀노소를 불문하고 교인이면 모두 살해하니 죽은 자가 1만여 명이었다.

22일, 수구문(水口門) 밖에 시체를 버렸는데 쌓인 시체가 산더미와 같았고, 장안의 하수구가 모두 붉었다. 이날 베르누 주교와 다블뤼 신부도 체포됐으며, 3월 초까지 9명의 선교사가 체포되었다.

  타포로이는 형장에 들어서면서 조용히 고개를 숙이고 손을 모아 기도를 올린 후 죽음에 임했다. 이보다 2일 먼저 남상교는 목을 베어 매달았으며, 홍종삼, 이신규는 종로에서 마차에 매달아 찢어 죽이고 8도에 명령을 내려 신도 12만 명을 체포한 다음 전부 살해하였다. 이 가운데는 지방관의 눈에 안들어 억울하게 화를 당하는 자도 있었다.

  그 당시 프랑스 선교사로서 경성에 있던 12명 중 난을 피해 도망한 사람은 겨우 세 명이었다. 리델(Ridel) 주교가 낮에는 숨고 밤에만 길을 걸어 황해도 장연(長淵)에 도착한 뒤 어선으로 위해위(威海衛)를 거쳐 천진에 도착했고, 해군 제독 로즈에게 변을 알리니 청국 주재 프랑스 공사 벨로네(Henri de Bellonet)가 이 보고를 듣고 크게 놀라 청국과 조선과의 관계를 공친왕에게 질문했다. 공친왕(恭親王)이 "조선은 청나라의 속국이 아니다"라고 대답하자 프랑스는 즉시 조선에 파병하고자 했지만 월남에 급한 일이 생겨 군대를 보내지 못했다. 7월에 프랑스 공사가 공친왕에게 조선 원정을 통고하고, 먼저 리델을 통역으로 삼아 군함 3척을 보내 한강 부근을 탐사하게 하였다. 9일 로즈 제독이 지부(芝打)를 출발하여 다도해를 거쳐 한강으로 거슬러 올라오다가 한 척이 바위에 부딪쳐 부숴지고, 2척은 닻을 동강에 던지며 수심을 측정하다가 갑자기 한강 수비대의 습격을 받아 지부로 패주해 돌아가니, 이는 군사가 적었던 까닭으로 대병을 이끌고 올 것을 예상한 신도들은 실망하고 탄식하였다.

제7장 프랑스군을 크게 이김

  프랑스군이 퇴각한 뒤 대원군은 이들이 다시 쳐들어 올 것을 염려하여 인재를 널리 채용하고 여러 의견을 기꺼이 받아들여 군비를 엄중히 했다. 한성근(韓聖根)・윤웅열(尹雄烈) 등은 무예로써 기용하고, 김기두(金箕

斗)・강국(姜國) 등은 기술로써 채용했으며, 지방의 이름 없는 선비 중에서도 의견을 내놓는 자가 많았다. 삼군영(三軍營)을 설치하여 이군(二軍) 이대(二隊)를 편성했고, 총후군(總後軍)・별초군(別哨軍)・왜총대(倭銃隊)・호미총대(虎尾銃隊)를 설치했으며, 일본에 사람을 보내 총검을 구입하고 또 포병대를 편성하고 기관포를 수리해 해안을 방비하였다. 이경하(李景夏)를 순무사(巡撫使), 이원희(李元熙)에게 순무중군(巡撫中軍)을 맡기고 정예 5천을 뽑아 양화진(楊花鎭)에 주둔시키고, 조정 중신들의 화평 논의를 물리쳤다. 이로써 사기가 충천하여 결전도 마다하지 않았으며, 이때 대원군은 천하(字內)를 집어삼킬 당당한 기개가 있었다.

같은 해(1866년) 10월 프랑스 극동함대 사령관 로즈(Roze) 제독이 군함 7척과 전투원 2,500명을 이끌고 지부를 떠나 물유도(勿溜島 : 지금의 작약도) 부근에 도착했다. 대원군이 항전을 명하니 이경하가 각 군을 총지휘했는데, 병사 8천으로 경성을 방어하고 이원희는 선봉대 3천을 이끌고 통진(通津)에, 정지현(鄭志鉉)은 인천에, 김선필(金善弼)은 당평(當平)에 각각 주둔했다. 강화 방비군은 셋으로 나누어 한성근은 문수산성(文殊山城)을, 양헌수(梁憲洙)는 정족산성(鼎足山城)을, 이기조(李基祖)는 광성진(廣城鎭)을 지키니 세 부대가 모두 6천 명이었다.

10월 14일, 프랑스 군함 1척이 강화에 상륙하여 15일에 초지・광성진(草芝・廣城津)을 함락하고 16일에 강화를 함락하니 유수(留守) 이인기(李寅夔), 통진부사(通津府使) 이공렴(李公濂)은 성을 버리고 도망갔고, 전직 판서(前判書) 이시원(李是遠)은 독약을 먹고 자결했다. 이때 경성이 떠들썩하여 혹은 화의를 주장하고 혹은 어가를 북한산성으로 피난시키자고 했으나 대원군이 단연히 배척하며 말하기를, "옛부터 나라는 망하지 않은 나라가 없고 사람도 죽지 않은 사람이 없는 법인데, 망하든 죽든 간에 어찌 오랑캐에게 화평을 구걸하거나 또한 도피하리오" 하고 뜻을 굽히지 않았다. 프랑스군이 2대로 나뉘어 1대는 통진을 점령하고 1대는 문수산성을 공격했으나 우리 군사가 요새를 굳게 지키면서 10여 일을 버텼고,

대원군이 다시 평안도 정예 포대를 파견하여 돕게 하니 사기가 크게 올랐다.

27일에 프랑스 해군대령 올리비에(Ollivier)가 해병대를 이끌고 문수산성을 공격하자 양헌수가 정예부대로 습격하여 프랑스군을 크게 이겼다. 로즈 제독은 사기가 떨어져 강화성에 불을 지르고 퇴각했고 이경하 등은 개선하였다. 이후 대원군은 서양인을 가볍게 여겨, 저들이 견고한 배와 우수한 무기는 있지만 병사는 나약하여 두려워할 것이 못 된다고 하면서, "서양 오랑캐가 침범하는데 싸우지 않으면 화평을 맺을 수밖에 없고, 화평을 주장하면 나라를 파는 것이 된다. 우리들의 자손만대에게 경고하노라(洋夷侵犯 非戰卽和 主和賣國 戒我萬年子孫)"라는 돌비석을 새긴 뒤 경성을 비롯하여 전국 각지에 세우게 하고, 다시 묵공(墨工)에게 명하여 먹을 제조할 때 이 문자를 새겨넣게 하였다.

이리하여 전국의 양이론(洋夷論)이 일치단결되고, 프랑스는 프로이센과의 전쟁 때문에 그후 다시는 우리를 침범하지 못했다.

제8장 미국 선박을 방어함

같은 해(1866년) 6월에 미국 상선 1척이 황해도 해안에서 조난당했을 때 대원군이 명하여 심문한 다음 후하게 대접하고 호송했다. 이듬해 7월에 또 미국 상선 1척이 지부를 출발해 대동강을 거슬러 올라와 평양에 도착했다. 승무원은 미국인 3명, 영국인 2명, 말레이인 및 중국인 19명이 타고 있었다. 평양 사람들이 외국인을 처음 보았기 때문에 프랑스인이거나 혹은 해적으로 알고 승무원을 모두 죽인 뒤 선체를 불태웠다. 서양인이 미국인과 프랑스인도 구분하지 못하고 상선과 병선을 구별할 줄 모른다며 우리나라를 야만 미개하다고 비웃었으나 이때 유럽인도 우리나라에 대하여 만행을 저지른 자가 없지 않았다. 즉 동년 4월에 미국인 젠킨스(Jenkins), 독일 상인 오페르트(Ernst Oppert), 프랑스인 신부 페론(Stanislas Féron) 등이 상해에서 기선 2척에 유럽 선원 8명, 말레이인 20명, 중국인 선원 100명을 태우고 독일 국기를 달고 충청도를 향해 출발했다. 5월 8일 아산만(牙山灣)에 정박한 뒤 다음날 밤 오페르트의 지휘로 덕산(德山)에 들어가 대원군의 부친 남연군(南延君)의 묘를 파고 관을 꺼내려 했지만 그곳 사람들에게 발각되자 총을 쏘고 도주했다. 저들의 계획이 남연군의 유해를 이용해 상금을 요구하려던 것인지 혹은 황금 보화를 도굴할 계획이었는지는 알지 못하나 이로 인하여 대원군의 서양인에 대한 적개심이 더욱 심해지고, 백성들도 시체도적이라고 비난하면서 이런 만행을 하는 자들이 문명인이라 자랑하는 것은 가소로운 일이라 하여 배외사상이 점차 높아졌다.

1868년(무진년)에 미국 정부가 북경공사관 서기 및 상해 총영사로부터 미국 선박이 대동강에서 피격당했다는 보고를 받고 북경공사 로우(Frederich F. Low) 및 태평양함대 사령관 해군소장 로저스(John Rodgers)에게 명하여 조선과 선원 조난 구호조약을 체결케 하고, 다시 가능하다면 통상 수교조약도 체결하라고 지시했다.

5월 16일 미함 5척이 일본 나가사키(長崎)를 출발하여 25일에 월미도(月尾島)에 닻을 내리고, 6월 2일 포함 2척과 작은 기선 4척을 타고 한강을 거슬러 올라와 강화해협 손돌목(孫石項)을 지나다가 우리 수비군의 사격을 받고 퇴각했다. 이어서 강화도에 상륙한 다음 유수(留守)를 통해 미국의 의향을 조선 정부에 전달하게 하니 우리 조정이 회답하기를, "우리나라는 4000년을 내려오는 문화가 충분하니 다시 다른 곳에서 구할 것이 없다" 하였다.

6월 10일 미해군 대령 블레이크(Homer C. Blake)가 포함 2척, 작은 기선 4척, 보트 20척, 병졸 759인, 대포 7문을 이끌고 당일 오후에 광성 제1포대를 함락하고, 다시 해병대를 상륙시켜 다음날 제2, 제3포대를 점령했다.

이 전투에서 중군 어재연(魚在淵)이 동생 재순(在淳)과 함께 역전 끝에 전사하고 우리 포대도 있는 힘을 다해 진지를 사수했다.

미국공사가 사령관과 상의한 끝에 정부 훈령이 상호조약 체결에 있고 전투를 하라는 것이 아니므로 경성으로 진격하자면 다시 정부의 훈령이 있어야 할 것으로 결론을 내리고, 독립기념일 전날에 닻을 올리고 퇴각하여 다시 오지 않았으므로 이때부터 사람들이 더욱더 서양인을 가볍게 생각했다. (살펴보건대) 대원군은 프랑스와 미국의 침입을 막아내고 의기 충천하여, "서양 군함과 싸울 때는 천하가 어두웠지만, 동방의 해와 달은 오래도록 밝을 것이다 (西舶烟塵天下晦, 東方日月萬年明)"라는 시를 썼는데, 한 때의 잠꼬대에 불과하지만 기개는 장하다 할 것이다.

무릇 프랑스인이 온 까닭은 포교 때문인데 이들을 죽인 것은 학살이며, 미국인이 온 까닭은 통상인데 이를 거부하고 싸운 것은 완고한 짓이었다. 만일 그때 국교를 체결하고 정치·예술·교육·산업의 장점을 받아들여 백성들을 계몽하고 실력을 배양했다면 자립할 강국이 되었을 것이다. 그러나 그들이 호의로 대할 때 우리는 적의로 답했고, 그들이 대화로 나올 때 우리는 무력으로 답하면서, 우리 문물과 무력이 이미 충분하다고 자만하여 완고 오만으로 시기를 놓치니 대원군의 국제 정세에 대한 무지함이 참으로 통탄스럽다.

그러나 그후 위정자들의 죄책은 더욱 무겁다. 왜냐하면, 대원군의 쇄국정책은 그 시대에 우리의 발걸음이 국외로 나가지 않아 안목이 해외에 미치지 못했기 때문에 세계 정세를 알지 못한 것은 대원군 한 사람 뿐 아니라 온 나라가 모두 마찬가지였다. 그후 위정자는 각국이 교통하고 문호를 개방하여 외교사절의 왕래가 빈번하고 물자가 오고가며 유럽과 아시아가 악수하는 시기이므로 우리나라 사람도 세계 정세를 익혀야 했으나, 옛것을 고집하고 세력과 당쟁에 몰두하여 자강사업에 힘쓰지 않아 멸망에 이르렀으니 그 죄가 몇 배나 무겁다고 믿는 바이다.

제9장 일본과의 교섭

일본은 임진왜란 이후 도쿠가와 이에야스(德川家康)가 교역을 원해 300년 동안 사절이 왕래하며 별 탈 없이 지내왔다. 그러나 병인년(1866년)에 우리나라가 프랑스 선박과 문제를 일으키자 도쿠가와가 우리 조정에 중재를 자청했지만 우리나라가 거절했다.

무진년에 일본 정부가 새로이 들어서자 대마도 도주를 보내 새 황제의 즉위를 알렸는데, 문서 중에 '대일본 황제가 조선 국왕에게 보냄(大日本皇帝 呈朝鮮國王)'이라는 표현을 사용했고, 또 '황칙(皇勅)'이라는 단어를 쓰는 등 문체가 전과 달랐으므로 접수하지 않고 돌려보냈다. 이전의 일본 국서는 도쿠가와 막부의 주장에 따라 '일본 대군(大君)' 혹은 '일본 국왕'이라 표현했고, 우리 역시 그대로 호칭했었다. 그러나 이제는 막부가 정권을 황제에게 이양하고 황제가 직접 교섭하는 까닭에 '대일본황제'라는 칭호를 사용한 것인데, 우리나라가 전례에 없던 표현임을 지적하고 돌려보낸 것이다.

또 일본의 메이지유신 이후에 부산 초량(草梁)에 들어온 일본인이 머리를 짧게 자르고 양복을 입었으므로 우리나라 사람이 저들은 서양물이 들었다고 멸시하였다. 청나라로부터도 일본이 조선을 침공할 계획이 있다는 밀고가 들어왔으므로, 대원군이 일본의 요구를 엄중히 거절하고 변방에 지시하여 당장에라도 전쟁을 치를 듯한 기세로 방비를 강화했으며, 동래부사(東萊府使) 정현덕(鄭顯德)이 초량의 일본인을 쫓아내려고 종종 위협을 가하자 이들이 본국에 호소하여 사이고 다카모리(西鄕隆盛)의 정한론(征韓論)이 일어나게 되었다.

일전에 청나라 조정이 미국 공사의 질문에 대한 회답 속에서, 조선은 비록 청나라를 받들고 있으나 선전강화(宣戰講和)는 자주권에 속한다는 내용이 있었는데 일본 전권대사 소에지마(副島種臣)가 다시 청 조정에 질문하여 확인을 얻고 본국으로 돌아간 다음부터 주전론이 강해졌다.

임신년(1872년) 9월에 일본 전권대사 이와쿠라 도모미(岩倉具視)가 유럽에서 귀국하여 주전론에 반대하고 오쿠보 도시미쓰(大久保利通) 등과 함께 어전회의(御前會議)를 열어 그 무모함을 나무라고 사이고 다카모리 이하 다섯 명의 참의(參議)를 파면하였다. 이에 사쯔마(薩摩) 출신 장교들이 불평을 품어 정축년에 서남전쟁(西南戰爭)이 일어났다.

제10장 대원군 하야

대원군의 10년 집권은 얻은 것과 잃은 것이 반반씩이다.

백년 이래로 거짓 풍조가 유행하고 무사안일이 습관화되어 인심이 부패에 빠지고 나라의 운명이 쇠퇴에 기울었다. 이에 더하여 외척이 횡포를 부리고 조정의 기강이 해이해졌으며 지방 유력자가 극성을 부려 법령이 실추된 시기에 대원군이 그 철권통치를 감행해 혁신 교정을 단행했다. 그 결과 나라의 법도가 바로 서고 국고가 충족해지니 이는 얻은 것이며 장점이다.

만사를 독단적으로 결정하여 권력을 독점했으며 토목공사에 급하고 함부로 조세를 징수했으며 살육이 지나쳤고 쇄국을 과신하여 대세를 망령되이 거부하니 이는 잃은 점이며 단점이다.

그러나 대원군의 하야는 정치를 잘못한 까닭이 아니라 다른 이유가 있었다. 즉 대원군은 그 존귀한 지위로써 정령을 시행할 때 벼락처럼 빠르고 날쌔게 시행하여 신하들의 모자라는 능력을 단행하니 모든 사람들이 신명과 같이 존경하고 태산과 같이 의지하며 외국인도 그 위엄을 두려워하여 웅걸이라 불렀지만 하루 아침에 권세가 사라지고 말았다. 속담에 말하기를 '세무십년(勢無十年)'이라 하더니 이 말이 적중하여, 대원군 섭정이 꼭 10년 만에 강력한 정적이 궁궐 속에서 나와 500년 종사(宗社)가 골육 간의 알력으로 실패하니 이 또한 하늘의 뜻이라 하겠다.

왕후 민씨(閔氏)는 여흥 부원군(驪興府院君) 치록(致祿)의 딸인데 대원군의 부인도 민씨요 그 아우 승호(升鎬)는 치록의 양자가 되었다.

병인년에 고종의 결혼을 결정하여 대원군이 태후 조씨(太后 趙氏)에게 아뢰고 민씨를 책봉하여 왕비를 삼았다. 왕비는 총명하여 서·사에 통달하여 학식이 있었고 특히 좌씨전(左氏傳)을 즐겨 읽었다.

왕비에 책봉되자 친척을 요직에 앉혀 자기 가문의 세력을 키우려고 계획하던 때에 태후도 또한 대원군의 독재를 즐거워하지 않는 의사가 있었으므로, 민규호(閔奎鎬)·조영하(趙寧夏) 등이 대원군의 큰아들 재면(載冕)과 모의하여 임금께 친정할 것을 권고한 데다 기회도 점차 성숙해 가고 있었다. 이때 강직한 간관(諫官)으로 이름난 최익현(崔益鉉)이 대원군을 탄핵하는 상소를 올리니 온 나라가 모두 떠들썩했다. 대원군이 크게 노해 최를 죽이려고 했지만 민과 조를 포함해 모두가 극력 반대하고 최익현을 감쌌으며, 임금께서 최를 호조참판에 임명하고 아끼시니 대원군도 어쩔 수 없이 양주 직동(楊州直洞)으로 물러나 앉고 대권이 이전되었다.

그 무렵 민규호가 임금께 권하여 칙서를 내려, 모든 관직을 임명할 때는 이부(吏部)의 내신(內申)을 반드시 거치도록 함으로써 비록 권신이 득세하고 정실이 심한 때라도 이 절차가 준수되도록 했으며, 독재가 지나치자 민규호가 대원군 정권을 좌절시키기 위하여 임금께 칙서를 내리도록 권했던 것이다.

즉 붉은 종이에 임명될 자의 관직과 성명을 친필로 쓰시어 이부로 보내는 것이다. 이때문에 임금이 날이 갈수록 정치에 관심을 가져 대원군은 물러났지만, 임금을 곁에서 모시는 자의 충성 다툼과 관리의 기강 문란이 여기서부터 생겨났고, 뇌물과 아첨이 끊이질 않아 망국에 이르게 하니 대원군을 무너뜨리려던 민규호의 계획이 나라의 운명을 해치게 된 것은 통탄할 일이다.

 이로써 귀족 가운데 대원군에게 미움을 받았던 자들이 민씨 문하에 몰려들어 심복이 되는 자가 급격히 늘고, 대원군과 관계 있는 자는 전부 몰아내니 정치 판도가 일변했다. 갑술년(1874년)에 왕자가 탄생하자 특사 이유원(李裕元)을 북경에 보내 청나라의 대신과 결탁해 후원자를 삼고, 다시 대원군의 쇄국정책을 고쳐 일본과 통교하니 외교 형세가 한층 더 증강되었다.

제11장 일본과의 제1회 조약

 대원군이 정권을 잡았을 때 쇄국 배외로 일관한 것은 크나큰 실책인데, 대원군이 물러난 다음 정책이 일변하여 문호를 개방했지만 나라의 쇠망을 구하지 못한 것은 무슨 까닭이겠는가.
 옛날 전국시대(戰國時代) 때 진(秦)나라는 대국이고 한(韓)나라는 소국이었다. 평소에 한은 진을 몹시 싫어했지만, 우선 진과 화친하려면 돈이 필요했으므로 미인을 진에 팔아 그 돈을 진에 바쳤다. 진이 그 돈을 한나라의 미인에게 주자 미인은 한이 겉으로는 친한 척하고 속으로는 싫어하는 내막을 진에 알렸다. 한나라는 미인과 돈을 잃고 사실이 폭로되어 진의 호의를 구하려다가 반대로 진의 노여움을 사 진에게 멸망당했으니 약자의 처신이 어려움을 말해주는 것이다.

 우리나라가 부국강병의 실력을 갖춘 다음 문호를 개방해 열강과 교제한다면 상업의 교역·문물의 수입 등 이익이 많을 것이지만, 스스로 지킬 실력도 없이 강대국들에게 문호만 개방하여 나라의 약점을 드러내면, 그 허약한 진상이 폭로되어 우리를 집어삼키려는 야심을 부채질하고 침탈의 편익을 공급하는데 불과한 것이다. 이것이 개국정책도 또한 패망을 구하지 못한 까닭이다.

1875년(고종 12년) 12월에 일본이 전권변리대신(全權辨理大臣) 구로다 기요다카(黑田淸隆)와 의관(議官) 이노우에 가오루(井上馨) 등을 파견하여 다시 수호조약을 요청했다.

이보다 앞서 상해에서 일본인 야도 슈쿠쥰(八戶叔順)이란 자가 장차 일본인이 크게 일어나 조선을 침공한다고 선동하여 각 신문에 게재된 적이 있었다.

갑술년(1874년)에 청나라가 우리에게 이 사실을 통고했는데, '서양 장군 일의격(日意格: 프랑스인 Prosper Giquel)의 말에 의하면 일본이 병사 5000명을 나가사키(長崎)에 대기중이며, 대만에서 철수하면 즉시 조선을 공격할 것이다. 프랑스·미국도 조선과 지난 날의 혐의가 아직 해결되지 않아 병선으로 일본을 원조할 것이다. 이때 조선이 프랑스·미국과 통상조약을 체결하면 일본이 단독으로 침공치 못할 것이다'라고 했다. 그러나 조선 정부는 통상조약을 체결하려고 위협하는 것에 불과하다고 보아 응하지 않았다.

1875년(을해년) 8월 일본 군함 운양호(雲楊號)가 서해를 거쳐 청나라 우장(牛莊)으로 항해하던 중 먹을 물을 얻기 위해 함장 이노우에(井上良馨)가 보트를 타고 영종성(永宗城) 아래로 접근하였다. 우리 포대 수비병이 이양선의 내습으로 오인하고 포격을 가하자 일본 군함도 화포를 발사하여 영종 포대를 함락시켰다. 이노우에가 귀국해 이 상황을 보고하니 일본의 여론이 정한론으로 들끓었고, 특파 사절로 구로다(墨田)가 국서를 가지고 왔다. 이때 대원군은 척화를 주장하고, 영의정 이최응(李最應), 우의정 김병국(金炳國), 원로 홍순목(洪淳穆) 등이 척화에 찬성했다. 일본 사절은 정산도(頂山島)에 정박하여 형세를 관망하고, 청국은 개전이 자기들에게 불리하여 화해를 권고했다. 민씨 일족도 대원군을 반대하기 위하여 화의를 주장했으며, 우의정 박규수, 통사(通事) 오경석(吳慶錫)이 또한 개

제11장 일본과의 제1회 조약 95

항의 이로움을 주장했다. 이에 신헌(申憲), 윤자승(尹滋承) 등에게 명하여 강화도로 보내고, 양국사신이 강화도에서 회담할 때 팔호숙순의 폭언과 영종도 포격 문제로 서로 언쟁하다가 다음해 2월에 수호조약을 체결하니 이것이 곧 병자년(1876년)의 제1회 조약이다.

병자수호조약문

대조선국과 대일본국은 원래 우의를 두텁게 해 왔으나 지금은 양국의 친선관계가 미흡하다고 보여지므로 다시 전날의 관계를 회복하여 친목을 돈독히 하고자 일본국 정부는 특명전권변리대신(特命全權弁理大臣) 육군중장 겸 참의개척장관(參議開拓長官) 구로다 기요다가(黑田淸隆), 특별부전권변리대신 의관(特別副全權辨理大臣議官) 이노우에 가오루(井上馨)를 임명하여 조선국 강화부(江華府)에 파견하고, 조선국 정부는 판중추부사(判中樞府事) 신헌(申憲), 부총관(副總管) 윤자승(尹滋承)을 임명하여 각각 봉준(奉遵)한 유지(諭旨)에 의거하여 체결한 조약을 아래에 열거한다.

제1조 조선국은 자주국가이며 일본국과 더불어 평등한 권리를 보유한다. 이후 양국이 화친의 뜻을 표시하고자 할 때는 상호 동등한 예의로써 상대할 것이며 추호도 침범·시혐(猜嫌 : 시기하며 싫어함)이 없어야 한다. 종래 친선관계를 해치는 일체의 법규를 제거하고 관대·호양(互讓)의 방법을 취하여 양국의 영구한 안전을 기한다.

제2조 일본 정부는 지금부터 15개월 뒤에 수시로 사신을 조선국 경성에 파견하여 예조판서와 직접 교섭 상담케 하고 그 체류기한은 자유로 하며, 조선국도 수시로 사신을 일본국 동경에 파견하여 직접 외무경(外務卿)과 상담 교섭케 하고 그 체류기한은 자유로 한다.

제3조 이후 양국의 왕래하는 공문서에 일본은 일본어를 사용하되 금후 10년 간은 한문 번역본 1통을 첨부하며, 조선은 한문을 사용한다.

제4조 조선국 부산 초량(草梁)에 일본 공사관을 설립하여 무역 사무를 담당케 하며, 해당 토지를 양국 인민의 통상구역으로 정한다. 종래의 세견선(歲遣船) 기타 관례(慣例)는 폐지한다. 또 조선국 정부는 제 5조에 정한 두 항구에서도 일본 국민의 왕래 통상을 허락하며 해당지역 내의 토지 임대차,

가옥 건축, 거주 영업의 자유를 허락한다.

제5조 경기·충청·전라·경상·함경 5도 중 통상에 편리한 연해의 항구 두 곳을 지정할 것이며 개항의 기일은 일본력(曆) 메이지 9년 2월, 조선력 병자년 2월부터 기산하여 20개월 이내로 한다.

제6조 이후 일본국 선박이 조선국 연해에서 풍랑을 만나거나 혹은 연료나 식량이 떨어져 지정된 항구까지 도달하지 못할 때에는 부근 항구로 들어가 피난 수선하고 연료나 식량을 구입할 수 있다. 이러한 일 등에 대하여 지방 관민은 특별한 보호와 편익을 제공할 것이며, 또 양국 선박이 해양에서 손상을 당하거나 또는 선원의 표류를 발견할 때는 즉시 보호 구조하고 지방 관헌에게 통보하여 본국에 송환하거나 또는 부근에 주재하는 본국 관헌에게 인도한다.

제7조 조선의 도서·암초는 종전에 심사·측량하지 않아 극히 위험하므로, 일본국 항해자에게 해안 측량을 허가하여 깊이와 위치 등을 조사하고 지도를 제작하여 양국 선원의 위험을 방지하게 한다.

제8조 이후 일본국 정부는 조선국이 지정하는 항구에 일본국 상인을 관리할 관헌을 두며, 양국이 교섭할 안건이 있을 때에는 당해 지방장관과 교섭하여 처리케 한다.

제9조 양국이 통교한 후에는 상호 인민이 각자 임의대로 무역을 하며, 양국 관리는 이에 간여하거나 제한 혹은 금지하지 못 한다. 만일 양국 상인 가운데 부정한 방법으로 사기 혹은 임대차를 불이행하는 자가 있을 때에는 양국 관리가 엄중히 단속하여 즉시 이행하도록 해야 한다. 다만 양국 정부가 대신 보상하지 않는다.

제10조 일본국 인민이 조선국이 지정한 항구에서 범죄행위를 했을 때는 일본국 관헌의 조사 및 판결에 따르며, 조선국 인민이 일본국에서 범죄 행위를 했을 때는 조선국 관리의 처단에 의한다. 다만 각자의 국법에 의거하여 처단하되 범죄를 비호하거나 불공평이 없도록 처리해야 한다.

제11조 양국이 이 조약을 체결한 후 별도로 통상장정을 정하여 양국 상인의 편리를 도모하도록 한다. 또 본 조약의 세부사항을 협의케 하기 위하여 지금부터 6개월 이내에 양국이 위원을 정해 조선국 경성 또는 강화부에서 상담 결정케 한다.

> 제12조 위에서 의정한 11개조의 조약은 이날부터 시행하되 양국 정부는 영원히 준수하여 상호 평화를 유지해야 하며, 이 조약서는 2통을 작성하여 각 위임대신이 서명 날인한 후 상호 교부하여 후일의 증거로 삼는다.

제12장 자주외교와 이홍장의 충고

1878년(고종 15년)에 일본 외무성이 우리 예부에 서한을 보내, 다음과 같은 통고를 해왔다.

> 일전에 프랑스 공사의 말을 들으니 프랑스 선교사 4~5인을 귀국이 체포하여 옥중에 수감중이라 하던데, 만일 귀정부가 참형에 처한다면 프랑스 정부도 그대로 좌시하지는 않을 것이라고 하니, 귀국을 위하여 우려되므로 특별히 충고하는데, 그 선교사들을 부산의 일본 관리관에게 보내 귀국시키면 그들은 죽이지 아니한 은혜에 대해 깊이 감사할 것이다.

우리 정부가 이 일 때문에 청 나라와 의논했는데, 그 회신 중에 '상국(上國)'이니 '지휘' 등이니 하는 문구가 있었다. 이에 일본 정부가 한일수호조약 제1조에서 조선은 자주국이라고 확인한 바가 있었는데, 이런 문구는 속국에 대해서나 쓰는 표현이라 하면서 청나라에 항의하였다. 이에 청 조정이 회답하기를, 조선이 오랜 세월 동안 중국을 섬겨왔으나 그 정령(政令)은 자유로이 처리하여 왔으므로 자주국가라는 사실은 천하가 다 알고 있는 사실이라고 하였다.

또 1879년(고종16년)에 청 나라가 우리나라에게 프랑스·미국과 통상할 것을 권했으나 우리 조정이 따르지 않았으므로 7월에 북양대신(北洋大臣) 이홍장이 봉조하(奉朝賀)였던 이유원(李裕元)에게 글을 보내왔다.

귤산(橘山 : 이유원의 호) 존형태사각하(尊兄太師閣下), 작년 12월 보름 귀하가 편지를 보내 외교문제의 득실을 따지고 정세를 분석했는데, 충성어린 책략과 탁월한 계책에 대해 진심으로 허리 숙여 탄복하는 바입니다. 이를 살펴보건대, 몸 건강하고 나랏 일을 편안케 하며, 모멸을 막아내어 나라를 지킴으로써 만대에 그 위대함을 칭송케 해야 한다고 했습니다. 그러나 이미 말한 바와 같이 일본과 귀국의 교류가 확대됨에 따라 각 사절의 교환 또한 활발하게 이루어지고 있는데, 본래 일본인은 성정이 포학하고 교활하며 탐욕스러워 장차 자신들의 야욕을 채우려고 할 것입니다. 이에 대한 귀국의 시세에 따른 대응이 바르고 떳떳하기가 쉽지 않을 것입니다. 작년에 주일공사 하시강(何侍講)이 여러 차례 편지를 보내와 일본이 귀국과 더불어 성심으로 화목하려 하여 양쪽 모두가 거짓과 속이는 일이 없을 것이라고 했지만, 본인이 생각컨대 옛부터 교제의 법도를 세워 올바르게 관계를 맺어 서로 도움을 주게 되면 원수도 나의 후원자가 되는 것이고, 올바르지 못한 도움을 받게 되면 그가 바로 원수가 된다고 했듯이, 일본인이 비록 충성스런 마음으로 접근한다 할지라도 항상 경계를 게을리 해서는 안 될 것입니다. 따라서 이번 기회를 이용하여 그들을 좋은 길로 이끌어 그들이 시시비비를 따지지 못 하게 하여 그들과 영원토록 화목하게 지낼 수 있도록 하는 것도 좋을 듯합니다. 이러한 마음에서 편지를 전하는 것이지 시기하고 협잡하려는 마음이 없음을 전하는 바입니다.

　그러나 최근의 일본을 살펴보면 하는 행동이 괴상하기 그지 없어 의당히 이를 방어할 계책을 일찌감치 마련해 놓지 않으면 안 된다고 생각합니다. 그렇지 않으면 그 대책이 치밀하지 못하게 될 것입니다. 일본은 그해(1868년) 이래로 서양의 법을 숭상하여 근대화를 이루고 스스로 부강해질 수 있는 방법을 이미 얻었다고 합니다. 그러나 이로 인하여 국고가 텅 비고 나라의 부채가 쌓이고 쌓여 부득불 일을 벌이지 않으면 안 되게 되었으므로 이를 타개할 확실한 계책을 세워 그 비용을 보상해 내려고 하고 있습니다. 일본의 지리적인 위치가 북쪽은 귀국이며 남쪽은 중국의 대만입니다. 더욱 주의할 바는 류큐(琉球)가 수백 년을 이어온 나라인데도 미개하다고 하여 일본이 올봄에 갑자기 군함을 보내 그 왕을 폐하고 그들의 강토를 삼킨 것을 보더라도 중국이나 귀국도 장래를 보장하기 어렵다는 사실을 주시해야 할 것입니다.

중국은 군량이 일본의 열 배나 되니 스스로 힘써서 더 버틸 수 있지만 귀국은 그렇지를 못한 듯하니 심히 우려되는 바입니다. 따라서 이럴 때 일수록 국방을 튼튼히 하고 군대를 조련하여 어떤 외부의 압력에도 굴하지 않고 굳게 지키도록 해야 할 것입니다. 무릇 외교라는 것은 각자가 조약을 잘 지키고 꼬투리를 잡히지 말아야 하는 것입니다. 만약에 조그마한 구실이라도 주게 된다면 상대방은 나의 올바름까지도 왜곡되게 볼 것이니 이렇게 되면 이미 여기에서 승부가 결정된다고 할 수 있습니다.

차제에 귀국을 생각해 보면, 귀국은 문예를 숭상하는 나라이므로 재력이 충분하지 못합니다. 비록 오늘에 이르러 이 문제를 신속히 해결하려고 하지만 이는 하루 아침에 해결되는 문제가 아니기 때문에 그 공이 쉽게 나타나지 않는 것입니다.

들은 바에 의하면 일본은 봉상(鳳翔)과 일진(日進) 등 두 군함을 파견해 부산포 외항에 오래 정박하면서 군사훈련을 한다 하니 그 의도가 어디에 있는지는 모르겠으나, 그런 훈련이 반복되고 있어도 제어하지 못하고 있는 형편이 아닙니까? 물론 중국이 힘을 다해 돕겠지만 도와 줄 방법이 요원하므로 결국은 도움이 너무 늦어 그들에 대한 견제가 미치지 못할까 두렵습니다. 또 걱정되는 것은 일본이 널리 서양 사람을 초청해 육해군을 훈련하여 그 군사력이 비록 서양만큼은 못 미치지만 귀국이 상대하기에는 벅찬 적이라는 점이 두렵습니다. 서양 각국이 일찍이 적당한 구실을 찾지 못하고 영해를 침입하여 귀국과 통상하기를 원했다가 거절당하고 돌아갔습니다만 그 뜻이 결국 석연치 못하므로, 만일 일본이 몰래 영·독·미국 등 여러 나라에 가서 개항의 유리함을 들어 유혹하고 러시아 세력을 저지하는 것 등을 포함하여 영토를 확대할 모략을 끌어 내려고 하더라도 귀국은 그러한 과정을 좌시하고만 있을 터이니 어찌 근심이 방대하지 않겠습니까?

중국에서 세상 일에 대해 아는 자들은 사후에 구하려고 논의하는 것이 사전에 대비하는 것보다 못하다고 말하는 바, 이를 위해 문호를 폐관하고 자신의 안위만을 생각하는 것도 하나의 방법이긴 하지만, 서양인들은 자신들의 이익이라면 어느 곳이라도 자신들의 무력을 앞세워 세상천지 안 돌아 다니는 곳이 없으니 이러한 대비도 결국은 이러한 시기에 맞지 않는다고 생각됩니다. 실로 개벽 이래 이러한 때가 없었는데 이러한 일들이 자연의 이치 속에서 이루어지는 일이라면 사람의 힘으로서는 이를 막을 도리가 없을 것입니다.

이는 귀국이 이미 부득불 일본과 더불어 조약을 맺고 통상을 할 수 있도록 개항하였으니 각국이 필히 이를 따라 통상코저 할 욕심이 생길 것이요, 일본도 이 기회를 통해 자신들의 이익을 추구하려 할 것이니, 지금 필요한 계책이라고 한다면 독으로써 독을 제거하고 적으로써 적을 제압하는 것과 유사한 방책일 것입니다. 따라서 이 틈을 타 점차 서양 각국과 조약을 맺어 일본을 견제한다면, 그들 일본이 비록 못된 힘을 믿고 모의하여 류큐를 패망시켰다 할지라도 귀국은 이에 대비할 수가 있다고 봅니다.

일본이 두려워 하는 것은 서양입니다. 조선의 힘으로 일본을 제압하는 것은 그 부족함이 염려되지만, 서양과의 통상과 외교로써 일본을 제압하는 것은 가능하다고 봅니다. 이처럼 서양과 교제를 가지면 러시아 역시 무고하게 남의 나라를 침략하지는 않을 것입니다. 각국이 상호 통상하고 공사 등 외교사절을 교환하게 되면 예전에 터어키가 러시아에게 침략을 당하자 영국과 오스트리아 등이 출병하여 그들에게 실력으로 항의하였는데, 그렇게 하자 그들이 결국 물러나고 말았던 경우를 보더라도 그 효과를 알 수 있을 것입니다. 터어키가 고립무원하게 되면 러시아가 홀로 그 이익을 차지하게 될 것이 뻔하기 때문에 그들의 간섭을 불러 일으켰던 것입니다. 또 유럽의 프로이센과 덴마크가 모두 작은 나라임에도 불구하고 각국과 조약을 맺어 감히 침범하고 능욕하려는 자가 없으니 이는 모두가 강대국과 약소국이 서로 긴밀한 관계를 맺은 데서 나타난 명백한 증거가 아니고 무엇이겠습니까?

또 국경을 넘어 멀리 원정을 한다는 것은 예전부터도 아주 어려운 일이었으므로 영국, 프랑스, 독일, 미국 등이 귀국과 수만 리나 떨어져 있어 본래부터 그들이 원하는 것은 자연히 통상밖에는 없다고 할 수 있고, 국경을 넘나드는 배라야 몇 척에 불과할 것입니다. 그러나 러시아의 경우는 고엽도(庫葉島), 완분하(綏芬河), 도문강(圖們江) 일대가 모두 귀국과 국경을 마주하고 있어 아주 가까운 형편이므로 만일 귀국이 우선 영국·독일과 통교를 하게 되면 단지 일본을 견제하게 되는 것일 뿐만 아니라 러시아인들도 강화하고 통교하려고 기회를 엿보게 될 것입니다. 이러한 기미를 잘 살펴서 그들과 통교를 하도록 한다면 따로 다른 항구를 개항할 필요가 없을 것입니다. 다만 일본과 통상하는 곳이면 여러 나라들이 와서 그 몫을 나누자고 할 것이므로 이때 관세를 정하게 되면 수입 또한 적지 않으리라고 생각됩니다. 그러한 교역상황을 잘 살펴서 열심히 하게 되면 군대의 무기도 쉽게 구할 수 있을 것이고, 또한 사람들을 수시로 파견하여 여러 나라와 맹약을 맺으면서 그들과의 친분을 두텁게 한다면 평시에 서로 좋은 관계를 맺을 수 있을 것입니다. 만약 어느 한 나라가 침략해 와서 예의 없이 굴게 된다면 맹약을 맺은 국가들이 공동으로 회의를 열어 함께 그에 대해 공격을 하게 될 것이니, 무릇 일본이라 할지라도 감히 두려워 침공해 올 수가 없을 것입니다. 따라서 귀국도 이들 여러 제국들과의 좋은 교류를 통하여 강할 때는 강하게 부드러울 때는 부드럽게 상대국을 조정하며 대하여 협조하면 아무리 일본의 꾀가 뛰어나다 할지라도 이에는 비할 수가 없을 것입니다. 그렇기 때문에 러시아인들에 대한 대비책도 이렇게 하는 것 이상 좋은 것이 없다고 봅니다.

최근에 각국 공사가 우리나라 총리아문에 머물면서 여러 차례 귀국과의 통상 업무에 대해 말을 건네온 적이 있습니다. 이에 대해 제가 '귀국의 기독교 금지령은 자주적으로 내린 것이다' 라고 말을 하기는 했습니다. 그러나 이렇게 중요한 일을 어찌 나같은 사람이 참견하겠습니까? 다만 중국과 귀국이 한 집안이나 같고, 또 우리 동북지역의 병풍구실을 하고 있으니 순치(脣齒)관계라 아니할 수 없어서 그렇게 말했던 것입니다. 따라서 귀국의 걱정이 곧 우리 중국의 걱정이니 이에 삼가 저의 계책을 충심으로 간곡하게 말하려는 것입니다.

    바라건대 귀국의 대군주께서 이를 받아들이시도록 말씀드려 주셔서 여러 대신들과 깊이 의논하시어 가부를 충분히 토의한 다음 이러한 의견에 오해가 없음이 확인되면 그 뜻을 알려주시기를 바랍니다. 우리 총리아문이 오래도록 생각했던 이러한 뜻을 전해 드리니 각국의 사절들과 상의하게 될 때나 혹은 기회를 살펴 개항할 용의가 있음을 서서히 표현해 두는 것이 좋을 듯합니다. 종전 우리 중국의 경우 서양 각국이 중국에서 있었던 여러 가지 사건들을 이용하여 무력으로 협박하고 조약을 체결하려 했을 때 이에 순순히 응하지 않았고 군사적으로 대항하였기 때문에 개항을 한 지 이미 오래됐고, 변혁을 위한 노력도 경주해 보았지만 아직도 여러 부분에서 견해차가 많고 또한 가야하는 바를 아직도 제대로 알지 못하고 있습니다.

    그렇기 때문에 귀국이 무사할 때에 조약 체결을 허락하면 저들이 기뻐할 것이고, 그들이 요구해 오기 전에 귀국이 먼저 요구사항을 말한다면 그들도 아편 판매와 기독교 포교 내지 여러 가지 큰 폐단을 막는데 적극적으로 노력할 것이며, 우리도 만일 폐단이 보이게 되면 수시로 그 상황을 참작하여 일일이 충고를 해줄 것이니 개항을 하는 것은 대국적 견지에서 보면 조금의 손해도 없을 것입니다. 자기를 알고 남도 알면 이해관계를 원만히 해결할 수 있고, 의문을 갖고 그에 대한 계책을 마련함은 병법에서 일찍이 중요시했던 바로, 이는 오직 그 이익을 취함을 도모하는데 있는 것입니다. 서면으로써 이웃나라에 대한 나의 뜻을 보내는 바이긴 하나 어찌 생각하실까 두렵기만 하여 감히 몸둘 바를 모르겠나이다.
글로써 모든 뜻을 전하기란 어렵다는 것을 새삼 느끼는 바입니다.

(생각건대) 이 글이 1879년(기묘년) 7월에 도착한 데다, 이듬해 1880년(경진년)에 우리나라가 재차 미국의 통상요구를 거절했는데, 이는 우리나라 사람들의 배외사상이 특별히 강한 데 있다고 할 수 있다. 따라서 이러한 중국의 충고도 아무런 효과가 없었다. 이 글에서 강조하고 있는 내용은 비단 우리나라의 외교방침만을 서술하고 있을 뿐만 아니라, 우리나라를 경고함이 아주 적절하고 긴밀하다고 할 수 있다. 특히 그 가운데서도 중요한 것은 '일본이 못된 힘을 믿고 경탄잠식(鯨呑蠶食 : 고래가 작은 고기를 삼키듯이 잠식해 들어감)의 계획을 가졌다는 것은 류큐(琉球)를 멸망시킨 것만 보아도 그 일단을 알 수 있으므로 우리나라도 그에 대비하지 않으면 안된다'는 것이다. 그리하여 '우리나라의 약하고 외로운 형세가 류큐(琉球)와 같으므로 이를 염려하여 우리나라의 방위를 엄밀히 해야 하고, 또한 열강국들과 동맹하여 일본을 견제해야 한다'고 했다. 또한 '우리나라에서 하는 정치적 교시와 금지령을 내리는 것은 모두 자주적으로 할 수 있는 일이므로, 이러한 큰 일을 우리가 간섭할 수 없다'고 하면서도 '중국과 우리나라의 우의가 한 집안 같고 동삼성(東三省)의 울타리와도 같은 순치관계이므로 우리나라의 근심이 곧 중국의 근심이다'라고 하는 등 그의 견해를 말함은, 우리가 완전한 자주국임을 명시했을 뿐만 아니라, 사실적이고 충고적이며, 아주 사랑스런 격려였다고 할 수 있다. 그러므로 이때 우리들이 크게 각성하여 안으로는 정치를 개선하고, 밖으로는 외국과 친교를 체결하며, 무력함에 빠져들지 말고 무비(武備)에 힘써 내외에 있어서의 방비를 충실히 했던들 어찌 류큐의 뒤를 따랐으리오마는, 완고하고 식견이 얕으며 사사로운 힘이나 기르고 당쟁에 몰두하여 국가의 장래를 생각지 않고 지당한 충고를 듣지 않음으로 해서 망국에까지

이르게 되었으니 참으로 통탄스럽기 그지없는 일이다.

제13장 일본인에 대한 통상과 토지 조차(租借)

통상 개항은 외교의 급선무이다. 이제 지구적으로 널리 개방되고 육대주가 연결되어 상업계의 큰 손들이 번개처럼 모여들어 눈독을 들이고 있는 바다. 그러나 우리나라는 천부(天府)의 보장(寶藏)이 있으나 쌓아만 두고 개발하지 아니하니 저들 강하고 힘있는 자들이 그대로 지나칠 리가 만무하니 반드시 얻으려고 덤벼들 것이다. 그들은 어떤 무력에 호소를 하더라도 개방시키려 할 것이니, 비록 닫고만 있고 열지 않는다고 해서 보존할 수는 없을 것이다.

우리나라는 병자년부터 외국인에게 통상 개항을 했으니, 바로 우리가 가지고 있는 것을 폭로시킨 시초가 되었다. 옛 사람들의 이야기 중에, 수나라 제후가 구슬 만금이나 되는 재산을 가지고 들판에서 잠을 잤는데, 안으로는 맹분(孟賁: 전국 시대 용사의 이름)의 무서움도 느끼지 않고 밖으로는 궁노들의 방비도 없었지만, 사람들은 그를 무서워했다. 이제 외국인들과 상업적 싸움을 시작할텐데, 우리의 공상업 실력이 싸울 만하다면 가지고 있는 것들에 대해 밤낮으로 걱정할 필요가 없겠지만, 과연 우리에게 이런 능력이 있다는 말인가?

옛날 조나라 무령왕(武靈王)이 중산(中山)을 공격하여 정벌하려고 사람을 보내 살펴보도록 했는데, 보고하기를 "정벌을 할 가치는 있으나 군왕만은 정벌하지 않는 게 좋을 듯 합니다. 훗날 천하의 판도가 두렵습니다"라고 하였다. 왕이 "그게 무슨 이유에서인가?"라고 묻자, 그는 "산중의 왕은 이미 힘이 기울기는 했으나 왕과 함께 할 조정의 지사들이 70여 가나 됩니다"라고 했다. 그러자 왕은 "그가 그런 현군이라면 어찌 그를 정벌할 수 있겠는가?"라고 탄식했다. 그러나 그는 "선비만 등용하게 되면 백성들은 명분 쌓기에만 힘쓰게 되어 근본을 잃게 되며, 조정이 어질기만 하면 농부가 게을러지게 마련이며, 전사도 나약하게 됩니다. 이렇게 하고서 망하지 않는 나라는 없습니다"라고 하였다.

우리나라는 유학자들을 귀하게 여기고 상공에 종사하는 자들을 천하게 여겨, 허문(虛文)만을 숭상케 하고 실업을 게을리한 지가 이미 오래됨으로, 당장 저들과 상업적 경쟁을 벌인다면 그들을 물리칠 수가 없을 것이다. 그렇게 되면 우리가 가지고 있는 것을 그들에게 보여주게 되어 그들에게 탈취당하게 될 것이니, 그들에게 뒤진다는 것이 두려울 뿐이다.

1876년(병자년) 6월에 일본 외무대신 미야모토 고이치(宮本小一)가 통진(通津)에 도착했고, 교리 이희원(李喜元)을 보내 도성 밖에 숙소를 정하고 접대하게 한 다음, 다시 정부 당상관 조인희(趙寅熙)를 강수관(講修官)으로 임명해 조약을 체결했다.

일본 사람들이 조선을 거쳐 청나라로 왕래하는 육로와, 도성 안에 공사관을 개설할 것, 8개 항구를 개항할 것을 요구했으나 전부 거절하고 부산 초량(草梁)만 허락하여, 이전처럼 왕래하며 상업하던 동래부 30리 지역을 한정하여 수호조약(修好條約)을 체결했다. 그 내용은 다음과 같다.

통상토지조약

제1조 각 항구에 일본국 인민 관리관을 주재시키며, 조선국 연해에서 일본 선박이 급박한 위험을 당할 때에는 지방관에게 신고하고 부근 연안을 통과할 수 있도록 허락한다.

제2조 사신과 관리관이 발송하는 통신문서는 인민을 고용하거나 우편국을 이용하거나 기타 편리한 방법에 따르게 하고, 그 비용은 사후에 변상하기로 한다.

제3조 의정(議定)한 조선국 각 항구에서 일본국 인민이 토지와 가옥을 임차할 때는 지주와 상의하여 금액을 정할 것이며, 관유지(官有地)에 대한 임대료는 조선 인민과 동일하게 정한다.

제4조 이후 부산항에서 일본국 인민이 왕래할 수 있는 도로의 거리는 부두에서 기산하여 동서남북 각 직경 십리(조선의 리수) 이내로 정하고, 동래부(東萊府) 한 곳에 한하여 이 거리 이내의 왕래를 허락한다. 일본국 인민은 이 구역 안에서 토산품과 일본 산물을 매매할 수 있다. (원래의 조약 원문은 '동래부 한 곳에 한하여 이 거리 밖이라 할지라도 특별히 왕래할 수 있다'로 되어 있으나, 한국통사에서 박은식 선생은 '…거리 이내의 왕래를 허락한다(此 里程内의 往來를 許함)'로 적고 있다.)

제5조 의정한 각 항구에서 일본국 인민은 조선국 인민을 고용할 수 있다. 조선국 인민으로서 조선 정부의 허가를 얻은 자는 일본국에 왕래해도 무방하다.

제6조 의정한 조선국 각 항구에서 일본국 인민이 만약 사망할 때에는 초량의 경우와 동일하게 적당한 장소에 매장할 수 있다.

제7조 일본국 인민은 본국에서 통용되고 있는 각종 화폐를 조선국에서 사용하거나 물자를 매매할 수 있고, 조선국 인민도 일본 화폐로써 일본 물자를 구입함은 물론 지정된 항구 외에서도 상호 통용할 수 있다. 일본국 인민도 조선국 동전을 사용 또는 운반할 수 있다. 양국 인민 중 화폐를 위조한 자는 각국 법에 의하여 처벌한다.

제8조 조선 인민은 일본 인민으로부터 매수 또는 증여받은 물자를 자유로이 사용할 수 있다.

제9조 수호조약 제 7조에 의한 일본국 측량선이 폭풍우 또는 썰물 때문에 본선으로 돌아가지 못할 때는 당해 지역의 이장(里長)이 근처 인가로 피난시키며, 물자가 필요할 때는 관청에서 급여하고 비용은 추후에 계산한다.

제10조 조선국은 해외 각국과 교류가 없으므로, 금후 다른 나라 선박 중에 풍파로 근해에 표류한 자가 있을 때는 조선 인민이 구제해 보살펴 주고, 송환을 희망하는 자는 일본국 관리에게 보내 본국으로 송환하게 한다.

제11조 이상의 조약은 수호조약과 동일하게 양국 정부는 위반함이 없이 실행해야 하며, 금후 양국 정부 가운데 이 조약의 개정을 원할 때는 1년 전에 그 사실을 통고하여야 한다.

같은 해 10월 일본 관리관 곤도오(近藤眞鋤)가 동래부사 홍유창(洪裕昌)과 초량의 거류 지조(地租)를 1년에 50원(圓)으로 정했다.

1877년(정축년) 10월에 일본 대리공사 하나부사(花房義質)가 개항 문제를 의논하기 위해 경성에 왔는데, 정부에서는 예조참판 홍유창에게 접대하게 했다.

하나부사가 근해를 측량하고 진도(珍島)의 개항을 요청했으며, 만일 부득이하다면 함경도 문천(文川)을 개항하라고 요구했다. 여러 차례 교섭한 결과 내년 3월에 남북 해안을 다시 측량하도록 하고, 진도와 문천은 석탄 저장소 및 급수지로 정했다.

1879년(기묘년) 하나부사가 청수관(淸水館)에 머물면서 다시 개항을 요구했으므로 함경도 덕원부의 원산항을 허락했다. 1881년(신사년) 10월에 일본 총영사 마에다(前田獻吉)가 덕원부사 김기수와 거류지 세액을 정했는데, 부산과 동일하게 1년에 50원으로 하고, 묘지는 1년에 1구당 1원으로 정했다.

제14장 임오(壬午) 군졸의 난

1882년(임오년) 정월에 백기(白氣)가 하늘에 가득하므로 궁중에서 크게 기도를 올리는 등 미신이 충만했으며, 국내 명산대천과 신사 불당에 기도 드리는 일이 잦았다.

금강산 일만 이천 봉에 봉우리마다 쌀 한 가마, 무명 한 필, 돈 천 냥 씩을 시주하고 기도를 올리니 지금까지 없던 일이었다. 또 잔치와 유흥이 도에 지나쳐 매일 밤을 지새며, 음식과 상금으로 주는 비용이 막대한 숫자에 이르러 대원군이 오랫동안 저축한 돈을 모두 탕진하고 남은 것이 없었다. 세입은 일상적인 비용을 쓰기에도 모자랐고, 세금을 걷는 관리는 파산하여 도주했다. 백관의 봉급을 지급하지 못한 것이 벌써 여러 해이며, 삼군(三軍)은 군량미가 떨어진 지 13개월에 이르렀다. 그러나 선혜청 당상관 김보현(金輔鉉), 어영대장 민겸호(閔謙鎬), 호조판서 민치상(閔致庠) 등은 사리사욕을 채우기에 여념이 없었고, 병졸과 백성들의 어려움은 안중에도 없었다. 따라서 백성들의 원성이 높아지고 사람들은 대원군을 그리게 되었다.

이 해 봄에 새로이 두 군영을 설치하고 이경하(李景夏)를 무위대장(武衛大將), 신정희(申正熙)를 장어대장(壯禦大將)에 임명했으며, 일본인 호리모도(掘本禮造)를 초청해 신식군대를 훈련시키고 '별기군(別技軍)'이라 불렀다. 이어서 사대부 자제 가운데 수재를 골라 사관생도라 부르고 신식 군사훈련을 받게 했는데, 구식 군대는 앞으로 폐지할 것이라는 소문에 군졸들의 불평이 더욱 커졌다.

유월 구일 광흥창(廣興倉)의 쌀을 꺼내 1개월분의 군량을 지급했는데, 창고지기는 민겸호의 심복으로서 썩은 쌀을 지급하면서도 양을 적게 주는 등 농간이 심했다. 군중들이 몹시 흥분해서 민겸호를 찾아가 호소했으나 오히려 질책을 당했으므로 마침내 분노가 폭발하고 말았다. 훈련도감 군졸이 창고지기를 살해한 뒤 각 군의 군졸들이 모여 의논을 했는데, 사태가 여기까지 이르렀으니 우리들은 이미 죽음을 면치 못할 것이다. 국가를 위해 거사하는 것이 옳다고 하여 동별영(東別營) 장교 기병과 각 군영 군졸이 의기투합하여 무기고를 부수고 병기를 탈취하니 함성이 하늘에 진동했다.

이때 궁중에서는 연회가 한창이었는데, 난이 일어났다는 소식을 듣고 크게 놀라 왕의 측근을 보내 달래려 했지만 군졸들은 듣지 않았다. 즉시 대원군을 궁궐로 불러들여 난을 진정시킬 방책을 물었더니, 대원군은 이경하를 시켜 타이르게 했으나 군졸들이 오히려 이경하를 협박했으므로 이경하도 도망쳐 왔다.

이어서 반란군 일부는 민겸호, 김보현과 민씨 일가를 습격하여 여러 사람이 죽거나 난을 피해 도망갔으며, 민창식(閔昌植)은 변장을 하고 도망가다가 도중에서 피살되었다. 또 반란군 일부는 감옥을 부수고 감금되어 있던 자들을 풀어 주었다. 그 무렵 가뭄이 심했었는데 이날 큰 비가 오자 사람들은 원한을 씻어준 탓이라고 했다. 아울러 성 밖에 있는 각 사찰과 사당에 불을 질러 재물을 낭비하는 각종 제사와 기도에 대한 한을 풀었다. 반란군은 또 하도감(下都監)으로 가 일본 교관 호리모도를 죽이고, 천연정(天然亭)의 일본 공사관을 습격하여 일본인 7명을 살해하니 일본 공사 하나부사는 공관에 불을 지르고 양화진을 거쳐 제물포로 탈출했다.

　다음날 반란군이 운현궁으로 들어가 대원군에게 호소하자, 대원군은 "너희들의 고충은 모두 알고 있으나 구제할 방법이 없으니 물러가서 당국의 조치만 기다리고 있으라"고 말하므로, 군졸들이 더욱더 당국을 원망하여 영의정 이최응을 살해했고, 돈화문을 통해 궁궐로 들어가 민겸호, 김보현 등도 살해한 다음 왕후의 거처까지 난입했다. 왕후는 무예별감 홍재희(洪在羲)의 도움으로 겨우 빠져나와 화개동 윤태준(尹泰駿)의 집에 피신했다가 그날로 충주 장호원 민응식(閔應植)의 집으로 피난했다. 이때 궁중에는 선혈이 낭자하고 칼날이 번쩍이며 너댓 명의 대신이 사색이 되어 있었다. 왕이 대원군에게 난의 진압을 맡기시자 대원군이 여러 차례 반란군의 철수를 명령했으나 그들이 반박하며 말하기를, "만일 왕비가 살아 있으면 우리들을 모두 처형하려 할 것이므로 차라리 큰 일을 치르고 죽겠다, 결단코 물러서지 않겠다"고 했다. 대원군도 억지로 물리치지 못할 것을 알고 왕비가 창졸간에 돌아가셨다고 거짓말을 하며, 아무도 너희들을 해치지 않을 것이니 물러가라고 했다. 반란군들이 믿지 않자 어쩔 수 없이 승정원에 명하여 국장령(國葬令)을 공포하라고 했으나, 승지 조병호(趙秉鎬), 김학진(金鶴鎭) 등이 반대했으므로 다른 사람을 시켜 공포하게 하니 비로소 반란군들이 물러갔다. 이에 온 나라 사람들이 다 상복을 입었는데, 대원군이 왕비의 시신은 난중에 찾지 못했다고 하여 의관장(衣冠葬)으로 결정했다. 이러한 조치가 모두 임기응변에서 나온 것이라고 하지만 도리에는 크게 어긋나는 것이었다.

이 변란으로 이재면(李載冕:대원군의 장남)이 훈련대장겸 선혜청 당상관(堂上官) 호조판서가 되었다.

12일 밤 봇짐장사 수만 명이 성 안으로 들어와 난동을 부린다는 유언비어가 떠돌자 온 장안이 소란스러웠고 사람들은 급하게 피난길에 나서느라고 우왕좌왕했다. 그러나 성문이 굳게 잠겨 밖으로 나가지 못 하고 남북의 산꼭대기에 모여 아우성치며 통곡을 하는데 그 광경이 참담했다. 대원군이 돈화문 밖으로 걸어나가 군중들을 진정시키고 무기고에서 병기를 꺼내 요지를 방비하게 하니 민심이 더욱 동요되었다. 칠흑같이 어두운 밤에 봇짐장사 비슷한 자를 발견하면 그 즉시 타살했으므로 억울하게 죽은 자의 시체가 곳곳에 즐비했는데, 봇짐장사의 입성이니 하는 말은 전혀 근거 없는 헛소문으로 죄 없는 행인이 참살당한 어처구니 없는 사건에 불과했다.

대원군이 이 변란으로 인해 다시 정권을 장악하자 대부분의 고관과 요직이 바뀌었는데, 이회정(李會正), 임응준(任應準), 조병창(趙秉昌), 정현덕(鄭顯德), 조채하(趙采夏), 이원진(李源進), 조우희(趙宇熙), 이재만(李載晩) 등이 다시 등용되었다. 아부하는 무리들이 운현궁으로 구름처럼 몰려들었지만 민씨 일가는 감히 나타나지 못했다. 또 국장을 공포한 지 한 달 가량이 지났는데, 왕후는 충주에서 경성으로 사람을 보내 임금과 연락하고, 민태호를 청나라에 밀사로 파견해 난을 알리고 구원을 요청하니 앞날을 예측하기 어려웠으며, 중·일간의 중대한 교섭도 이로 인해 시작됐다.

전 판서 신응조(申應朝)는 광주(廣州) 향로(鄕廬)에 은거하고 있었는데, 이때 좌의정에 임명되었으나 거절하고 취임치 않았으며, 평안도 관찰사 김병덕(金炳德)은 국장령을 공포하지 않으니, 이 두 사람은 학식과 덕망이 뛰어난 군자라고 당시 사람들이 높이 칭찬했다.

제15장 청나라 군사가 들어오고 일본 군사는 물러감

일본 공사 하나부사가 나가사키로 돌아가 정부에 보고했는데, 그때 일본 정부는 주전론(主戰論)과 주화론(主和論)이 대립했으나 평화적으로 해결하기로 결정하고 외무경 이노우에가 시모노세키로 가서 하나부사에게 대책을 지시했다.

1882년 7월 2일 하나부사가 인천으로 돌아와 호위병 1개 중대를 거느리고 입성했고, 5일에는 육군 소장 다카지마(高島丙之助), 해군 소장 닛게이(仁禮景範)가 병사 1500여 명을 이끌고 인천에 도착했다.

20일에 하나부사가 요구조건을 제출하면서 회답 기한을 사흘로 한정했다.

이에 앞서 김윤식(金允植), 어윤중(魚允中)이 천진에서 군란의 소식을 듣고 즉시 직예총독 서리(直隸總督署理) 장수성(張樹聲)을 찾아가 속히 파병하여 난군을 평정하고 일본의 행동을 견제해 달라고 요청했다. 이에 청 조정의 명령으로 북양함대 사령관 정여창(丁汝昌)은 군함 제원호(濟遠號)를 지휘하고, 광동함대 사령관 오장경(吳長慶)은 육영(六營)의 병사를 인솔하여 남양만에 도착했다.

이어서 참의(參議) 마건충(馬建忠)이 육군 100명과 해병대 50명을 거느리고 입성하자 일본 공사 및 지휘관들은 23일 경성에서 물러나 제물포에 체류하게 되었다. 7월 13일 마건충이 운현궁으로 대원군을 방문하여 담화를 나눈 뒤 돌아갔다. 그날 저녁 대원군이 답례차 청군 숙소를 찾아갔는데, 마건충이 말하기를, 왕비의 생사도 모르고 국장령을 발표하는 것은 이치에 어긋나는 일이며, 반란군이 저지른 죄를 면제하는 것은 국법을 무너뜨리는 것이므로 대원군 자신이 북경으로 가서 변명을 하라고 했다. 밤이 깊자 수행원을 구금한 뒤 대원군을 가마에 태워 남문을 빠져나왔고, 밤이 새기 전에 양화진을 거쳐 인천에서 기선으로 천진까지 보내고, 계속해서 보정부(保定府)에 억류시켰다. 16일에 난의 주동자 30여 명을 처형했는데, 이번 조처는 청나라가 벼락치듯이 빠르게 단행하여 조금도 허점이 없었다.

왕후가 환궁하자 온 국민의 흰색 상복이 별안간 검은색으로 돌아왔고, 민씨 일가는 기울었던 달이 차오르듯 다시 세력을 만회했다. 이번 반란에 왕후를 모신 공로가 있는 자는 모두 벼락출세를 했는데, 민응식, 민병석(閔丙奭), 민경식(閔炯植), 민영기(閔泳綺) 등이 당당하게 승진했다. 대원군의 짧았던 행정은 물거품으로 돌아갔으며, 운현궁 앞에는 다시 거미줄이 생기고 대원군을 따랐던 이회정, 조채하, 정현덕 등 10여 명은 전부 임금이 내리는 사약을 마시고 죽었다.

우리나라의 정권 쟁탈전이 극심하여 사대부 가운데 국가와 민족을 위해 피를 흘린 자는 별로 없지만, 정권 쟁탈과 정국 변화로 인해 죽이거나 죽은 자는 많으니 참으로 비통한 일이다.

제16장 일본의 요구 해결

우리나라가 일본의 요구에 대해 타협과 상호 평화를 도모하고자 노력하여 7월 27일에 전권대신 이유원, 김홍집을 제물포로 특파하여 일본 사절과 협의한 결과 다음과 같은 6개 조항과 속약(續約)을 체결했다.

제물포 조약

6월 9일의 군란에 반란군이 일본 공사관을 습격 방화하여 공관에 있던 직원 중에도 화를 당한 자가 많으며, 조선이 초빙한 육군 교관도 역시 살해되었다. 따라서 아래와 같은 배상을 결정하고, 다시 속약 2개조를 체결하여 양국 전권 대신이 서명 날인한다.

제1조 지금부터 20일 안에 조선국은 반란 가담자를 체포하여 그 우두머리를 엄벌에 처하되 일본국도 이 조사·처분에 참석하기로 한다. 만일 기한 내에 체포하지 못할 때는 일본국의 처리에 위임한다.
제2조 일본 관리 중 화를 당한 자는 조선국이 후하게 예의를 갖춰 장례를 지낸다.
제3조 일본 관리 중 화를 당한 자의 유가족 및 부상자에 대하여 조선국은 위로금으로 5만원을 지불한다.
제4조 반란군의 폭동으로 인하여 일본이 입은 손해 및 공사를 호위하기 위해 지출한 군사비 중에서 50만 원을 조선국이 부담하되 매년 10만 원씩 5년간 완납한다.
제5조 일본 공사관에 약간의 병력을 주둔시켜 경비를 맡기며, 병영의 설치와 수선은 조선국이 한다. 단, 1년이 경과한 후 경비의 필요가 없다고 일본 공사가 인정할 때는 군대를 철수하기로 한다.
제6조 조선국은 국서(國書)를 꾸미고 대신을 파견해 일본에 사죄한다.

수호조약 속약(續約)

제1조 원산, 부산, 인천 각 항구에서 일본인이 왕래·통행할 수 있는 거리를 사방 각 50리(조선 리)로 확대하고, 2년 후에는 100리로 정한다.
제2조 일본국 공사관 영사(領事) 및 그 수행원과 가족은 조선 각지에 자유로이 여행할 수 있다.

8월에 반란군 수령인 손순길(孫順吉) 등 10명을 처형하고 다시 전권대신 겸 수신사(修信使)로 금릉위(錦陵尉) 박영효(朴泳孝)와 김만식(金晚植), 민영익(閔泳翊), 김옥균(金玉均) 등이 국서를 휴대하고 일본으로 건너갔다. 김옥균 등은 일본에 머물면서 제도를 연구하게 했다.

제17장 중국과 일본이 군대를 주둔시킴

1883년(계미년)에 일본 변리공사(辨理公使) 다케조에(竹添進一郎)가 경성에 와서 조약 제5조에 의해 공관 경비병 200명을 배치했다. 이에 청 정부도 역시 원세개(袁世凱), 황사림(黃士林), 마건충(馬建忠) 등이 병력 2000명을 인솔하고 하도감(下都監)에 주둔했다. 이때 경성과 강화도의 각 군이 중국식 편제로 훈련을 받았는데, 왕석창(王錫暢)이 군국기무아문(軍國機務衙門) 참의(參議)가 되고 마건충이 찬의(贊議)가 되었다. 따라서 중국 세력이 일본 세력보다 우세했으므로 일본인들의 감정이 점차 높아지게 되었다.

중·일 간섭은 시종일관 우리나라의 내란을 부채질하였는데, 누가 이런 내란을 일어나게 했단 말인가! 임오군란만 하더라도 군졸들이 급료를 받지 못 하고 13개월이 넘도록 구휼되지 않아 위험한 지경에까지 이르자 난이 발생하게 된 것이 아닌가? 갑오년(동학난이 일어난 해)만 하더라도 관리들의 탐학이 날로 심해져서 그들의 수탈이 굶주린 호랑이보다 더 무섭고 그물보다 빈틈이 없었으니, 소시민들이 죄는 없으나 산업에 종사하는 것이 죄였다. 그리하여 이런 산업이 이미 다 망했으니 어찌 살아갈 수가 있겠는가? 그러므로 비록 순박하고 어질며 유약하여 맹종하는 우리 국민이기는 하지만, 부득불 살아남기 위해 함께 일어나 관리들을 축출하고 그 울분을 씻어내려 한 것이다. 이들은 한번 외치면 수많은 사람들이 서로 호응하였고, 그렇게 호응하지 않은 곳이 없으니 흉악하고 잔인한 무리들이 시의에 편승하여 난을 일으키자 내란이 계속 일어나게 되었던 것이다. 그러니 이웃나라의 간섭도 일어나게 되어 마침내는 나라가 망하게 된 것이다. 어느 시(詩)에서 말하기를 "난을 일으키는 비적들은 천직인 것처럼 하여 사람들에게 파고드는 것은 아니다"라고 하였다.

대원군은, 그가 한 일이 잘 했는지 못 했는지 그 이해의 득실을 판단해 내기 어려운 인물이지만, 그가 정사를 돌보는 가운데 나라의 창고가 가득 찼고 군량이 풍족하였으며, 백성을 대하는 관리는 반드시 청렴결백한 사람을 택하여 백성들이 안심하고 생업에 종사할 수 있도록 하였으므로, 군란이나 민란은 도저히 일어날 수가 없었다.

   내란이 발생하지 않는데 어찌 외부의 간섭이 일어날 수 있겠는가? 아! 애석하도다. 이 노정치가(대원군)는 저들보다 잘 했건만, 세력쟁탈로 인해 재기하지 못 하고 남전(藍田)에 은거하며 묵묵히 나날을 보내다가 이제 임오군란으로 정권을 잡았지만, 반란 주도자라는 책임자로서의 누명을 쓰고 백발에 포로 신세가 되어 이역만리에서 외롭게 지내며 세상의 웃음거리가 되었으니 어찌 슬프다 하지 않을손가!

제18장 유럽 열강과의 통상조약

   종래에 구미 열강의 통상 희망은 매번 완강하게 거절당해 왔으나, 임오년 이후 김홍집, 김윤식, 어윤중, 홍영식 등이 외국을 시찰하고 쇄국이 부적당하다는 것을 깨달았다. 따라서 각국에게 문호를 개방하게 됐는데, 미국・영국・프랑스・독일・러시아・이탈리아・오스트리아 등이 앞다투어 조약을 맺었고, 상호 공사관을 둠으로써 대조선의 대군주가 각국 원수와 대등하게 자주외교를 펼치게 되었다.

   문호를 개방하고 유럽의 새로운 문물을 수입하여 기계국(機械局), 박문국(博文局), 전신사(電信司) 등을 설치했으며, 외국인을 초빙해 고문을 삼으니 형태는 대강 갖추게 되었다. 그러나 폐쇄적인 습관이 강해 외국인 고문은 이름뿐이고, 그들이 건의하는 개선책은 거의 시행되지 않았다.

   어윤중은 강인하고 이재에 밝았는데, 호조참판이 되자 감성청(減省廳)을 설치하여 쓸데없는 데 사용하는 돈을 절약하자 귀족들의 질시를 받아 서북경략사(西北經略使)로 좌천되고 말았다.

(생각건대) 우리나라는 육지와 바다가 동방의 요충이며, 열강이 만나는 중심지에 위치한 까닭에 유럽의 발칸반도와 비슷하다. 따라서 중국·일본·러시아 삼국과 아주 밀접한 관계를 가지고 있는데, 중국이 여기서 세력을 잃으면 동삼성(東三省 : 중국 동북의 요녕성, 길림성, 흑룡강성 등 3성을 지칭)의 담장이 무너져 만리장성 안에서 안심하고 잠을 잘 수 없고, 일본이 여기서 퇴보하면 섬 안에 갇혀 대륙에 진출할 수 없게 된다. 또 러시아가 이곳으로 진출하지 못하면 동방항로가 막혀 태평양의 권리를 얻는 것이 불가능하다.

이는 지리적인 위치로 볼 때 자연스러운 관계이며, 삼국의 세력이 균형을 유지하고 상호 견제하면 우리나라는 유럽의 조그마한 독립국가와 비슷할 것이다. 그러나 만일 한 나라가 우세를 독점하고 우리를 집어삼키려 한다면 위험하기 짝이 없다. 한편, 미국·영국·프랑스·독일 등도 제각기 세력을 확장해 보려는 속셈이 없지는 않지만 아직은 힘이 미치지 않는다. 또 정치와 무역에 막대한 이해가 걸려 있어서 인명과 국력을 소모해서라도 쟁탈전을 벌일 만한 이유가 없다.

그래서 조약문 가운데 우리를 독립국으로 대우하고 독립을 존중한다는 등등의 말을 하고 있지만, 영국 사람은 영·일동맹을 맺으면서 한국에 대한 일본의 특수한 권리를 인정하여 병합을 승인했다. 미국 사람은 우리와 특별 호혜(互惠)조약을 맺으면서 양국 중 한 나라가 다른 나라의 침입을 받을 때는 상호 원조한다는 명문 규정을 두었다. 따라서 군신 상하가 내심으로 깊이 믿고, 다른 나라에 비해 미국에게 특별한 정을 표시했으며, 미국 사람의 혜택도 또한 특별한 바가 있었다. 그럼에도 불구하고 일본의 가네코(金子) 남작이 다년간 미국에 머물면서 조선의 개발 책임은 일본이 전담하는 것이 좋다고 백방으로 노력하고 다니자, 전직 대통령 태프트(Taft)가 루즈벨트와 상의한 후 일본의 요구를 들어주었다.

아울러 일본이 조선을 합병할 때 다른 나라보다 먼저 승인함으로써 우리와의 조약을 헌신짝처럼 차버렸다. 영국과 미국은 결국 우리를 이용해 일본의 환심을 산 것에 불과하며, 독일과 프랑스도 또한 상업상의 이권에 지장이 없으면 일본의 행동에 반대하지 않는다는 태도를 취했다. 이들 나라는 우리와 조약을 체결했지만 유사시에는 전혀 관심을 갖지 않았으며, 우리나라의 흥망에 상관하지 않고 강자를 따르니 이는 정치·지리·상업상 중요한 이해관계가 없는 탓이다.

국제조약과 의무라는 것도 전부 자기 나라의 이해관계에 따라 결정하는 것이므로, 우리나라가 자주 자립의 실력 없이 외국인의 감언이설을 믿고 안심하는 것은 스스로 패망을 재촉할 따름임을 명심해야 할 것이다.

제19장 갑신년(1884년) 혁명당의 난

일본은 조선에서 차츰 세력을 펼치다가 다시 물러서게 되자 이는 중국의 방해 때문이라고 보고, 점차 적개심이 깊어지면서 반격할 기회를 노리고 있었다.

이 무렵 김옥균, 박영효, 홍영식, 서광범 등은 청년들로서 친일파이며, 민태호, 조영하(趙寧夏), 윤태준(尹泰駿), 김윤식, 어윤중 등은 장년층으로서 친청파(親淸派)에 속했다. 이와 동시에 러시아도 암암리에 세력을 펼치고 있었는데, 러시아 공사관 서기 웨베르(Waeber: 韋貝)의 부인이 궁중에 드나들었고, 우리나라 역시 김학우(金鶴羽) 등을 블라디보스토크에 파견해 친선을 도모하니 한규직(韓圭稷), 이조연(李祖淵), 조정희(趙定熙) 등이 친러파였다. 세 당이 분립하여 투쟁과 내분이 그치질 않더니 친일파가 친러·친청 두 당을 제거하고 개혁을 단행키로 했다.

1883년(계미년) 11월 다케조에 공사가 귀국할 때 김옥균이 차관을 들여온다는 구실로 함께 일본으로 건너가서 친청파를 제거할 계획을 비밀리에 제시했다. 일본이 크게 기뻐하며 임오년의 배상금 가운데 잔액 40만

원을 탕감하여 이 계획을 지원해 주기로 했고, 김옥균은 학도 20명을 이끌고 귀국해 때가 오기만을 기다렸다.

1884년(갑신년) 9월 다케조에가 조선에 와서, 중국이 지금 월남 문제로 프랑스와 싸우고 있으니까 조선을 간섭할 여유가 없다. 청나라를 몰아내고 독립하려면 이 때를 놓치지 말아야 한다고 김옥균에게 말했다. 따라서 이들이 매일 밤 모여 대책을 의논했는데, 일본 병사를 빌려 청나라 사람들을 막고 자객을 길러 친청파를 제거하며, 일본 정부에서 군함을 파견해 후원하도록 밀약했다.

같은 해 10월 17일 우정국(郵政局)이 문을 열었는데, 홍영식이 총판(總辦)으로서 각 대신과 각국 공사 및 영사들을 초청해 연회를 열었다. 육조판서와 내외 아문의 독판(督辦:장관), 4영(營)의 책임자들과 미국 공사 푸트(Foote, L.H), 영국 영사 애스톤(Aston, W.G), 청국 영사 진수당(陳樹棠) 등이 참석했으며, 일본 공사는 몸이 아프다며 오지 않고 서기 시마무라(島村)가 대신 참석했다.

그날 오후 여섯 시에 연회를 시작했는데, 홍영식 등이 미리 사관생도를 궁궐 문 앞과 경운궁에 매복시키고, 자객을 우정국 앞 하수구에 잠복케하여 방화로써 암호를 삼았으며, 김옥균 등이 수시로 들락거리며 지휘를 했는데 그 거동이 수상했다. 10시쯤 돼서 담 밖에 불이 났는데, 그날 밤은 달이 밝아 불빛이 더욱 넘실거렸다. 민영익이 불을 끄려고 밖으로 나가자 하수구에 숨어 있던 자객이 뛰어나와 그를 찔러 부상을 입혔고, 연회에 참석했던 손님들이 모두 놀라 웅성거렸다. 친일파들은 이때 친청파를 모두 죽이려고 했지만 민영익 한 명 만을 부상시켰을 뿐 성공하지 못했다.

박영효, 김옥균, 서광범 등은 즉시 대궐로 달려가(궁녀 중에 내통하는 자가 있어서 궁궐 문을 열어두고 기다렸기 때문에 들어갈 수 있었다) 청나라 병사들이 난을 일으켰는데 성 안이 전부 불바다고 대신들을 마구 죽이니 급히 피난하시고, 일본 공사를 불러 호위하게 하라고 말씀드렸다. 왕께서 허락하시지 않자 김옥균 등이 울면서 간청하며 피난하시기를 독촉했는데, 중관(中官:환관) 유재현(柳在賢)이 어전에서 살해당하자 왕도 당황하여 침전을 나섰으며 조태후(太后), 홍태후, 왕비와 태자가 걸어서 뒤를 따랐다. 영숙문(永肅門)에 이르렀을 때 문득 대포 소리가 들렸다. 김옥균이 급히 임금께 아뢰기를, 적병이 코 앞에 이르렀으니 머뭇거릴 여유가 없으므로 일본 공사를 불러 호위케 하라고 다시 간청했지만 왕은 여전히 응하지 않았다. 하는 수 없이 김옥균, 서광범 등이 주머니에서 종이와 연필을 꺼내 '일본 공사는 궁으로 들어와 짐을 호위하라'고 적은 다음 옥새도 찍지 않고 일본 공사관으로 보냈다. 임금 일행이 경운궁에 도착하자 일본군은 먼저 와 있었고, 통역 아사야마(淺山顯藏)와 다케조에 공사가 마중을 나왔다.

임금께서 동방(東房)에 드시고 일본 공사와 김옥균 등은 청사에서 대기하고 있었는데, 잠시 후 사관생도 열두 명이 입궁하여 김옥균, 홍영식 일행을 둘러싸고 비통하게 우는 모습을 보였다. 이날 밤 일본군이 궁궐 문을 지키고 친일파들이 궁 안에 머물면서 일을 계획했는데, 왕은 행동이 자유롭지 못했다.

18일 새벽에 우영사(右營使) 이조연, 후영사(後營使) 윤태준, 전영사(前營使) 한규직이 청군 진영에 몰래 연락을 띄우려 하자 김옥균 등이 사관생도에게 명하여 이들을 후당으로 잡아들인 다음 살해했다. 해방총관(海防總官) 민영목, 민태호, 조영하 등도 거짓 왕명으로 불러들여 살해했다. 친일파 수십 명이 왕을 에워싸고 제멋대로 일거수 일투족을 간섭했으므로 왕은 행동이 자유롭지 못했고 음식도 제때에 나오지 않았다. 10시 경 계동궁(桂洞宮:이재원의 집)으로 왕의 거처를 다시 옮겼으며, 궁 문의 경비가 삼엄하여 출입하는 자는 일본군 지휘관이 발행한 출입증을 가진 친일파에 한정되었다.

김옥균 등이 다시 거짓 왕명으로 정부를 개편했는데, 좌의정 이재원, 우의정 홍영식, 병조판서 이재완, 이조판서 심순택(沈舜澤), 호조판서 김옥균, 예조판서 윤홍연(尹洪淵), 형조판서 이윤응(李允應), 공조판서 홍종헌(洪鍾軒), 외아문 독판(장관) 김홍집(金弘集), 협판(協辦:차관) 김윤식, 전후양영사(前後兩營使) 겸 좌우포장(左右捕將) 한성판윤 박영효, 좌우영사 겸 협판 교섭사무 서광범, 전영(前營) 정령관(正領官)에 서재필 등을 임명했다. 아울러 일본 유학생들로 별군을 조직하여 병권과 재정을 장악했으나 백관 중에 입관하는 자가 없어서 왕명을 시행할 수가 없었다. 한편 청군이 하도감에 머물고 있는 것을 염려하여 박영효 등이 왕의 거처를 강화도로 옮기자고 주장했으나, 다케조에 공사가 일본의 위신이 손상될 우려가 있다 하여 반대했다. 김옥균도 이 말에 찬성하고 저녁 무렵에 다시 창덕궁 관물전(觀物殿)으로 거처를 옮겼다. 친일파들이 일본군과 함께 물샐 틈 없는 경비를 편 탓에 인심이 흉흉하여 임금의 안위를 알지 못했으며, 이에 심상훈(沈相薰), 이봉구(李鳳九) 등이 청군 진영에 알리고 즉시 입궁하여 호위해 줄 것을 요청했다.

19일에 전권위원 원세개와 통령(統領) 오조유(吳兆有)가 궁으로 들어와 사태를 알아보았으나 오후 세 시에 이르도록 연락이 없었으므로 부득이 군대를 인솔하고 궁궐로 들어왔으며, 우리나라 좌우영 군사도 합류하여 따라왔다. 누각에 숨어 있던 일본군의 발포로 청군과 교전이 시작됐으나, 일본군이 저항하지 못하고 김옥균 등과 함께 임금을 모신 채 급히 후원 연경당(演慶堂)으로 피했는데, 이때 왕비가 있는 곳이 어딘지를 알 수 없게 되어버렸다. 캄캄한 밤중에 숲속에서 교전했으므로 임금이 다시 옥류천 뒷쪽의 북장문(北墻門)으로 피신했는데, 무예위(武藝衛) 병사와 별초군(別抄軍)이 처음으로 호위를 맡아 어가를 모셨지만 김옥균 일행이 저지하지 못했다. 다케조에 공사는 사태가 불리함을 알고 병사들 틈에 섞여 북악을 넘어 공사관으로 도망갔고, 박영효, 김옥균, 서광범, 서재필 등은 일본군과 함께 도주했다. 홍영식, 홍영교와 사관생도 7명은 어가를 따라 북관묘(北關廟)에 이르렀는데, 원세개가 병사를 보내 임금을 호위케 하자 임금의 옷자락을 붙들고 청군의 호위를 물리치라고 간청하다가 청군과 시비가 일어났다. 그러나 홍영식과 홍영교는 병사들에게 끌려나와 타살당했고, 이어서 사관생도 7명도 살해되었는데 여론은 당연한 것으로 여겼다. 어가가 선인문(宣仁門) 밖의 오조유 진영에 이르자 길거리에 나와 있던 사람들이 환호성을 질렀고, 일부는 자기 집의 재목을 빼내 횃불을 지펴주는 자도 있었다. 다음날에는 하도감의 원세개 진영으로 임금의 거처를 옮겼다.

이때 백성들이 일본 사람을 불구대천의 원수로 여겼으며, 우연히 마주쳐도 싸움이 일어나 살상자가 생겼다. 청군도 일본 공사관을 습격해 39명을 살해하고, 부녀자들은 욕을 보았으며 일본인의 건물이 불에 탔다. 다케조에 공사가 하는 수 없이 깃발을 내리고 군대를 인솔하여 서소문으로부터 도주했는데, 노상에서 함부로 총을 쏘아 우리 백성들이 상당히 죽었다. 백성들이 더욱 분노하여 일본 공사관에 방화하고 육군 대위 이소바야시(磯林眞三)를 살해했으며, 김옥균, 박영효, 서광범, 서재필 등은 머리를 짧게 깎고 양복을 입은 다음 영사관의 나무상자 속에 숨어 일본 상선 천세환(千歲丸)을 타고 망명했다. 처음 김옥균 등이 다케조에 공사와 모의할 때는 일본이 군함을 파견하겠다고 약속했으나 시일이 지나도 도착하지 않았다. 들리는 말에 의하면, 거사 당일 김옥균 일행이 몹시 초조한 기색을 보였다는데, 이는 바로 군함 때문이었다.

사건 후 조정이 친일파의 가족과 거사에 가담한 사관생도 이창규(李昌奎), 서재창(徐載昌), 오창모(吳昌模) 등 열한 명을 체포하여 처형했다.

23일에 임금이 청군 진영에서 환궁했는데, 원세개가 마치 부하처럼 호위를 맡았고, 다음 날 왕비와 왕세자를 교외에서 찾아 맞아들이니 인심이 비로소 진정되었다. 이어서 17일부터 19일에 이르는 동안 내려진 교서와 정령을 환수하여 무효로 하고 총리군국아문(總理軍國衙門)을 개혁하여 의정부에 병합시켰다.

김옥균, 박영효, 홍영식, 서재필 등은 명문 출신에 재능 있는 수재들이었다. 임금께서도 애지중지하셨는데, 장차 요직에 임명하여 정치를 쇄신하고 독립과 국가의 기초를 다지려고 했으며, 본인들도 수시로 정책을 건의하였다. 따라서 임금과 신하 사이가 매우 가까워 앞날의 희망이 매우 밝았다. 그러나 이 변란을 겪고 난 다음부터 임금의 노여움이 심하여 소위 개화의 시책을 건의하는 것을 증오하게 되었다. 이리하여 개명 진보할 수 있는 길은 점점 막히고 완고한 세력이 득세했으며, 임오군란으로 운현궁과 가까웠던 자들은 다 배척되고 갑신년의 변란으로 개화당에 속했던 자들도 모두 제거되니 요직에 올라 정권을 장악하고 국권을 흔드는 자들은 아첨과 사치를 일삼는 외척들 뿐이었다.

(생각건대) 개화당의 실패는 우리에게 매우 애석한 일이다. 특히 김옥균은 누구나 그 재능을 칭찬할 뿐만 아니라 일본 사람들도 숭배하는 자가 많은데, 그의 일생을 기록하는 자, 그의 필적을 소중히 보관하는 자, 그의 무덤에 참배하고 모발을 습득하여 영웅의 유해로 모시는 자들도 있다. 이렇게 된 것은 우연한 일이 아니라 재능이 뛰어나고 갑신년의 정변에도 우두머리로 활동했기 때문이다. 내 친구 중에 갑신정변의 내용을 상세히 알고 있는 사람이 있는데, 갑신정변이 실패하지 않았다면 그 결과가 어떻게 되었겠느냐고 물어본 적이 있다.

그 친구는 일류 수재들이 일본인에게 이용당해 그처럼 크나큰 착오를 저질렀으니 참으로 애석한 일이라고 하였다. 무슨 말인가 하면, 어째서 일본인이 진심으로 김옥균들을 성공케 하고 성의있게 조선의 운명을 위해 노력하겠는가? 또한 그들 일본이 우리나라를 점거하려고 계획한 일이므로 매일같이 신사(神社)에 조선 합병을 기원했으니 우리가 발전하면 그들이 불리하기 때문이다. 우리가 만일 발전할 형세를 보이면 그들이 백방으로 방해할 터인데 어찌 원조하겠는가? 그 당시 일본은 계속 청나라의 우세에 억압되어 이를 배격·능가하려고 온갖 계획을 세우고 있었는데, 우리의 청년 수재들이 일본의 신풍조에 물들어 청나라의 예속으로부터 벗어나고자 한다는 것을 알게 되었다. 일본인들이 이를 이용하여 청으로부터의 독립을 권하고 원조까지 약속했지만, 사실은 조선과 청의 악감정을 도발하여 그 속에서 이익을 얻으려는 속셈이었다. 우리의 우수한 젊은 관료들이 일본의 부추김에 현혹되어 그들의 내심이 무엇인지도 모르는 채 독립만을 추구하면 무조건 최선이라고 생각하게 되었는데, 이러한 어리석은 면을 일본인들이 이용하여 청으로부터의 독립을 권하고 원조까지 약속했지만, 사실은 조선과 청의 악감정을 도발시켜 그 가운데에서 이익을 얻으려는 속셈이었다. 우리의 청년수재들이 이 점을 깨닫지 못 하고 그들의 술수에 빠져들었으니 어찌 애석하지 않다 하겠는가? 만일 그렇지 않다면 그들이 어째서 군함 파견을 약속하고도 아무런 이유도 없이 약속을 어겼겠는가?

이는 사람을 다락에 오르게 하고 사다리를 치워버린 것과 마찬가지이며, 또한 정변 후에 김옥균이 동경에 망명하여 재기를 노릴 때도 일본이 기피하여 오가사와라(小笠原) 섬에 감금했으니, 그 진심이 어찌 김옥균을 아끼고 원조함에 있었겠는가? 김옥균도 일본이 신의가 없다는 것을 깨닫고 갑오년 봄에 상해로 건너가 방침을 바꿨는데, 중국 지사와 함께 국사를 도모하려 했으나 불행히도 자객의 손에 암살되고 말았다.

박영효도 다년간 일본에 머물면서 그들을 믿을 수 없음을 알고 갑오년 이후에는 약간 항일적 태도를 보였는데, 일본인들이 그를 구금하여 옴짝달싹도 못 하게 만들었다. 김옥균이 있었다면 역시 마찬가지였을 것이다. 이것이 바로 청년 수재들이 일본인에게 이용당해 크나큰 착각을 범하게 된 것이라 한다.

내 생각에 그들은 우리나라의 혁명가였지만 나이가 어려 경험이 적었고, 연구가 깊지 못한데도 급하게 일을 벌여 실패한 것이다.

무릇 혁명이라는 것은 정치가 극도로 부패한 시기를 맞이하여 애국지사가, 즉 대들보가 썩고 서까래가 낡아 부득이 집을 부수고 다시 짓는 방법인데, 실행은 난폭할지라도 그 시기는 하늘의 뜻에 따르고 사람의 일에 맞추는 것이며, 절차와 단계가 있는 법이다. 즉 종교나 학설 또는 선전으로 일반의 지식과 사상을 고취하여 혁명의 기운을 싹트게 한 다음에 정치 방면으로 들어가 벽력같은 수단을 사용하면 찬성자가 많고 반대자가 적어 그 혁신정책이 장애를 받지 않고 성공하는 것이다. 따라서 혁명의 성공은 하루에 달려 있지만, 그 준비에는 오랜 세월이 필요한데, 혁명파는 이러한 준비도 없이 성급하게 일을 추진했고 행동이 잔혹하여 위로는 임금의 신임을 얻지 못 하고 중간으로는 관료의 지지를 받지 못 하고 아래로는 민심을 잃어 사방에서 적이 생기니 어찌 성공을 바라겠는가 ?

또한 혁명이라 함은 천하의 온갖 어려움을 각오해야 하는 것이므로, 오로지 자신의 힘으로 시작해야 하며 남의 도움과 간섭을 받아서는 안 된다. 만일 자력 없이 남의 힘을 빌린다면 비록 성공한다 할지라도 그들의 간섭과 요구를 감당할 수 없을 것이다. 독립이라는 것도 자력으로 쟁취해야 기초가 튼튼하고 오래도록 유지할 수 있는 것이다. 만약 남의 힘으로 얻게 된다면 독립이라는 것도 이름뿐이고 그나마도 오래 가지 못할 것이니, 이런 점을 심사숙고해야 할 것이다.

제20장 일본이 요구한 5조약

11월에 일본이 갑신정변의 소식을 듣고 외무경 이노우에를 전권대신으로 파견했다. 이노우에는 보병 1개 대대를 인솔하고 14일에 인천에 도착하여 18일에 경성에 입성했고, 20일에는 임금을 알현했다. 우리 정부에서는 우의정 김홍집을 전권대신으로 임명해 조약을 체결케 했는데, 24일에 조인하고 27일에 이노우에가 귀국했다. 조약 내용은 아래와 같다.

이번 서울에서의 변란은 관계되는 것이 많은데, 대일본국 천황 폐하가 이를 우려하여 전권대신 이노우에를 특파하여 조선국에 가서 잘 처리하도록 했고, 대조선국 군주 폐하께서는 돈독한 우호관계를 생각하시어 김홍집을 전권대신으로 위임하여 이 문제를 처리하는 데 있어 책임을 지라고 하였다. 이는 전의 문제에 대해서는 징계하고 앞으로의 문제에 대해서는 경계하라는 뜻이었는데, 양국 대신이 절충 타결한 결과 다음과 같은 조항을 정하여 서로에게 좋도록 하며, 또 앞으로의 나쁜 일을 방지하기 위해 이 문건에 서명날인하니 다음과 같다.

> 제1조 조선국은 일본국에 국서(國書)를 보내 사과의 뜻을 표시한다.
> 제2조 이번에 해를 입은 일본인의 유족과 부상자에 대한 보상금과, 상인의 화물 손상에 대한 보상으로서 조선국은 11만 원을 지불한다.
> 제3조 이소바야시 대위 살해범을 조사 체포하여 중형에 처한다.
> 제4조 일본 공사관은 새로 지어야 하는데, 조선국은 여기에 충분한 토지를 제공하며 그 비용으로서 다시 2만 원을 지불한다.
> 제5조 일본 경비병의 막사는 공사관 부근을 택하여 짓되 임오속약(壬午續約 : 제물포조약) 제 5조에 의해 시행한다.

12월에 예조참판 서상우(徐相雨)를 전권대신으로, 외무협판 묄렌돌프를 부사로 일본에 파견하여 일을 처리하게 하였다.

제21장 중·일의 천진조약(天津條約)

1884년(갑신년) 10월의 정변에 청군이 일본 공사관에 해를 입혔다 하여 일본인들이 분노하고 개전론이 일어났다. 그러나 일본 정부가 평화적 해결 방침을 정하고 이토 히로부미(伊藤博文)를 전권대신으로, 노쓰(野津道貫), 이노우에(井上毅), 사이고(西鄕從道), 구로다(黑田淸隆)를 수행원으로 임명하여 1885년(을유년) 2월에 이들을 천진으로 파견했다. 청에서는 전권대신 이홍장과 부사 오대징(吳大澂)이 임명되어 천진에서 회담을 갖게 되었다. 이토가 북경으로 직접 들어가 이홍장의 권한을 확인하고 3월에 다시 천진으로 돌아와 회의를 시작했는데, 이토는 청군의 난폭함을 비난했고 이홍장은 다케조에 공사가 불법 무례하게 왕궁을 침범한 것을 문책했다. 여러 날에 걸쳐 상호간에 논쟁을 벌이다가 서로 양보하고 조약을 체결하니 그 내용은 다음과 같다.

> 1. 조선에 주둔하고 있는 중·일 양국의 군대는 4개월 이내에 각각 철수한다.
> 2. 이후 양국은 조선의 군사 훈련에 간섭하지 않으며, 조선국에 권하여 외국인을 초빙해 병사를 훈련시키고 자력으로 치안을 유지하게 한다.
> 3. 앞으로 조선에 군대를 파견할 필요가 있을 때는 양국이 사전에 통고하고 파견한다.

이홍장이 이토에게 "우리가 조선에 주둔하는 병사에게 물어 갑신정변 시 관여했다는 증거가 있으면 반드시 군법에 의거하여 엄히 다스리겠다"고 하여 서로 헤어졌으나, 그 당시 일본은 청국과 전쟁을 치르기에는 아직 군사력이 부족했으므로 평화적으로 양보했지만, 속으로는 매우 분하게 여겨 결전을 도모하게 되었다. 청국이 이를 살피지 못하고 일본인을 가볍게 생각했으므로 갑오년의 충돌이 일어나게 된 것이다.

이보다 앞서 원세개가 휴가를 얻어 귀성할 때 천진에서 북양대신 이홍장에게 조선 문제를 건의하였다. 즉, 조선 국왕의 정치가 미흡하고 변란이 자주 일어나는 점을 문책한 뒤 감독을 파견해 정치를 대행하게 하든지, 아니면 이씨 중에 똑똑한 사람을 골라 왕을 교체하는 것이 좋겠다고 의견을 밝혔다. 그러나 그때 청불 간에 다툼이 있어서 공연히 문제를 일으킬 수는 없다고 하여 중지되었다.

이듬해 정월에 청국사신 오대징이 한국으로부터 천진으로 돌아가 이홍장에게 원세개는 천하의 기재라고 극구 칭찬하였다. 원세개는 다시 이홍장을 보고는 한국 문제를 건의했는데, 이홍장은 원세개에게 다시 한국에 돌아갈 것을 명하여, 이 조약에서 양국 군대의 철수가 정해졌으므로 이후에는 총리교섭통상사무의 자격으로 주둔케 하였다.

제22장 러시아 세력의 전개

1860년(고종 즉위 3년 전)에 러시아가 북경조약의 결과로서 연해주(沿海州)를 차지했는데, 이로써 두만강 유역과 국경을 마주하게 되자 우리나라 사람들의 이주가 늘어났다. 러시아 관리는 영토가 개간되는 것을 환영하여 이주를 관대하게 취급했다. 1884년(갑신년) 청국 주재 러시아 공사 웨베르(Waeber)가 특명전권대사로써 조선에 와 통상조약 체결을 희망했다. 우리 정부는 외무아문 총리 김병시(金丙始)를 전권위원으로 삼아 협상을 벌였는데, 그 결과 통상조약과 특별조약 및 무역규칙을 체결하고 웨베르는 공사로서 우리나라에 주재하게 되었다.

독일인 묄렌돌프(Mölendorff)는 이홍장이 추천하여 우리나라의 외교고문이 된 자인데, 중·일 양국의 조선에 대한 야심은 모두가 조선의 독립에 걸림돌이 된다고 하면서 친·러 통상조약의 체결을 주장했다. 러시아 황제가 이를 가상히 여겨 이등훈장을 수여했으며, 그후 웨베르가 내륙무역의 추가조약을 요구했다. 웨베르의 부인도 대화술이 좋고 의술(醫術)을 익혔는데, 궁중에 드나들며 신임을 얻어 조약을 체결하려는 데 진력을 다했다. 그러나 사건이 중대하여 즉시 결정하지 못하다가 이홍장이 이를 알고 7가지의 예를 들어 러시아와의 조약 체결을 반대했다. 따라서 조약 논의도 중지됐으며, 이듬해에 웨베르가 다시 추가조약안을 제출하여 담판을 벌이려 했으나 우리 정부가 묄렌돌프를 의심하고 이홍장도 그의 채용을 후회하여 소환하였다.

웨베르가 강력하게 항의했지만 각국 공사가 충고하며 중재에 나서 담판은 중단되고 말았다.

이홍장이 다시 미국인 데니(Denny)를 파견해 조선의 외교고문에 임명했으나 그도 역시 '청한론(淸韓論)'을 저술해 청국의 조처가 조선의 독립에 불리하다는 것을 주장하고, 러시아를 끌어들여 웨베르와 특별한 친교를 맺었다. 1886년에 웨베르가 다시 추가조약 초안을 제출하면서 회담

개최를 재촉했지만, 각국 공사들이 불리하다는 의견을 표시했고, 정부도 우리나라에 해롭다는 이유를 들어 응하지 않았다. 이에 러시아가 다소 양보하여 육로통상조약(陸路通商條約)을 요구했는데, 우리나라가 독판 조병식을 전권위원으로 임명하여 경흥부(慶興府)에서 회의를 열고 조약을 체결하니 이것이 소위 '경흥조약'이다.

얼마 지나지 않아 영·러 양국이 중앙아시아에서 충돌이 일어나자, 영국 동양함대가 전라도 거문도(巨文島)를 점거했다. 이는 러시아 군함이 쓰시마해협을 통과해 남하하는 것을 저지하려는 것인데, 영국 외무대신이 영국 주재 청국 공사 증기택(曾紀澤)에게 거문도를 영구 점령하겠다는 뜻을 알리고, 청국의 권리를 해치지는 않겠다면서 조약을 체결코자 했다. 그때 외교고문 묄렌돌프가 러시아의 주선으로 우리나라가 그 섬은 우리의 영토이므로 영국이 강제로 점령하는 것은 불법이라고 항의하고, 우리와 조약을 체결한 각국에 호소하여 공정한 판결을 요청했다. 영국 정부는 대답이 궁색하여 한국의 독립에 방해가 되지 않는다고 변명했다. 그러나 웨베르가 만일 영국의 점거를 용인한다면 러시아도 적당한 지역을 점거하겠다고 우리 정부에 통고했으므로, 우리 조정은 청국에 이 사실을 알렸다. 이에 주영청국공사 증기택은 북경정부의 명을 받고 조인하려던 것을 거절했으며, 정여창이 군함 3척을 이끌고 나가사키에 도착하여 영국함대 사령관을 만나 그 잘못을 힐난했다. 그러나 영국 공사는 직접 만나 결국은 해로의 사용을 허락받았다.

동년 10월 중앙아시아문제가 신속히 결론났지만, 거문도 건으로 청국과 러시아는 계속해서 담판을 해야 했다. 그러던 중 증기택이 영국 정부와 교섭하여 결국 영국은 1887년에 거문도에서 철수했다.

이때 조선에서는 러시아의 세력이 점차 커졌는데, 친러파가 임금께 권하기를 청은 실력이 부족하고 일본은 원수의 나라이며 러시아는 천하의 강대국이므로 러시아와 친분을 맺어 원조를 얻는 것이 유리하다고 말했다. 아울러 김용원(金鏞元) 등이 블라디보스토크에 왕래하며 흑룡간 총독 고록후(高祿厚)를 보고 조약을 체결할 것을 요구하자, 러시아 정부가 이를 응락하고 주일공사 서기관보 사사(斯士)를 서울에 보냈다. 그러나 일이 이루어지지 않자 김용원은 연좌되어 먼 곳으로 유배되었는데, 이때 민씨 일파는 러시아에 의지하여 그 세력을 굳건히 하려는 경향이 현저했다. 청나라도 이런 사실을 알고 친러파의 제어 수단으로 대원군을 송환하게 하였다.

제23장 대원군의 귀국

1882년(임오년) 7월에 대원군이 천진으로 호송되자 이홍장이 후하게 접대하며 세계 각국의 사정과 동양의 정세를 설명하고 북경에 보내 청나라 황제를 알현하게 했다. 그 뒤 보정부(保定府:중국 북부의 지명)에 머물게 했는데, 언행과 용모가 품위있고 거동이 침착하여 귀양살이를 불평하는 기색이 전혀 없었으므로 청나라 사람들도 대인군자라고 칭찬했다. 보정부는 물과 토질이 아주 나빠서 질병이 많고 우물이 말라 음료수가 부족했으나, 대원군이 오고 나서 맛 좋은 샘물이 곳곳에 솟아났으므로 마을이 새로워졌다. 또 벼룩, 빈대, 지네 등이 많아 주민들이 어려움을 겪었으나 대원군이 오고부터 자연히 없어지니 근처 사람들이 말하기를 '조선의 어른 덕분'이라고 했다. 하루는 부근에 있는 화약고가 폭발하여 불기운이 위험했는데, 이웃 사람들이 넋을 잃고 우왕좌왕했지만 대원군은 의관을 가지런히 하고 단정하게 앉아서 "내 마음에 부끄러움이 없으니 하늘이 어찌 나를 태우겠는가?"라고 말했다. 그러자 별안간 강풍이 일어 불을 껐으므로 사람들이 더욱 신기하게 여겼다고 한다.

원세개가 한국에 오래 머문 탓에 사람들이 대원군을 그리워한다는 것을 알았고, 민씨 일파의 외교정책도 변화무쌍하여 앞 일을 예측할 수 없었으므로 대원군의 웅략(雄略)이면 이 난국을 수습할 수 있을 것으로 보았다.

  1885년(을유년) 봄 귀성 도중에 천진에서 이홍장과 상의했는데, 그 당시 청나라에서도 대원군의 귀국을 고려하고 있었다. 왕후 민씨가 이 사실을 알고 속으로는 걱정했지만 대의명분상 드러내놓고 반대하지는 못했다. 민영익이 천진에 와서 대원군을 덕산(德山)에 머물게 하도록 원세개에게 요청했지만, 원세개가 대의를 들어 이를 책망하니 민영익은 민망해하며 물러갔다. 또 조선 사람들이 대원군의 입국을 거절한다는 소문이 나돌았으므로 청나라가 원세개에게 명하여 을유 8월 9일 군함 2척을 인솔하고 천진을 출발해 27일에 경성에 입성하여 고향집 운현궁으로 보냈다.

  대원군이 비록 늙은 나이로 3년간 귀양살이를 하였지만, 그 동안 수양도 쌓고 습관도 바꿨으며, 세계 정세도 살피고 정치와 외교에도 상당한 포부를 가지게 되었다. 그리하여 귀국하면 원세개의 주선과 이홍장의 묵계(默契)로서 다시 정권을 장악하고 혁신할 수 있음을 기대하였다.

  그러나 귀국이 임박하여 궁중에서 대원군의 추종자들을 전부 제거했으므로 대원군이 더욱 불안하게 생각했다. 하루는 원세개가 입궁하여 부자지간의 애정과 효도를 차분하게 설명하며, 대원군에게 내정 간섭은 누구에게라도 허락치 않을 것이라고 명백히 말하자 왕후의 생각이 약간 누그러졌다. 그러나 불평분자들이 대원군과 왕래하는 것을 염려하여 운현궁을 높이 받든다는 구실로 홍마목(紅馬木: 궁궐 문 좌우에 세우는 붉은 기둥)을 운현궁에 세우고 일반인의 출입을 엄금했는데, 대원군이 노하여 철거했지만 감금 생활이 보정부보다 심했다. 정권쟁탈 때문에 우리 민족이 4000년 동안 존중해 온 천륜(天倫)이 끊어지니 참으로 통탄할 일이다.

제24장 방곡령(防穀令) 사건

원산이 개항된 이후 미곡을 무역하는 일본 상인이 늘어가더니 기축년(고종 26년)에 흉년이 들어 함경도 관찰사 조병식이 방곡령(防穀令)을 선포하여 미곡의 수출을 금지시켰다. 일본 상인 중 방곡령 전에 매입한 자도 거래가 금지되어 황두(黃豆)지방에 쌓아 두었던 곡식이 썩기 시작했다. 일본인들이 곤도(近藤眞鋤) 공사를 통해 141,600여 원의 손해 배상금을 청구하고 방곡령의 철회를 요구했다. 이듬해 4월 우리 정부가 수출 금지령을 중지하라고 지시했으나 조병식이 고집을 부리고 듣지 않았으므로 내부(內部)에서 3등급 감봉처분을 내렸다.

이때 일본 정부는 가지야마(梶山鼎介)를 공사로 임명하고 통상국장과 함께 경성으로 건너와 담판을 벌였는데 배상금 9만 원을 청구했다. 원세개가 6만 원으로 조정했지만 일본측은 원금과 이자를 합하면 20만 원이 넘는다고 주장해 결정이 나질 않았다. 그후 1892년(고종 29년) 12월에 오이시(大石正己)가 공사로 부임하여 독촉했지만 우리 정부가 역시 늑장을 부리자 오이시는 분개하여 공사관을 철수하려고 했다. 원세개가 간곡하게 만류하고 다시 조정에 나섰지만 오이시는 거절하고 다음 해 5월에 임금을 알현하고 직접 청구하여 11만 원의 배상금을 받았다.

제25장 내정이 극도로 부패함

갑신정변 이후 10년 동안 내정의 부패가 극에 달해갔다. 척완(戚畹 : 외척)들은 세력을 믿고 탐학과 사치를 일삼았으며, 환관들은 임금의 총애를 등에 업고 권력을 함부로 휘둘렀다. 관직 임명에도 시정 무뢰배들이 중간에서 농간을 부렸고, 무당과 점쟁이 등 요사스러운 무리들이 임금의 은총을 입어 기도와 제사가 성행했다. 광대와 기생이 수시로 궁중에 드나들면서 경사니 치하니 하며 잔치가 끊이질 않았는데 주지육림에 드는 비용도 막대했다. 그 비용은 모두가 백성의 피를 긁어다가 충당했던 것이다. 지방관리들은 돈을 바치고 관리 노릇을 하지 않는 자가 없었다. 그러니 이익을 얻고자 하는 일은 모두다 차지하여 어민들은 실직자가 되어 원한은 하늘까지 닿았다. 그리하여 아주 오지로 도망간 무리들을 모아 관리를 쫓아내고 곳곳마다 봉기하니, 동학(東學)의 무리들도 이런 때를 노리고 선동하므로 혁명의 기운이 싹터 동아시아를 전쟁터로 만든 원인이 된 것이다.

　이 때를 당하여 우리 국민들은 깊은 물 속과 화염 속에서 발버둥치며 살아보려고 외쳐보았지만, 목숨을 부지할 곳이 없어서 내란에 동참하려는 기운은 언제나 숨어있었다. 이러한 일촉즉발의 위급한 상황에서 생을 제대로 마칠 수 없을 것 같았고, 어린 아이들도 그 위험성을 두려워 하여 전국이 언제 끝날까 두려움에 떨게 되자, 온갖 고함을 다 질러대고 미쳐 날뛰느라 기력이 다하였으니, 만일을 도모하려 해도 어쩔 수가 없을 정도였다. 전국에 있는 지사들은 모두가 귀머거리나 소경이 되어갔고, 근육이 굳어지는 환자나 절름발이가 되어 가 아무런 느낌도 느낄 수 없는 그런 사람들로 변해갔다. 나라가 망하려 함은 그 전에 인심이 죽는 것인데, 이제 인심이 죽으니 사(私)와 공(公)이 모두 멸하고 만 것이다.

　우리나라는 백 년을 지나는 동안 세도정치가 기반을 어지럽히고 선비 기운이 모두 없어져 사람들은 단지 개인만을 생각하여 자신만을 도모하게 되어 벼슬을 하거나 큰 사업을 위해 세력 가진 자에게 아첨이나 하니 시비가 전도되어 공론이 사라진 지 오래되었다. 이 지경에 이르니 뜻 있는 자들도 아무 소리를 하지 못 하도록 입을 막으니, 마치 형세가 굳어진 듯 천하가 조용하여 들리는 소리가 하나도 없게 되었다. 그나마 이건창·권봉희·안효제·박시순·장병익 등이 이러한 잘못된 시국에 대해 진언하며 당시의 나쁜 폐해에 대해 공격하니, 왕을 진노케 하는 비방이라고 몰아세워 귀양을 보냈다.

제25장 내정이 극도로 부패함　133

이로 말미암아 사대부들은 친구간이라도 말조심을 하게 되었고, 바둑판 주변에 모여 앉아 도박이나 하고 술이나 마시며 우스갯소리로 소일하게 되었다. 말하는 바가 국가의 일에 해당되면 세력을 잡고 있는 자들이 어떤식으로든 해꼬지를 해올 것이므로 마음을 죽여 지내지 않으면 안되었다. 고금을 통해서 볼 때 언로가 막히지 않으면 큰 난은 발생하지 않았던 것인데, 지금의 형세는 그렇지 않은 것이다.

제26장 갑오 동학의 난

  동학이라는 것은 발단은 미미하지만 그 결과는 매우 커서 한국의 동학난과 청·일간에 전쟁이 발생하게 되었다. 즉 철종 때 경주 사람 최복술(崔福述)이 미천한 출신으로 동학이란 종교를 만들었는데, 당시의 서교(西敎)에 대항한다는 의미로 '동학(東學)'이라는 이름을 지었다. 그 종지(宗旨)는 유교·불교·도교를 혼합한 것으로서, 주문이 '시천주조화정영세불망만사지(侍天主造化定 永世不忘 萬事知 : 천주를 섬기게 되면 자연히 감화가 나에게 미치게 된다. 따라서 이를 오래도록 지속하게 되면 천지만물의 이치를 알게 된다.)'라는 13자였다. 글을 써서 신을 부르고, 칼춤을 추며 허공으로 날아오른다고 하여 그 행사가 괴이하면서도 신비스러운 데가 있었다. 신도들은 매일 밤 맑은 물을 떠놓고 보국안민(輔國安民)을 기원했고, 매 끼니마다 쌀 한 숟갈을 남겨서 성미(誠米)라는 이름으로 교주에게 바쳤다. 최복술을 '신사(神師)'라고 부르면서 서양의 기독교가 예수를 받드는 것처럼 최복술을 생각했다.
  동학은 얼마 안 가서 전국에 보급됐는데, 이처럼 빨리 퍼진 이유로는 세 가지를 들 수 있다.
  첫째, 정감록(鄭勘錄)에 이씨(李氏) 왕조의 운세는 500년 뿐이며 진인(眞人)이 나타날 것이라 한다. 또 '이재궁궁을을(利在弓弓乙乙)'이란 문자가 있는데, 동학교도는 열세 살 난 무신(武神)이 강림했다고 부르면서 궁을 (弓乙)이라는 노래와 깃발을 만들어 표시를 삼는다. 그리고 동학을 믿으면 세 가지 재난과 여덟 가지 어려움을 면하고, 병자는 약을 먹지 않고 부적을 태워 마시면 즉시 차도가 있다고 한다. 또 말하기를 주문을 외우면 총구에서 물이 나오고, 주머니에 부적을 넣고 다니면 총을 맞아도 죽지 않는다고 하니 어리석은 백성이 미신에 현혹되어 전국적으로 보급된 것이다.

둘째, 우리나라는 양반과 상민의 구별이 심한데, 양반은 상민들을 노예처럼 천대하였고, 토호들은 무단으로 약탈을 자행하여 가혹하게 억압하였다. 따라서 양반에 대한 상민들의 원한이 골수에 맺혀 몇백 년을 내려 오며 쌓이고 쌓였다. 그러니 불평하는 기운이 격렬하게 일어나 반항하는 단체들이 요원의 불길처럼 거세게 일어났다.

셋째, 관리의 탐학과 노략질이 수십 년이나 이어져 백성들이 곤궁의 극에 이르렀으며, 세력을 잡은 문벌들은 벼슬자리를 돈 모으는 방법으로 알고 있었다. 또 지방의 아전배들은 백성의 고혈을 짜내어 돈으로 샘을 이루게 하였고 윗사람에게 진헌하는 것을 일과로 삼았다. 돈 있는 집안은 죄과를 뒤집어 씌워 빼앗아갔다. 그러자 만 번 죽는 한이 있더라도 한 번은 살아야겠다는 생각으로 무리를 모아 아전배들을 몰아내고 관사에 불을 지르며 파괴하니 수습할 수 없는 혼란에 빠지게 되었다. 동학은 이런 시기에 편승하여 탐관오리를 몰아내고 만백성을 구제한다고 간신배들을 소탕하고 국가를 지탱하겠다는 포고를 전국에 내리니 모두 다 일시에 응하는 것이다.

최복술은 철종 말년에 백성들을 현혹했다는 죄목으로 처형됐는데, 고종 30년에 그의 제자 최시형(崔時亨) 등이 교주의 억울함을 씻어달라고 상소했다. 대신들이 오히려 최시형마저 처형하려 들자 그가 도주하여 전라도 지방을 중심으로 무리를 모으고 모반 대역을 모의하여 상황이 매우 위태로웠다. 정부에서는 어윤중(魚允中)을 선유사(宣諭使)로 내려보내 이들을 달랜 뒤 해산시켰다.

1894년(고종 31년) 봄에 동학당들이 전라도 고부군(古阜郡)에서 난을 일으켰다. 군수 조병갑(趙秉甲)의 실정이 이를 불러 일으킨 것이다. 이때 경리사 민영준(閔泳駿)은 더욱 가렴주구를 일삼아 고종의 사랑을 받았는데, 그는 세금을 가혹하게 받아들여 백성들에게 해를 주는 일을 전업으로 삼았다. 이때 고부 군수 조병갑(趙秉甲)은 평소부터 수탈이 특히 심해 민심을 크게 잃었다. 그럼에도 불구하고 만기가 돼도 여전히 고부에 머물면서 가구마다 곡식을 걷어 착복했으므로 군민들이 난을 일으켰다. 조병갑은 매호마다 미곡을 거두어 해로를 이용하여 팔아먹으려다 민중의 동요가 일자 조정에서는 장흥(長興) 부사 이용태(李容泰)를 안핵사(按覈使)에 임명하여 조사시키고 진압을 명했는데, 이용태 역시 그곳에 당도하자 이익을 탐내 어부지리를 얻으려는 차원에서 난을 진압하자 더욱 소란하게 되어 민심은 더욱 격동하게 되었다.

이때 고부 향장(鄕長) 손화중(孫化中)이 마을 사람 전봉준(全琫準), 전주 사람 김개남(金介男) 등과 함께 탐학을 시정하자면서 사람들을 모았는데, 여기저기서 응하여 삽시간에 수만이 모여들었다. 고부, 부안(扶安), 흥덕(興德), 태인(泰仁), 정읍(丁邑), 장성(長城), 무장(茂長), 함평(咸平) 각 군에 머물면서 격문을 띄웠는데 그 내용은 다음과 같다.

> 금일 우리들의 의거는 위로 종사(宗社)를 보전하고 아래로 백성을 구하자는 것이다. 손가락을 자르고 맹세하니 삼가 경거망동하지 말고 제일 앞에 나서서 올바르게 개혁을 주도해 나가도록 하고 다만 다가오는 개혁이나 지켜 보도록 하자. 전운사(轉運使)가 관리들과 백성들에게 끼치는 폐해, 균전관(均田官)의 폐해, 각 시전(市廛)에서의 수세(收稅), 각 포구의 선주들의 수탈, 외국 잠상(潛商: 국내 들어와 상업행위를 하는 외국상인)들이 높은 가격으로 미곡을 거래하는 것, 소금에 대한 세금 등 각종 폐단을 말

로 다하기 어렵다. 무릇 사농공상 모두가 한마음으로 협력하여 위로는 국가를 보전하고 아래로는 도탄에 빠진 백성들을 편안케 한다면 이 어찌 다행이 아니겠는가.

아울러 모인 사람들과 약속하기를, 싸우지 않고 이기는 것이 가장 좋지만 부득이 싸우게 될지라도 살상을 신중히 할 것이며, 행군 중 지나가는 마을에서 사람과 재물을 해치지 말 것이며, 효자와 충신이 사는 마을 십 리 안에는 주둔하지 말 것을 정하고 군율 12개조를 포고했으며, 이어서 각 군 향리에게 통지하여 민폐가 심한 자를 보고하도록 했다. 이때 전운사(轉運使) 조필영(趙弼永)의 탐학이 특히 심하여 사람들의 원성이 자자했으므로, 이 격문을 보고 뛸 듯이 기뻐하며 난중이 일시에 봉기했다. 이들은 각 고을 병장기를 전부 탈취하고 관청에 난입하여 수령을 구타했으며, 옥문을 부수고 갇힌 자들을 풀어주었다. 일부는 관청을 불지르고 창고를 약탈했으며, 큰 깃발에 '보국안민 체천행도(輔國安民 體天行道)'라 쓰고 백성을 구하는 의병이라 칭하니 삽시간에 모여든 자들이 수만이나 되었다. 이들이 호남 각 고을을 대부분 점령하자 영광 군수 민영수(閔泳壽)는 도망갔고, 전주가 함락되자 감사 김문현(金汶鉉)은 성을 버리고 탈주했다. 정부가 전라병사 홍계훈(洪啓薰)을 양호초토사(兩湖招討使)로 삼아 장위영(壯衛營) 병사 2개 부대를 이끌고 토벌케 하고, 다시 김학진(金鶴鎭)을 전라 감사로, 이원회(李元會)를 양호순변사(兩湖巡邊使)로, 엄세영(嚴世永)을 염찰사(廉察使)로 임명해 민폐를 조사하게 했다.

동학당 두목 중에 전봉준(全琫準)의 지모가 가장 뛰어나 관군을 연이어 격파했는데, 오로지 미신으로 무리를 따르게 한 까닭에 끓는 물이나 불 속이라도 마다 않고 뛰어들었다. 그 이유는 일찍이 동학교도에게 말하기를, "내가 하늘이 내린 부적으로 몸을 지키면 포탄도 뚫지 못한다"고 하면서, 미리 탄환 수십 개를 소매 속에 감추고 심복 십여 명을 시켜 일시에 자신에게 총을 쏘게 했다. 전봉준이 태연히 소매 속에서 탄환 수십 발을 꺼내 보이자 사람들이 탄복하면서 장군을 신인(神人)처럼 떠받들었고, 자기들도 부적을 몸에 지니고 총탄과 물불을 가리지 않고 돌진하게 되었다.

　동학당 일파가 다시 호서(湖西)지방 공주(公州), 사오(沙塢), 보은(報恩), 회덕(懷德), 진령(鎭岺), 청산(淸山), 옥천(沃川) 등지에 주둔하면서 군기를 탈취하고 고을을 점령했으며, 관리를 잡아다가 죄를 헤아린 다음 곤장을 쳤다. 지방의 양반 토호를 습격하여 채찍으로 때리고 구금했으며, 집을 불지르고 그 부녀자를 겁탈하기도 하고 심지어 가족을 몰살하는 일도 있었다. 이러한 사태가 열흘이 못 되어 경기, 강원, 황해, 경상도까지 파급되고, '시천주조화정 영세불망만사지(侍天主造化定 永世不忘萬事知)'를 외우는 소리가 천지에 가득하게 되자, 관리와 양반의 머리에는 추상과도 같은 격퇴가 내려쳐지는 듯하게 되었다.

　그러나 동학당이 정치를 개혁하고 민생을 보호한다는 원래의 목적에도 불구하고 대부분이 배우지 못하고 미천한 오합지졸들이었다. 그러므로 지방에서 분풀이와 폭정에 대한 응징은 행했지만 담력과 학식이 부족했던 탓에 중앙 정부의 개혁에까지 이르지 못한 것은 참으로 한스러운 일이다.

　초토사 홍계훈이 4월 28일에 전주로 진공하여 동학교도 수백 명을 살해하고 성을 탈환했다. 9월에 이두황(李斗璜), 성하영(成夏泳) 등이 안성(安城)의 동학당을 토벌하고, 지평(砥平) 사람 맹영재(孟英在)가 마을 청년들을 모집해 홍천(洪川)의 동학당을 격파했다. 홍주(洪州) 목사 이승우(李勝宇)는 영호남 각지의 동학당을 차례로 토벌하고, 11월에 순무영관(巡撫領官) 이규태(李圭泰)가 성하영, 장용진(張容鎭) 및 일본군과 합세하여 공주의 동학당을 소탕했다. 11월에 전라 감사 이도재(李道宰)가 전봉준, 김개남 등을 생포하여 경성에서 목을 베니 동학난이 평정되었다. 이 변란 때문에 관군과 청·일 양군이 각지에서 고전한 것이 8, 9개월이요 양쪽의 사상자가 30만 이상이라 하며, 이로 인하여 청·일간의 전쟁이 벌어지게 되었으니 그 영향의 지대함을 알 수 있다.

동학당이 처음 거사할 때 경성으로 올라가서 임금 주변의 악한 무리들을 제거한다는 구호를 내걸고 전주를 함락했는데, 조정 대신들이 깜짝 놀라 원세개에게 급히 알리고 청군의 원조를 청함으로써 중·일 충돌의 발단이 되었다.

이때 김옥균의 죄를 추궁하는 일이 일어났는데, 전날 이미 김옥균과 박영효 등은 일본으로 망명하였다. 이에 우리 조정에서는 이들의 신변을 양도해 줄 것을 요청하였으나 이루어지지는 않았다. 후에 김옥균은 일본 본토에서 쫓겨나 오가사하라 섬으로 옮겨가게 되었으며, 그런 후 삿포르로 옮겨갔다. 갑오년 3월에 한국인 이일직(李逸稙)·홍종우(洪鍾宇)가 일본에 건너 갔는데, 이는 김옥균 등 국가 사범들을 살해하러 간 것이었다. 김옥균은 이에 일본을 떠나 중국으로 가려 하였는데, 이홍장이 초청할 뜻을 비쳤다. 그리하여 상해로 간 김옥균은 홍종우에게 피살되니 일본인들이 그 유해를 가지고 일본으로 가려 하였는데, 중국 경찰이 이를 빼앗아 군함에 싣고 한국으로 보냈다. 한국에서는 이를 대역죄로 처벌하려다 육시(戮屍)하라고 명을 내려 양화진(楊花鎭)에서 효시하여 일반인들에게 보인 지 수일 후, 사지를 끊어 팔도에 두루 돌렸다. 일본인들은 이를 보고 몹시 한스러워했고, 무력으로 이를 씻어 보려고 했으니, 이것 또한 양국 사이에 틈을 벌리는 계기가 되었다.

제27장 청군을 요청한 전말

우리 정부가 청군을 불러들일 때 일본은 당시 내정 문제로 출병치 못할 것으로 추측했고, 원세개도 또한 주일공사의 보고를 토대로 일본 정부가 의회문제로 분규를 거듭하던 중이었으므로 외교문제를 고려할 여지가 없다고 믿었다. 따라서 청나라가 파병을 결정하게 되었다. 우리나라가 청군을 요청한 문서의 취지는 대략 다음과 같다.

    우리나라 전라도의 태인, 고부 등은 민심이 사납고 심정이 간교하여 다스리기 어려운 바가 있는데, 최근 동학 비적당에 가담한 무리가 만여 명이고 그들이 점령한 고을이 수십 군데에 이르고 있습니다. 지금 또 전주를 함락시켰는데, 이에 관군을 파견하여 그들을 토벌하라고 했지만, 이들은 죽기를 작정하고 대항해와 관군은 대패하여 무기를 상실했습니다. 이로 인해 이들 흉도들이 오래동안 버틸 수 있을 것 같아 우려되는 바입니다. 더구나 한양과의 거리는 4백 수십 리에 불과하므로 그들을 그대로 두면 북침을 계속하여 경기지방에 소동이 일어날까 두려우니 손실이 클 것입니다. 우리나라에서 신식 훈련을 시킨 육군은 겨우 서울을 지킬 정도이며, 진 치는 법조차 몰라 흉도들을 없애기가 어렵습니다. 동학도들은 자만함이 오래되어 중국과 조선의 병사에게 근심을 끼칠 수 있을 것이니 이 문제를 잘 생각해 주시길 귀총리께 청합니다. 이 뜻을 북양대신께 전하여 수개 부대를 속히 보내 우리 대신 토벌해 주시고, 동시에 우리 군대에도 군무를 가르쳐주어 장래 스스로 일을 도모할 수 있게 해 주십시오. 폭도들의 소탕이 끝나면 계속 남아 있어 달라고 하여 청국 병사들에게 오랜 괴로움을 끼치는 일은 없도록 하겠습니다. 청컨대 귀총리께서는 조속히 원조해 주시어서 폐방의 긴박함을 구해주시길 요청합니다.

원세개는 우리 정부에 다음과 같이 회답하였다.

    귀정부의 공문에 전라도의 동학교도가 만여 명이나 모여 수십 개 고을을 공격하여 함락시키고, 진압하러 내려갔던 관군도 대패하여 많은 무기를 잃었으며, 그로 인해 귀국의 군대가 소탕하기 어려워서 대신 토벌해 달라는 것을 북양대신 이홍장에게 즉시 전했는데, 응락했다는 뜻을 귀정부에 알리니 청컨대 공함을 보내도록 하옵소서.

1894년(갑오년)의 일은 지나간 일인 데다가 우리 국민에 의해 저질러진 일인데, 이에 대해 죄를 촉구하려는 것은 쓸데 없는 일이지만, 그러나 아직도 뼈아픈 일이기는 매한가지이다. 갑오 동학란은 허물이 정부에 있다는 것을 감히 감출 수는 없는 것이다. 당국이 중국에 원병을 청하면서, 우리 백성이 사납고 간교하다고 한 말은 무슨 말인가? 우리 민족은 윤리를 돈독히 지키며 질서를 잘 따라 아랫사람은 윗사람에 복종하고 천한 사람은 귀한 사람에 굴종한다는 것은 잘 알려진 일이라, 비록 관리들의 압력이 심하고 가렴주구가 그치지 않아도 모두들 고개를 숙여 순종하여 그들의 불법처사에 저항하지 못 하고 있을 정도다. 다만 우리 국민이 죄가 있다면 나약하고 유순한 것이며, 사납다는 것은 관리들의 일방적인 표현에 불과할 뿐이다. 자유를 생명으로 삼는 유럽이나 미국 사람들 같으면 어찌 이런 악폐를 받아들여 이런 정부가 하루라도 남아 있겠는가? 호남지방은 땅이 비옥하여 산물이 많이 나서 백성들은 천연의 생산물만 가지고도 풍족하여 편히 살 수 있어, 괴로움을 참아가며 모험하는 습성이 없으며 윗사람 섬기기를 잘하여 평소 너무 착하다고 놀림을 받을 정도다. 그런데 타국에게 말하기를 민심이 흉흉하고 심성이 간교하다고 했으니, 이는 난이 일어나게 된 허물을 정부가 지지 않고 백성에게 돌리려고 하기 때문으로, 이는 같은 말이라도 너무 한 것이다. 탐학과 불법이 누적되어 오늘날 반란이 일어나게 된 것은 누구 때문인가? 이처럼 흉악하고 사납다고 하는 것은 정부가 지어낸 죄목으로써 이는 백성들에게 그 죄를 뒤집어 씌우려고 만든 말이다.

수십 년 전부터 궁중에서는 산천신불(山川神佛)을 모시면서 신이 비호해줄 것이라고 믿으며 편안함을 구해왔고, 심복인 신하들은 한 마디도 그 잘못을 말하지 않고, 오히려 무리배들을 끌어들여 이를 옹호했으니, 이제 나라에 난이 일어났는데, 어찌 이들 제신에 빌어 이를 제어하려 하지 않는 것인가? 또 지방의 관리들은 아장월(牙仗鉞)을 세워 부적을 두루 고 인장을 허리에 매어 달고는 국민의 재산을 긁어 모았는데, 이런 공을 세운 자가 모두 정부의 맹장이며 심복인데 어찌 힘을 내어 반민을 소탕시키지 않고 외국인에 원병을 보내달라고 구걸하는가! 저들은 악을 쌓아온 지가 오래되어 항상 떨고 있으며, 동학도들이 왕의 측근을 청소하겠다는 선전을 보고는 무서워했고, 겁에 질려 빠져나갈 곳이 없자 급한 마음에 상황 알리는 데만 급급하였으니, 중국에 가는 사신들의 고달픔이 어떠했을 것인가?

당시 나(박은식)는 서울에 있다가 원병을 청했다는 소식을 듣고는 길 가는 사람에게 "동학도는 오합지졸이라 관군들이 힘써 소탕하면 진정시킬 수가 있을텐데 어찌 중국에 원병을 청했다는 말인가! 우리나라에서 구구하게 일어나는 내란을 스스로 진압하지 못하고 다른 사람에게 위급함을 구해달라고 하는 것은 국가의 치욕이 아닌가? 또한 천진조약에 명시된 바에 따라 만약 청국에서 파병하게 되면 일본 또한 가만히 있지 않을 것인데, 이로 말미암아 양국 군대를 불러들이게 되면 우리나라는 어찌 무사히 보존될 수 있겠는가?"라고 물으니, 그는 대답을 못했다.

그런데 이런 나의 말이 맞아들었으니 어찌 슬프지 아니한가!

북양대신 이홍장은 원세개의 전보를 접하고는 즉시 엽지초(葉志超), 섭사성(攝士成) 등에게 5개 영(營)의 군대와 군함 제원(濟遠), 양위(揚威), 치원(致遠), 평원(平遠), 조강(操江) 5척을 이끌고 5월 1일에 위해위(威海衛)를 출발했다. 5월 3일 충청도 아산만에 도착해서 6일날 상륙하고 양위, 평원, 조강 3척은 인천으로 들어가니 우리 정부는 이중하(李重夏)를 영접관으로 임명하여 그곳에 가서 일을 처리하도록 하였다.

제28장 일본군의 입성

우리나라에서 동학란이 일어났다는 소식을 듣자 일본에서는 즉시 파병을 요구하는 여론이 일어났지만, 일본 정부는 신중을 기해 거류민에게 피해가 미칠 때에 한하여 출병한다는 취지를 주장했다. 아울러 조선 공사에게 전보를 쳐서 청국 공사관의 동태를 살피라고 했는데, 1894년 4월 27일 이토 수상 관저에서 의회 해산을 협의할 때 조선 공사 스기무라(杉村濬)로부터 청나라가 조선의 요구에 응해 군대를 파견한다는 지급 전보가 들어왔다. 외무대신 무쓰 무네미츠(陸奧宗光)가 말하기를, 청국이 조선에서 우리를 매우 가볍게 여기는데, 이번에 그들의 출병을 묵인하면 조선과의 조약이 허사가 될 것이므로 우리 역시 군대를 보내 세력 균형을 유지하고 국가의 위신을 보전해야 한다. 한편 유럽 열강과 교섭하여 양국간의 문제에 그치게 하여 열강의 간섭을 방지하는 것이 옳다고 했다.

내각회의에서 이를 결정한 다음 귀국 중이던 오도리(大鳥圭介)에게 결정권한을 부여하여 급히 조선으로 보냈다. 오도리 공사는 5월 6일 군함 야에야마(八重山)로 인천에 도착해 육군 400명과 대포 4문을 이끌고 경성으로 들어왔으며, 다시 육군 소장 오지마(大島義昌)에게 명하여 혼성 1개 여단으로 인천과 경성간의 요충지를 지키게 하고, 해군 중장 이도(伊東祐亨)에게는 군함 5척을 인솔하고 팔미도(八尾島)에서 대기하도록 했다. 우리나라가 민상호(閔商鎬), 이용직(李容稙)을 인천과 용산으로 보내 일본군이 출병한 이유를 물었지만 요령 있게 따지지 못했다. 8일 새벽에 군함 와카우라호(和歌浦丸) 등이 다시 5개 사단을 거느리고 인천에 도착함으로써 경인간에 일본군이 가득했고, 만리창(萬里倉) 부근에 주둔한 일본군만도 7600여 명이었다. 10일에 민영준이 일본 공사관에 조회하여 설명을 듣고 일본군의 철수를 요구했는데, 일본 공사는 청군이 먼저 철수하면 자기들도 물러가겠다고 반박했다.

이때 정부는 우왕좌왕하며 어찌 할 바를 몰랐고, 한편으로 갑신정변 때 관계됐던 개화파 인사가 점차 대두하였다. 안동수(安丞壽), 김가진(金嘉鎭), 권재형(權在衡), 유길준(俞吉濬), 김학우(金鶴羽), 권형진(權瀅鎭), 조희연(趙羲淵), 김익승(金益昇), 이윤용(李允用) 등이 일본과 결탁하여 정부를 무너뜨리고 정치를 개혁해 보려고 매일 밤 상복을 입고 일본 공사관에 드나드는 자가 끊이지 않았다.

제29장 일본 공사의 건의 및 기타 상황

1894년 5월 23일 오도리가 고종을 만나 뵙기를 청하고 인재 등용, 재정 정리, 재판 공정, 군경(軍警) 충실, 학교제도 완비 등 개혁안 5개조를 임금께 올리며 이렇게 말했다.

> 일찍이 들리는 바에 의하면 남도의 백성들이 우민하여 감히 관에 항거하며 날뛰고 있기 때문에 국왕께옵서는 군대를 파견하여 그들을 강력하게 벌하려 했으나 사정이 여의칠 않아 이웃나라의 지원을 구하려는 뜻이 있다고 하오니, 우리 일본 정부가 이를 듣고는 이 일의 중대함을 알게 되어 천황폐하의 유지를 받들어 흠차대신의 자격으로 군대를 이끌고 궁궐 앞에 도착하였습니다. 이는 우리 스스로 우리의 공사관과 일본인들을 지키면서 동시에 귀국을 염려하고 있기 때문에 귀국이 만일 저희들에게 도움을 요청해 오신다면 반드시 협조하여 이웃나라로서의 명분에 맞도록 최선을 다할 것이며, 이는 또 우리 천황의 어명을 받드는 일이기도 합니다. 그리하여 성을 도로 찾고 남은 잔당들을 모두 쫓아내어 군대로 하여금 선후처리를 맡게 한다면 이는 모두가 국왕의 성덕에 의해 이루어진 것이라 하여 내외에서 칭송이 자자할 것입니다.
> 돌이켜 보건대 우리 일본국은 귀국과 함께 동양의 동일한 곳에 위치하

고 있고 또한 강토가 서로 근접해 있기 때문에 이는 순치의 관계와도 같아 서로 상부상조해야 하는데, 만일 이를 저해하는 일이 있다면 이를 척결하여 화목토록 해야 하고, 또한 서로 왕래할 수 있도록 해야 할 것입니다. 예나 지금이나 이러한 일이 있을 경우, 이를 징벌함은 역사서에 역연히 기록되어 있어 그러한 바를 잘 알고 있습니다.

모름지기 오늘날의 대세를 보면 정치, 교육, 입법, 재정, 권농, 상업의 장려를 해야만이 나라가 부강하고, 또한 이를 오래도록 행하게 되면 주변에서 이를 보고 아주 강하다 할 것이니 반드시 법통을 지킬 수 있을 것입니다. 그러므로 변화하여 권리를 지키려는 안목을 널리 가지려 하지 않고, 자주적 힘을 갖고 경쟁하려 하지 않는다면 어찌 열강들의 호시탐탐 간섭하려는 바에 대해 대항할 수 있겠습니까? 그렇기 때문에 본 사신이 귀 조정의 대신들과 회합하여 이에 관한 방법을 설명할 수 있도록 명하여 주시어, 서로가 귀 정부를 위해 권고하여 부강하는 효과를 거둘 수 있도록 힘쓰게 하여 주십시오. 그렇다면 양국의 정리가 시종 계속되어 이를 토대로 양국이 서로 돕게 될 것이고 또한 자주성을 보전할 수 있게 될 것입니다.

엎드려 청하옵건대 폐하께서 성지를 내리시어 판리대신이나 전권위원으로 하여금 칙령을 받잡고 본 사신과 회동케 하여 이러한 뜻을 이룰 수 있도록 해 주신다면 실로 망극할 따름이옵니다. 본인은 부디 이를 허락해 주시길 바라오며 폐하의 만복무강을 기원하면서 삼가 상주를 올리는 바입니다.

우리 정부가 이 사실을 청나라에 전보로 알리자 청에서는 "만일 오도리의 말을 듣는다면 도리어 사기를 당해 화를 불러들일 것이다. 그리하여 월남의 전철을 밟을 것이니 단연코 거절하면 오도리도 계책이 궁해져서 스스로 철회하게 될 것이다"라고 회답을 보내왔다.

그러나 오도리는 6개조의 개혁안을 건의한 뒤 실행을 독촉했으므로 우리 정부도 부득이 내무협판 김종한(金宗漢), 조인승(趙寅承), 신정희(申正熙)를 위원으로 임명하고 날마다 일본 공사관에서 오도리와 개혁 문제를 의논토록 했다. 그러나 쉽게 결정하지 못하다가 6월 13일 밤까지 남산의 노인정에서 담판한 결과 개혁을 실시하도록 결정했다. 이때 원세개가 북경 정부의 명령을 전했는데, 일본이 조선의 내정을 간섭하면 중한 양국을 무시하는 것이라 하여 크게 노한 황제가 일본을 정벌하고 조선을 보호하라는 명을 내렸다고 했다. 그러나 우리 정부는 벌써 개혁을 결정했으므로 대신 심순택, 김홍집, 김병시, 조병세, 정범조(鄭範朝)를 총재관(總裁官)으로 삼고 김영수, 박정양, 민영규, 신정희, 이유승(李裕承), 김만식(金晩植), 윤용구(尹用求), 조종승(趙鍾承), 심상훈(沈相薰), 박용대(朴容大), 이용직(李容稙), 어윤중, 조인승(趙寅承), 김사철(金思轍) 등을 위원으로 삼아 매일 회의를 계속했다.

이때 청군이 아산만에 상륙한 뒤 내린 포고령 가운데 '조선은 속국'이란 어구를 사용했다. 오도리가 우리 정부와 원세개에게 이 문제를 질문하고, 또 아래의 세 가지 요구를 제출하면서 사흘 안에 회답해 줄 것을 요구했으나 우리 정부는 회답하지 않았다.

> 제1조 조선은 을유조약에 의하여 일본군 막사를 신축할 것.
> 제2조 조선 정부는 독립국이므로 청군을 조선 내에서 철수케 하여 독립의 실증을 보일 것.
> 제3조 현재 조청조약은 독립국의 의의에 위반되니 속히 파기할 것.

한편 6월 14일에 영·독·프·미·러 5개국 공사가 미국 공사관에서 모임을 가졌는데, 영국 공사가 각국은 중립을 지킬 것이며 인천과 경성 및 경인간 도로는 중립 지역으로 선언하는 것이 좋겠다고 제의했다. 다음날 러시아 공사 웨베르가 북경에서 돌아와 중립지대는 불필요하다고 반대하여 이 문제는 중지되었다.

6월 16일 영국 공사 부부가 양화진에서 산보하다가 실수로 일본군 경비구역 안으로 들어가 초병에게 체포되었다. 이로 인하여 영·일간에 갈등이 생겼다.

제30장 원세개의 귀국

이 무렵 일본군이 경성의 요지를 점령하고 청군의 행동을 견제했으며, 성 안에는 일본군이 청국 공사관을 향해 대포를 설치했다는 유언비어가 나돌았다. 따라서 원세개가 밤낮으로 일본군의 동정을 살펴 본국으로 보고하고, 한국은 이미 청국의 속국이 아니라고 선언하였다. 그리고 이홍장은 여전히 평화적인 해결 방법을 모색하고 있었다. 원세개도 즉시 전쟁을 원하지는 않았으며, 우선 북양(北洋)과 동삼성(東三省)의 방어를 정비한 다음 대부대를 국경에 주둔시켜 국위를 과시하고 아산의 병력을 철수한 다음 가을이 되기를 기다려 작전하는 것이 좋다고 했다.

한편 한국의 산과 길은 매우 험하여 싸우기가 용이하지 않으며, 서북쪽에 한국인 정보원 1만여 명이 있어 길을 잘 알고 있어 군기와 군량을 숨긴 채 인원을 선발하여 훈련시켜 유격대원으로 삼으면 도움을 얻을 수 있었을 것이다. 또 한국병을 반드시 참가토록 해야 하는데, 한국인이 아니면 많은 군사들이 운집하는 것을 보고 그 고장 사람들이 멀리 도망을 쳐버리게 되면 군량을 얻을 수 없어 낭패를 보게 된다. 또 북양을 경영한 지 20년 동안 수천만금을 허비하며 겨우 해군 1대를 편성했으니, 앞으로의 일에 신중을 기해 남로를 좇아 나아가려면 오로지 해군력에 의지해야 하는데 이는 좋은 책략이 아니며, 당연히 북쪽의 육로를 경유하여 전진하면서 해군은 잘 방위하고 있다가 육군이 승리하여 사기가 높아지면 해군이 응전하는 것이 좋은 책략이었다.

혹 한국 남해에서 적과 싸움을 전개하게 되면, 선박이 적을 경우 승리하기 어렵고 도리어 많으면 적이 아군을 견제하는데 전력을 기울이게 될 것이니, 이 또한 좋은 계책이 못 되었다. 이때도 제장들의 명령계통이 제대로 서 있지를 않아 계책도 일정하지 않았다.

그리하여 일본의 도발이 시시각각으로 다가올 때, 원세개는 명을 받고 6월 15일 천진으로 돌아감으로써 조선 체류 13년간 일본인과 대항하여 항상 우세를 유지했던 상황이 결국은 무력으로 승패를 가르게 되었다.

제31장 일본군의 궁중 난입

1894년 6월 20일 밤 오도리가 보병 지휘관 2명과 함께 부대를 이끌고 와서 경복궁을 포위했는데, 오전 4시에 한 부대는 영추문에 이르고 다른 부대는 광화문으로부터 건춘문에 이르러 무단히 대궐에 침입했다. 우리 경비병이 이에 대항해 교전이 시작됐는데 평양 군사가 경무대를 지키다가 일본군에게 발포하여 50여 명을 사살했다. 일본측이 왕명을 사칭하고 교전 중지를 명했으므로 우리 경비병은 부득이 담을 넘어 도주했다. 이 날 일본군이 대궐문을 경비하면서 궁궐 안팎을 차단하고 궁 안에 있던 골동품, 보물, 서적 등을 전부 약탈해 갔고, 심지어 후원의 동물원에서 기르던 진기한 동물들도 모두 잡아갔다. 일본군의 일부는 다시 민영준의 집을 포위했는데, 종로에서부터 남산, 북악, 인왕산에 이르기까지 일본군의 총검이 가득했으므로 사람들이 놀라 인심이 흉흉했다. 이때 오도리의 제안으로 대원군을 궁궐로 맞아들였으며, 김병시·조병세·김홍집 등의 대신이 왕명을 받들어 입궐했다.

다음날(22일) 러시아 공사 웨베르가 일본 공사관에 서기를 보내 일본군이 대궐에 무단 침입한 것과 대궐문에 포격을 가한 것과 대신들을 몰아낸 사유를 따졌다. 오도리는 조선이 내정 개혁을 위해 일본군을 불러들였으며, 자신들은 경비를 담당할 계획이었는데 수비병과 충돌이 일어나

부득이 발포했다고 대답했다.

대원군이 입궐하여 새로운 내각의 인물들과 함께 개혁을 협의했는데, 민영준은 임자도(荏子島)로, 민형식은 녹도(鹿島)로, 민응식은 고금도로 각각 유배하고 이도재, 신기선, 윤웅렬, 경광국은 사면하여 다시 임용했다.

24일에 칙령을 내려 신정(新政)을 개시했는데 당파를 불문하고 능력 본위로 인물을 선발했으며, 군국기무처(軍國機務處)를 설치하여 영의정 김홍집을 회의총재로 삼고, 박정양은 내무독판, 민영달은 호조판서, 어윤중은 선혜청 당상관, 김학진은 병조판서, 조의연은 장위사(壯衛使), 이봉의(李鳳儀)는 총위사(總衛使), 이원회(李元會)는 좌포도대장, 안동수(安丞壽)는 우포도대장, 신정희는 통제사(統制使), 김가진을 외무협판에 임명했다. 정경원(鄭敬源)·박준양(朴準陽)·이원긍(李源兢)·김학우(金鶴羽)·권형진(權瀅鎭)·유길준·전하영(全夏英)·이응익(李應翼)·서상집(徐相集) 등은 회의원이 되고 오도리는 스스로 고문이 되었다.

25일에 조청(朝淸)조약을 파기하고 26일에 군국기무처 장정을 제정했으며, 28일에 관제와 직무 분담을 편성하니 이것을 갑오 신정부라 부른다.

제32장 중·일 교섭의 전말

중국과 일본이 수교를 맺은 것은 1871년(신미년)인데, 동년 11월에 류큐인(琉球人)이 대만에 표류하여 현지인에게 피살되니 일본이 이 사실을 북경정부에 통고했다. 1873년(계유년) 3월 일본 오다(小田)현 주민이 대만에서 약탈을 당하자 일본군이 출동하여 대만을 공격했다. 청국 정부가 그 폭행을 힐난하자 9월에 일본이 오쿠보(大久保利通)를 변리공사(辨理公使)로 북경에 보내 회담을 열었는데, 오쿠보는 대만이 만약 청국의 영토라면 손해배상을 부담하라고 요구했다. 청나라는 손해 배상이 체면을 손상하는 것이라 하여 은휼금(恩恤金)이란 명칭으로 돈을 내고자 했지만 일본 공사가 응하지 않았고, 영국 공사가 조정하여 배상금 50만냥을 내고 화해했다.

1882년(임오년)의 조선 군란(軍亂) 때문에 중·일간에 교섭이 있었으나 일본이 양보한 다음부터 청이 일본을 가볍게 여겼고, 그후 북양함대 사령관 정여창(丁汝昌)이 진원(鎭遠)·정원(定遠) 두 군함을 이끌고 일본 근해를 정탐했지만 일본이 감히 검문하지 못 하니 더욱 경시했다. 김옥균이 상해에서 피살됐을 때도 일본이 자기 나라로 시신을 가져가려 하는 것을 청나라가 탈취하여 조선으로 보냈기 때문에 일본인의 분노를 샀다. 또 1884년(갑신년)의 동학란 때는 일본 정부가 의회 문제로 소란스러운 틈을 타서 청이 먼저 병력을 파견하고 주일 청국 공사 왕봉조(汪鳳藻)로 하여금 일본 정부와 교섭케 했다.

청 광서(光緒) 8년(1884년 갑신년)에 북양대신 이홍장이 동쪽의 근심거리를 예방하기 위해 군대 파견을 건의했고 어사 장패륜(張佩綸) 또한 같은 주장을 했는데, 일본의 류큐(琉球) 병합을 보고 장차 조선에도 진출하여 중국의 크나큰 우환이 될 것이므로 싹이 아직 자라기 전에 잘라버리는 것이 좋다고 했다. 그러나 당시 청국 정부가 꾸물거리다가 기회를 놓치는 바람에 일본이 국력을 길러 오늘의 형세에 이른 것이다.

청국 공사 왕봉조와 일본 정부와의 교섭 경위는 다음과 같다. 조선 출병 당시 왕봉조가 일본 외무성에 통고하기를,

> 조선에 출병할 때는 미리 통고하기로 청·일조약에 규정한 바, 현재 조선에서 동학란이 일어났는데 조선군이 평정하지 못하고 원조를 청해 왔으므로 우리나라가 엽지초를 보내 속국을 보호하고 각국 거류민을 구제하고자 하며, 난을 진압한 즉시 철병할 예정이다.

일본 외무대신 무쓰 무네미츠가 회답하기를,

귀국 정부가 파병함에 있어서 메이지(明治) 18년(1895년)의 일·청조약에 따라 통고한 것은 알겠으나, 서신 가운데 '속국을 보호한다'는 문자가 있지만 우리 정부는 조선을 귀국의 속국으로 인정하지 않으므로 즉시 회답을 보내 설명하기 바란다.

한편 일본 정부는 오도리에게 명하여 6월 8일 군함 야에야마(八重山)를 이끌고 조선으로 가도록 했으며, 혼성여단의 편성도 완료했으므로 주청공사 고무라(小村壽太郞)를 통해 청국 정부에게 통고했는데 양국의 출병 통고가 공교롭게도 같은 날이었다.

고무라의 통고문은 대략 다음과 같다.

현재 조선국의 변란이 중대하여 우리나라가 파병하지 않을 수 없는 형세에 이르렀으므로 우리가 약간의 병사를 파견하겠으니 메이지 18년(1885년)의 일·청조약에 따라 통고한다.

그러자 청국정부는 이렇게 회답하였다.

이번 달 4일 귀국의 통고를 받은 바, 귀국이 조선에 파병한다고 하지만 우리는 조선의 간청에 의해 부득이 속국을 보호할 목적으로 출병하여 평정후 즉시 철수할 것이다. 귀국이 공사관과 일본 상인들을 보호하는 것은 무방하지만 조선의 청구가 없으므로 많은 병력은 필요하지 않을 것이며, 내륙으로 진입하지 않도록 주의해야 한다. 또 우리 병사와 만나면 언어가 통하지 않고 군례(軍禮)도 서로 달라 예기치 못한 불상사가 일어날 염려가 있으니 귀국 정부에 이 뜻을 전달하기 바란다.

고무라 공사가 정부의 명령을 받고 강경한 어조로 다시 회답을 보냈다.

이번 달 9일 귀국 서신을 접수했는데, 조선을 귀국의 속국이라 했지만 우리 정부는 조선이 귀국의 속국이라는 것을 인정하지 않는다. 금번 우리의 파병은 제물포조약에 따른 것이며, 출병통고는 천진조약에 합치하는 것으로써 파견 병력의 많고 적음은 우리 정부의 자유재량에 의할 것이다. 진퇴 여하도 타인의 간섭을 받지 않을 것이며, 우리 병사와 귀국 병사가 만나더라도 우리 병사의 기율이 엄정하므로 사건을 만들지는 않을 것이니 불상사가 일어날 염려는 전혀 없다고 우리 정부는 확신하는 바이다.

원래 이홍장이 이 교섭을 지연시켜 각국 공사의 간섭을 바랐는데, 당시 청국 병력은 아산만에 주둔한 탓에 외국의 주목을 끌지 않았지만, 일본군은 경성과 인천에 주둔한 까닭에 각 국인이 일본을 가리켜 함부로 사건을 일으킨다고 지탄했다. 따라서 오도리도 출병이 불리하다는 사실을 자기 정부에 전보로 알렸지만 당시 일본은 벌써 동원령이 내려져 군인들이 말을 듣지 않을 뿐만 아니라 여론이 들끓어 출병을 중지할 수 없는 형세에 이르렀다. 내각회의를 열어 무쓰 무네미츠 외무대신이 주장하기를, 양국 병력이 조선의 내란을 평정한 후 다시 조선의 정치개혁을 협의하되 청국이 응하지 않으면 우리가 독자적으로 개혁을 강행할 것이며, 이렇게 되면 전쟁도 불사한다고 결정했다. 이어서 청국 공사를 불러들여 조선의 개혁안을 제시하고 협의에 들어갔는데, 청국 공사가 밤이 깊도록 항변했으므로 일본 정부가 다시 서신으로 통지했다.

현재 조선의 사변 및 선후책에 대해서는 전날 면담한 바이지만, 우리 정부가 귀국 정부와 협의하고저 하는 제안의 줄거리는 다음과 같다.

조선 사변에 관해서는 일·청 양국이 한마음으로 협력하여 난민을 진압한 후, 조선의 내정을 개선하기 위해 일·청 양국이 상설위원 약간을 파견해 아래의 사항을 심의하게 한다.
  1. 내정을 조사할 것
  2. 중앙 및 지방관리를 없앨 것
  3. 경비병을 증설하여 국내의 질서를 유지할 것

이상의 내용을 증거로 삼기 위해 서면으로 통지한다.

일본 외무성이 다시 주청 공사 고무라와 천진주재 영사 아라가와(荒川 己次)에게 명해 청국 정부 및 이홍장에게 이런 취지를 전달하게 했다. 이홍장이 왕봉조 공사에게 명해 일본 정부에게 회답하였다.

  1. 조선의 변란이 이미 진정되어 청국군도 대리로 토벌할 필요가 없어졌으므로 양국의 공동진압은 상의할 필요가 없다.
  2. 선후책이라는 것은 호의에서 나오는 것이며, 조선의 개혁은 조선의 자력으로 시행하게 할 것이므로 청국도 그 내정에는 간섭하지 않는데, 일본은 전부터 조선을 자주국으로 인정해 왔으니 그 내정에 간섭할 권한이 없다.
  3. 변란이 진정되면 양국이 즉시 철수한다는 것은 을유년의 청·일조약에서 확정된 사항이므로 다시 상의할 필요가 없다.

일본 외상이 최후의 결심을 정하고 회답을 보냈다.

　　조선의 현재 정세에 대하여 귀국과 의견이 일치하지 않는 점은 유감이다.
　　지금까지의 사태에 비추어 볼 때 조선반도가 당파싸움이 일어나고 내분이 심해 종종 참상을 드러냈는데, 그 원인은 독립국으로서의 책임을 다하지 못한 까닭이다.

  우리나라는 조선과 통상함에 있어서 이해관계가 지극히 중대한 탓에 조선의 변란을 수수방관하기 곤란하며, 만일 이런 현상을 그대로 두어 조선의 변란이 심각하게 된다면 이웃 나라의 도리에도 어긋나는 것이다.

  그러므로 우리 정부가 조선을 위해 대신 방책을 강구하고 당해국의 정치가 회복되면 철병도 어렵지 않을 것이다. 따라서 우리가 지금 철병치 않는 것은 천진조약의 정신에 의거하여 선후책을 강구코저 함이니, 설사 귀국 정부와 의견이 다르다 해도 현재의 상태로는 조선 주둔군을 철수할 수 없다.

이 무렵 일본은 전쟁을 결의하고 모든 준비를 끝냈으나 청국은 여전히 외교로써 사태를 수습하려 했다. 처음에는 영국과 러시아가 청국 편에 가담했는데 러시아 공사는 조선과 러시아가 국경을 마주한 까닭에 일본의 내정 간섭을 용인하지 않을 것이니 청과 러시아가 함께 협력하자고 했다. 그러나 종국에는 팔짱을 끼고 방관했으니 러시아의 속셈은 황새와 조개가 서로 싸우게 하여 어부지리(漁父之利)를 보려는 것이었다.

영국 공사는 일본과 쌓인 감정이 있었는데, 일전에 오도리가 조선 정부에게 영국인을 고문으로 초빙하지 말라고 권유한 것이 한 가지이며, 일본이 군용 전선(電線)을 가설할 때 인천의 영국 조계(租界)를 관통해 설치한 것이 그 두 번째이고, 인천의 영국 영사 부부가 산보하다가 일본군 경비구역을 침범해 체포된 것이 세 번째이다. 이로 인해 항상 감정이 좋지 않았으나 이 무렵에 이르러 주일 대리공사 파크스(Parkes)를 시켜서 일본이 평화를 희망하면 청국과 다시 협상할 기회가 전혀 없지는 않으니 일본의 의향과 목적을 설명하라고 일본 정부에 통고했다. 일본 외상은 다음과 같이 회답을 보냈다.

  1. 5일 이내로 청나라가 우리의 제안에 대한 찬반 여부를 결정해서 회

답할 것.
2. 이후로 만일 청국이 다시 출병하면 우리 정부는 청이 위협할 의사가 있는 것으로 인정한다.

영국 외무대신이 다시 일본 정부에 서신을 보냈는데 그 요지는 다음과 같다.

1. 일본의 행동은 천진조약에 모순됨이 없는가.
2. 만일 청·일이 개전한다면 그 책임은 일본 정부가 져야할 것이다.

일본 정부는 즉시 파크스에게 다음과 같은 요지의 회답을 발송했다.

1. 일본은 시종일관 최초에 협의한 범위를 벗어나지 않았으며,
2. 천진조약은 파병 원칙만 정한 것이며 그 이외에는 특별한 약정이 없다.
3. 이러한 이유로 개전 책임을 일본이 혼자 부담하는 것은 부당하다.
4. 청나라는 우리의 정당한 제의에 따라야 함에도 불구하고 이에 불응하니 청나라를 화평 파기자로 인정한다.

다음날 영국 정부는 파크스를 시켜 일본 정부에 통고했는데, 불행히도 장차 청·일간에 전쟁이 일어난다 해도 상해는 극동에 위치한 영국의 중심지이므로, 이곳만은 전란의 여파가 미치지 않도록 해달라는 부탁을 하고 유야무야 끝내고 말았다.

일본 정부는 다시 고무라 공사를 시켜서 다음과 같은 요지의 전보를 청 정부에 타전했다.

제32장 중·일 교섭의 전말 155

전부터 여러 차례 언급한 것처럼, 조선에 빈번하게 변란이 발생하는 것은 그 내정이 충실하지 못한 탓이다. 일·청 양국은 조선에 중대한 이해관계가 있으므로 조선의 내정을 개혁하여 변란을 미연에 방지하는 것이 일·청 양국이 협력하여 공동으로 실행해야 할 일임을 귀국에 제의하였다. 그러나 뜻밖에도 귀국이 이 일에 반대하고 단지 우리의 철병만을 요구하는 것은 심히 유감스런 일로 생각하는 바이다. 이 때문에 북경 주재 영국 공사가 양국의 평화를 염려하여 타협에 진력했지만 귀국은 여전히 철병만을 주장하고 우리의 호의를 수락하지 않았다. 결국 귀국이 고의로 사건을 일으킬 의사가 있다고 추단하며, 금후 만약 예기치 못한 사태가 일어날지라도 우리 정부는 책임이 없다.

제33장 중·일 양국의 개전

이 문제에 대해 청 정부의 대신들은 주전론으로 기울고 이홍장은 화평을 주장했다. 그러나 일본이 전쟁을 강요하니 말로써 피하지 못할 형세에 이르렀으며, 비로소 영국 군함 3척을 구입하여 병력을 태우고 제원·광을(廣乙) 2 군함의 호위를 받으며 아산만으로 떠났다. 풍도(豊島) 앞바다에 이르러 일본 군함 길야(吉野)·낭속(浪速)·추진주(秋津洲)와 마주치자 서로 포격이 시작됐는데, 청국의 광을호는 침몰하고 제원호는 도주했다. 독일 장교 한납근(漢納根)은 청군 1,200명을 인솔하고 영국 군함 고승호(高昇號)에 승선했다가 일본 군함 나니와호에게 격침되어 청군 700여 명이 익사했으며 한납근은 헤엄을 쳐서 살아났고, 조강호(操江號)는 일본에 나포되었다. 당시 정여창은 일본보다 몇 배나 되는 해군력을 보유하고 있었으므로 이홍장이 군함 13척을 선발해 구원할 것을 명했지만 정여창은 출항 즉시 위해위(威海衛)로 돌아갔고, 먼저 떠난 부대도 도중에 귀환함으로써 결국 첫 전투에서 전군이 무너지고 말았다.

영국 군함 고승호가 격침되자 영국이 격분하여 일본에 항의하려는데, 독일 주재 일본 공사 아오키(靑木周藏)가 런던에서 일본으로 급히 전보를 쳐 영국에 사과하고 배상할 것을 요청했다. 그러나 일본 정부가 허락치 않고 법제(法制)국장에게 고승호를 조사하도록 시켰다. 법제국장이 청과 영국의 합동계약서를 발견하자 이를 증거로 삼아 아오키에게 영국 정부에 해명하도록 했는데, 영국의 공법학(公法學) 박사들이 낭속의 포격은 정당했다고 주장하여 대영문제는 종결되었다.

당시 아산 및 성환에 있던 청군은 불과 2000명이었는데, 6월 27일에 오도리가 육군 소장 오지마(大島義昌)에게 명하여 성환과 아산의 청군 진영을 공격케 하니 청나라 장령인 엽지초(葉志超)·섭사성(褐士成) 등은 패전군을 이끌고 평양으로 후퇴했다.

제34장 우리나라의 개혁

1894년 우리 정부가 군국기무처를 설치하고 모든 개혁안을 위원회에 회부하여 결정토록 했는데 모두 23조였다.

갑 오 개 혁

1. 국내외의 모든 문서에는 개국기원(開國紀元)을 사용할 것.
2. 청국에 대한 조약을 개정하고 각국에 전권대사를 파견할 것.
3. 문벌과 반상의 등급을 혁파하며, 문벌에 불구하고 인재를 등용할 것.
4. 문무존비(文武尊卑)의 차별을 폐지하고 다만 품계에 따라 상견(相見)의 의례를 정할 것.
5. 범죄인 자신의 처벌 외에 일체의 연좌율(緣坐律)을 폐지할 것.
6. 본부인에게 자녀가 없을 때만 양자를 허락할 것.

7. 남자는 20세, 여자는 16세가 되어야 결혼을 허용할 것.
8. 부녀의 재혼은 귀천을 막론하고 그 자유의사에 맡길 것.
9. 공사노비의 법전을 혁파하고 인신의 매매를 금지할 것.
10. 평민 중에 누구라도 국리민복이 될 의견이 있으면 기무처에 상소하여 회의에 부치는 것을 허락할 것.
11. 조관(朝官)의 복장 중 알현하는 공복(公服)은 사모(紗帽)와 둥근 깃 좁은 소매(盤領穿袖)로 하고, 연거(燕居 : 집에서 입는)의 사복(私服)은 칠립(漆笠 : 옷칠을 한 갓). 답호(褡護 : 벼슬아치가 입던 옷의 하나로 예복 밑에 입는 조끼형으로 밑이 길다). 사대(紗帶 : 혁대)로 한다. 사서인(士庶人)의 복장은 칠립·주의(周衣 : 두루마기). 사대로 하며, 병변(兵弁 : 군인)의 복장은 최근의 복장에 준하되 장교와 병졸의 구별을 명백히 할 것.
12. 각 아문의 관제와 직무분담은 7월 20일까지 정할 것.
13. 경무관(警務官) 직제와 직무분담은 내무아문에 속한다.
14. 대소 관리의 외출에는 걷거나 말을 타거나 각자의 편의에 따라 자유로이 하되 평교자(平轎子)와 초헌(軺軒)은 영구히 폐지하고, 재관(宰官 : 정3품 당상관 이상)의 부액(扶腋)하는 관례도 영구히 폐지한다.
    단 총리대신 및 의정대신은 대궐 안에서 산남여(山籃輿)를 타는 것을 허락한다.
15. 대소 관리와 사서인의 등마(等馬 : 待避 : 윗사람이 지나가도록 피하여 기다리는 것)하는 예절을 폐지한다. (단, 고등관을 만났을 때에 한하여 길을 양보할 수 있다).
16. 각 부서 관리의 수행 인원을 제한할 것(총리대신 4명, 찬성 및 각 아문대신 3명, 협판 2명, 사헌 및 참의 1명).
17. 궁내관(宮內官)으로서 재능이 있는 자는 외조(外朝)에 근무해도 무방할 것.
18. 재관친피(在官親避)하는 규정은 다만 아들과 사위, 친형제와 숙질 외에는 사적인 정리에 구애받지 말 것이며, 핑계를 만들어 관직을 피하는 풍습은 일체 폐지한다.
19. 공금을 횡령한 관리는 구법에 의하여 엄하게 다스리며, 횡령금은 변상케 할 것.
20. 관리의 등급 중 1품에서 2품까지는 정(正)과 종(從)의 구별을 두고, 3품에서 9품까지는 구별을 두지 않는다.

21. 역인(驛人), 창우(倡優), 피공(皮工)의 천민 취급을 폐지할 것.
22. 관리는 비록 고등관을 지낸 자라도 관직에서 물러난 뒤에는 자유로이 상업을 경영할 수 있도록 할 것.
23. 과거로 인재를 선발하는 것은 왕실이 제정한 법이지만, 문장에만 의존하면 실무를 다루기 곤란하니 과거제도는 적절히 개선하고, 아울러 선임 규칙을 제정할 것.

이상의 23조를 결정하여 공포했으며, 다시 관제를 개정하여 궁내부(宮內府)·의정부·내무아문·외무아문·군무아문·탁지(度支)아문·농상(農商)아문·법무아문·학무아문·공무아문의 명칭으로 나누고, 각 소속 관청 및 직제는 별도로 정하여 실행하게 했다. 김홍집이 총리대신이 되고 이재면(李載冕)은 궁내대신, 민영달은 내무대신, 김윤식은 외무대신, 어윤중은 탁지대신, 윤용구(尹用求)는 법무대신, 서정순(徐正淳)은 공무대신, 엄세영(嚴世永)은 농상대신에 각각 임명되었으며, 얼마 지나지 않아 민영상(閔泳商)이 내무대신이 되고 한기동(韓耆東)이 법무대신, 이봉의(李鳳儀)가 경무사(警務使)로 변경되었다. 그후 박영효가 귀국하자 그를 내무대신으로, 조희연(趙羲淵)을 군무대신, 서광범을 법무대신, 신기선(申箕善)을 공무대신, 윤웅렬(尹雄烈)을 경무사로 각각 경질했고, 갑신정변에 연루된 자들을 전부 사면해 주었다.

군국기무처에서 1894년에 다시 제2차 개혁안 12개조를 결정했는데, 그 내용은 다음과 같다.

제2차 개혁안 12개조

1. 1894년(갑오년) 10월부터 전국의 각종 조세, 군보(軍保) 등 일체의 상납품을 금전으로 결정하며, 국고에서 자본금을 지급하여 은행을 설립하고, 지급한 원

금은 후일 탁지아문에 상납하게 한다.
2. 도량형(度量衡)을 개정하되 내무아문에서 신식 도량형기를 제조·보급하여 전국 통일을 기하며, 도량형 문란의 폐단을 방지할 것.
3. 신식 화폐와 구식 화폐의 교환 방법을 명백히 하기 위하여 규칙을 제정할 것.
4. 총리대신 이하 일반 백성에 이르기까지 문패를 달아 주소, 호주의 직업, 이름을 적고 대문에 걸 것.
5. 각도의 상납 중에 관청과 관리의 탈세를 상세히 조사하여 문서로 보고한 후 정부의 조처를 기다리게 할 것.
6. 각 도의 관찰사는 지방관에게 명하여 향회(鄕會)를 설치하되 각 고을의 인민 가운데 나이 들고 현명한 인물 1인을 선발해 향회원으로 정하고, 이 향회원이 해당 읍의 공회당에 모여 개혁에 필요한 사항을 협의하여 결정하고 공동시행 하게 할 것.
7. 의금부(義禁府)는 의금사(義禁司)로 개칭하여 법무아문에 소속시키고, 공무상 범죄를 범한 관리들을 다스리며, 왕명을 받들어 처리하게 할 것. (관리가 사적인 죄를 범한 때는 일반 백성들처럼 전부 법무아문에서 다스린다)
8. 총명한 청년을 선발하여 각국 학교에 유학시키고, 그 재능에 따라 수업을 받게 하여 인재를 양성한다.
9. 각 아문 칙임관(勅任官)이 도찰원(都察院)에 모여 각 관청의 관원 중에 재능있는 자를 선발하고, 적당한 시기에 그 능력에 따라 임용할 것.
10. 죄인 민영준은 권력을 남용하여 위로는 임금을 욕되게 하고 아래로는 백성들에게 포학했으며, 요녀 김창렬(金昌烈)의 어미는 신령을 빙자하고 위력으로 남들 앞에 군림했지만 아직도 참형을 면하여 여론이 들끓고 있으며, 민경식(閔炯植)은 탐학이 심하고 패륜을 저질렀으며, 삼도를 관할할 때 백성들에게 독을 퍼뜨렸으니 각각 법대로 집행하여 하늘의 노여움을 달랠 것.
11. 논밭, 산림, 가옥 등의 재산을 문무 관리 및 지방 양반에게 강제로 빼앗기거나 싸게 팔아버린 자 중에서 10년 미만인 자는 원래 주인의 요구가 있을 때 군국기무처가 조사하여 증거가 확실하면 반환시킬 것.
12. 각 아문에 외국인 한 명을 고용하여 고문으로 쓸 것.

이상의 12개조도 공포하여 시행시켰으며, 왕의 특명으로 전직 지평(持

卒:사헌부에 소속된 정5품 벼슬) 김흥락(金興洛), 유만주(兪萬柱)를 승지(丞旨)로 삼고, 전직 집의(執義:사헌부에 소속된 정3품 벼슬) 박문일(朴文一)을 태인 현감에, 전직 도사(都事:관리의 감찰, 탄핵을 맡은 종5품 벼슬) 김병창(金炳昌)을 집의에, 직강(直講:성균관 소속의 정5품관) 정윤영(鄭胤永)을 사간(司諫)에, 전직 도사 전우(田愚)를 장령(掌令:사헌부의 종4품관)에 임명했다. 이는 지방의 선비를 특별히 기용한 것이지만 모두 사양하며 부임하지 않았다.

본조는 도학을 숭상하고 산림에 은거하여 도를 닦는 자를 예우하여 격에 지나치는 영전을 베푸니, 이들에 대해서는 발탁하여 등용하는 데 순서를 가리지 않아도 된다는 것을 법으로 규정하고 있을 정도다. 그런 까닭에 나라의 정세가 시끄럽고 변화 무쌍한 이때도 예전의 것을 그대로 준수하고 있으니, 어찌 이로써 인심을 수습할 수가 있겠는가? 이미 허례허식이 우리나라의 고질병이 된 지 오래인데 이를 물려 받는다 해서 어떤 해가 있을까마는, 이들 산림처사들은 국가가 평안하여 옛법대로 좇을 때도 교만하여 왕의 부름에도 응하지 않는 사람들인데, 이들이 오늘날 정치를 개혁하고 외국 제도를 채용하여 면모와 의식을 변화시키려 하고 있는 이런 갑작스런 행동은 사람들을 놀라게 하지 않을 수 없다. 그들은 깊은 바위 굴에서 고서적이나 암송하며 외국을 보고 이적 금수라 하며 자신들의 은신처가 발각되어 세상에 나갈 것을 두려워 하는 자들이다. 조신들 또한 이를 빙자해서 인심을 위로한다고 하였는데 이것도 거짓인 것이다.

내가 생각해보니 본 왕조가 도학을 숭상하고 장려한 것은 아름다운 일임에 틀림이 없다. 그러나 너무 편중하다보니 그러한 데서 오는 피해가 크다는 것도 알아야 할 것이다. 옛날 도학이 융성할 때 국내의 많은 선비들이 이들을 찾아 행실을 닦고 학업에 열중하여 예의에 밝았는데, 나무하는 아이들이나 목축업을 하는 아이들에게까지 이러한 영향이 미쳤으니 거문고를 치고 글 읽는 소리가 베틀에까지 가득하여 예교가 널리 퍼지고 윤리가 창명하여 경찰이 없어도 도적이 없었으며, 법률을 세우지 않아도 질서가 정연했으니, 참으로 예의지국이 아닐 수 없었다.

그러나 그러한 것의 폐단은 우둔하고 나약하여 자만심으로 가득차게 하는데 있었다. 그 원인은 우리나라 사회가 도학일파에 의해 벼슬이 독점된 데다가 남다른 영화를 누리니 허세를 빌어 도둑질하려는 자들이 날로 늘어가게 되었던 것이다. 성설(性說)과 예론의 차이가 상호간에 논쟁을 일으켜 자신의 주장만을 앞세우니 조정의 붕당은 바로 여기서 연유한 것이니 이것이 그것의 첫 번째의 폐해이다. 또한 배우되 허를 숭상하고 실을 버리니 정치·법률·군사·농업·공업·재정 등 실용적인 학문은 공리적인 것이라 배척하고 배우지 않았다. 이순신의 철갑선이 모래밭에서 썩어가도 묻는 사람이 없고, 유형원·정약용·박지원 같은 이론은 도학파들로부터 축출당하여 중요성이 알려지지 않았으니 선비들의 실용적인 것은 없어져버렸고 백성들은 이런 일을 등한시하여 실력이 없게 되어, 빈약한 나라가 될 수밖에 없었던 것이다. 이것이 두 번째 폐해이다. 주역에서 말하기를 "남는 것은 덜고 부족한 것은 보태며 물건을 고르게 베풀라"하였는데, 이는 나라를 다스리는 아주 중요한 비결이다. 사람의 몸에 비유한다면 신체 한 쪽만 위하고 전체 몸을 돌보지 않는다면 병신이 되는 것이니, 국가도 학문을 장려하되 한 학문만 편중하면 다른 학문은 피폐되고 나라가 병들게 되는 것이다. 이런 까닭에 정치가는 각종 학문을 진보시켜야 되는 것이며, 시무만을 논할 때는 오히려 물질 학문에 중점을 기울여야 하는 것이다. 지금과 같은 때에 부강한 실력이 없으면 생존할 수 없고 부강함은 물질학이 발달하지 않고서는 긴급한 사태에 대처할 수 없다는 것은 자명한 일이 아닐 수 없다.

제35장 조·일간의 잠정 조약과 조선에 대한 근본 정책

1894년 7월 20일 오도리가 요청하여 잠정적인 합동조약 7조를 체결했다.

양국 정부는 6월 21일 양국 병사가 한성에서 충돌한 것을 원만히 해결하고 조선의 자유와 독립을 공고히 하며, 상호 무역을 장려하고 더욱더 양국의 친목을 도모하고자 임시로 합동조약을 체결한다.

1. 이번에 일본 정부가 조선 정부의 내정개혁을 희망한 바, 조선 정부도 그것이 급선무임을 각오하고 권고에 따라 시행할 것을 보증한다.
2. 내정개혁 조항 중에 경부 및 경인 철도 건설은 조선 정부의 재정이 부족하므로 일본 정부 또는 회사와 계약하며, 시기를 보아 기공하되 현재의 정세로는 즉시 기공하기 어려운 점이 있으므로 조속히 방법을 강구하여 착공할 것.
3. 경부 및 경인간에 있는 일본의 군용전선은 적당한 시기에 조약을 체결하여 보존을 꾀할 것.
4. 조선 정부는 장래 양국의 친선과 무역 장려를 위하여 전라도 연안에 항구 한 곳을 개항할 것.
5. 금년 6월 21일 양국 병력이 왕궁 근처에서 우연히 충돌을 일으킨 사건은 상호 불문에 부친다.
6. 일본 정부는 조선의 자주 독립을 희망하며, 이 희망을 달성하기 위하여 양국이 서로 위원을 파견하고 의견을 나눈 뒤 결정하게 한다.
7. 이상의 잠정 조약에 조인한 뒤 적당한 시기를 택하여 호위병으로 파견된 일본 병력을 모두 철수시킬 것.

이상의 잠정 조약 중에 영구히 시행해야 할 사항은 후일 다시 조약을 맺기로 하고 양국 대신이 서명날인했다. 그후 7월 26일에 오도리가 임금을 알현하고 말씀 드리기를, 지금의 형세가 양국이 마음을 합쳐 극동 평화와 독립을 유지할 필요가 있으니 공수동맹(攻守同盟)을 체결하는 것이 좋겠다고 하여 다음과 같이 결정했다.

대조선, 대일본 양국 정부는 두 나라 모두의 목적을 달성하기 위하여 각국 대신이 명을 받들고 아래와 같이 약속한다.

> 제1조 이 맹약의 목적은 청국군을 조선의 국경 밖으로 철수시켜 조선의 자주독립을 공고히 하고, 일·한 양국의 이익을 증진시킴에 있다.
> 제2조 일본이 청국과 전쟁을 함에 있어서 조선국은 일본군의 작전 및 식량준비 기타 필요한 편익을 제공한다.
> 제3조 이 맹약은 청국과의 국교가 회복될 때 소멸한다.

이때 일본 외무대신 무쓰 무네미츠가 '대한 근본정책'을 확정해 두지 않으면 앞으로 차질이 생긴다고 하여 7월 17일에 각료회의를 열고 조선에 대한 네 가지 방침을 제출했다.

> 첫째 청·일전쟁의 결과 승리가 우리에게 오면 조선의 운명도 일체 우리의 자력으로 처리하는 방법(일본의 자유 처리안)
> 둘째 조선을 명목상 독립국으로 하고 우리나라가 직간접으로, 또는 시기를 한정하거나 영원히 조선의 독립을 원조하는 방법(명목상 독립 원조안)
> 셋째 조선이 도저히 자력으로 독립하기 곤란하면 영국의 권고에 따라 일·청 양국이 책임지고 조선의 영토를 담보하는 방법(국제관리안)
> 넷째 장래 조선을 유럽의 스위스처럼 각국이 보증하는 중립국으로 하는 방법(영세 중립안)

위의 네 가지 방법을 놓고 토의한 결과 둘째 방법이 채택되었고, 조선 내륙의 전선 및 철도 부설권을 먼저 차지하는 것이 좋겠다고 하여 오도리를 시켜 조선 정부에 요구했다.

제36장 청·일군의 평양대전

1894년 8월에 청나라의 마옥곤(馬玉崑), 좌보귀(左寶貴) 장군 등이 대군을 인솔하고 평양에 도착하자 관찰사 민병석(閔丙奭)이 평양에서 40리 지점인 순안(順安)까지 마중나가 영접했다. 평양은 해륙의 요충지인데 동남쪽은 대동강과 마주하여 강 연안이 천연의 요새를 이루고, 북쪽은 모란봉이 우뚝 솟아 사방을 내려보고 있으니 천하의 명당이다. 청군이 평양성 중심에 진영을 배열하고 망루를 쌓아 멀리까지 정찰을 했으며, 대동강에 뜬다리를 가설하여 왕래를 편하게 했다. 또 의주에서 평양까지 18개소의 병참기지를 두고 군수물자를 운반했는데 병사와 마필이 충실했다. 8월 10일 일본군이 도착한다는 소식을 듣고 마옥곤이 네 부대를 이끌고 동쪽 강가로 나가 진을 쳤으며, 위여귀(衛汝貴), 풍승아(豊陞阿)는 18개 부대를 인솔하고 성 북쪽의 칠성문(七星門)을 지켰다. 엽지초(葉志超)와 섭계림(攝桂林)은 성 안에 남아서 청군 6개 부대와 조선군 800명을 거느리고 대기하니 총 병력은 2,400여 명이었다. 일본 육군대장 야마가다 아리토모(山縣有朋)와 중장 가쓰라 타로오(桂太郞)가 한양에 와서 네 방향으로 나누어 각 부대의 부서를 정했는데, 오지마(大島正則) 부대는 경성대로(京城大路)로, 다치미(立見尙文) 부대는 삭녕간도(朔寧間道)로, 사토(佐藤正將) 부대는 원산항에서, 노즈(野津渡貫) 부대는 진남포(鎭南浦)에서 행군하여 8월 13일에 평양에서 합류하도록 했다.

　오지마가 영제교(永濟橋)에 이르자 마옥곤이 이를 격파했고, 원산에 도착한 일본군 부대가 성 북쪽의 기림(箕林)으로 들어가 소나무 숲속에 숨어서 발포했다. 청군이 응사했지만 어지러이 쏘기만 했을 뿐 명중하지 않았다. 한참 있다가 일본군이 대포로 성벽을 포격하기 시작했는데, 청군은 좌보귀 장군이 제군을 지휘하다가 가슴에 총을 맞고 즉사했다. 이에 여러 장교들이 크게 두려워하여 즉시 백기를 내걸고 항복했다. 엽지초는 먼저 도망가고 위여귀·풍승아 등이 이를 따랐으며, 섭계림은 한복으로 갈아입고 샛길로 도망쳤다. 청군은 전사자가 1천여 명에 포로가 500여 명, 대포 40문, 소총 1000여 정, 탄약·식량·금은 등을 무수히 버리고 도주하였다.

평양의 싸움은 양군이 교전을 하지 않았더라도 이미 위험스런 상태에 이르고 있었기에 오만한 자가 패하게 마련이었다.

처음에 청나라 병사가 압록강을 건너오자 우리나라 사람들은 도시락과 물병을 가지고 그들을 먹였음에도 그들은 약탈을 일삼아 민심을 크게 잃었다. 다만 좌보기군만이 질서가 약간 잡혀 있었는데, 섭지초군은 아산에서부터 패주하여 온 자들이라 기율이라고는 없었다. 특히 위여귀군의 약탈이 아주 심했는데, 장수가 군율을 어기는 자를 매일 처형해도 약탈행위는 그치질 않았다. 이런 무리를 이끌고서야 어찌 손자나 오자 같은 장수라 한들 싸울 수가 있었겠는가?

이때 우리나라 사람이 청나라 장수에게 수차례나 평양 방어의 계책을 알려 주었는데, 즉 적이 침략해오는 길은 3갈래 길이 있다. 하나는 서울로부터 질러와서 동선령을 넘는 것이고, 둘째는 서해안을 따라 삼화·진남포로 들어오는 것이고, 셋째는 원산에서 양덕·가창을 넘을 것이니 속히 군사를 보내 이들 요새를 지키는 것이 좋을 것이다. 그렇지 않으면 고성은 포위 당해 함락되기가 쉽다고 하였다. 그러나 이를 알려 주는 사람만 혀가 닳도록 설명했지 듣는 이들은 모두 오만하여 귀를 기울이지 않다가 북로로 오는 일본군에게 대패하고 말았다.

후에 내가 일본 신문에서 평양싸움에 관한 논평을 보았는데, 그 내용은 청나라 군 중에서 병법을 아는 한 사람만을 시켜 감북 한 길만을 지켰더라도 청군은 쉽게 패하지 않았을 것이라고 하였다. 감북은 평양성 북쪽 30리 지점에 위치해 있는 곳으로 이곳에 웅거만 해 있었어도 패배하지는 않을 것이라고 하였다. 특히 가창이라는 곳은 한 사람이 천여 명을 감당할 수 있는 지역으로 몹시 험난하여 이곳으로 가서 막았다면 북로를 방어하는 일까지 겸하게 되어 동선의 험로를 지킬 수 있었고, 남포의 요새를 막았다면 평양 방어는 만전을 기할 수 있었다고 하였다.

또한 의주·안주의 군으로 후방군을 삼고 동삼성 각지의 수비를 갖추었다면 어찌 그같은 참패를 당할 수 있었겠는가? 이 한 번의 실패가 전체 전국을 패배로 몰아넣었던 것이다.

마음이 교만하고 군대 기강이 해이하고 지세를 살피지 않는 청나라 군대가 기강이 서 있고 계책을 세운 후에 병사마다 지도를 소지한 일본군을 이기는 것은 무리였다. 그러므로 마옥곤이 용감히 싸우고 좌보기가 용감히 전사를 했어도 패전을 할 수 없었던 것이다.

섭지초가 아산에서부터 패주하여 평양에 이르는 사이 일본 간첩이 황주·중화에 나타나 중화에 사는 한 농민이 초가에서 뛰어 나와 일본 간첩 2명을 죽였으나 청나라 군사들은 이를 자기의 공으로 돌렸고, 섭지초는 이를 속여서 첩보를 상신하여 상을 받았으니 어찌 부끄러운 일이라 하지 않을 수 있겠는가? 그러고서야 어찌 패전하여 나라를 욕되게 하지 않겠는가?

제37장 청·일 양국의 황해(黃海) 격전

일본 해군중장 이도오(伊東祐亨)가 함대 사령관이 되고, 소장 쯔보이(坪井航三)가 유격대 사령관이 되어 기함 송도호(松島號)를 비롯하여 각 함대를 인솔하고 대동강 어구를 정찰했는데, 청국 군함이 압록강 어구에 있다는 말을 듣고 8월 21일에 송도·엄도(嚴島)·천대전(千代田)·교립(橋立)·부상(扶桑)·비예(比叡)·길야(吉野)·추진주(秋津洲)·고천수(高千穗)·낭속(浪速)·적성(赤城)·서경(西京) 12척을 인솔하고 급히 대동만을 출발하여 대고산(大孤山)항으로 향했다. 이때 청국 북양함대 사령관 정여창은 정원(定遠)·진원·경원(經遠)·내원(來遠)·정원(靖遠)·치원(致遠)·양위(揚威)·초용(超勇)·평원(平遠)·광갑(廣甲)·광병(廣丙)·제원(濟遠) 12척과 수뢰정(水雷艇) 6척을 인솔하고 정원호에 탑승하여 어관진(魚貫陣)을 만들었다. 일본 군함은 일자진(一字陣)을 짜고 청군 진영을 공격했으며, 유격함대는 청국 군함의 배후를 습격하여 협공하는 태세를 취했다. 양쪽의 거리가 오륙천 미터 정도에 이르자 청국 군함이 포격을 시작했지만 일본 군함은 응전하지 않았고, 삼천 미터 정도로 좁혀지자 일본 군함이 속사포를 발사하기 시작했는데 청국 군함의 피해가 속출했다. 상호 혼전 속에 포성이 온 바다를 진동시켰고 포연이 하늘을 뒤덮었다.

일본 군함 적성, 비예, 서경이 청국 군함에게 포위되어 적성 함장 사카모도(坂本八郎)가 전사하고 서경은 침몰했다. 이윽고 일본 유격함대가 협공을 개시하자 청함 광갑은 암초에 걸려 파손되고 초용·양위는 침몰했으며, 치원 함장 등세창(鄧世昌)은 자기 배가 크게 부서지자 일본 군함과 함께 자살하려고 일본 함정을 향해 돌진했지만 도중에 어뢰에 맞아 수병 250명이 등세창과 동시에 순직했다. 경원 함장 임영승(林永升)은 선두에 불이 붙어 전투와 진화를 동시에 지휘했지만, 다시 수뢰에 부딪쳐 침몰되면서 탑승원 270여 명이 또한 임영승과 함께 전사했다. 나머지 군함은 도주했는데, 진원·정원은 전투를 계속하다가 날이 저물자 퇴각했고, 일본 군함이 추격하려 했으나 수뢰를 두려워하여 단념했다.

제38장 청국에서의 전투

평양이 함락되자 안주(安州)·정주(定州)·의주(義州)에 있던 청국군은 바람처럼 도망쳐 요동으로 돌아갔다. 청국 정부는 방백겸(方柏謙)·위여귀(衛汝貴)를 참형에 처하고 엽지초는 파면한 다음 제독 송경(宋慶)에게 다시 병력을 모집토록 하고, 봉천 장군 의극당아(依克唐阿)는 봉천군을 인솔하고 호남 순무사 오대징(吳大懲)·양강(兩江) 총독 유곤일(劉坤一)은 상군(湘軍)을 지휘하고 요동에 집결하여 방어하게 했다.

일본은 육군대장 오야마(大山嚴), 중장 야마지(山地原治), 소장 노기(乃木希典) 등이 요동을 향해 진격했는데, 청군 70여 개 부대가 구련성(九連城)에 진을 치고 세 방면을 방어하고 있었다. 일본군이 1개 부대로 중앙을 공격하고 다른 부대로 동서 양쪽을 습격하면서 압록강을 건너자 의극당아 부대가 일제히 사격을 시작했다. 일본군이 강 기슭에 올라가 앞다투어 공격하자 의극당아군이 도주했으므로 일본군은 압록강 상류를 점령하고, 밤중에 뜬다리를 이용해 전군이 강을 건넜지만 청군은 눈치채지 못했다. 섭사성(攝士成) 부대는 산중에 진을 치고 싸우기를 원했지만 유성휴(劉盛休) 부대가 패주했으므로 섭사성도 성을 버리고 도주했다. 송경은 동서 양쪽 방면이 함락되었다는 소식을 듣고 크게 놀라 구련성을 버리고 마천령(摩天嶺)으로 퇴각했는데, 다음날 일본군이 구련성에 입성했다.

사흘 뒤 일본군은 대동구(大同溝)를 점령하고 나아가 봉황성(鳳凰城)에 입성했는데 청군은 전사자 300에 대포 55문, 소총 500, 탄약 2백 5만과 기타 군수품을 무수히 버리고 도주했다. 일본군은 다시 금주(金州)를 공격했는데, 모자와(貌子窩)에 본영을 설치하고 수십 척의 선박으로 병력을 수송했으며, 노기·야마지 등이 세 방면으로 협공하여 성을 부수고 돌입하니 청군의 전사자가 100여 명이고 포로 200명, 대포 50문, 소총 등을 막대하게 노획했다. 다음날 대련만(大連灣)으로 진격했는데, 대련에는 포대 11곳과 수비병 3000명이 있었지만 이들은 일본군을 발견하자 싸우지 않고 도주했다. 일본군은 만 안으로 들어가 수뢰를 제거하고 포대를 점거하여 자기들의 기지로 삼았다. 이보다 먼저 서방도(徐邦道)가 여순에 주둔하고 있다가 일본인이 금주를 공격하려 한다는 소식을 듣고는 금주가 실함되면 대련이 위태로울 것이고, 대련이 실함되면 남관령(南關嶺)이 침략당할 것이고, 남관령이 실함되면 연순 또한 보존할 수 없을 것을 두려워하여 제장들에게 도움을 청했다. 그러나 이에 응해주는 자가 없어서 부득이 자신이 병사를 이끌고 장도에 올랐다. 대련을 지나면서 수비대장인 조회업(趙懷業)에게 상부상조할 것을 요구했으나, 그는 "이홍장이 나에게 명하여 이곳을 지키라 했는데 어찌 당신의 일에 간여할 수 있겠소"라고 말했다. 서방도는 마침내 본부의 병을 통솔하고 독자적으로 전쟁을 벌였으니 중과부적이라 금주는 결국 함락되고 말았다.

여순(旅順)은 중국 제일의 군항으로 양쪽 기슭이 항구를 둘러싼 모양이 마치 병의 주둥이와 같으며, 동쪽 기슭에 황금산(黃金山)이 있는데 높이가 160척이다. 서쪽 기슭에 신구 시가지와 백옥산(白玉山) 등의 험준한 산이 있으며, 위해위(威海衛)와 더불어 소뿔의 형세를 이루고 있다. 항구의 시설은 모두 서양식을 모방했고 선교(船橋)와 포대가 곳곳에 흩어져 있는데, 이것은 이홍장이 해안 방어를 담당한 지 16년 동안 심혈을 기울여 건설한 것으로, 이 시설을 공략하려면 10만 명이 피를 흘려야 얻을 수 있다고 독일인들이 말한 군항이다.

일본군이 대련을 점령하자 해군이 도착하여 여순을 공격했는데, 청의 공조여(答照輿) 장군이 제일 먼저 도망가고 조회업(趙懷業) · 위여성(衛汝成) · 황사림(黃士林) 등이 차례로 도주했다. 병졸들은 시가지를 돌아다니며 상점을 약탈했고, 문관(文官)들은 서류를 휴대하고 제각기 살 길을 찾아다녔다. 일본군은 오전 8시부터 오후 5시까지 황금산 · 송수산(松樹山) · 의자산(椅子山) · 계관산(鷄冠山)에 있는 포대를 모두 점령했고, 서방도(徐邦道) · 강계제(姜桂題) · 장광전(張光前) · 정윤화(程允和) 부대가 약간 저항했지만 병졸들이 패배해 모두 도망갔으므로 이들 4명도 난군 중에 뛰어들어 도망쳐, 일본군에게 완전히 점령당했다. 이 전투에서 청군은 전사자 4,500명, 포로가 600명이었고, 선박과 대포 등 무수한 장비를 빼앗겼으므로 비로소 청 정부도 크게 동요하기 시작했고, 각국인들도 놀라움을 감추지 못했다.

송경(宋慶)은 복주(福州)에 있으면서 일본이 여순을 공격하는 것을 알고 허술한 틈을 이용, 금주를 회복하려고 군사를 이끌고 습격하였으나 형세가 불리하자 후퇴하니 청군의 사상자는 500여 명이나 되었다.

노기는 또 청국군과 난과산령(難過山嶺)에서 싸워 360여 명을 패사시키고 연산관(連山關) 수암성(岫巖城)을 공략하고 해성(海城)으로 향했다. 이 때는 삭풍이 몰아치며 강물이 얼어붙었고 눈이 정갱이까지 빠졌지만, 일본군은 용기를 내어 사방에서 협공하니 성은 곧 함락되고 말았다. 이 싸움에서 청국군은 전사자가 100여 명이고 일본군은 대포 4문을 노획했다.

의극당아(依克唐阿)가 수천 명의 병사를 이끌고 봉황성을 습격하다가 일본군에 격퇴당하였다. 송경은 개평에서 해성을 회복할 생각으로 개가장(蓋家莊)으로 전진했는데, 가쓰라(桂太郎)가 이들에 대항하려고 이곳에 당도했으나 군대를 발견할 수가 없었다. 그런데 얼마 안 있어 청국군 1만여 명이 항와책(缸瓦寨)에 있다는 소식을 듣고는 미요시(三好成行)가 큰소리 치며 앞으로 나서자 전군이 그를 쫓아 청국군을 공격하니 청국군은 패망하고 말았다. 이 때 사망자는 수백 명에 다다랐다.

의국당아도 여러 차례 대병을 이끌고 해성을 회복하려 노력했지만, 뜻을 이루지 못하고 패망하고 마니 사망한 병력이 700여 명에 이르렀다.

위해위는 여순과 함께 해군의 근거지이다. 정여창이 황해해전에서 패배한 이래 유공도(劉公島)로 물러나 주둔하고 있었는데, 이곳은 위해위와 함께 소뿔과 같은 지형지세를 이루고 있는 천혜의 군사항이었다. 청의 대종건(戴宗騫) 장군이 위해위를 방어하고, 이병형(李秉衡)은 연대(烟臺)에 머물면서 병력을 통제했으며, 해군도 진원·정원(定遠) 양 전함과 정원(靖遠)·내원·평원·광병(廣丙) 등 철갑선, 수십 척의 어뢰정이 있었고, 육군도 남북 포대가 건재했다.

일본의 육해군이 영산(榮山)·고산(孤山)·마천령·용묘취(龍廟嘴)·소북취(逍北嘴)·사가둔(謝家屯)·양봉령(楊峯嶺) 각 포대를 함락시키고 다시 위해위를 향해 진격했는데, 대종건 장군이 병사 2500명과 대포 4문을 가지고 힘을 다해 싸웠지만 패하여 자살했다.

일본군이 위해위를 점령한 다음 다시 유공도로 진격하면서 수뢰정이 항구 안으로 잠입하여 정원과 내원호(來遠號)를 격침시켰다. 정여창은 진원호(鎭遠號)로 바꿔 타고 항전하여 수일간 혼전이 거듭됐는데, 청의 수뢰정 12척이 항구 서쪽으로 탈출하려다가 일본군에게 격침당했다. 청군의 형세가 위험하자 정여창은 결사 항전을 명령했지만 군사들이 듣지 않앉고, 다시 군함을 자폭시켜 적의 포획을 면하고자 했지만 역시 군사들이 응하지 않고 자폭을 방해했다. 정여창은 어쩔 수 없이 음독자살했고, 참모 유보첨(劉步蟾)도 따라서 자살했으므로 다른 사람이 항복문서를 대신 써서 일본군에게 전하고 군함을 비롯한 모든 장비가 완전히 일본군의 수중에 들어갔다.

군인은 국가의 방패로서 국토의 방어에 전력을 다해야 하고, 힘이 다하면 장수는 나라를 위해 죽고 병사는 장수를 위해 죽는 것이 당연한 직분이거늘, 이 전투에서 장수는 죽음을 각오하고 싸우고자 했지만 병사들이 이를 방해하니 세계 역사에서 없던 일이다. 인심이 이래서야 국가가 어찌 완전할 수 있겠는가 ?

이로써 청국 해군이 전멸되고 북양의 봉쇄도 철폐되었다. 이병형은 여러 차례 싸움을 했지만, 패하기만 하여 내주(萊州)로 퇴각하고, 산동의 문등(文登)은 모든 현이 계속 함락되었다. 봉천에 있는 일본군이 다시 송경과 오대징의 군을 격파하니 우장(牛莊) · 영구(營口) · 전장대(田莊臺) 등이 차례로 함락되어 우장에서 전사한 청군은 1880명이었으며, 포로가 된 자는 650여 명이었다. 일본군은 대포 6문과 소총 2288정, 탄환 152만 발, 화약 1650상자를 노획했다. 영구에서는 대포 56문, 소총 243정, 포탄 15천 발, 탄환 30만 발을 노획했고, 전장태 전투에서 청군의 사망자는 2000여 명에 이르렀으며, 일본군은 대포 38문, 소총 60여 정을 노획했다.

일본은 다시 육군 대좌 히시시마(比志島義輝)를 파견해 혼성지대 사령관에 임명하고 대만과 팽호도(彭湖島)를 공략하고 남방 연해까지 침입코자 했으므로 청국 정부가 겁을 먹고 화평 교섭을 요청했다.

제39장 청·일의 마관(馬關)조약

이 전쟁 중 1894년(갑오년) 10월에 영국 공사 도림치(都林治)가 본국 정부의 훈령에 의거 일본 정부에 제안하기를 "열국은 조선의 독립을 보장하며, 청국이 군비를 배상한다면 일본은 만족할 것인가?"라고 중재를 자청했지만, 일본 정부는 강화조건을 미리 밝히면 열국의 간섭을 초래하게 되어 잡음이 일어날 것이라 생각하여 강화하기는 아직 시기상조라고 하며 거절했다.

11월에 미국 공사 등(登)이 정부 훈시에 의거하여 일본 정부에 "강화를 하게 될 때에는 쌍방의 의견 소통을 위해 중재하는 나라가 꼭 필요하며, 미국은 그런 일을 할 수 있는 가장 적임자"라고 일황에게 말했다. 이에 일본 정부는 "지금 우리 일본국은 바다와 육지에서 우세한 입장에 있으니 우방의 협력을 구하지 않더라도 이러한 시세를 타고 무리한 요구도 해결할 수 있을 것으로 생각한다. 다만 청나라가 아직 화의를 원하지 않아 타협할 기회가 오지 않은 것뿐이니, 후일 화의가 이루어지게 되면 반드시 귀국에 부탁을 하겠다"고 회답해 오자, 미국 공사는 좋다고 하였다.

얼마 안 지나 청국 주재 미국공사 정비(丁比)가 청나라 조정이 강화의 일을 부탁해서 조약의 개략적 내용을 일본 정부에 알린다는 전보가 왔다. 즉 그 내용은 다음과 같다.

1. 청국은 조선의 독립을 승인한다.
2. 청국은 일본의 군비를 배상한다.

이에 일본 정부는 이런 조건으로는 화의가 성립될 수 없다며, 의당 사절을 보내 조약 내용을 밝혀야지 그렇지 않으면 화의에 대해 거론조차 않겠다고 회신하였다.

청국 정부가 다시 화의를 요구하며 상해에서 회의를 거행하자 하니, 일본은 회의 장소도 우리가 정해야 하는 것이 마땅하다는 식으로 회신하였다. 이에 12월 20일 청국 정부는 장음환(張陰桓)·소우렴(邵友濂)을 사신으로 삼아 일본 정부에 보고하기를 히로시마를 양국의 회의 장소로 하기로 했다.

을미년(1895년) 정월에 일본 외무대신 무쓰가 어전회의에서 강화 조건을 다음과 같이 제출하였다.

> 1. 청국에게 땅을 할양하여 배상토록 할 것.
> 2. 청국이 조선의 독립을 인정토록 할 것.
> 3. 청국은 우리나라와 더불어 구미 각국과 동등한 조약을 체결토록 하며, 또한 몇 개의 항구를 개방하여 줄 것.

이러한 주제를 의제로 삼고 이토와 무쓰를 강화사절에 임명했다.

청국 사신이 히로시마에 도착하자 이토는 그들은 전권대사 자격이 없다고 하며 물리치니 청국 사신은 나가사키로 물러났다. 청국 정부는 다시 미국 공사에게 부탁하여 사절의 권한을 고쳐줄 것을 요청했으나, 일본 정부는 이를 듣지 않고 청국 사신이 더 이상 일본 영내에 묵는 것을 허락하지 않았다.

이에 오정방(伍廷芳)이 이토를 접견하자, 이토는 그에게 "내가 이중당(이홍장)에게 뜻을 전했으니 국제 공법에 따라 온전한 사절을 보내도록 하시오"라고 말하였다. 이에 오정방은 "고관이라야 하겠소"하고 물으니, 이토는 "아니오. 자격 및 권한을 완전히 갖춘 자라야 하오. 공친왕이나 이중당 같은 사람이 오면 피차 편할 것 같소"라고 하였다.

이때 일본군이 위해위와 요동을 점령하였으므로 대세가 위급한 지경에 이르게 되었다. 그러자 청국 정부는 두려움에 떨게 되었으며 오직 강화를 통해 난국을 풀어나가는 것이 유일한 길이라고 생각하게 되었다.

이에 서태후에게 상주하여 이해관계가 어떠한지를 알렸으며, 이홍장도 상주문을 올려 회의에 동의해 줄 것을 적극적으로 권했다. 공친왕은 "전일 이공의 말을 듣지 않아 이 지경에 이르렀으니 어찌 나무랄 수가 있겠소" 하고 답하니, 이홍장은 입을 다물고, 화의를 하는 데 대한 동의를 표하였다.

이보다 먼저 중국과 일본이 한국의 일로 대립하고 있을 때, 이홍장은 각국에 사주하여 싸움만은 면해보고자 하였으나, 일본이 먼저 싸움을 걸어오는 통에 청국도 체면상 싸움을 주장하게 되어 이 지경에까지 이르게 되었던 것이다. 그리하여 이 때에 이르러서 비로소 일본이 청국 사신을 물리친 것을 본 열국의 공사들은 일본의 야심이 대단한 것을 알고 일본 조정에 간섭하려고 하니, 일본 정부도 신속히 화의 국면에 이르게 하는 것이 자국의 이익에 좋다고 생각하여 미국 공사에 청하여 화의가 진행되기를 희망했던 것이다. 그리하여 앞에서 말한 조건을 밝혔던 것이다.

수일 후에 청국 조정은 미국 공사 정비(丁比)에게 부탁하여 알려오기를 일본 정부가 조회한 일체의 사항을 전권대신 이홍장에게 위임하기로 결정하였다고 하니 시모노세키를 회의장소로 하게 되었다.

이홍장이 3월 14일 천진을 출발해 19일 마관에 도착했고, 20일에 일본의 전권대사 이토 히로부미(伊藤博文)와 춘범루(春帆樓)에서 첫 대면을 갖고 전권서류와 회의절차를 결정했다. 23일에 이홍장은 먼저 제1조를 제출하여 강화를 논의하는 중에 먼저 휴전할 것을 제의하였다. 이에 이토가 "천진 태고산(太沽山) 회관의 방위를 철수하고 동시에 산해관 철도의 제공을 허락해 준다면 일본군이 휴전을 해주겠다"고 하자, 이홍장은 곧바로 화의에 임하기로 하였다.

그날 밤 이홍장이 객관으로 돌아오는 중에 일본인에게 저격을 당해 탄환이 왼쪽 광대뼈를 뚫고 눈 아래에 박히는 중상을 입었다. 이토는 당황해서 어쩔 줄을 몰랐고, 일본 천황도 의사를 보내 이홍장을 돌보게 했다. 의사는 탄환을 뽑아내고 여러 날 요양 치료를 받아야 한다고 말했지만,

이홍장은 나라의 운명이 위급한데 여러 날 동안 치료를 받는다는 것은 국사를 해치는 일이니 설사 죽는다 해도 수술을 받을 수 없다고 했다. 수행원들이 피묻은 옷을 보이며 "이 피로 나라에 보답할 것"이라고 하니, 이홍장은 "진실로 나라에 도움이 된다면 목숨을 버린다 해도 어찌 사양할 것인가?"하고 대답했다.

이토가 히로시마로 달려가 천황에게 3주간의 회담 연기를 건의했고, 이홍장은 병상에서 요양에 전념했다.

4월 1일 이토가 조약안을 제시했는데, 그 내용은 다음과 같다.

> 첫째 조선의 독립을 승인할 것,
> 둘째 요동 반도와 봉천성 일부를 할양할 것,
> 셋째 전비 3만 냥을 배상할 것,
> 넷째 청·일이 새 조약을 체결하되 일본은 구미 제국과 동등한 대우를 받을 것,
> 다섯째 청은 7개 항구의 개항과 내국 하천의 항해를 승인할 것,
> 여섯째 조약 실행의 담보로서 봉천과 위해위에 일본군의 주둔을 허용하고 그 비용은 전부 청이 부담할 것.

5일 이홍장이 회답을 보냈는데, 양국은 장래의 행복을 도모하기 위해 화의를 체결하는 것인데, 귀정부의 요구는 너무 과대하여 우리가 감당할 수 없다고 하였다. 이에 이토가 말하되, "쓸데 없는 말은 이익됨이 없다. 사실에 의거하여 무엇이 문제인지를 지적하여 어떤 조건을 우리에게 양보하라고 해야만 화의가 진척될 수 있다"고 하였다. 8일 이토가 이경방(이홍장의 아들)에게 이르기를 "휴전기간은 11일밖에 남아 있지 않다. 화의가 성사되지 않으면 귀국에게는 큰 화가 미칠 것이므로 신속히 약정하는 것이 좋을 것이다"고 말하였다.

9일 이홍장이 다음과 같은 수정안을 제출했다.

첫째 조선 독립을 승인함,
둘째 영토 할양은 봉천성 관전봉황(寬甸鳳凰)과 팽호도에 한할 것,
셋째 배상금은 1만 냥으로 할 것,
넷째 통상조약은 일본의 요구대로 하되 청국 정부와 인민도 동등한 대우를 받게 할 것,
다섯째 담보 주둔은 위해위 한 곳에 한할 것,
여섯째 조약문은 각국 국어를 사용하되 해석이 틀릴 때의 해결용으로 영어로써 한 통을 작성할 것.

그후 조약 내용에 대하여 이토와 이홍장이 각자 주장을 굽히지 않다가 4월 15일에 타협을 보고 양국이 조인했는데 그 내용은 다음과 같다.

제1조 조선의 완전한 자주 독립국임을 확인함.
제2조 청국은 봉천성 남부 요동반도 및 대만 팽호도를 일본에 할양함.
제3조 제2조에 관계되는 모든 지역의 경계선은 본 조약의 비준 이후 실지를 조사하고 확정한다.
제4조 청국은 군비로 은화 2억 냥(일본 화폐로 3억 엔)을 일본에 배상함.
제5조 할양된 지역의 국민이 본 조약 비준 후 2년간 떠나지 않으면 일본 신민으로 간주한다.
제6조 일·청 양국은 종래의 조약을 갱신하고, 다시 청국은
　1. 사시(沙市)·중경(重慶)·소주(蘇州)·항주(杭州)를 새로이 개항하고,
　2. 일본 선박의 양자강 및 부속 하천의 자유 통행을 인정하고,
　3. 일본인이 청국 내에서 화물 구입 및 창고 보관시에는 세금을 내지 않고, 모든 창고에 대한 차용권리가 있다.
　4. 일본인은 청국 통상구 안에서 거주·영업·무역의 자유를 승인함.
제7조 청국 국경 안에 주둔 중인 일본군은 3개월 안에 철병한다.
제8조 위해위에 주둔한 일본군은 배상이 완료될 때까지 주둔한다.
제9조 본 조약 비준 후 포로를 교환하며, 자국에 불이익한 자라도 처형할 수 없다.
제10조 본 조약의 비준과 동시에 전쟁은 종식된다.

> 제11조 본 조약은 대일본 황제 폐하 및 대청국 황제 폐하의 비준을 기다려 지부에서 교환된다.
>
> 이렇게 열거된 조항은 양국 전권대신이 여기에 서명 날인하여 증거로 삼는다.
> (별지는 생략함)

제40장 3국 간섭과 요동 반환

마관조약이 성립하자 요동반도 할양 문제 때문에 러시아·프랑스·독일 3국이 연합하여 간섭을 시작했다. 주일 독일공사가 일본 외무차관 하야시에게 내일 모국 공사와 더불어 중대 사건을 논의할 것이 있다고 하여 놓고 다른 일이 있어 연기하겠다고 하더니 23일 3국 공사가 요동문제를 제출하였다. 러시아 공사가 일본 정부에 통고하기를, 러시아 정부가 일·청 강화조약을 살펴본 바 조약 중에 요동반도를 일본에 할양한다는 것은 청국에 위험할 뿐만 아니라 조선 독립도 유명무실이며, 동양의 영구평화에 해가 된다고 인정하여 러시아 정부는 우정으로써 일본 정부에 권하건데 요동은 차지하지 말라고 했다.

당시 요동과 대만에 주둔해 있던 일본의 육해군은 피해가 막심했는데, 3국이 함대를 동원하여 시위를 벌리니 만일 전쟁이 일어난다면 일본은 멸망할 것이 분명했다. 러시아는 그 당시 블라디보스토크에 군항을 만들고 시베리아 철도를 건설하여 제1의 목표가 여순·대련을 취득하는 것이었으므로 일본의 점거를 묵과할 수 없었고, 독일은 동방에 세력을 확장하는 중이었으며, 프랑스는 러시아와 친교를 맺고 역시 동아시아의 이권을 획득하려던 때였다. 따라서 3국이 일치하여 간섭했으므로 일본은 어전회의를 열고 열국 회의에 호소하려 하였다. 그러나 이토·무쓰·마쓰가타·노무라 등이 다시 밀의하여 열국 회의가 열리면 오히려 불이익을 당할 우려가 있었으므로 이를 두려워 하여 부득이 3국의 권고를 따르기로 하였다. 그리하여 마관조약의 비준에 의거하여 다른 삼국의 회답을 강구하기 위해 노무라가 즉시 히로시마에 가서 천황을 알현하고 다음과 같은 명을 4월 30일 러시아주재 공사에게 전문을 통해 보냈다. 즉 러시아 정부에 들어가 그들의 우의에 감사를 표하도록 명하고 그들의 저의를 탐색할 수 있도록 아래와 같은 건의를 하게 하였다.

1. 일·청 강화조약은 마땅히 다른 조약안을 보충하여 금주를 제외한 모든 요동반도를 청국에 돌려 줄 것이다.
2. 요동을 돌려주는 대신 청국은 응당 상당액의 배상금을 지불하여 예의에 응답해야 한다.
3. 조약을 담보하기 위해 실행이 끝날 때까지 일본은 잠시 요동반도를 점령한다

요동반도에서 가장 중요한 곳은 여순과 대련을 포함하고 있는 금주였다. 따라서 일본이 삼국에 굴복하여 요동을 돌려준다 해도 그곳은 돌려주려 하지 않았던 것이며, 이것이 금주를 제외하고 돌려주려는 일본의 속셈이었다. 그러나 러시아가 간섭하는 진의 또한 금주의 여순·대련을 차지하려는 속셈이었으므로 한 마디로 거절했다. 그들은 거절문에서 "일본은 결코 대륙의 조그만 땅도 점령할 수 없다"라고 밝혔다.

일본 조정에서는 영국의 지원을 받으면 삼국과의 결렬도 두려울 것이 없다고 하였다. 이에 영국 정부의 의향을 정탐하려 했으나 영국은 도리어 신속히 삼국의 청을 허락하라고 권했다. 이에 이토·마쓰가미·사이고·무쓰·노무라·가야마 등이 밀의하여 결정지었다.

1. 삼국의 권고에 응한다 하여 일단락 짓는다.
2. 요동을 돌려주는 데 대한 배상금 및 조약은 삼국의 회담 속에서 언

급하지 않으며 후일 외교를 통해 상의토록 한다.

　화약의 교환은 5월 8일로 기약했으나 삼국 간섭이 일어나 청국 정부는 그 해결을 기다리기 위해 십수일을 연기하자고 했으나 일본이 허락하지를 않아 바로 전권을 파견하여 지부로 보냈다. 당시 영·프·러 삼국의 함대는 모두 그곳에 있었는데, 영국함은 예의로서 그들을 대해주었으나 러·프 함대는 시위를 하였다. 청국 정부는 미국 공사에게 위탁하여 말하기를 삼국이 충고했다는 사안이 있으니 그 결정이 내려진 후에 결정을 하는 것이 어떠하겠는가 하니 일본 정부는 삼국의 권고에 따라 요동을 돌려주기로 했다고 회답해 주었다. 그러나 요동의 반환문제는 별도의 약정이니 다시 타협을 보아야 할 것이고 곧바로 해결될 일은 아닐 줄 안다고 하였다. 따라서 일본 정부는 조약을 먼저 교환하자고 주장하였고, 조약 수정과 약정 일체는 다른 날을 기다릴 것이며, 교환 기간을 지나 불행한 싸움이 다시 일어나면 양국 모두에게 불행하다고 하였다. 그러므로 일본은 휴전 기간을 5일 정도 연기해 줄 것이니 기한 내에 속히 조약 교환을 하자고 하니 청국은 할 수 없이 그들의 의견을 따라야 해서 6월 8일 교환했다.
　얼마 안 있어 대만 총독 가야마가 이경방과 대만을 주고 받는 의식을 행했으며, 8월 2일 주북경공사 하야시와 청국전권위원간에 요동반환문제를 논의하여 11월 8일 서명하였다.
　일본은 요동 전부를 중국에 돌려주는 대신 배상금 5000만 냥을 요구했으나, 삼국의 절충으로 3000만 냥으로 감했다. 동시에 통상조약을 체결하였다. 그리고 일본정부는 삼국과 함께 비밀 조약 3조를 체결하였다.

1. 요동에 주둔한 일본병은 배상금을 지불한 후 3개월 내에 철수한다.
2. 대만 및 팽호열도는 어느 나라를 막론하고 일본 정부가 양여하지 않는다.
3. 대만 해협은 만국공행 통로로 한다.

제41장 열강이 중국의 군항을 분할함

 중국은 아편전쟁의 상처를 받은 이래 열강들의 침략을 계속 받았지만, 아직 중국은 대국이기 때문에 쉽게 중국을 넘보기가 그리 쉬운 일은 아니라고 생각하고 있었다. 그것은 이홍장이 수십 년간을 통치하며 해군과 육군의 군비를 갖추어왔으며, 여순과 위해위의 요새를 이용하여 북양함대가 방어체제를 확고히 하고 있었기 때문이었다. 그러니 교활하여 못된 짓만을 일삼는 무리들도 바라만 볼 뿐 더 이상의 침략은 생각지도 못하고 머뭇거리고만 있었다.
 그런데 하루 아침에 일본의 침략을 받은 중국 해군은 허점을 드러냈고, 그로 말미암아 국권이 손상되고 국토를 잃었으며 내부의 부패함은 명백히 폭로되고 말았다. 이에 열강들은 비웃으면서 병든 나라라고 손가락질을 하며 하루 속히 취하지 않으면 다른 나라가 먼저 취할 것이라고 생각하여 서로 덤벼들게 되었다. 러시아는 중·러밀약을 체결하여 여순과 대련을 25년간 조차하기로 했으며, 독일은 병함을 이끌고 교주만으로 들어와 중국의 깃발을 뽑아버리고 중국 관헌을 쫓아내며 99년간을 조차하기로 하였다. 영국도 러시아에서 배워 위해위를 25년간 조차하고 세력균형을 이루기 위해 다시 구룡만을 99년간 조차하였다. 그리하여 중국 해군의 방어요새는 모두 적에게 제공되거나 빼앗기게 되어 위태로운 국면을 맞이하게 되었다.
 그러나 비록 그들이 25년간 혹은 99년간을 조차한다고 했지만, 과연 기간이 다 되어도 돌려주려 할 것인지, 또 그 기간을 연기해 달라고 하면 들어주지 않을 수 있겠는지 알 수가 없는 일이다. 따라서 앞으로 중국인들은 자신의 피 값을 지불하지 않고 빼앗지 않으면 그들에게 영원히 국토를 떼어주고 말 것이다. 또한 적들의 탐욕이 어찌 이를 그만둘 것이며 그러한 야욕을 막을 수 있겠는지, 중국을 생각할 때 국토와 민중이 일본보다 수십배가 많은데 어쩌다가 이 지경에까지 이르게 되어 각국으로부터 모멸을 받게 되었는지 한스러울 뿐이다.

옛날 전국시대에 초나라는 창을 가진 군사만도 100만이나 되는 대국이었으나, 진(秦)나라의 백기(白起:용병에 뛰어나 빼앗은 성만 70여 성에 이름)가 수만 명의 군사를 이끌고 초나라에 침입하여 이능(夷陵:초나라 선왕의 묘)을 불태워버리고 언(鄢:초나라 수도)과 영(郢:초나라 수도)을 무참히 짓밟았다. 이에 사람들은 그를 "적은 군사로 많은 군사를 공격하는 용병술이 신과 같다"고 칭송했다. 그러자 백기는 "초왕은 나라가 크다는 것만을 믿고 정사를 제대로 돌보지 않았고, 군신들은 서로를 질시하였으니 백성의 마음은 이미 이 나라로부터 떠나 있었으므로 내가 군사를 이끌고 깊이 들어갈 수가 있었다. 우리 병사들은 군대를 집으로 삼고 장수를 부모로 삼아 말하지 않아도 친숙하고 신뢰하게 되었고, 같은 마음이었기에 죽음이 닥치더라도 발을 돌리지 않았는데, 초나라 사람들은 자기 나라 땅에서 싸웠는데도 자신의 집만을 생각하느라 마음이 흩어져서 싸울 뜻을 잃고 있었으므로, 성공할 수 있었다는 것은 당시의 형세로 보아 자연적인 이치가 아니겠는가? 어찌 용병술을 신과 같다 하겠는가? 이는 용병의 지당한 비결이다" 라고 하였다.

그런데 지금의 중국 병사들은 군대를 집으로 삼고 장수를 부모로 생각하여 같은 마음으로 죽어도 도망하지 않으려 하였는지, 또한 각자 마음을 통일하지 못하고 싸울 뜻을 갖고 있지 아니하였는지는 청·일전쟁을 통해서 잘 알게 되었다. 이제 중국 국민이 혁신하는 마음 자세로 열강의 재침략에 대해 그 국면을 만회할 수 없는 지경에 이르고 있으니 다만 두렵고 분통하기만 할 따름이다.

제42장 오도리(大鳥)가 가고 이노우에(井上)가 오다

1894년(갑오년) 9월에 일본 정부가 오도리 공사를 소환하고 내무대신 이노우에 가오루(井上馨)를 특명전권대사로 파견했다. 이노우에는 부임 즉시 대원군이 청국과 관계가 있다 하여 강제로 물러나게 하고 혁신안 20조를 임금께 올렸는데, 그 내용은 다음과 같다.

1. 정권은 모두 한 가지 계통[一道]에서 나와야 한다.
2. 국왕은 정무를 친히 결재할 권한이 있고 법령을 세울 의무가 있다.
3. 왕실 사무를 국정과 분리한다.
4. 왕실의 조직을 정한다.
5. 의정부 각 아문의 직무권한을 확정한다.
6. 조세는 탁지아문에서 통일하고, 인민의 과세율을 일정하게 한다.
7. 왕실 및 각 아문의 경비는 예산을 세운다.
8. 군정(軍政)을 정한다.
9. 허례허식과 과장의 폐해를 제거한다.
10. 형률을 제정한다.
11. 경찰관은 일정한 기관에서 임명할 것.
12. 관리의 복무규율을 정한다.
13. 지방관의 권한을 제한하여 이를 중앙 정부에 이관할 것.
14. 관리의 임명과 해임 규칙을 정하여 개인이 마음대로 임면하지 못 하게 한다.
15. 권력쟁탈이나 시기·이간의 폐해를 엄금하고 정치적 보복의 관념을 품지 못하게 한다.
16. 공무아문은 아직 필요가 없다.
17. 군국기무처의 조직과 권한을 개정한다.
18. 각 아문에 고문관을 초빙한다.
19. 일본에 유학생을 파견한다.
20. 국시(國是)를 일정하게 정해 둘 필요가 있다.

이상의 20조를 제출한 다음 김홍집·김윤식·어윤중 세 대신에게 공격을 가했는데 이들이 중립적 태도를 취했기 때문이며, 다시 국왕을 직접 알현하고 협박적 언사로써 궁내(宮內) 세력의 남용을 따졌다.

이로써 내각이 경질되어 박영효가 내무대신, 서광범이 법무대신이 되고, 일본인 사이토(齊藤修一郎), 오카모도(岡本柳之助) 등을 고문으로 초빙했으며, 이노우에가 정권을 장악했다.

이때 정부가 선서(宣誓) 6조를 발표했는데,

> 1. 청국의 굴레에서 벗어나 독립의 기초를 세우며, 군주를 도와 중흥의 위업을 달성하고, 왕실을 받들고 보호함으로써 국시를 삼아 불요불굴(不撓不屈)의 정신을 확고히 유지하여 온갖 어려움을 극복하고 힘써 이행한다.
> 2. 국가의 기초가 튼튼하지 못 하면 왕실을 편안케 하기 곤란하니 상하가 이 뜻을 견지하여 마음에 새기고 태만하지 말아야 한다.
> 3. 왕실과 외척이 감히 정치에 간섭하면 정부 대신은 공동으로 배척하여 정령이 여러 곳에서 나오는 폐단을 교정한다.
> 4. 정부 각 대신은 대군주 폐하에 대하여 직접 책임을 지고 국무를 수행한다.
> 5. 청렴하고 학식있는 인물을 추천하고, 그 임면에 개인적인 감정을 품지 못 하게 한다.
> 6. 만민이 평등한 법규를 확립한다.
>
> 이상의 내용을 우리 조선인은 엄숙히 선서한다.

12월에 국왕이 몸소 종묘에 나아가 조상의 영전에 고하였다.

개국한 지 503년 12월 모일에 감히 황제 조상 제위께 고하옵니다. 짐 소자가 해를 거듭하여 우리 조종의 대업을 받든 지도 이미 31년이나 되었으니 하늘의 보살핌에 경외스러워할 뿐입니다. 우리 조종은 그 동안 여러 차례 어려움을 맞이한 때도 있었지만, 완전히 그 대업을 실추시킬 만큼의 큰 일은 일어나지 않았으니, 짐 소자도 그러한 하늘의 마음을 향유할 수 있을 것으로 생각하옵니다. 우리 조종을 돌보아 주시고 살펴주옵소서. 우리 황조(黃祖)께서 우리 왕가를 건국하시어 저희 후인에게 물려 주시기를 이미 503년이나 됐습니다. 이제 짐의 시대에 이르러 시운이

급변하고 있지만, 인문을 창달하고 우방과 충성으로 협의하며, 조정 의
론의 협력을 받아 자주독립 국가로서의 기반을 공고히 하고자 합니다.
짐 소자가 감히 천시(天時)를 받들고 있으면서 우리 조상의 업적을 제대
로 보존치 못 하고 있지만, 이제 분발하고 힘써 전대 선열들의 업적에 빛
을 더하지는 못 하더라도, 이제부터는 다른 나라를 믿지 않고 국가의 전
도를 융성케 하도록 백성의 복지를 이룩하고 자주 독립의 기반을 공고히
할 것입니다. 이에 그 나아갈 길을 생각하여 구태의 폐에 빠져들지 않고
편안함과 즐거움에 휩싸이지 않아서 우리 조정이 나아갈 바를 솔선하여
이끌어 세계 형세를 잘 살펴서 내정을 개혁하고 쌓인 폐단을 교정하려고
합니다. 짐 소자는 이에 홍범 14조를 만들어 하늘에 계신 우리 조종 영령
들의 영전에 맹세하며 고하옵나니 이제 조정의 선열들에 의지하며 힘 쓸
것이옵니다. 혹 잘 못하는 점이 있으면 영명하신 영령께서는 굽어 살펴
주옵소서.

그리고는 정치의 기본강령으로서 홍범 14조(洪範 14條)를 선포했는데,
그 내용은 다음과 같다.

1. 청국에 의존하려는 생각을 버리고 자주 독립의 기초를 확립한다.
2. 왕실 전범(典範)을 제정하여 대위(大位) 계승과 종척(宗戚)의 분의(分義)를 밝힌다.
3. 대군주는 정전(正殿)에 나아가 정사를 보되 친히 각 대신에게 물어 재결하고 후빈(后嬪)·종척(宗戚)의 간여를 허용치 않는다.
4. 왕실사무는 국정사무와 분리하여 서로 혼합치 못하게 한다.
5. 의정부와 각 아문의 직무권한을 명확히 제정한다.
6. 인민의 세금은 모두 법령에 따라 세율을 정하며 다른 명목으로 징세하지 못한다.
7. 조세 징수와 경비 지출은 모두 탁지아문의 관할에 속한다.
8. 왕실 비용은 1년 예산액을 정하여 재정의 기초를 확립한다.

9. 왕실 비용을 솔선 절감하여 각 아문과 지방 관청의 모범이 되게 한다.
10. 지방관제를 빨리 개정하여 지방관리의 권한을 제한한다.
11. 총명한 인재를 널리 외국에 파견하여 학술과 기예를 배우게 한다.
12. 장교를 교육하고 징병법(徵兵法)을 시행하여 군사의 기초를 확정한다.
13. 민법·형법을 제정하여 감금과 징벌의 표준을 정하고 인민의 생명과 재산을 보호한다.
14. 사람을 쓰되 문벌에 구애받지 말고 선비를 구하되 널리 조야(朝野)에 미쳐 인재 등용의 길을 넓힌다.

제43장 박영효의 재차 망명

박영효는 일본인이 친일파의 우두머리로 인정한 탓에 십 년이나 망명생활을 하다가 일시 귀국하여 정권을 장악하고 혁신에 노력했다. 그러나 천성이 좁아서 사람을 포용하지 못 했으므로 김홍집·어윤중·유길준 등과 불화하고 대원군과도 사이가 벌어졌는데, 왕후가 이를 이용하여 대원군파와 김홍집·유길준 등을 제거시켰다.

법무협판 김학우(金鶴羽)가 피살되자 대원군의 손자 이준용(李埈鎔)과 김국선(金國善)·한기석(韓祈錫)·박준양(朴準陽)·이태용(李泰容) 등을 혐의자로 체포했는데, 이준용은 특전으로 교동도(喬桐島)에 유배되고 나머지는 모두 교수형에 처했다. 이 사건은 일본인 고문이 처리했으나 세상 사람들은 박영효가 그들에게 혐의를 씌운 것으로 보았다. 그후 러시아가 요동 반환문제를 간섭하자 그 영향이 조선에도 파급되어 러시아 세력이 점차 증가했으므로, 이완용·이윤용 등이 박영효를 버리고 친러파로 기울었다. 박영효가 고립무원이 되어 안팎으로 협공을 당할 때, 일본인 사사키(佐佐木出雄)라는 자가 조선인 한재익(韓在益)에게 박영효가 신응희(申應熙)·이규완(李圭完)과 함께 대역 음모를 꾀한다고 밀고했다. 한재익이 사사키와 필담한 내용을 특진관(特進官) 심상훈에게 보이자 심상훈은 대궐로 들어가 보고했고, 임금께서 크게 놀라 이 사건을 철저히 조사해서 엄벌에 처하라고 법부에 하명했다. 박영효는 이 소식을 듣자 양복으로 갈아입은 다음 일본군을 따라 용산에서 일본 배를 타고 도주했으며, 신응희와 이규완도 따라갔다.

(생각건대) 박영효는 실패를 스스로 불러들인 것이다. 박영효는 외국인에게 이용당해 정권을 획득한 것으로서, 본래 특별한 자립 기반이 없었으므로 마땅히 인심을 수습하고 사람들의 기대를 포용하여 화합에 노력했어야 하거늘, 국가의 목표가 변경되고 인심이 혼란스러운 때에 사람들에게 베푼 것도 없이 단지 반대파의 배척에만 힘써서 자신의 처지를 고립시켰으니 누구를 원망하겠는가.

그러나 특히 통탄스러운 일은 우리나라 당쟁의 역사이다.

선조 이래 소위 동서남북의 4색 당파가 정권 쟁탈만을 유일한 목표로 삼아 혹심한 투쟁을 벌인 탓에 수많은 벼슬아치들이 죽어갔고 나라의 근본이 위험에 빠진 지 300여 년에 이르렀다. 그래도 당쟁은 그칠 줄을 모르고 시일이 지남에 따라 점점 더 격심해지기만 하니, 사대부 가운데 국가와 민족을 위하여 피를 흘린 자는 극히 적지만 당파와 개인적인 원한으로 서로간에 살육을 벌인 자는 이루 다 헤아릴 수가 없다. 족보에까지 기록을 남겨 자손에게 전수하여 보복과 투쟁이 날이 갈수록 더하니, 갑의 제안을 을이 반박하고 병의 계획을 정이 무산시켜 한 가지 정책도 제대로 시행되는 것이 없고, 동인이 끌어온 것을 서인이 물리치고 남인의 명예를 북인이 헐뜯는다. 인재가 바닥나고 충신과 역적이 뒤바뀌며, 아침에는 악수하고 저녁에 공격하여 변화가 무쌍하다. 형제도 천륜(天倫)을 어기고 스승과 제자도 의리를 끊으며, 친척도 우의를 상하여 가문이 파탄하는 경우가 흔하며, 심지어 조정에까지 화가 미치고 왕실에도 피해가 미쳤다.

인현왕후(仁顯王后)가 폐위되어 궁중에서 쫓겨난 일과 사도세자(思悼世子)의 죽음도 모두 당쟁 때문이다. 임진왜란 때 전국이 거의 함락되고 임금이 변방의 외진 곳으로 피난하여 따르는 신하들이 피로하고 숨 쉴 틈조차 없는 중에도 당파싸움을 잊지 않고 마사영(馬士英)·황득공(黃得功)의 무리가 전횡을 일삼았다.

  이순신(李舜臣)은 무인으로서 당파와는 무관함에도 불구하고 그를 추천한 사람이 재상 유성룡(柳成龍)이었으므로 조신 가운데 유성룡을 증오하는 자가 이순신까지 미워하여 그를 죽이려고 하였다. 당시 삼천리 강토와 이천만 백성의 생사가 이순신 한 몸에 달렸음을 잘 아는 조신들도 불과 당쟁의 간접관계로 국가의 만리장성을 스스로 무너뜨리려고 했으니 이 어찌된 일인가. 이런 사실로 미루어 볼 때 당파라는 것은 온갖 악의 근원이요 망국의 주된 원인이라 할 수 있다.

  또 정조 초년부터 '세도(世道)' 혹은 '세도(勢道)'라는 것이 생겼는데 이는 정권을 장악한 자를 뜻하는 말이며, 지위의 높고 낮음을 막론하고 그 권력은 임금에 다음 가니 재상 이하가 이들의 명령을 들으며 생사여탈이 자유자재이고 말 한 마디에 전국이 진동하였다. 그러니 전국의 금은옥백이 실려져 밀어닥치고 창고마다 가득차게 되었다. 화려하게 꾸며진 집에는 날씬한 미희들과 교태를 떠는 첩들이 즐비했고, 행차를 하게 되면 따르는 자들이 거리를 메우고 소리를 쳐댔다. 그러나 손님들이 집집마다 가득했고, 금옥이 빛을 발했으며 아첨꾼들이 굽실대며 말해오니 인간의 극락이 아니고 무엇이겠는가? 그러기에 세도의 다툼은 당쟁보다 더했고 이 자리를 얻기 위해서는 천하의 대악을 범하는 일이 있더라도 하려들었다.
  세도정치는 홍·박·김·조·민 등이 번갈아 가며 이 지위를 차지하여 망국에 이르게 하였다. 우리나라 사람들은 당쟁의 인습과 권력 쟁탈의 열기가 유행병처럼 되어 치유할 수가 없을 지경이 되었으니, 결국 낭패를 보는 한이 있더라도 이런 싸움이 그치질 아니하였다. 또 당국자들은 그 자리를 차지했더라도 다른 자가 곧 그 자리를 밀어낼 것이므로 여유를 부릴 시간이 없었으니 비록 관중(管仲)과 제갈량의 재략이 있을지라도 이러한 폐단을 고치기는 어려웠다.

갑오·을미 양년의 정계는 전에 없던 변국으로 일시적인 평안함이 엿보이기는 했지만, 그 변화 무쌍함은 바둑판과 같았다.

김홍집·어윤중 등의 집권 말기에 박영효가 이를 무너뜨리고, 박영효의 집권 수개월 만에 유길준 등이 이를 무너뜨렸으며, 김홍집·유길준 내각을 다시 이완용·이범진이 무너뜨렸으니 자신들의 권력만 알고 나라의 흥망은 무관심한 것이 우리나라 사람의 특성이다.

박영효가 말하기를 "김홍집의 재간은 제일이지만, 정권을 좋아하는 것이 흠"이라 하였다. 우리나라 사대부들이 사리사욕을 앞세워 당쟁으로 권력을 탐하는 악폐는 평민 사회까지 전염되어 분규와 결렬로 어진 백성을 두렵게 하는 자가 있으니 망국의 원인이요 멸종의 원인이다.

서양 철학자가 말하기를 "정치는 국민 심리의 반영이라" 했는데 우리나라 정계의 형세가 이러할 때는 국민의 심리도 또한 마찬가지이다. 의사가 병자를 보면 그 증세를 진단한 다음에 약을 먹이는 것인데, 우리나라 사람의 심리상 병의 근원이 어디에서 유래한 것인지 검토해 보면 양반 사회의 관직욕이 그 원천이다. 무슨 까닭인가 하면 우리나라의 관직은 양반이 아니면 얻을 수 없고 양반은 가문의 음덕을 빙자하여 교만하고 무위도식하는 자가 많으며, 다른 나라의 관직은 나라를 다스리고자 하는 자리지만 우리나라의 관직은 이처럼 무위도식하는 무리를 구제하려는 자리이다. 한번 관리가 되면 명예와 수입이 남보다 우월하여 일생을 편히 지낼 뿐만 아니라 자손까지 그 영향이 미치니 관직은 제일 유리한 직업이다.

따라서 양반이 관직을 얻으면 살고 얻지 못 하면 죽는다 하여 수단방법을 가리지 않는데, 이를 얻으려는 자는 많고 자리는 부족하여 어쩔 수 없이 정권을 무너뜨리거나 타인을 배척하게 되는 것이다. 이 때문에 음모와 알력이 끊이지 않는 것이니 그 생계가 모두 이에 달려 있기 때문이다. 속담에 남산 아래 사는 가난한 양반이 정변이나 바란다고 하는데, 이 말이 비록 우스갯 소리라고 하지만 세태의 한 단면을 나타낸 것이다. 즉 양반 사회의 당쟁이 관직 쟁탈에서 나온 것이며, 평민 사회도 이런 악습이 전염되어 남녀노소를 막론하고 편하게 살 궁리만을 계획하며, 노동을 천시하여 기피하고 권세에 아부하여 사회를 조종하는 것을 유일한 능사로 생각하고, 서로 양보하는 정신이 소멸하고 사소한 싸움만 일삼아 온 것이 우리나라 사람의 가장 큰 병이다. 이러한 것이 병이라면 이렇게 하지 않는 것이 약이 될 것이니 우리 민족은 크게 반성해야 한다.

제44장 을미 차관조약

1895년(을미년) 6월에 탁지부 대신 어윤중이 국고가 곤궁했으므로 일본은행에서 3백만 원을 빌렸는데, 그 조약문은 다음과 같다.

> 제1조 대일본제국은행은 대조선 정부에 금 3백만 원을 대여한다. 이 금액 중 150만 원은 은행으로부터 직접 지불하고, 150만 원은 해당 은행 태환권(兌換券)으로써 메이지 28년(1895년) 7월 말까지 조선 인천항에 주재하는 조선 감리(監理)를 경유하여 교부한다.
> 제2조 본 차관에 대한 이율은 일본력 1년에 원금의 100분의 6으로 하고, 매년 6월과 12월의 2회에 반년분을 지불한다. 메이지 28년(1895년)분은 동년 12월에 일시 지불한다.
> 제3조 원금은 메이지 31년(1898년) 12월에 150만 원, 32년 12월에 150만 원을 상환한다.

> 제4조 조선 정부는 이상의 원리금 모두를 당해 은행의 태환권으로 동경 일본은
> 행 본점에 지불한다.
> 제5조 조선 정부가 금후 일본국 내에서 공채를 모집할 때는 앞의 기한 내라도 이
> 를 상환하며, 또 조선 정부의 정상 여유가 있을 때도 동일하다.
> 제6조 조선국의 조세 수입으로써 본 차관의 담보로 제공하고 기한 내 상환치 못
> 할 때는 일본은행이 조선국 조세 수입의 선취권(先取權)을 가진다. 조선은
> 현재 다른 차관의 담보로 되어 있는 해관세(海關稅) 수입으로써 전항의 담
> 보로 제공할 수 있다. 또 일본은행의 승인을 얻은 때는 기타 다른 수입으
> 로써 담보로 제공할 수 있다. 이 조약서는 조선문과 일본문으로 각각 한
> 통씩 작성한다.

이상의 차관 300만 원은 뒷날 영국인 탁지부 고문이 된 브라운(Brown, J. McLeavy)이 재정을 정리하고 쓰임새를 조종하여 1년 사이에 300만 원의 잉여금을 만들어 모두 갚았다.

제45장 일본인이 우리 국모를 시해함

1895년(을미년) 8월 20일에 일본인이 우리 국모 명성왕후를 시해하니 그 사건의 대략적인 전말은 다음과 같다.

일본이 조선 경영을 획책한 것이 수십 년이지만 중국이 가까이 하는 바람에 일진일퇴를 계속해 오더니 청·일전쟁을 통해 중국을 물리치고 패권을 쥐게 되었다. 그러나 러시아가 튀어나와 시비를 걸자 다시 요동반도를 청국에 돌려주고 여순·대련도 그들의 조차지가 되었다. 즉 러시아는 총탄 하나 쏘지 않고 군인 한 명 부상자 없이 이런 이익을 얻어냈으니, 일본인들의 원망은 뼈에 사무치는 것이었다. 또한 러시아는 이런 것을 계기로 갑자기 한국에 진출하니 친러파가 속출하고 궁중을 토대로

친일파를 배척하는 지경에 이르게 하였다. 그러자 일본은 장차 그들의 세력을 잃는 처지로 몰리게 되었다. 그러니 자신들이 품은 독을 어떻게든 풀어내려 하였다. 이러한 일본이 대외정책 과정에서 수행해야 할 일로 꼽았던 3가지는 러시아 황태자를 척살하는 것이고, 둘째는 중국 전권대사를 척살하는 것이며, 셋째는 한국의 국모를 척살하는 것이었다.

박영효가 재차 망명한 뒤 친일파들은 이전처럼 내각을 점하고는 있었으나, 친러·친미 일당들이 정동구락부를 만들어 조직을 정비하고 있었으며, 쫓겨났던 민씨 일파들은 죄가 용서되어 민영준이 다시 정권을 잡는다는 말이 널리 퍼지게 되었다. 이에 일본공사 이노우에는 갑자기 종전의 태도를 바꾸고 온순하게 한국인들을 대우해 주었으며, 대궐에 들어가 고종을 알현하고 돈 6천 원을 헌납했고, 이노우에 부인이 헌납한 돈도 3천 원이나 되었다. 그들은 이를 통해 정권 확보, 왕실 안전, 권력 통일을 일시에 도모할 것을 권유하니 대화가 6시간이나 계속 되었고 그 말 또한 진지하였다. 그러니 궁중에서는 그를 충후한 인물이라 믿게 되었고, 그의 흉계에 대해서는 전혀 눈치채지 못 했다. 다만 일본이 성심껏 자신들을 보호하려는 것일 뿐 다른 짓을 할 것이라고는 추호도 의심하지 않았다. 그리하여 예방을 하지 않으니 곧 화란을 면치 못 했던 것이다.

한편 우리나라가 전부터 일본 장교를 초빙하여 병사 2개 대대 800명을 훈련시켜서 훈련대(訓練隊)라 부르고 궁성을 경비하게 했는데, 종종 경찰 관리와 충돌하여 불평이 생겼다. 그런데 친러파는, 러시아 세력이 일본보다 우월하니 장차 러시아를 이용하여 왕실을 보호하고 왕권을 신장토록 궁중에서 계획 중인데 훈련대가 방해되니 이를 해산해야 한다는 말을 퍼뜨렸다. 훈련대 대대장 우범선(禹範善)·이두황(李斗璜)·이주회(李周會) 등이 크게 분노하여 결사 투쟁을 도모했고, 일부 불평분자들은 궁중 일파가 김 총리 이하 친일파들을 살해하고 민씨 정권을 회복하려고 계획 중이라는 유언비어를 퍼뜨렸다. 또 함경도 내 항구 하나를 러시아에게 빌려주고 보호를 구한다는 등의 소문이 떠돌아 의혹이 가중되고 인심이 흉흉했다.

당시 일본 공사 이노우에는 귀국하고 미우라(三浦梧樓)가 후임으로 도착하여 스기무라(杉村濬)·오카모도(岡本柳之助) 등과 민비 제거를 모의했는데, 대원군을 끌어들여 허수아비로 이용하려고 오카모도가 대원군을 찾아가 설득했다.

그 무렵 대원군은 장손 준용(埈鎔)이 교동에 갇힌 이래 불만을 품고 공덕동 별장에 칩거하면서 외출도 하지 않고 있었다. 대문에는 그물을 쳐 놓았고 잡초들이 길에 그득했으며, 낙엽은 들을 덮고 있었다. 그러나 시기를 탄 무리들의 질투는 그치질 않아 유언비어가 사방에 전파되었다. 그 비어는 대원군이 김홍집과 밀통하고 있다는 것이고, 또한 철원에 있는 도적 무리들과 모의하였고, 또 자객을 파견하여 정당인들을 모살하려 한다는 것들이었다. 그래서 많은 사람들은 공덕리를 위험지역으로 보고 이에 대한 경계가 사뭇 엄하였다. 일본이 이 기회를 틈타 난국을 타개하고 왕실을 일으킴에는 대원군이 다시 정치 일선에 나서는 것이 필요하다고 설득하여 대원군은 여러 차례 거절했으나, 결국 응락하여 저들의 꼭두각시가 되니, 추국 춘추시대에 조순(趙盾)이 왕을 주살했다는 것과 그 처지가 다를리 없었다. 아! 애통하도다. 감정이 사람의 양심을 가린다더니 어찌 이 지경에까지 이르게 되었단 말인가!

8월 19일 아침 스기무라가 총리 김홍집과 외상 김윤식을 몰래 찾아가 그 의향을 떠보았지만 두 사람은 사직을 결심한 탓에 별다른 반응이 없었지만, 마침 군부대신 안동수가 일본 공사관을 찾아가 훈련대와 경찰이 또 충돌했으므로 오늘 저녁에 해산하려 한다는 말을 했고, 이때 별실에서는 우범선이 미우라를 방문하여 사태가 급박함을 알리고 즉시 거사할 것을 요청하고 있었다.

시기가 절박함을 알아챈 미우라는 즉시 오카모도를 불러 일본인 60여 명을 인솔하고 야밤에 대원군을 대궐 안으로 맞아들였는데, 대원군이 오늘의 거사는 실력행사로만 그치고 궁중에서의 폭행은 허락치 않는다고 말하자 일본인도 이를 승낙하였다. 새벽녘에 서대문에 이르자 훈련대와 일본군이 서로 앞서거니 뒤서거니 하면서 행군했고, 날이 샐 무렵 광화문에 도착하여 근정전으로 직접 들어가니 우리 호위병이 이를 제지하는 과정에서 약간의 사상자가 발생했다. 연대장 홍계훈(洪啓薰)이 소식을 듣고 달려와 큰소리로 이들을 꾸짖다가 일본병에게 살해되었고, 궁내대신 이경직(李耕稙) 또한 일본 병사의 칼에 죽음을 당했다. 폭도들은 다시 옥호루(玉壺樓)에 돌입하여 왕비를 시해했는데. 이때 평복에 단검·도검을 휴대하고 입궐한 일본인은 자객과 고문관 및 순사 등 60여 명에 이르렀다.

오전 8시에 대원군이 건청궁에 입궐하여 임금을 알현하고 미우라도 동석했다. 미국과 러시아 공사도 변란의 소식을 듣고 달려왔으며, 김홍집·조희연·권형진·안동수·김가진 등이 임금을 모시고 있었다. 이날 이재면이 궁내대신이 되고 조희연은 군부대신, 권형진은 경무사, 유길준은 내부대신 서리, 어윤중은 탁지대신, 장박은 법부대신, 서광범은 학부대신, 정병하는 농상공부대신, 권재형은 내각 총서(總書)로 각각 임명되어 민비살해 참변 후의 정국도 역시 바뀌었다.

이때 각국이 일본의 흉폭 무례함을 질책하여 의론이 분분하자 일본 정부는 미우라 이하 60여 명을 히로시마 감옥에 구금하고 조사를 벌였는데, 그 전말은 우리나라 법무부 미국인 고문관인 그레이트하우스(Greathouse, C. R)의 보고서에 다음과 같이 상세히 기록되어 있다.

일본 메이지 29년(1896년) 1월 20일 히로시마 재판소 예심판사 요시오카(吉岡美秀)가 조선사건을 예심하여 종결한 결정서를 요약하면 다음과 같다.

　피고 미우라(三浦梧樓)가 조선국 주재특명전권공사가 되어 메이지 28년(1895년) 9월에 경성에 취임하여 갔으나, 당시 조선의 형세는 기울어져 가는 비운 속에서 궁중의 전권은 서서히 약해져 갔고, 따라서 국정이 문란해지게 되었고 나아가 우리 일본정부가 계도하여 개량한 헌법은 문란하게 되었다. 이에 일본의 육군사관들을 해산하고 훈련대를 편성하는데 진력하려 하였다. 이러한 것은 우리를 조선 내에서 소외시키려는 것이고 우리를 축출하려는 것이며, 내각원을 면직시켜 궁중에서의 권력을 거두어 들이려는 것이었다. 그런고로 이런 소식을 듣자 분통함을 견딜 수 없어 그 폐해를 제거하려고 하였다. 마침 대원군도 폐관된 것에 대해 분개해 있어 스스로 궁중을 혁신하여 나름대로의 정권 재창출을 하려 하였기에 암암리에 우리 경성수비대에게 지원해 줄 것을 요청해 왔던 관계로, 우리는 대원군을 도와 입궐하여 그 기회를 타서 궁중에서 권력을 마음대로 움직이던 왕후를 죽이려고 하였다.

　그러나 다음날 대원군이 정치에 참견할 것 같으면 그 폐해가 도리어 전일보다 심할 것을 우려하여 부득불 그를 예방하지 않으면 안 되었다. 그러므로 그와 약속할 4가지 항목의 초안을 작성하여 오카모토(岡本柳之助)를 시켜 공덕리(孔德里) 별장에 있는 대원군에게 가지고 가서 미우라 공사의 뜻을 보였다. 그러자 이를 본 대원군과 그 자손들은 모두가 기뻐하며 이를 받아들이고 서로 서약한다는 문서에 날인하고 동년 중순을 그 시기로 할 것을 예정하였다. 오카모토가 공덕리에 갔을 때 혹시 다른 사람들에게 의심을 사게 하지나 않을까 두려워서 이번에 귀국하게 되어 고별인사하러 왔다고 속이고는 다음날인 6일 인천으로 떠났다. 7일 군부대신인 안경수가 궁중의 사명을 받고 훈련대 해산건에 대해 공사의 의도를 명확히 하라고 요구하자 시기가 이미 절박하여 하루라도 미루기가 어렵다고 판단한 미우라와 스기무라가 협의를 한 다음 결국 그날밤에 거사할 것을 결정하고는 바로 오카모토에게 전화를 걸어 귀경하도록 독촉했다.

한편 대원군의 입궐에 대한 계획서를 호리구치(掘口九萬一)에게 주어 용산에서 오카모토를 맞이하여 함께 입궐토록 하였다. 또한 경성수비대의 대대장인 우마야(馬屋原務本)에게 명하여 훈련대를 이끌도록 하고 수비대로써 대원군의 입궐을 지원하여 돕도록 하였다. 또한 아다치(安達謙藏)와 쿠니토모(國友重章) 등에게 명하여 지우들을 결합하여 용산에 있는 오카모토에게 가서 입궐하는 문제에 대해 같이 공모토록 하라고 하였다.

또한 조선에서 20여 년간을 지속해온 화근을 끊는 것도 이번의 거사에서 해결해야 할 것이라고 생각하고 드디어 입궐하여 민비를 살해하라고 지시했다. 오기하라(荻原秀次郎)에게 명하여 부하 순사들을 인솔하고 사복차림으로 칼을 준비하여 용산으로 가게 하였으며, 아사야마(淺山顯藏)로 하여금 이주회(李周會)에게 통지하니 그는 한국인 수명을 규합하여 공덕리에 도착하였다. 이에 아다치와 쿠니토모는 동지들인 히라야마(平山岩彦)·사사쇼지(佐佐正之)·마쓰무라(松村辰喜)·고바야가와(小早川秀雄)·규시마(牛島英雄)·미야스미(宮住勇喜)·사토(佐藤敬太)·사와무라(澤村雅夫)·가타와리(片里猛雄)·후지가쓰(藤勝縣)·히로타(廣田止善)·기쿠치(菊池謙讓)·요시다(吉田友吉)·우치야(家八嘉吉)·요시다(吉田中賢)·미치구마(道畏部米)·요시츠키(吉月城光)·야마타(山田熱盛)·사세타이(佐瀨態鐵)·시브야(澁谷加藤)·가토(加藤次郎)를 불러 모아, 그 중 히라야마 외 수십 명에게 구니토모가 미우라의 지시를 전하자 서로 살해하겠다고 결심하고는 각자 흉기를 가슴에 품었다. 그때 오카모토는 인천에서 전화를 받고 즉시 출발하여 서울로 왔으며, 같은 날 밤에 용산에서 호리구치를 만나 미우라의 입궐취지서를 받아든 다음 두세 명과 함께 상의한 후 함께 대원군이 거처하던 공덕리에 도착하였다. 그들은 거기서 이주희 일행과 회합하고, 다음날 8일 오전 3시경 대원군이 탄 교자를 들고 출발하여 서대문 밖에 이르러 훈련대와 만났다. 그들은 거기서 잠시 동안 수비대를 기다린 다음 그들이 도착하자 훈련대를 전위(前衛)로 하여 궁성으로 신속히 나아가 후궁에 도착하였다. 그러나 이러한 사실이 확실하다면서도 이들이 범죄를 저질렀다는 확실한 근거가 특별히 없고, 또 히라야마가 궁내부대신 이경직을 살해했다는 증거도 명확하지 않다는 이유로 해서 형사소송법 제165조에 따라 각 피고인 전부에게 면소(免訴) 판결을 내렸고, 다른 피고인들도 방면한다고 하였다.

조선 건양(建陽) 원년(1896년) 4월 법무협판 권재형의 보고서를 요약하면 다음과 같다.

　1895년 8월 20일 미명에 일본 군인들이 큰소리를 지르면서 광화문을 따라 들어오다가 궁내를 호위하는 조선 군인을 보고 살상을 자행하였다. 그러나 조선의 병사들은 이들을 잘 막아내지 못 했으므로 일본병들이 계속해서 들어왔다. 그리하여 결국은 대군주와 왕후가 계신 전각까지 이르게 되었다. 일본 장교가 병사들을 정열케 한 다음 포위하여 합문(閤門)을 부수도록 명령하고는 일본 자객들이 왕비 있는 곳을 수색하여 살해토록 도왔다. 그러자 자객 두세 명이 두목 한 사람의 지휘하에 칼을 빼어들고 전당으로 돌입하였다. 그리고는 밀실을 찾아내어 나인(內人:궁전 내에서 국왕 내외를 가까이서 모시는 內命婦의 총칭)들의 두발을 잡고 끄집어 내며 왕후가 어디 있는가를 캐물었다. 그때 외국인이었던 사파진(士巴津)은 대군주를 호위하기 위해 궁전의 뜰에 있다가 이들의 행패를 보았다. 그러한 그에게 일인 자객들은 왕후의 거처를 물었으나 그는 끝까지 알려주지 않았기에 그의 목숨도 상당히 위험하게 되었다. 자객들은 각 방을 찾아 헤매다가 깊숙한 방 속에서 왕후를 찾아내고는 칼로 내리쳐서 현장에서 살해하고 말았다. 그들은 쓰러진 왕후를 비단 이불에 둘둘 말아가지고 송판으로 된 들것으로 궁전 뜰앞으로 옮긴 다음 자객들이 다시 정원 깊숙한 곳으로 옮겨 석유를 뿌리고 불을 질러 태워버렸다. 불이 다 탔지만 그래도 몇 조각의 뼈들이 다 타지 않고 남아 있었다. 자객들은 자신들이 왕후를 죽이고 나서도 궁녀들을 끌어내어 왕후 시체가 맞는지 안 맞는지를 물었다고 한다. 당시 왕궁의 수비병들은 도망하여 흩어졌고, 일본군이 갑자기 들이닥쳐 당상에 올라오자 대군주는 자신의 거처로 옮기라고 명하여 그 사이에 왕후가 숨거나 피신하기를 바랬다. 그리하여 깊숙한 밀방을 따라 창가로 가서 일본인들이 찾아보기 쉽도록 하였다. 그런 대군주를 보자 일본인 자객들은 칼날을 번뜩이며 하나도 꺼리낌 없이 대군주의 어깨와 팔을 움켜잡고 끌어당기며 몇 걸음씩을 움직이게까지 하였다. 어떤 일본인은 방안에서 대군주의 신변을 향해 육혈포를 발사하고 어전에서 궁녀를 구타하면서 좌충우돌식으로 끌어당겼다 놓았다 하였다. 이때 궁내부대신 이경직이 그 방에 있다가 부상을 당해 신음 소리를 내면서 간신히 포복하여 추녀 밑으로까지 갔으나 일본인들이 끝까지 쫓아가 어전에서 그를 살해하였다. 왕태자도 다른 곳에서 그들에게 잡혀 두 발을 잡힌 채 끌려와서 머리에 쓴 관과 신발이 벗겨지고 망가져버렸다. 그에게도 칼을 들이대고 왕후의 처소를 물었으나 다행히 상처를 입지 않아서 급히 대군주가 있는 어소로 달려가 몸을 피했다.

원래 농상공부 협판 정병하(鄭秉夏)도 19일밤 입궐하여 왕후의 동정을 살피면서 일본병이 입궐할 것이라는 소식을 소상히 알리면서 보호하려고 하였다. 그는 '신은 이미 모든 것을 잘 알고 있으므로 조금도 의심하지 않으셔도 됩니다' 라고 하면서 왕후가 피신할 계책을 세웠다.

당일 미명에 대군주는 일본병이 삼군부(三軍府)에 들어왔다는 소식을 들은 데다 또한 다른 놀라운 소식들이 계속 전해지자 곧바로 미우라 공사에게 사람을 보내어 그 상황을 탐지토록 하였다. 그 사신이 공관에 가서 탐문해 보니 미우라 공사와 스기무라 서기관이 통역관 한 사람을 데리고 벌써 소례복(小禮服)을 입고 입궐하려고 밖에 세 대의 교자를 준비까지 하고 있었다고 했다. 미우라 공사가 그 사자에게 '일본병이 삼군부에 들어갔다는 소식은 이미 해당 장교에게서 전해들었소. 그러나 아직 무슨 까닭인지는 모르겠소' 라고 말했다고 하였다. 마침 그런 그에 대해 힐문하려고 하는데 갑자기 총성이 궁궐에서 들려오자 미우라 공사가 사자에게 말하기를 '당신도 급히 돌아가봐야 할텐데 나도 급히 들어가 봐야겠소' 하고는 스기무라 서기관을 이끌고 대궐로 들어가 버렸다. 그들이 들어갈 때까지도 왕후를 죽인 자객과 다른 일본인들이 아직도 대궐에 남아 있었으나 공사가 입궐하자 가혹하고 난잡한 살해사건은 더이상 일어나지 않았다. 그리고 곧 자객 등을 데리고 대궐을 나가자 대군주께서 비로소 장안당(長安堂)에 납시었다. 미우라 공사와 스기무라 서기관이 알현할 때 자객을 지휘했던 한 사람도 같이 서 있었고, 대원군도 옆자리에 있었다. 입시해 있던 여러 사람들이 세 항목의 조칙을 기초하여 대군주께서 직접 서명할 것을 진정했다. 그 하나는 지금으로부터 내려지는 크고 작은 정령(政令)은 내각에서 상주하는 것에 한해서 재가돼야 한다는 것이었다. 그 일 예로 이재면을 이경직 대신 궁내부 대신으로 임명할 것이고, 다른 한 예는 궁내부 협판을 임명하는 것이었다. 그들은 서명을 받자마자 나갔다. 그러자 일본병들도 그들을 따라 대궐 밖으로 철수했고 훈련대만 머물게 하여 왕궁을 호위케 하였다.

이날 늦게서야 군부대신과 경무사를 해직시키고 조희연과 권영진을 그들 대신 임명하였다. 다음날 21 일 미우라 공사는 한국 외무대신에게 외교공문을 보냈다. 거기서 그는 '어제 새벽녘에 사신이 우리 공사관에 와서 대군주의 유지를 전해 주고 본 공사에게 대궐로 들어와 현장을 정리토록 해 줄 것을 부탁하여 본 공사가 바로 대궐로 달려갔는데 우리 수비대가 벌써 일찌감치 가서 진압하여 안정을 되찾고 있었다. 나는 그때서야 병변이 일어났음을 알았다. 그리고 병변이 일어난 이유는 훈련대 병정들이 대궐에 엎드려 억울한 점을 호소하려 하자 시위대와 경무관에게 저지하는 과정에서 사변이 일어나게 된 것 같다' 라고 변명하는 내용이었다.

다음날 미우라 공사는 또 외무부에 외교 공문을 보냈는데 그 내용은 다음과 같았다.

'엊그제 일어난 병변의 원인에 대한 귀대신의 공문을 보고 회신하는 바다. 요즘 밖에서 들리는 바를 살피니 이달 초파일에 훈련대 병정들이 궐내로 돌진하여 자신들의 상황을 호소하려 할 때 평복을 입은 일본인 약간 명이 섞여 들어와 난폭한 행동을 저지르는 것을 보았다고 한다. 그러나 이러한 말은 와전된 것이 틀림없으므로 본 공사는 심히 이를 믿을 수 없다고 본다. 그러나 사안 자체가 매우 중요하므로 그대로 내버려 둘 수만은 없다고 본다. 귀정부는 이 변란에 대해서 조속히 조사하여 이 말의 사실여부를 확실히 회신해 주기 바란다.'

이틀이 지나 외무대신 김윤식이 회신을 보내왔다.

'귀하의 회신을 받고 우리 군부에게 자세한 전말을 알려달라고 조회하였다. 그후 조사한 바에 대한 회답을 받았는데 그 내용을 보면 우리 군대가 대군주께 청원할 일이 있어 당일 새벽에 궁궐에 나아갔는데 그때 우리 군인들이 일본 시위대와 만나게 되면 창졸지간에 서로 자세히 묻지도 않고 충돌할 염려가 있는 까닭에 외국 복장으로 가장을 하고 나가면 칼을 휘두르며 서로 싸울 근심이 없을 것이라 하여, 이에 앞장 섰던 몇 사람을 일본인 사복으로 갈아입혀 군대가 아니라는 것을 보이려 한 것이지 사실 일본인은 아니었다. 이로써 회신에 대신하니 귀자작 공사는 양해하기 바란다.'

김윤식이 군부대신 조희연의 서신에 의거하여 일본 공사에게 이처럼 회신하였으니 이는 미우라가 조희연을 적절히 이용했던 것이다. 이러한 사변에 일본인이 극구 간섭하지 않았다고 변명하나 이를 통해서도 그들이 역모했던 사실을 알 수 있으며, 이로써 그들의 죄과는 더욱 두드러지게 나타나는 것이다.

다른 보고서의 내용을 보아도 다음과 같은 사실을 알 수 있다.

대군주와 왕후 양폐하께서는 1개월 전에 이노우에가 상주하는 말을 듣고 깊이 믿고 의지하였다. 이노우에는 일본 정부가 신임하는 자로 그의 성망이 잘 알려져 있으므로 조선 왕실에 대해 평안을 보장한다고 하였으므로 그의 말을 철석같이 믿고 의지하였던 것이다. 양폐하가 그의 말을 믿지 않았다고 한다면 뜻밖에 일어난 이 사건을 예방했을 것인데 믿고 있었던 바람에 예방하지 못했던 것이다.

이러한 점에서 볼 때 일본인들은 우리 왕후를 적으로 생각하고 제거하려고 하였으니 어찌 오직 미우라 공사에 의해서만 저질러졌다고 할 수 있겠는가? 미우라 공사라는 자는 원래 무관 퇴직자로서 외교관도 아니다. 일본이 그런 미우라를 이노우에가 물러난 그 자리에 천거하여 대신케 하였다는 점에서부터 이런 사변이 일어날 것은 점지되어 있었다고 할 수 있을 것이다. 미우라라고 하는 자는 일본을 대표하여 자기를 희생했던 자에 불과했던 것이다.

제46장 폐후(廢后)와 복위(復位)

1896년 8월 23일 임금이 조칙을 발표했다.

짐이 등극한 지 32년에 다스림이 미흡하고 왕후 민씨는 그 족당을 끌어들여 좌우에 두고 짐의 총명을 엄폐했으며, 인민을 박해하고 정령을 혼란시키며 관직을 팔아 탐학이 지방에 널리 퍼지고 도적이 사방에서 일어나 종묘 사직이 위태롭게 되었도다. 짐이 그 극악함을 알고 있으나 벌하지 못한 까닭은 첫째는 짐의 어리석음이요 둘째는 그 일당의 뒷일을 염려하고 꺼린 탓이로다. 짐이 이를 억압코저 하여 작년 12월 종묘에 경고할 때 종실(宗室)과 외척은 국정에 간여하지 못 하도록 하여 민씨의 반성을 원했으나 민씨는 전날의 잘못을 깨닫지 못 하고 자신의 일당을 이끌고 짐의 동정을 살피고 국무대신의 접근을 방해했으며, 짐의 군대를 해산코저 하여 변란이 일어나게 했도다. 사변이 일어나자 짐을 두고 피하는 것이 임오군란 때와 같았으며 찾아도 나타나지 않았으니 비단 국모로서의 덕이 부족할 뿐만 아니라 그 죄악이 넘쳐 선왕과 종묘를 받들게 하기 불가하니 부득이 왕실의 규례에 따라 왕후 민씨를 폐하여 서인(庶人)으로 한다.

조칙이 발표되자 즉시 왕태자가 상소하여 왕후를 불쌍히 여겨 소칙을 거둬줄 것을 청하자 다시 교지를 내렸는데, 왕태자의 효성과 정리를 고려하여 서인 민씨에게 빈(嬪)의 칭호를 특별히 하사한다고 발표했다. 이어서 전 참판 이건창(李建昌), 홍승헌(洪承憲), 전 승지 윤태흥(尹泰興), 이남규(李南珪) 등이 각각 상소를 올려 왕후의 복위를 청하고 관여자의 죄를 따졌지만 임금께 전달되지 않았다.

이에 대한 상서(上敍) 권재형(權在衡)의 보고에 의하면,

> 미우라 공사가 우리 내각의 난처함을 살피고 그 방책을 지시했는데, 8월 23일에 폐후조칙(廢后詔勅)을 사칭하여 관보에 게재했지만, 그 중에 각 대신의 서명이라는 것도 거의가 거짓이다. 탁지대신 심상훈은 부재중이었기에 그 전말을 알지 못 하고, 내부대신 박정양은 당초부터 이 일에 간여하지 않았고 궁중에 없었으므로 서명한 사실도 없으니 이 조칙은 간신배가 멋대로 조작하여 왕비를 비방한 것으로서, 왕후 시해의 대역죄를 모면하려는 흉계가 더욱 드러난 것이다. 해당 각료들이 어찌 이번의 참변과 시체 훼손을 알지 못 했단 말인가?

외부대신 김윤식이 내각의 지휘에 의해 각국 공사에게 통지했는데, 폐비조칙을 복사해서 첨부한 뒤 우리 대군주의 이번 조치가 국가와 백성을 위한 큰 뜻에서 나온 것이라고 설명했더니 일본 공사는 대답하기를, 귀

국의 통지에 의하면 귀국 대군주께서 왕비 민씨가 덕이 부족하다 하여 부득이 왕비를 폐하고 서인으로 만드신 것을 경탄해 마지 않으며, 생각컨대 이번 조치가 비록 종사와 백성을 위한 뜻에서 나온 용단이라 하나 이처럼 불행한 일을 당한 것은 본 공사가 귀국을 위하여 애석하게 여기는 바라고 했다. 미국 대리공사 알렌은 이 조칙이 귀국 대군주의 참뜻이라고 인정하기 어렵다는 대답을 했고, 러시아 공사 웨베르는 이 조칙이 귀국 대군주 폐하의 뜻이 아니라는 것을 어쩔 수 없이 귀하에게 통지할 수밖에 없다는 대답을 했다. 그밖에 다른 나라의 공사들도 대체로 이와 같은 답변을 보내왔다.

미우라 공사는 그후 왕비 시해를 주동한 책임으로 해임된 뒤에 히로시마 감옥에 구금되고 후임으로 고무라(小村壽太郎) 공사가 내한했으며, 9월에 이노우에가 위문사절로 경성에 왔다. 우리 정부도 중추원 의장 김가진을 전권공사로 임명해 일본에 주재시켰다.

당시 우리 정부가 훈련대를 해산하려 했지만 일본의 간섭을 염려하여 단행하지 못했는데, 이노우에가 경성에 오자 훈련대 해산령을 내리고 대대장 이두황·우범선을 체포했으며, 그 병졸은 친위대(親衛隊)와 진위대(鎭衛隊)에 편입했다. 이두황과 우범선은 일본으로 도주했다.

사건 후 각국 공사가 미국 공사관에서 회담을 가졌는데,

첫째 경성 주둔 일본군의 수를 감축할 것,
둘째 각국이 모두 군대를 주둔시킬 것,
셋째 대원군을 문책할 것,
넷째 관계 대신을 처분할 것,
다섯째 왕후를 복위할 것 등을 정하여 우리 정부에 통고했다.

김홍집·유길준 등이 이 사실을 대원군에게 알리고 법원에 자수할 것

을 청했는데, 대원군이 내 생명은 나라에 맡겼으니 종사를 위한다면 어찌 목숨을 아끼겠는가 라고 말하자 두 사람은 모골이 송연하여 실행하지 못 했다. 관계 대신의 처분은 조희연과 권형진 등을 면직함에 그쳤다.

10월 15일에 명을 내려 왕후 민씨의 위호(位號)를 회복시키고 폐후조칙을 말소했으며, 20일 묘시(卯時)에 곤녕각(坤寧閣)에서 승하한 사실을 발표하고 시호를 순경(純敬), 전(殿)은 덕성(德成), 능(陵)은 숙능(肅陵)이라 하고, 법부에 명하여 범인들을 조사 처벌하게 했으며, 정식으로 국장령(國葬令)을 발표했다.

당시 내각을 전복키 위해 국모의 복수를 주장하는 사람들이 있었는데 즉 이범선, 이재순, 안동수, 이윤용, 이완용, 윤웅렬, 이하영, 윤치호, 이학균(李學均), 현흥택(玄興澤), 민상호(閔商鎬), 이도철(李道徹), 임최수(林最洙), 이민굉(李敏宏), 김홍육(金鴻陸), 이채연(李采淵), 남만리(南萬里), 이용한(李龍漢), 최영하(崔榮夏) 등과 서양인 5명을 합해 모두 30여 명이었다. 10월 9일 훈련원에 모여 국모 복수를 맹세하고 부서를 협의했는데, 이도철이 전에 평양 진위대 대대장을 지냈으므로 지휘관을 삼고 이민웅·남만리는 친위대 장교이므로 부관을 맡았다. 그리고 군졸 및 장사 수십 명을 모집한 다음 12일 새벽 북장문과 춘생문 양쪽으로 진입하여 내각을 습격한다는 계획을 세웠다. 그러나 내각에서 이 사실을 미리 알고 방위를 엄중히 하여 중대장 신우균(申羽均)이 병졸을 지휘하고 이들과 항전을 벌인 끝에 다수의 인원이 붙잡히고 실패로 끝났다. 이도철과 임최수는 주모자로 사형을 당하고 그 외에 8명이 처형되었다.

그후에도 국내의 여론은 가라앉지 않았는데, 내각은 미봉책으로 이주회(李周會)·박선(朴銑)·윤석우(尹錫禹) 등 세 사람 만을 역적으로 몰아 사형에 처하고 이 사실을 널리 알렸지만 국민들의 불만은 여전했다.

(생각건대) 8월 변란은 실제로 모의하고 범행에 참가한 자를 조사하지 않고 당시 내각원 만을 처벌하여 다소 미흡한 점이 있다. 또 앞서 언급한 사람들의 복수를 주장한 진의에도 불순한 점이 없지 않은데, 소인배들이 원래 궁중의 앞잡이로서 러시아 세력을 빌려 친일파를 제거하고 정권을 취득코자 책동하여 이 변란을 재촉한 책임이 부분적으로 있는 자들이다. 이번의 복수도 정권욕에서 나온 것임은 이완용 일파의 가담으로 짐작할 수 있는 일이다. 이완용 일파는 이리의 마음과 까마귀의 심보를 가진 자들인데 내심에는 임금과 부모도 없는 자들이 어찌 국모가 있겠는가? 오로지 정권 획득의 방편으로 복수라는 두 글자를 이용한 것이라고 말할 수 있다.

제47장 지방 의병

오호라 국모가 시해되어도 흉적을 벌하지 못 하니 우리나라의 국력이 부족한 탓이지만 분노하여 팔을 걷어붙이고 이를 가는 자가 있으리오.

이 무렵 우국충정에 비분강개하는 인사가 성패와 생사를 따지지 않고 각처에서 궐기했으며, 특히 변란 후 정부가 행한 개혁정책이나 개화정책이 대개 이 나라 사람들에게는 금시초문인 것들로서 정책이 발표되면 '왜(倭)행정'이라 하고, 지방 관리는 왜관찰사니 왜군수니 하여 이들도 일본 사람과 마찬가지로 원수를 대하듯 바라보는 분위기였다. 당국자가 온건히 진정시킨다 할지라도 정치상 지장이 있을 터인데 오히려 급진정책을 실행하여 을미년(1895년) 11월에 태양력을 시행하고 연호를 건양(建陽)으로 바꿨으며, 다시 내부대신 유길준이 단발령(斷髮令)을 내리고 지방관과 순사에게 촌락을 돌아다니며 강제로 머리를 깎게 하였다. 우리 사회가 머리와 모발을 가장 존중하여 부모에게 물려받은 몸을 훼손치 않으며, 수구 유림은 머리는 자를 수 있으나 머리카락은 자를 수 없다고 하며 불난 곳에 기름을 부은 기세로 민중의 분노가 끓어올랐다.

　충청도 제천 유생 유인석(柳麟錫)이 그 문하생과 함께 의병을 일으켰는데, 사방에 격문을 띄우고 일본 사람과 전투를 벌여 상호간에 살상자가 생겼다. 또 충주 관찰사 김규식(金圭軾), 단양 군수 권숙(權潚), 청풍 군수 서상기(徐相耆)가 삭발 문제와 군수(軍需) 불응으로 피살되고, 맹영재(孟英在)·김백선(金伯善)은 지평(砥平)에서, 허위(許蔿)는 문경에서, 이설(李偰)·김복한(金福漢)은 홍주에서, 기우만(奇宇萬)은 장성에서 의병을 일으켰다는 풍문이 입에서 입으로 전해지자 국내가 술렁거렸다. 이때 러시아가 공사관 보호를 빙자하고 별안간 해군 수백 명을 입성시켜 일본과 대치하게 되었다.

제48장　아관파천(俄館播遷)

　이에 앞서 이범진, 이윤용, 이완용 등이 러시아 공사관에 숨어서 통역 김홍육(金鴻陸)의 중개로 러시아 공사와 결탁하여 임금의 거처를 러시아 공사관으로 옮기고 정국을 뒤바꿀 계획을 세웠다. 환관 강석호(姜錫鎬)가 임금의 좌우에서 비밀리에 계획을 도와 안팎으로 연락을 취하더니 건양 원년 12월 11일 새벽 러시아 공사 웨베르가 남몰래 병사 50명을 파견하였다. 병사들이 북장동(北壯洞)을 거쳐 신무문(神武門)에 이르자 그곳에 대기시키고, 임금께서는 궁녀들이 타는 가마에 몸을 숨기고 가까이서 모시는 시종 수십 명 만을 거느린 채 정동의 러시아 공사관으로 거처를 옮겼다. 도착 즉시 경무관 안환(安桓)에게 명을 내려 총리대신 김홍집을 경무청 문 앞에서 타살하고 농상공부대신 정병하도 동시에 살해하였다. 내부대신 유길준은 연행 도중 광화문 앞에서 일본 병사들 틈에 뛰어들어 간신히 목숨을 건졌는데 나중에 일본으로 도피했다. 탁지대신 어윤중은 이 소식을 듣고 탁지부로 뛰어가 장부를 정리한 다음 부하에게 인계하고 고향인 보은을 향해 길을 나섰는데 용인 근처에서 난민들에게 피살되었다. 어윤중은 성격이 강직하고 일을 처리할 때 난관에 부딪쳐도 피하지 않았으므로 경골지신(硬骨之臣)이라 불렸는데 이제 억울한 죽음을 당하니 사람들이 애석하게 여겼다.

사건 후 윤용선이 총리대신이 되고 박정양이 내부대신, 이윤용이 군부대신, 이완용이 외부대신, 안동수가 탁지대신, 민종묵(閔種默)이 학부대신, 이범진이 법부대신, 조병직(趙秉稷)이 농상대신이 됐고, 얼마 지나지 않아 이범진은 이윤용 형제와 사이가 벌어져 러시아 주재 공사로 나갔다. 통역관 김홍육은 러시아의 세력을 등에 업고 제멋대로 권세를 휘둘렀으며, 강석호는 임금의 총애를 믿고 함부로 뇌물을 받는 등 권력을 농간질하여 정계를 혼탁하게 만들었다. 원로 김병시가 왕명을 받들어 임금께 아뢰는데, 용인(用人)의 도와 난세를 다스리는 방법을 역설했지만 조금도 효과가 없었다.

(생각건대) 이번의 아관파천이 복수를 위한 거사인지 친러파가 정권을 장악하기 위한 계책인지, 이름은 복수라고 했지만 실제로는 권력 찬탈이다.

8월 참변에 김홍집이 수상의 신분으로 사정을 알고도 역적들을 토벌하지 못한 죄를 묻는 것은 가능하지만, 대신의 죄를 논하는 데도 방도가 있는 법인데 일개 경관으로 하여금 노상에서 타살하게 한 것은 법에 어긋난 것이다. 어윤중은 왕비 시해와는 무관하고 오히려 복위를 주장한 인물인데 난민에게 피살됐으며, 범인을 붙잡아 처벌하지 않는 것도 역시 법을 심히 가볍게 여기는 것이다.

이완용 일파가 국모 복수를 빙자하여 외국 공사관에 국왕을 가둬두고 셋방살이를 하게 만들었으니 이는 국가의 체면을 손상시킨 것이며, 국권을 스스로 팔아버린 것이며, 국가를 위험스런 상황에 스스로 빠지게 한 것이다. 그 행위가 한(漢)의 최기(催記)와 다름 없으니 이완용 일당의 매국 수단은 경술년의 일이 아니라도 아관파천에서 벌써 명백하다.

제49장 러시아 세력이 점차 신장되고 열강이 이권을 나눠 가짐

새 정부가 러시아 세력을 빌려 친일파를 제거했는데, 일본인 각부 고문과 병사를 훈련시키던 일본인 교관이 전부 파면되고 러시아 장교 20명을 초빙하여 훈련을 맡겼다. 러시아 군수품을 구입하여 블라디보스토크에서 실어오고 러시아어 학교를 설립하여 생도들을 교육했으며, 경성에서 원산 간의 전선을 시베리아선에 연결하여 통신을 편리하게 하였다. 정부 당국을 전부 친러파가 차지하니 러시아 세력은 하늘을 찌를듯 높아보였다.

당초 이완용은 미국과 가까워서 배일정책을 유도하며 친러당과 모의를 하였는데, 이를 성공함으로써 단번에 정권을 잡았던 것이다. 그는 먼저 미국에게는 평안도 운산(雲山)의 금광 채굴권과 경인 철도 부설권을 허가하고, 러시아에게 함경도 무산(茂山) 지방과 울릉도 목재 벌채권을 주었고, 영국은 평안도 은산(殷山)의 금광을 차지했으며, 독일은 강원도 금성(金城) 금광을 얻었고, 프랑스는 경의(京義) 철도 부설권을 차지했다. 그후 경인 철도 부설권 및 울릉도 관계 이익은 일본이 선점한 까닭에 일본 공사의 항의에 의하여 일본이 회복하였다.

좋은 물품을 희생하며 강자를 섬기는 것은 약소한 자가 자신을 지키려는 행위이다. 그러나 이러한 교제술은 주변 강국들이 세력 균형을 이룰 때는 평온함을 유지할 수 있으나, 세상은 언제나 변하는 법이니 이러한 국면이 무너지는 날이 되면 그들이 원하는 것은 국토이니 어찌 좋은 물건들을 희생한다고 해서 이를 모면할 수 있겠는가?

우리나라는 열강들의 이해가 교차하는 요충지로 일·중·러 삼국은 이곳에서 세력이 소장(消長)하곤 하였다. 그러므로 수십 년간 충돌이 계속되었으니, 이 삼국이 영원토록 균형을 유지하여 서로 견제할 수 있게 되면 우리나라는 스위스나 벨기에처럼 독립국이 될 수 있을 것이다. 그런데 일본이 일전에 중국을 물리치고 러시아와 두 번 싸워 다 물리침으로써 우리를 병탄하니 우리는 이를 저지할 수가 없는 것이다. 동시에 구미 열강에게도 이익균점의 차원에서 금광·삼림·철도부설권 등을 골고루 나누어 주었으니, 과연 이런 세력 균등을 통해 우리를 자위할 수가 있겠는가 말이다.

더욱이 궁중에서는 외교정책이랍시고 내탕금을 털어 각국의 정객에게 뿌린 지가 수십 년이 되었건만, 저들은 바라만 보면서 안됐다는 동정조차 없이 오히려 강대국에 대해 동감을 표하고 있으니 어찌된 일인가? 일본이 합병을 하자마자 열강이 한국에서 이미 얻은 이익을 계속 허락하니 그들은 모두 기뻐 만족하며 기쁨에 들떠 있다. 우리가 준 것이 일본인들이 준 것으로 바뀌어 우리가 추구하던 세력균형책이 물거품이 되었으니 세상의 각국들은 이를 보고 어찌 두려워하지 않겠는가?

제50장 한국에서의 일·러 협약과 러시아에서의 협약

건양(建陽) 2년(1897년) 4월 러시아 공사 웨베르가 일본 공사 고무라와 상의하여 한국 평화 및 독립 보전에 대하여 협약 4조를 체결했다.

> 제1조 조선 대군주가 러시아 공사관에 파천한 바 그 환궁 여부는 대군주의 뜻에 따를 것이며, 만약 대군주가 궁중에 안거하여도 염려할 점이 없다고 러시아 관리가 인정하여 대군주에게 환궁을 권고할 때는 일본공사는 일본 장사(壯士)들을 엄중히 단속할 책임을 진다.

> 제2조 조선 정부의 각 대신은 모두 대군주가 친히 임명한 자들로서 과거 2년 동안 중임을 맡아 백성들이 그 관대 온화함에 기쁘게 복종하는 바이니 양국 관리는 대군주에게 권유하여 이러한 인물들이 국정을 담당케 하여 국민들에게 관용적인 태도로써 대하게 한다.
>
> 제3조 조선의 현재 정세로는 경부간 전신선 보호를 위해 경비병을 둘 필요가 있는 바 병사의 주둔에는 양국 관리의 동의가 있어야 한다. 현재의 일본 경비병 3개 중대는 속히 철수하고 일본 순경으로 대치하되 대구 전신국 약 50명, 강홍(江鴻) 전신국 50명, 경성 부산간 전보지국 10개소에 각 10명씩을 배치한다. 만일 사고가 발생해 분할하거나 통합할 때라도 총수는 200명을 넘지 못 한다. 이후 조선이 안녕질서를 회복하게 되면 경비병은 즉시 철수한다.
>
> 제4조 경성 및 통상을 위한 각 항구의 일본인 조계(租界)가 조선인의 불시 공격을 받는 일이 잦으므로 부득이 병사를 주둔시키되 양국 관리의 합의에 의하여 일본은 3개 중대를 파견해 2개 중대는 경성에 주둔하고 1개 중대는 인천과 원산 사이에 주둔시킨다. 각 중대의 병력은 300명을 넘지 못 하며 조선이 평온을 되찾으면 철수한다. 러시아도 조선 주재 공사관 및 영사관의 보호를 위해 각지에 병력을 주둔시키되 그 숫자는 일본군 병력을 초과할 수 없으며 조선이 평온을 되찾으면 전부 철수한다.

이와 함께 동년 2월 러시아 황제 니콜라이 2세의 대관식에 참가했던 일본대사 야마가다 아리토모(山縣有朋)와 러시아 외부대신 로바노프(Robanov) 사이에 모스크바에서 조선에 대한 조약 4조를 체결했는데 그 내용은 다음과 같다.

> 제1조 조선의 재정 곤란을 만회할 필요가 있으니 양국 정부는 조선 주재 공사에게 명하여 조선의 대군주에게 일체의 불필요한 비용을 정리하고 매년 수입과 지출의 균형을 유지하여 부족이 없도록 권유한다. 만일 내정상 부득이한 개혁으로 인하여 특별한 경비가 필요할 때는 양국 정부가 국채를 공급하여 내치의 완전을 기한다.

> 제2조 조선이 불필요한 비용을 절약하여 수입과 지출이 균형을 이룰 때는 양국 정부는 조선 대군주의 의향에 따라 조선의 자력으로 육군을 양성하고 경찰을 모집하여 경비에 충원할 것이며, 다른 나라의 원조에 의존치 않게 한다.
> 제3조 조선에 가설한 전선과 우편시설 가운데 일본의 영업에 관계된 것은 일본 정부가 관리하고, 경성에서 러시아 국경 일대에 이르는 지방에는 러시아가 가설권을 갖되 후일 조선이 자력으로 구입하고자 할 때는 언제라도 이에 응한다.
> 제4조 본 조약 해석에 관하여 다툼이 있을 때는 양국이 공정한 인원을 파견하여 우호적으로 협의한다.

제51장 각 철도를 외국인에게 인가함

이에 앞서 갑오년(1894년) 칠월 외부대신 김윤식이 일본 공사 오도리와 체결한 잠정 협동조약 가운데 경부 및 경인철도 부설권을 일본 정부 또는 회사에 인가한다는 문구가 있는데, 이는 당시 일본 외무대신 무쓰 무네미츠가 '대한 근본책 4개조'를 각료회의에 제출 결정한 다음 오도리에게 밀명을 내려 우선 조선 내륙의 전선과 철도 부설권을 장래의 준비로 예약한 것이었다. 건양 원년(1896년) 3월 외부대신 이완용이 경인철도 부설권을 미국에게 주었는데, 미국회사가 나중에 일본인 아다치(足立太郎)에게 양도하였다.

경부철도 조약은 광무 2년(1898년) 일본 공사 가토오(加藤增雄)가 일본 상인 오에(大江卓之)와 체결할 것을 요청하더니 9월 8일에 외상(外相) 박제순이 인가했다. 해당 회사의 모집 자금이 2,500만 원이며 선로 길이가 1,087리, 터널이 29개소에 길이가 24,241미터, 교량이 87개에 길이가

14,015미터였다. 그 노선이 충청·전라·경상 3개도를 지나는데 호구의 번성함이 전국 인구의 6, 7할이며 물산이 풍족하고 상인과 여객이 폭주하며 중간에 16개소의 큰 시장을 에워싸고 있으니 동양의 각 철도 가운데 가장 우수한 것이다.

경의철도는 광무 2년(1898년) 프랑스에게 허가한 것인데, 시일이 지나도록 착공하지 않았으므로 계약을 해제한 다음 조선 정부에서 자금을 마련하여 부설에 착수하였다. 이때 러·일전쟁이 일어나자 일본 공사 하야시(林權助)가 군용철도라는 명분으로 강제로 빼앗았고, 경성에서 의주까지 천여 리에 걸쳐 부지를 확보한 다음 조선 노동자를 사용하여 부설을 서둘렀다. 전쟁이 끝난 후에는 우리나라에 반환해야 함에도 불구하고 통상철도라는 구실을 붙여 점령했다.

경원철도도 또한 군용 철도라는 구실로 일본이 가져간 다음 광무 10년(1906년)에 측량을 마치고 착공에 들어갔다.

제3편

제 3 편

제1장 대한 독립과 독립당

임금께서 러시아 공사관에 기거한 지 1년 만인 정유년(1897년) 정월에 정동의 경운궁(慶運宮)으로 환궁하여 황제에 즉위했고, 국호를 '대한(大韓)'으로, 연호를 광무(光武)로 바꿔 독립 제국으로서 각국의 승인을 얻었다. 이어서 원구단(圓丘壇)을 쌓고 상제(上帝)에 대한 제사를 올린 다음 황색 곤룡포(袞龍袍)를 입었으며, 예식은 명의 제도를 모방했다. 윤용선(尹容善)·남정철(南廷哲) 등을 기용하고 국왕의 권한을 확장하여 궁내부 관제를 다소 개정했으며, 지방을 13도로 나누었다.

이 해에 황태자 영친왕(英親王)이 탄생했는데 궁녀 엄씨의 소생이었다. 엄씨 친족이 점차 등장하여 정치에 간여하게 되고 궁중의 미신적인 행사도 다시 성행하기 시작했다.

이때 서재필이 주장하여 독립문과 독립관을 세우고 한글로 크게 쓴 현판을 달았으며, 한글로 독립신문을 발행하고 아울러 사람들을 규합하여 독립협회를 창설했다. 서재필은 전에 갑신 혁명당이었는데, 미국 망명 10여 년에 미국식 사고방식에 깊이 젖어 있던 탓에 갑오년(1894년) 환국 뒤에는 평등주의 사상으로 계급 타파에 노력했다. 그러나 우리나라 관습과 자주 충돌을 일으켰고, 또한 논설로써 집권층을 공격하자 위정자들이 질시하여 외국인이라 부르고 국외로 추방했으므로 서재필은 다시 미국으로 건너갔지만 평등사상은 우리 사회에도 어느 정도 전파되었다.

이 무렵 미국 선교사 아펜젤러가 한성에서 배재학당을 개설하여 청년을 교육했는데, 성적이 우수했던 윤치호(尹致昊)·이승만(李承晩)·안창호(安昌浩) 등이 모두 이 학당 출신으로 애국사상이 투철했다. 서재필이 미국으로 떠난 뒤에 이승만 등이 계속하여 동지와 함께 죽기를 맹세하고 독립을 위해 노력했으므로 일시 애국지사가 호응하여 독립협회의 세력이 떠오르는 해와 같았으나 그 실행방법이 너무 급진적으로 정치를 혁신하고 정부를 전복하고자 했으므로 정부와 마찰이 생겼다. 특히 군부대신 민영기는 독립협회를 가장 증오하여 이를 없애고자 했는데, 길영수(吉永洙)·홍종우(洪鍾宇) 일파가 이 뜻을 이어 보부상 무리를 이끌고 '황극협회(皇極協會)'라는 단체를 조직했다. 이들은 폭력으로 독립협회 회원을 기습하여 몽둥이로 때려 대궐 밖에서 유혈 사태가 벌어지는 등 도처에서 참극이 발생했다. 각료 가운데 단지 내부대신 민영환(閔泳煥)만이 민권을 존중하여 독립협회 회원을 비호하다가 민영기의 공격으로 해임되고 정부 각 대신은 백방으로 이들을 방해하였다. 심지어 병력까지 사용했는데, 이승만이 투옥되자 협회도 파괴되고 여론이 단절되었다.

당시 조정 대신과 일반 관리가 여론과 협회를 탄압한 이유는, 자신의 처지가 가렴주구와 재물 탈취로 사복을 채우고 윗사람에게 아첨해 왔으므로, 여론과 협회는 자신들의 이익을 도모하는 데 방해와 지장이 된다는 것을 우려했기 때문이다. 그들은 우리 국민의 힘을 양성하여 자강을 도모하지 않고 황제가 거처하는 경운궁이 각국 공사관 구역에 있음을 유일한 안전의 기본으로 여기고, 외국인에게만 의존하는 것을 독립이라 자칭하니 이러한 독립이 어찌 오래 가길 바라겠는가.

이때 독립협회에 대하여 처음에는 동정을 표시하다가 즉시 음해(陰害)한 자가 있으니 바로 일본이다. 그 이유는 당시 러시아가 우리 절영도(絶影島)를 빌려 태평양 함대의 석탄 저장소로 사용하려 했는데, 친러파인 외부대신 민종묵(閔種默)이 독단으로 허가하려 했으나 독립협회의 반대로 중단하게 되자 일본이 크게 기뻐하며 동정을 표시했었다. 얼마 지나지 않아 러시아가 절영도를 떠나자 일본 사람들이 말하기를, 우리가 독립협회를 잠시 이용은 했지만 만일 그 지위가 진보하고 기초가 튼튼해지면 장차 일본의 행동에도 불리할 것이라고 했다.

일본은 우리 정부와 협력하여 그늘에서 탄압에 힘쓰니 그들이 한국 독립을 위해 앞장선다는 것이 대개 이와 같아 진심인지 가면인지를 충분히 짐작할 수 있다.

(생각건대) 우리나라의 민중 단체 가운데 유력한 것이 세 가지 있는데, 갑오년(1894년)의 동학당, 정유년(1897년)의 독립협회, 갑진년(1904년)의 일진회(一進會)가 그것이다. 동학당의 폭력과 일진회의 매국은 거론할 필요도 없지만, 단지 독립협회는 유식한 신사의 조직이며 그 정신도 본받을 만한 것으로서 그 실패는 우리 민족이 통탄해 마지 않는 바이다. 그러나 독립협회의 지식의 기초도 역시 유치하고 조잡함을 면치 못하여 허영에 급하고 성급하게 날뛰었으니 어찌 성공을 바라겠는가. 내가 열자(列子: 주나라 列禦冠이 쓴 책)를 읽다가 '우공이산(愚公移山)과' '과부축일(夸父逐日)' 양편에서 깊이 느끼는 바가 있었다. 즉 우공은 늙고 힘이 약하나 자손에게 산수와 전답을 영원히 물려주기 위해 노력의 많고 적음과 시일의 장단을 따지지 않고 산을 옮기고 밭을 일구는데 근근히 노력하여 마침내 성공하였다. 그러나 과부는 튼튼한 몸과 강한 힘을 믿고 세상을 덮을 만한 권세를 얻고자 해의 그림자를 쫓다가 목이 말라 죽게 되었다.

무릇 사람이 하는 일이란 상식적인 몸가짐으로써 끊임없이 노력하고 면밀히 힘을 쓰면 약자라도 성공하고, 성급한 마음으로 빨리 이룩할 생각만 하여 바쁘게 질주하면 강자라도 반드시 패하는 법이다. 하물며 당시의 독립당은 원래부터 강한 힘도 없이 빨리 이룰 생각만 했으니 어찌 성공을 바라겠는가. 내 생각에 우리 민족은 두 가지 병폐가 있는데, 하나는 연약하고 완만하여 용기있게 분투하는 기개가 없이 모든 일에 위축되고 주저하여 산을 옮길 계획을 감행하지 못 하는 것이다. 또 하나는 경솔하고 조급하여 견실한 역량도 없이 헛되이 허영만 꿈꾸며 해의 그림자를 쫓는 것이다. 이 두 가지 병을 뿌리부터 고치지 못하면 앞날의 사업에 지장이 적지 않을 것이니 우리 동포의 반성을 희망하는 바이다.

제2장 재정고문(顧問)의 문제

당시 영국인 브라운(Mcleavy Brown)이 재정고문으로 있었는데, 러시아 공사가 우리 조정과 상의하여 러시아인 알렉시에프(Alexeiev)로 바꾸고 10월 26일에 영국 영사에게 통고했다. 영국 영사가 거세게 항의하고 일본 역시 이의를 제기했지만 효과는 없었다. 러시아는 다시 경성에 '한·러은행'을 설립하여 한국의 재정 및 경제 기관을 장악코자 하니 12월 27일에 영국이 동양함대 7척을 파견해 인천에 정박시키고 영사가 장교 1명과 수병 10명을 거느리고 경성에 들어왔다. 우리 정부가 두려워 브라운을 해관(海關) 총세무사(總稅務司)에 임명하고 정2품 금보관(金寶冠) 훈위(勳位)를 특별히 하사하여 영국인의 분노를 달랬으며, 러시아인도 열강의 악감정을 야기하여 대 러시아 정책이 다소 둔해졌다.

브라운의 해임은 우리나라에 막대한 손해를 주었는데, 그는 고문으로 재직하는 동안 법을 지키고 직분을 다하여 안으로는 궁정과 밖으로는 각 관청에 이르기까지 필요 불가결한 경비 이외에는 지출을 허락치 않았으므로 1년 사이에 300만원의 잉여금을 만들어 일본에 대한 부채를 청산하게 되었다. 그러나 사람들은 그 성적을 크게 칭찬했지만, 궁중과 관청의 탐관오리들은 마음대로 비용을 쓰지 못하는 것을 불쾌하게 여겨 그를 해임시키게 되었다. 그리고 러시아 고문이 대신 임명되자 브라운과 전혀 반대로 궁중과 각 관청에서 마음대로 지출하게 하니 수개월이 못 되어 탁지부의 금전이 바닥이 났다. 따라서 살점을 도려내어 종기를 치료하고, 독이 든 술을 마셔서 갈증을 면하려 하는 것처럼, 관직을 팔고 민간의 재물을 거둬들이는 등 탐학과 악정이 성행하게 되었다. 외국인 고문으로서도 법을 지키고 직분을 다하는 자는 질시 속에 파면을 당하니 당시 당국의 부패 정도를 능히 알 수 있다.

제3장 일본과 러시아의 3차 협약

이 무렵 러시아는 여순(旅順)·대련(大連)의 조차(租借) 문제로 영국과 충돌하여 만주 경영에 주력할 필요가 있게 됐다. 따라서 조선 문제에 대하여는 일본의 호의를 살 필요를 느끼고 다소 양보하는 태도로서 주일 러시아 공사 로젠(Rosen)이 일본 외무대신 니시(西德二郎)와 협약을 정정하였다.

> 제1조 일본과 러시아 양 제국은 조선의 주권과 완전 독립을 확인하고 조선의 내정에 대하여 직접 간섭하지 않는다.
> 제2조 일본과 러시아 양 제국 정부는 장래의 충돌을 회피하기 위하여 만약 조선이 일본 혹은 러시아에 대하여 원조를 구하거나 군사교관 또는 재정고문을 임명하고자 할 때 상호간에 협상을 하지 않고서는 아무런 조치도 취하지 않는다.
> 제3조 러시아 정부는 조선에 있는 일본의 상공업 시설 및 다수의 거류민을 인정하고 장래 일한 양국간의 상공업 관계의 발달을 방해하지 않는다.

우리나라의 러시아 세력은 이로 인하여 쇠퇴하고 일본은 종전의 권리를 전부 복구하였다. 다음 해(무술년) 5월에 우리나라가 다시 전북 군산, 경남 마산, 함북 성진을 개항장으로 정하고 평남 평양시를 개시장(開市場)으로 개방하니 일본의 경제 세력은 날이 갈수록 증가하여 뜨는 해와 같았다.

제4장 일본이 광산을 빼앗음

일본인이 우리나라에서 취득한 권리가 대부분 강제와 억지 계약이니, 광산 채굴권도 이에 속하는 것이다.

광무 3년(1899년) 8월에 일본인 후쿠치(福地辰藏) 라는 자가 궁내부의 묵인이 있다면서 충남 직산(稷山) 보덕리(保德里)의 금광을 잠채(潛採)했으므로 지방관이 금지시켰다. 다음해 3월 일본 공사 하야시가 황해도 은율(殷栗)·재령(載寧)의 철광과 장연(長淵)·직산(稷山)·안산(安山)의 금광을 요구하였다. 직산 금광은 우리나라 궁내부 소관이었으므로 허가하지 않았더니 일본인들이 인부 7,750여 명을 모집하고 일본 경찰 2명과 일본인 30여 명이 멋대로 철산(鐵山)을 점거한 다음 가옥을 건축하고 광석을 채굴하였다. 군수 유병응(劉秉應)이 이들을 설득하고 금지시키자 일본인들은 공사의 명령이라 칭하고 인부들을 시켜 관리를 구타하여 내쫓았다. 이 광산은 구역이 사방 40리로서 백제의 옛 도시 위례성(慰禮城) 부근의 산록과 평야에 걸쳐 있으며, 산에는 석광(石鑛)이 있고 들에는 토광(土鑛)이 있는 우리나라의 저명한 금광이다.

황해도 수안(遂安) 금광도 궁내부 소관으로 영국 공사가 여러 차례 요청했지만 허가하지 않았으며, 또 다시 일본인이 잠채하다가 광무 9년(1905년)에 영·일 양국 공사가 합동으로 신청하여 인가를 내주었다.

제5장 일본인이 어업권과 포경권을 점거함

한·일간의 어업 문제는 계미년(1883년) 6월에 체결한 통상장정 제 41조에 어업에 관한 규정이 있고, 경인년(1890년) 10월에 전라·경상·강원·함경 4도 해안에 대한 통어장정(通漁章程)이 체결되었다. 그러더니 건양 원년(1896년)에 이르러 일본인이 부산·원산·목포·군산·마산 등 각 항구에서 어업협회를 조직하여 어업기관을 통일했으며, 매년 어업 이익이 500만 원을 초과하고 일본 어민이 해가 갈수록 증가하여 3,4만에 달했다. 일본이 다시 낙동강 하류의 삼랑진(三浪津)·명호(鳴湖) 등지에서 내륙 하천 어업을 시작했으므로 조약 위반이라 하여 금지시켰다.

한편 일본 본국에서는 갑신년에 일본 정부가 '일·한통어규칙(日韓通漁規則)'을 제정하여 어선 3000여 척으로 어로에 종사시키자 민간에서는 '조선해 통어조합'을 조직하여 우리 국내의 어업조합과 연합하였고, 일본 정부는 연간 1만 원의 보조금을 주며 이들을 장려했다. 1900년(광무 4년)에 하야시가 경기 연해 5개 군의 어업권을 얻었으며, 다시 진남포(鎭南浦) 해안은 조약이 없는데도 일본인이 자유로이 어업에 종사했지만 우리 정부가 금지시키지 못했다. 1903년(광무 7년) 일본 대리공사 오기하라(荻原守一)가 동남해 어업조약 기한이 만료되어 갱신하는 기회에 진남포 부근 어업권을 정식으로 획득하고 다음해 6월에 다시 황해·평안·충청 3도의 연해 어업권도 얻어내는 조약을 체결하기에 이르렀다.

1. 한·일 양국 국민은 양국 해안을 왕래하며 어업에 종사한다. 이미 정한 지방 외에 한국은 충청·황해·평안 3도에서도 일본 국민에게 어업활동을 할 수 있도록 하며, 일본 또한 장차 하키(伯耆)·인노하다(因幡)·다지마(但馬)·당고(丹後) 및 큐슈 연해에서 어업활동을 할 수 있도록 한다.
1. 충청·황해·평안 3도 연안에서의 일본 어민의 어업활동 기한은 1904년 광무 8년 6월 4일부터 20년으로 정한다.
1. 하키·인노하다·다지마·당고 및 큐슈 연해에서의 한국인의 어업활동은 1904년 광무 8년 6월 4일부터 20년으로 한다.
1. 일본인이 한국인이 이미 점령한 곳을 가리지 않고 어업 이익을 방해하는 자는 징벌하며, 혹 폭력을 행사하는 자는 영사에게 압송하여 엄히 다스린다.
1. 상세한 조규는 통오장정에 준하여 시행한다.

일본인이 어업권을 획득한 이래 어선이 각 포구를 돌아다니며 조선인의 어장을 탈취하고 만일 항의하는 자가 있으면 강제로 배상금을 징수하니 조선 어부는 어물 매매업으로 직업을 바꾸고 어촌도 피폐했다. 정부에 탄원해도 우리 정부가 해결해 주지 못 했는데, 간성(杆城)의 이춘만(李春萬)·김덕삼(金德三) 등이 어장 문제로 싸움을 벌이다가 일본인의 칼에 죽음을 당해도 감히 조사하지 못 했다.

함경도의 명태 어업은 나라의 큰 재산으로 해마다 수십만 원을 벌어들인다. 그런데 광무 5년 이후부터 일본인들이 어망을 넓게 쳐서 2, 3시간 동안 20,740마리를 잡아갔다.

1903년 7월 4일에는 일본인이 통어조합·수산조합을 조선해수산조합으로 개칭하고 확장하였는데, 그때 큐슈 관서지방의 일부인 16개 현의 어업종사자는 7000여 명에 이르렀다.

1903년 광무 7년 9월 일본인 60여 명이 장연군 장산곶(長山串) 해안에서 무허가로 어업을 했으므로 경찰이 제지하다가 오히려 구타를 당했으며, 삼화감리(三和監里) 고영철(高永喆)이 외부(外部)에 보고하여 금지시킬 것을 청했지만 효과가 없었다. 거제도 장승포(長承浦)에서도 일본 어부 수백 명이 어업 기지를 강제로 점령하는 등 각지에서 강압적으로 탈취당한 것이 헤아릴 수 없을 만큼 많았다.

1904년 광무 8년 6월 일본의 신문 보도에 의하면, 일본인 가운데 조선 해역으로 나가 어업활동을 하는 자가 상당히 많아 한반도의 중요 지점은 일본 어촌이 형성되고 특히 가무라(香村)·와카야마(和歌山)·야마구치(山口)·돗토리(鳥取) 등지의 어부가 가장 많다고 전했다.

포경업(捕鯨業)은 1899년 광무 3년 러시아인 케이제를링(巨薛能) 백작이 외부(外部)에 출원하여 함경도·강원도 연안의 포경권을 얻었는데, 하야시 공사가 이익의 균등 분배를 요구하여 전라·경상·강원·황해도 연안의 포경권 및 어업기지를 얻었다. 다음해 1월 일본인 가와기타(河北勘七)가 자금 30만 원으로 원양어업 회사를 설립하여 포경업을 개시했다.

조선 정부는 일본 원양어업 회사 대표자 가와기타와 포경조약을 체결했는데, 그 내용은 다음과 같다.

> 제1조 통어장정에 명기된 의정(議定) 지방은 현재의 상황을 참작해서 전라도 1도를 제외한 경상·강원·함경도 해변 3리 이내를 포경구역으로 특정한다.
>
> 제2조 광무 4년 2월에 시작하여 7년 2월에 이르기까지 기한을 정하되 만기 후에도 다시 상의하여 계속 시행해도 된다.
>
> 제3조 특준(特准)기간의 세금은 기계선 1척당 1년에 은화 8백 원이며, 매년 3월 해당 회사가 1년이 차도록 포경업에 착수하지 못 하면 미리 대한국 동래 감리에게 송교하여 한국 정부에 보내기로 한다. 단 해당 회사가 1년이 차도록 포경업에 착수하지 못 한다면 미리 대한국 동래 감리에서 통지하여 한국 정부에 알려 세금을 면제받도록 한다.
>
> 제4조 해당 회사가 매년 포경업을 착수할 때에 기계선 척 수와 배 이름 및 선원의 성명을 상세히 나열하여 미리 동래 감리에게 통지하여 한국 정부에 알리도록 한다. 단 선 척수가 증가할 때는 배 1척당 연간 세금은 제3조에 의해 시행한다.
>
> 제5조 해당 회사의 사업 선척은 예규 톤세 및 특준 세금을 제외하는 외에 잡은 고래에 대해서도 해당 관세를 면세해 준다.
>
> 제6조 연해 비장관은 해당 회사 소속 선척과 선원에 대하여 잘 보호해 준다.

같은 해 10월에 하야시가 다시 부산항 경기재판소(鯨基裁判所) 한 곳 및 강원도 통천군 연안 한 곳을 포경기지로 요구하였는데, 12월에 강원도 흡곡의 장전포(長箭浦)와 경상도 울산포(蔚山浦) 및 함경도 북청의 진포도(珍浦島) 세 곳을 기지로 확정했다. 이들 지역은 길이가 700미터, 폭이 350미터에 해당하는 것으로, 매년 세금은 150원이며, 12년간 한한다고 약정하였다. 그후 1905년(광무 9년) 4월에 하야시가 다시 러시아인이 경영하던 포경기지를 점령했다.

제6장 일본인이 우리 송도 인삼을 도둑질함

　인삼은 우리나라의 특산물로서 송도에서 생산하는 것이 그 대종을 이루고 있으며, 매년 홍삼(紅蔘)을 제조하여 중국에 수출하는 액수가 300만 원을 넘는 크나큰 수입원이다.
　광무 3년(1899년) 9월 일본 거류민 4,50명이 배를 타고 신당(新堂), 강녕(康寧) 등지에 와서 인삼포에 침입하여 몰래 인삼을 캐가다가 경찰에 발각되어 쫓겨났고, 한성판윤 김영준(金永準)이 일본 영사에게 항의하여 일본 도적을 추방할 것을 요청했지만 듣지 않았다. 일본 도적은 다시 한복으로 위장하고 인삼 수백 근을 도적질하다가 우리 경찰에게 체포되어 일본 경찰에 인계됐는데, 그들은 아무런 이유도 없이 도적들을 석방시켰다. 이후 일본 도적 수백 명이 작당하여 인삼포 4000여 칸을 노략질했으므로 경찰이 금지시키려 하자 일본 도적들은 총칼을 휘두르며 반항하여 정부가 일본 공사와 교섭했지만 질질 끌며 해결을 보지 못 했다. 당시 송도 사람들이 외부(外部)에 청원을 했는데, 광무 원년(1897년)에 일본인이 인삼포 17,944칸을 도적질하고, 1898년에 58,721칸, 1899년에 9,842칸을 도적질하며 무기로 폭행을 한다고 호소했지만 일본 공사는 이를 금지시키지 않았다.
　당시 영국 신문은 일본이 조선의 귀중한 인삼을 도적질했으며, 내륙 행상에도 불법이 많아 조선인이 시정을 요구했지만 일본인은 전혀 듣지 않고 오히려 조선인을 처벌하니, 일본의 이러한 정책은 자기들이 주장한 조선의 독립을 스스로 파괴하는 것이라고 보도했다.

제7장 울릉도, 장고도(長古島) 사건

1. 울릉도 사건

울릉도는 경상도 앞바다에 위치하며 중앙에 높은 산이 있어서 나무가 울창한데 특히 물푸레나무, 향나무, 대나무가 많이 난다. 따라서 영종(英宗) 때부터 일본과 교섭하여 일본인의 상륙과 벌목을 금지했지만 지금은 일본인들이 배를 타고 내왕하며 도민의 목재를 벌채하고 있다.

광무 2년(1898년) 울릉도 도감(島監) 배계주(裵季周)가 이들을 일본 마쯔에현(松江縣)까지 쫓아가서 재판으로 목재 값 300원을 징수한 일이 있으며, 그 후에도 일본인이 자유로이 왕래하며 백여 가구의 촌락을 이루고 산림을 벌채하였다. 아울러 곡물을 거래할 때도 자주 불법행동이 있었는데 도민이 항의하면 총칼로 발악을 하였다. 1899년 5월 우리 정부가 부산 총세무사에게 명하여 배계주와 함께 현지 정세를 조사한 다음 일본 공사관에 통지하여 일정 기한 내에 귀국시킬 것을 요청했다. 하야시 공사는 이를 승락하고도 시행치 않았으므로 일본인들이 더욱 횡포를 부렸고, 송강현 재판비용이라는 명목으로 배계주에게 수만 원을 강제로 징수했다. 배계주는 파산했지만 그래도 돈이 부족해서 도민들이 의연금을 걷어 구제했다. 우리 외부(外部: 지금의 외무부)가 이러한 불법을 일본 공사관에 따지고 배계주의 돈을 돌려줄 것을 요구했지만 일본 공사는 듣지 않았다.

1899년 4월 죽은 고래 한 마리가 떠다니므로 도민이 건져내자 일본인들이 이를 빼앗았고, 나무를 무수히 벌채했지만 도감이 금지시킬 수가 없었다. 따라서 외부 당국이 일본 공사와 담판을 벌였는데, 일본 공사가 말문이 막히자 본국의 훈령을 기다려 시행하겠다면서 날짜를 끌었다. 우리 정부가 계속해서 독촉하자 일본 공사가 대답하기를, 일본인들이 수십 년간 거주했으므로 급히 철수시키기는 곤란하니 귀국이 일본 인민에게 과세나 하는 정도로 그치고 당분간 거주를 묵인하라고 요청했다. 우리 정부가 반박하며 독촉을 거듭했지만 효과는 없었다.

2. 장고도 사건

광무 4년(1900년) 일본 범선(帆船) 일출호(日出號)가 홍주(洪州) 장고도에서 암초에 걸려 파손됐는데, 부서진 선체의 판자가 떠다니자 도민이 몇 조각을 건져냈다. 하야시 공사는 도민들이 그 선박을 파손한 것이라고 억지를 부리면서 배상금을 요구했으므로, 도민 열 명이 경성으로 압송되어 선주와 대질 심문을 벌인 결과 무죄로 풀려났다. 사실이 명백함에도 불구하고 하야시는 광무 6년(1902년) 6월에 다시 배상금 3000원을 청구했다. 정부가 불응하자 하야시는 우리 정부에 납부할 마산 조계지의 1년분 세금 중에서 임의로 공제하겠다고 우기는가 하면, 국왕을 알현할 때도 왕에게 직접 강요했으므로 임금께서 탁지부에 명하여 3000원을 지불하게 했다.

3. 소금 장사 김두원(金斗源) 사건

이 무렵 소금 장사 김두원과 하야시가 충돌하는 사건이 일어났다.

김두원은 원산항의 상인으로서 광무 3년(1899년) 울산에서 소금 1800말을 구입하여 일본인 기무라(木村原一郞)의 배에 운반을 의뢰했는데, 도중에 기무라가 배를 몰고 도주하여 김두원은 재산을 탕진하게 되었다. 부득이 그는 외부(外部)를 통해 일본측과 배상금을 교섭했는데, 외부가 여러 차례 통지했지만 일본 공사관은 대답이 없었다. 이때 일본이 장고도 배상금을 받아내자 김두원이 흥분하여 말하기를, "암초에 걸려 부서진 배도 강제로 배상금을 징수하면서 일본 사람이 소금을 훔친 것은 배상하지 않느냐"고 하면서 매일같이 외부에 청원을 올렸다. 또 일본 공사가 외부를 찾아오면 자신의 소금 값을 갚으라면서 큰 소리로 항의했으므로 일본 공사도 귀찮게 여겨 외부에 볼 일이 있을 때는 김두원이 있는지를 확인하고 샛길로 피해 다녔다. 김두원이 재차 일본 공사관에 호소하자 서기관이 위협을 하며 거절했다. 화가 난 김두원은 "장고도에서 암초에 걸린 너희 배는 우리나라에 배상받고 일본 사람이 훔친 내 소금은 어째서 배상하지 않느냐"고 소리를 질러댔다. 서기관이 할 말이 없어 물러나면서, "만일 조선 사람이 전부 김두원 같다면 무적의 강국이 되겠다"고 저희끼리 수근댔다.

일본 공사가 김두원의 구휼금이라는 명목으로 은화 300원을 외부에 보내자 김두원은 "내가 요구하는 것은 소금 값인데 구휼금이 무슨 말인가? 내가 어찌 일본의 구휼금으로 생활하겠는가" 하면서 돌려보냈다. 광무 7년(1903년) 3월 일본 공사가, "기무라라는 자는 죽었고 유산도 없어 징수할 방법이 없다"는 회답을 보내와 김두원을 더욱 분노하게 만들었다.

6월 23일 황토현(黃土峴) 노상에서 김두원과 일본 공사가 우연히 마주쳤는데, 김두원이 또 소금 값을 요구하자 일본 공사가 거절했으므로 화가 난 김두원이 소리를 지르면서 일본 공사를 걷어 차서 넘어뜨리니 많은 구경꾼들이 통쾌하게 여겼다. 일본 공사는 우리 외부에 항의하면서, 외부가 김두원을 교사하여 외국 사신을 욕보였다 하여 김두원을 3년 징역에 처했다.

4. 월미도(月尾島) 사건

조선인 중에 송정섭(宋廷燮)이라는 무뢰한이 있었는데, 이 자가 월미도를 개간한다는 구실로 농상공부의 허가장을 얻은 다음 일본인 요시가와(吉川佐太郎)에게 그 이권을 팔아 넘겼다. 개간권을 얻은 요시가와가 월미도 주민을 강제로 철거시키자 광무 4년(1900)에 이 사실을 안 정부는 즉시 송정섭을 체포했으며, 매각 대금 16000원을 추징하여 일본 공사관에 전달하고 개간권의 반환을 요구했다. 그러나 요시가와는 응하지 않고 여전히 주민을 쫓아내면서 다 익은 보리를 베어버렸다. 1904년 8월에는 일본군이 작전상 필요하다는 이유를 들어 가옥을 강제로 허물고 포대를 쌓았으며, 1905년 5월에 일본 정부가 다시 군용이라는 구실을 붙여 민가 80여 호를 철거하고 섬 전체를 점거해 버렸다.

5. 고하도(孤下島) 문제 등

광무 7년(1903년) 일본인 시부야(澁谷龍郞) 등이 전남 지도군(智島郡) 고하도를 30년간 조차했다면서 뽕나무를 심고 누에를 치기 시작했다. 이 섬은 이윤용(李允用)의 사유지로서 겨우 33000원의 임대료를 받고 30년간 일본인에게 빌려주기로 계약한 것이다.

황해도 강령군 창암포(蒼岩浦)는 섬 전체의 길이가 15리(里)에 넓이가 5리, 8개 부락에 78가구, 소나무 숲과 밭 보름갈이, 논 25두락이 있는 섬인데 일본인이 백동화(白銅貨) 600원으로 이 섬 전체를 매수했다.

6. 온양 온천 사건

온양 온천은 역대 임금이 자주 다니던 곳으로 왕실의 별장이 있고 남녀 목욕객들이 많이 찾는 영업의 요지이다. 광무 8년(1904년) 8월 일본인 수십 명이 온천장에 난입하여 궁내부 허가장을 얻었다면서 왕실 별장과 가옥을 점거했으며, 이어서 부근의 민가를 철거하는 한편 농경지에 침입하여 경작을 금지하고 멋대로 푯말을 세워 자기네 소유임을 주장했다. 우리 외부가 일본 공사를 통해 금지시킬 것을 요청했지만 일본 공사는 조선인들이 궁내부의 허가를 얻어 일본인에게 양도한 것이므로 금지시키기 곤란하다고 대답했다. 외부에서는 온천이 원래 민간 소유이므로 궁내부에서 소유권을 좌우할 수 없는 것이라고 일본측에 반박하고 일본이 이를 강제로 점거하는 것은 불법이라고 항의했지만 일본 공사는 끝내 묵살했다.

(생각건대) 이상의 각종 강탈 사건을 멋대로 자행하면서 조금도 거리낌이 없으니 그들이 만약 우리를 독립국가로서 대우한다면 어찌 이럴 수가 있는가?

우리가 독립 제국으로서 각국과 대등하여 삼천리 강토가 완전하고 이

천만 민중이 강건하면 타인이 어떻게 감히 무국(無國)으로 대우하겠는가?
 국가도 사람과 마찬가지이다. 사람의 정신이 충족하고 체력이 건강하면 자위 자립할 수 있고, 그렇지 않으면 형체는 있을지라도 죽은 사람과 차이가 없는 것이다. 국가는 정교(政敎)와 법제로써 정신을 삼고 재정과 군비로써 체력을 삼는 것인데 이 점이 불완전하면 영토와 백성이 있다고 해도 자주의 능력을 상실한 무국이며 죽은 나라이다. 또한 금은보화가 창고에 가득해도 주인이 술에 취해 잠이 들거나 정신이 혼미하면 도적이 어찌 훔쳐 갈 생각을 하지 않겠는가?

제8장 제일은행권의 강제 발행

 제일은행권은 일본에서는 사용하지 않고 조선에서만 사용하게 한 화폐이다. 즉 일본인이 경부철도에 착공하고 지출할 자본이 없어서 이른바 제일은행권을 발행한 것인데, 광무 6년(1902년) 5월 제일은행 경성 지점장 시미즈(淸水泰吉), 인천 지점장 오다카(尾高次郞) 등이 은행장 시부자와(澁澤榮一)와 상의하여 단행하였다.
 광무 6년(1902년) 12월 액면가 5원짜리 증권이 다량으로 시장에 나돌자 이상히 여긴 사람들이 농상부에 신고했다. 농상부가 이를 외부로 전하면서 질문하자 외상 조병식이 회답을 보냈는데, 당해 증권의 사용 여부는 상인들의 자유라고 하면서 즉시 각 항구의 감리에게 지시하여 통용을 금지시켰다. 그러자 일본 공사가 날마다 항의를 해 오고 외상 조병식과 협판(차관) 박용화(朴鏞和)를 사직케 했으며, 대리 공사 오기하라가 임금의 알현을 청하여 그 통용을 위협적으로 요구했다.
 한성판윤 장화식(張華植)이 통용 금지를 고시하자 일본은 더욱 압력을 가했으며, 만일 즉시 해제하지 않으면 손해배상을 청구하고 군함을 파견하겠다며 위협했다. 이에 우리나라 상인들이 몹시 격분하여 일부는 종로에서 연설회를 열고 일부는 이 사실을 전국에 널리 알리기도 했다. 황성신문도 논박을 가했는데, 그들은 아무런 값어치도 없는 종이 조각으로 수천만 원을 만들어 전국의 토지, 광산, 철도, 가옥, 금, 은, 동, 철, 미곡, 가축 등 각종 물자와 천연자원을 탈취했고 우리나라에 남은 것은 쓸모 없는 종이 조각 뿐이라고 비난했다.

신사 송수만(宋秀萬), 심상희(沈相禧) 등이 정부에 다음과 같이 항의하면서 일본을 비난했다.

> 소위 은행권이라는 게 무엇인가? 지폐인가 아니면 험표(驗票)인가? 험표라면 수시로 가치가 오르내리는 이유가 무엇이며 지폐라면 조선에서만 통용시키는 것이 무슨 까닭인가? 무릇 화폐로서 본국에서만 사용하고 타국에서 사용치 않는 것은 있어도, 본국에서는 사용치 않고 타국에만 사용하는 것은 옛날에도 없던 일이다. 지금의 이 은행권이 일본에서 나왔는 데도 그곳에서는 쓰지 않으니 그 신용 정도를 능히 알 수 있다.

하야시 공사가 크게 화를 내고 귀국이 이들을 처벌하지 않으면 내가 조치하겠다며 우리 정부를 협박했다. 정부는 견디다 못해 부득이 광무 7년(1903년) 1월 13일 각 개항장에 훈령을 보내 은행권 통용은 상인들의 자유에 맡긴다고 하니 마침내 전국에 통용되고 말았다.

제9장 영·일동맹과 러·프협약

영·일 양국이 1902년 1월 30일 런던에서 동맹조약을 체결했는데 그 목적은 러시아의 남하를 방지하고 중국과 조선에 대한 이익을 공평히 향유하며, 조선에 대한 일본의 정치·경제상의 특권을 승인한 것으로서 한국의 독립이 벌써 양국 교섭장에서 희생된 것이다. 그 조약문을 보면 다음과 같다.

> 일본 정부 및 대영제국 정부는 극동에서 현상 유지와 전국(全局)의 평화를 희망하며, 또 청국 및 한국의 독립과 영토 보전을 유지하고 아울러 각국이 청국과 한국에서 상공업에 대한 균등한 이익 관계를 유지하기 위하여 아래와 같은 조항을 약정한다.
>
> 제1조 양국은 청국 및 한국의 독립을 상호 승인하고 방해하지 않을 것을 천명한다. 그러나 양국의 특별한 이익에 비추어 영국은 청국에서, 일본은 청국에 대한 이익과 다시 한국에서 정치 및 상공업상에 있어서 특별한 이익 관계가 있음을 승인하고, 만일 청국 혹은 한국에 대하여 다른 나라의 침략이 있거나 또는 소요가 발생할 때는 양국은 그 이익과 거류민의 생명 재산을 보호하기 위하여 필요 불가결한 조치를 취할 수 있다.
>
> 제2조 일본 또는 대영제국이 각자의 이익을 보호하기 위하여 다른 나라와 개전할 때는 동맹국은 중립을 엄수할 것이며, 동맹국에 대하여 타국인의 가담 교전을 방지함에 노력해야 한다.
>
> 제3조 2조에서 언급한 다른 한 나라 혹은 여러 나라가 동맹국에 대하여 교전할 때는 다른 동맹국은 상호간에 원조를 주고 전투에 협조하며, 강화조약을 체결할 때도 동맹국과 상호 합의를 거친 후 결행하기로 한다.
>
> 제4조 양국은 상기 이익을 방해하는 어떠한 조약도 타국과 체결할 수 없다.
>
> 제5조 일본국 또는 대영제국 가운데 어느 한 나라가 상기 이익을 위태롭게 할 때는 양국 정부가 상호 통고하기로 한다.
>
> 제6조 본 조약은 조인일로부터 시행하며 5년간 유효하다.
> 만기 후 본 조약을 폐기하고자 할 때는 12개월 전에 미리 통고해야 하며, 동맹국 가운데 한 나라가 타국과 교전 중에 있을 때는 조약 종료일에 불구하고 강화조약을 체결할 때까지 효력이 지속된다.

영·일동맹은 러시아 방어가 목적이므로 러시아도 이를 알고 프랑스와 협약을 체결하여 이에 대항하였다. 그 조약문에는 다음과 같은 내용이 들어 있다.

> 러·프 양국 정부는 1902년 1월 30일에 영·일이 동맹을 체결한 사실을 통첩받은 바, 극동의 현상과 화평을 유지하고 청·한 양국의 영토를 보전하며 상공업상 문호를 개방한다는 제 원칙은 모두 러·프 양국 정부가 평소부터 희망하던 것으로서 깊이 환영의 뜻을 표하는 바이다. 그러나 러·프 양국이 이상의 제 원칙을 존중하면 또한 극동 각지에 있는 양국의 특별한 이익을 보호하기 위하여 만일 제3국의 침략 행동이 있거나 또는 청국의 내란으로 당해국의 보전 및 자유가 위험하여 양국에게 침해가 미칠 때는 양국 정부는 이를 보호할 방법을 강구하지 않을 수 없을 것이다.

제10장 한만(韓滿) 문제에 관한 러·일의 교섭

일·러 양국이 한국과 만주를 차지하려는 경쟁이 치열했는데, 일본이 청·일전쟁에서 승리한 결과 요동반도를 획득했지만 러시아가 간섭하여 중국에 돌려 주게 하고 자기들이 오히려 이곳을 차지하니 러시아에 대한 일본의 원한이 골수에 사무치게 되어 결전을 통해 복수할 것을 맹세했다. 한편 러시아는 청국과 조약을 맺어 여순(旅順)·대련(大連)을 조차하고 만주의 특권을 얻어냄으로써 극동 경영에 온 힘을 기울였다. 특히 극동 총독에게 최고 권한을 부여하여 정부의 지휘를 거치지 않고 편의에 따라 일을 처리하게 하여 그 책략을 전개했고, 다시 한국 북부의 용암포(龍岩浦)를 근거지로 요구하게 되었다. 이에 일본의 여론이 초미의 관심사로 들끓어 올라 러시아에 대해 중대 교섭을 제출했으므로 이 무렵 극동에는 살기가 가득했고, 한만은 러·일 쟁탈전의 목표로서 오직 승자의 전리품으로 돌아갈 형세가 명백해졌다.

일본 외무대신 고무라(小村壽太郎)가 1903년 8월 러시아 주재 공사 쿠리노(栗野愼一郎)에게 서신을 띄워 교섭을 시작했는데, 그 서신은 벌써 한국을 일본의 수중에 넣었으므로 타인의 접근을 불허한다는 태도였다. 서신의 내용은 다음과 같다.

> 만일 러시아가 한국 방면으로 진출하면 한국의 독립이 위험에 빠지고 한반도에서 러시아의 세력이 우세해질 것이다. 대체로 한국은 우리 국방에 가장 긴요한 전초선(前哨線)이므로 그 독립은 우리나라의 평화와 안전 유지에 가장 필요한 것이다. 또 우리가 한국에서 소유한 정치 및 상공업상의 이익과 세력은 다른 나라에 비해 우월한 것으로서, 이 세력과 이익은 우리나라의 자기 안전을 위하여 절대로 타국에 교부하거나 나눠줄 수 없는 것이다.

8월 11일 쿠리노가 러시아 정부에 대하여 제1차 교섭을 개시하고 6개조의 협상안을 제시했다.

> 제1조 일·러 양국은 청·한 양국의 독립과 영토 보전을 중시하며, 또 청·한 양국에 있는 상공업을 보존하고 기회균등주의를 위하여 상호 약정할 것.
> 제2조 러시아는 일본이 한국에서 가장 우월한 이익을 점유함을 승인하고, 일본은 러시아가 만주에서 철도 경영의 특별 이익이 있음을 승인하며, 또 일본은 한국에서 각각 필요한 조치를 할 권리와 자기 나라의 이익 보호를 행함을 상호 승인할 것.
> 제3조 일본은 한국에서 러시아는 만주에서의 상공업 활동 및 발달에 대하여 상호 방해할 수 없으며, 또 금후 한국 철도를 만주 남부의 동청철도(東淸鐵道) 및 산해관(山海關) 우장선(牛莊線)에 연장 접속하는 것을 러시아가 방해하지 말 것.
> 제4조 일·러 양국은 본 조약 제2조에 언급한 이익을 보전하기 위하여, 또는 한국 및 만주에 국제분쟁을 일으킬 만한 반란 혹은 소요가 일어나 이를 진압할 필요가 있을 때 일본은 한국에 러시아는 만주에 각기 군대를 파견할 수

있다. 단 파견 병력수는 실제로 필요한 숫자에 한하고 사건이 완료되면 즉시 철수한다.
제5조 한국에 대한 일체의 개혁과 권고 또는 그밖의 원조 등은 일본의 특권임을 러시아는 승인할 것.
제6조 본 협약 조인 후에는 그 동안 일·러 양국간에 한국에 관해 체결한 협약을 전부 폐지할 것.

이 제안에 대하여 러시아는 회답을 미루고 관동군 사령관 알렉시에프를 여순 총독에 임명하여 극동 방어의 중책을 맡겼다. 일본이 여러 차례 회답을 독촉하자 러시아 정부는 황제가 출타중이라거나 황후가 병이 났다는 등의 핑계를 대다가 10월에 주일 러시아 공사가 여순으로 가서 총독과 협의한 뒤 다음과 같은 협상안을 제출하고 일본의 승인을 구했다.

제1조 러·일 양국은 동등하게 한국의 독립과 영토 보전을 중시함.
제2조 러시아는 한국에서 일본의 우월한 이익을 승인하며, 또 제1조에서 규정한 것을 위배하지 않는 한 한국에 대하여 민정(民政)을 개량하고 권고 혹은 기타 원조를 위한 일본의 권리를 승인함.
제3조 일본이 한국에서 행할 상공업상의 정책에 대하여 러시아는 방해하지 않으며, 또 제1조의 규정을 위배하지 않는 일본의 상공업상의 정책을 보호하기 위한 일체의 조치를 러시아는 반대하지 않음.
제4조 일본이 한국에 있는 상공업상의 이익을 보호하기 위하여 러시아에 통보한 후 군대를 파견할 권리를 승인함. 단 그 병력수는 실제로 필요한 수를 초과하지 말 것이며, 사건이 종결된 후에는 즉시 철병할 것.
제5조 러·일 양국은 한국 영토의 일부분에 대해서도 군사상의 목적으로 사용할 수 없으며, 또 한국 연안에서 대한해협을 자유로이 통행하기에 방해가 되는 군용 시설을 건설할 수 없다.
제6조 한국 영토의 북위 39도 이북을 중립지대로 정하며, 양국 군대는 동등하게 진입할 수 없다.

> 제7조 일본은 만주 및 그 연안이 전적으로 일본의 이익 범위 밖에 있음을 승인할 것.
> 제8조 본 조약 조인 후 종전에 러·일 양국이 체결한 한국에 관한 협약은 전부 폐지함.

일본은 이 협상안을 승인하지 않았다. 즉 만주를 일본의 이익 범위 밖에 두려고 하는 러시아의 속셈에 대하여 일본의 욕망은 면적이 한국의 3배이며 이익이 10배나 되는 만주를 전적으로 러시아에게 양보할 수 없었기 때문이다. 이에 일본은 원로 및 각료회의를 개최하고 대응책을 결정하여 10월 24일 러시아 정부에 대해 다음과 같은 수정안을 제출했다.

> 1. 만주 문제에 관해서는 청국의 주권 및 영토 보전의 약관을 이 협상안 중에 삽입할 것.
> 2. 만주를 전적으로 일본의 이익 범위 밖에 둔다는 것은 승인할 수 없으며, 만주에 관한 조약상의 권리는 유지할 것.
> 3. 중립지대 설정은 한만 양측의 경계에 걸쳐 일정한 거리를 획정하되 경계선에서 각각 50킬로미터로 할 것.
> 4. 한국 영토의 일부라도 일본이 군사상의 목적으로 사용하지 못 한다는 것은 승인할 수 없음.

러시아 정부는 12월 12일 이 수정안에 대해 다음과 같은 회답을 보냈다.

> 1. 만주는 전혀 협상 범위 밖에 있으며, 단지 한국 문제 만을 협상의 주제로 할 것.
> 2. 중립지대를 한만 양측 경계에 걸쳐 설정하자는 제안은 거절하며, 원안대로 북위 39도 이북의 한국 영토로 충당할 것.
> 3. 일본은 군사적 목적으로 한국 영토를 사용하지 못함.

> 4. 러시아에서 제출한 제1대안(對案)에 한국에 있는 일본의 특별 이익은 승인하지만, 내정 개선에 대하여는 단지 조언만 할 수 있을 뿐이고 물질적 원조를 제공할 수는 없다.
> 5. 일본이 한국에 있는 이익 보호를 위하여 적당한 방법을 채택함을 승인함.

일본은 이 제안을 절대 반대하며, 제2차 수정안을 결정하여 러시아 정부에 다음과 같이 제출했다.

> 1. 만주에 관하여 청국의 주권과 영토를 존중한다는 약관을 협약 중에 삽입할 것을 일본은 거듭 주장하는 바이니 러시아의 재고를 구함.
> 2. 한국에 관하여는 러시아가 제2대안에서 일본의 우월한 이익과 내정개선에 대한 조언을 인정했으나, 일본은 다시 한국에 대하여 물질적 원조와 군사상 유력한 원조를 제공할 수 있는 권리의 승인을 구함.
> 3. 러시아가 한국에서 일본의 부분적 자유 행동을 승인한 이상 다시 한 걸음 더 나아가 일본이 한국 영토를 군사상 목적으로 사용함을 승인할 것.
> 4. 중립지대를 한만 양측에 걸쳐 설정하자는 일본의 제안에 러시아가 불응할 때는 일본도 북위 39도 이북의 한국 영토에만 설정하자는 러시아의 제안을 승인하기 어려우니 중립지대 설정안은 전부 폐지하고, 기타 각 원칙은 일본의 제1차 수정안을 유지함.

러시아는 1월 6일 이에 대해 회답을 보냈다.

> 1. 한국에 관한 일본의 주장 가운데 일부를 승인하여 한국에 있는 일본의 우월한 이익과 내정개선에 관한 일본의 원조를 인정함.
> 2. 한국에 제공하는 원조는 군사에 관한 것을 포함하지만, 한국 영토를 군사상의 목적에 사용할 수는 없음.
> 3. 중립지대 설정에 관하여는 의연히 제1, 제2 대안을 주장함.
> 4. 협상의 범위에 관하여 일본이 전 2항을 승인하면 러시아도 원래의 제의대로

만주를 협상 범위 안에 취급할 것이지만, 청국의 주권과 영토를 존중한다는 조문은 삽입하지 못함.
5. 만주는 일본의 이익 범위 밖에 있음을 승인할 것.
6. 일본 또는 다른 나라가 현행 조약으로 청국에서 획득한 권리와 특권을 향유하는 것은 방해하지 않지만, 그 권리 및 특권 가운데 거류지를 설정하는 것은 제외함.

일본은 이 제안에 대해 조금도 양보할 의사가 없었으므로 최후의 결심을 정하고 러시아 공사에게 1월 13일 최후 통첩을 보냈다.

1. 한국에 관하여는 양보의 여지가 없으니 한국 영토를 군사상 목적으로 사용함을 극력 주장함.
2. 중립지대를 한만 양측 경계에 걸쳐 설정하지 않으면 이를 전부 폐지할 것.
3. 기타 각 조건은 일본의 수정안을 견지(堅持)할 것.
4. 만주 문제에 관하여 청국의 주권과 영토 보전을 존중한다는 조문을 협상안 중에 삽입함을 러시아는 승인할 것.
5. 만주에 있는 러시아의 특별 이익을 승인함.
6. 단 만주의 주권과 영토 보전을 침범하지 않을 것이며, 러시아는 만주의 이익 옹호를 위하여 적당한 방법을 사용할 수 있다.
7. 러시아는 한국에 대한 일본의 이익을 승인하고 일본은 만주에 대한 러시아의 특별 이익을 승인하며, 아울러 일본은 한국에서 러시아의 조약상의 이익을 승인하며 러시아는 만주에 있는 일본의 조약상의 이익을 상호 승인할 것.

일본은 이 통첩을 보내면서 회답 기한을 정했는데, 러시아의 명확한 태도 표명을 요구하여 교섭 단절의 기회를 만들고자 했던 것이다.

러시아는 회답을 보내지 않고 육해군을 정리하는 등 눈에 띄게 군사 활동이 늘었으며 한국에 파병한다는 소문이 나돌기도 했다. 한편 일본도 전쟁 준비에 박차를 가하여 1902년 12월 26일 군자금 보충에 관한 세 건의 긴급칙령을 공포했고, 1903년(계묘년) 2월 5일에 동원령을 내렸다.

외무대신 고무라는 러시아 공사와 최후의 회견을 가졌고, 러시아 주재 일본 공사관도 일장기를 내리고 귀국길에 오르니 이로써 러·일 양국의 국교가 단절되었다.

제11장 일본이 러시아 함대를 습격함

일본은 선전포고에 앞서 연합함대 사령장관 도고(東鄕平八郞)가 군함 4척을 이끌고 사세보(佐世保) 군항을 출발하여 러시아 상선 2척을 붙잡아 심문했는데, 그 결과 러시아 함대가 여순항 밖에 정박해 있고 다른 2척은 인천에 있음을 알아냈다. 도고가 다시 즈메이키(瓜生外吉) 소장에게 군함 5척을 주어 인천으로 보낸 다음 자신은 전 함대를 인솔하고 여순으로 향했는데, 야간에 어뢰정 3척에 러시아 깃발을 달아 위장하고 여순 입구에 침입했다. 당시 러시아 해군 사령관은 지상의 연회에 참가중이었고 장교들도 배를 떠난 자가 많았으며 단지 황금산(黃金山) 수비장교만이 근무지를 지키고 있을 뿐이었다. 어뢰정이 들어올 때 어디서 오느냐고 묻자 청니와(靑泥窪)에서 온다고 답했더니 수비장교가 입항을 승인했다. 잠시후 어뢰가 터지면서 러시아 함정 3척이 손상을 입었고, 경보를 들은 러시아 장교들이 급히 배로 돌아와 일본 함대와 개전하였으나 거리가 너무 가까워 발포하지 못하고 정전하였다. 다음 날(9일) 일본 천세함(千歲艦) 사령관 데바(出羽)가 도고의 명령에 의해 부하 함대를 인솔하고 황금산 언저리에서 러시아 함정 4척을 격파했고, 이 전투에서 일본군 소좌 야마나카(山中幹)와 가지무라(梶村丈夫)가 전사했다. 이로 인해 러시아는 일본이 선전포고 전에 습격한 것이 공법 위반이라고 항의하였다.

한편 인천에서는 러시아 함장 레자노프가 인솔한 군함 3척이 영·미·

프·이탈리아 각국 군함과 함께 제물포항에 정박중이었는데, 츠메이키가 제물포는 중립항(中立港)이 아니므로 러시아 함정이 12시까지 퇴거하지 않으면 오후 4시에 공격하겠다고 통고했다. 이에 프랑스 함장이 일본과 러시아는 아직 선전포고가 없으므로 공격하면 공법 위반이라고 말했다. 츠메이키는 국교가 단절됐으니까 즉시 공격하겠다고 대답했고, 러시아 함대는 부득이 영국·프랑스 함정과 함께 출항할 것을 요청했지만 모두 응하지 않았다. 러시아 함대가 영·미·프·이탈리아의 군악을 연주하여 우의를 표시하자 각국 군함도 역시 환호하며 경례를 보냈다. 이렇게 고별인사를 한 다음 항구 밖으로 나가 1시간 이상 일본 함대와 격전을 벌였는데, 러시아 함정의 함포는 포탄에 맞아 부서지고 선수(船首)에는 어뢰가 작렬했지만 장병들의 사기는 드높았다. 그러나 종국에는 대적할 수 없음을 알고 선체와 함께 자폭하니 용감 불굴의 기개를 각국이 모두 칭송했다.

제12장 러·일의 선전포고

여순과 인천에서 전쟁이 시작되자 일본 천황이 선전포고문을 발표하였다.

짐은 오늘 러시아에 대하여 전쟁을 선포한다. 해·륙 양군은 서로 협력하여 당해국에 대해 강장(疆場)에 종사함을 명하며, 대소 관리는 각자의 권한에 따라 국제법의 범위 안에서 직무를 수행하여 국가의 목적을 달성하라. 짐은 문명제국으로 평화 진보를 계획하며, 각국과 우의를 공고히 하고 원동(遠東)의 영구 평화를 유지함을 깊이 바라고, 타국의 권리와 정책을 방해하지 않고, 우리나라 판도의 장래를 확보함이 국제관계의 가장 긴요한 것으로서 짐의 항상 변함없는 목적이다. 우리 인민도 역시 짐의 뜻을 받들어 타국과 친선 도모를 위해 노력하더니 오늘 불행히도 러시아와 공개적으로 개전하게 되니 이는 짐의 참뜻이 아니다. 한국의 독립은 우리 제국이 지극히 염려하는 바로서 비단 양국의 역사에 관계가 있을 뿐만 아니라 우리의 완전 독립에 지대한 영향이 있는 것이다. 뜻밖에 러시아가 중국과 체결한 종전의 조약을 위배하며, 누차 열국에 대하여 선언한 것을 무시하고 만주 지방을 점거하여 동삼성(東三省)을 병탄(倂呑)할 의도를 보이니 만일 러시아가 이곳을 병탄하면 중국의 독립을 유지하기 어려울 뿐만 아니라 동아시아의 대국(大局)이 영구히 완전하기 곤란하므로 일본제국이 러시아와 교섭하여 문제의 해결을 희망하여 영원한 평화를 기하고자 우리 관리가 짐의 뜻을 받들어 러시아와 제의 협상함이 3개월 여에 러시아는 털끝만큼의 양보도 없으며, 더욱이 사태의 해결을 고의로 미루면서 겉으로는 화평을 내세우지만 뒤에서는 육해군을 증강하여 그 욕망을 달성하려고 한다.

따라서 짐은 러시아가 화평을 희망하지 않고 우리의 제의를 거절하며 한국의 안전이 위험에 빠지고 우리나라의 이익도 방해를 받게 되어 금일의 평화교섭으로는 장래를 보전하기 곤란하다고 믿는다. 이에 부득이 일보를 전진하여 러시아와 창과 방패를 들고 서로 마주하게 된 것이니 제국의 관민(官民)은 충의와 용맹으로써 영구 화평을 극복하고 제국의 명예를 보전하라.

러시아 황제의 선전포고문은 다음과 같다.

> 짐은 평화를 희망하며 동양의 평온을 도모하고자 하여 한국에 관해 체결한 현존 러·일간의 협약을 개정하려는 일본의 제의에 동의하였으나, 일본 정부는 당해 문제의 협상이 끝나지 않았음에도 불구하고 우리 정부의 회답을 기다리지 않고 협상을 단절했으며, 외교 관계의 단절과 군사 행동의 예고도 없이 돌연히 수뢰정으로 여순에 있는 짐의 포대와 함정을 습격하였다.

당해 총독의 보고를 듣고 짐도 역시 창과 방패로써 일본의 도전에 응하고자 하니 짐의 이 결의는 깊이 신의 구호를 기원하는 바로다.

짐의 신민(臣民)도 조국을 방호할 의지로써 짐의 명령에 따라 털끝 만큼의 의혹도 없을지어다.

짐은 신에게 명예있는 짐의 육해군을 지켜주심을 기도하노라.

제13장 일본군의 입성(入城)과 의정서(議定書) 강제 체결

러·일이 개전하자 우리나라는 국외중립(局外中立)을 선언했는데, 일본 육군 2개 사단이 한성에 침입하여 관청, 민가, 학교를 빌려 주둔하니 사방에 일본군의 창검이 번쩍였다. 러시아 공사 파블로프는 국기를 내리고 귀국했으며, 일본 공사 하야시는 군대의 위세를 등에 업고 외부대신 서리 이지용(李址鎔)과 통역 구완희(具完喜)를 위협하여 동맹조약을 강제로 체결코자 했다. 우리 의정대신 이근명(李根命) 이하 각 장관이 모두 반대하여 7일 동안 지연되더니 하야시가 위협 공갈과 압박 독촉을 가하여 2월 23일에 다음과 같은 6개조의 〈한·일 의정서(韓日 議定書)〉가 성립되었다.

대한제국 황제폐하의 외부대신 임시 서리 이지용과 대일본제국 황제폐하의 특명전권공사 하야시는 각자 상당한 위임을 받아 아래의 조건을 협정함.

제1조 한·일 양국은 항구 불역(不易)의 친교를 보전하고 동양의 화평을 확립하기 위하여 대한제국은 일본을 확신하고 시정 개선에 관하여 그 충고를 받아들일 것.

제2조 대일본 정부는 대한국 황실의 확실한 친의(親誼)와 안전 강녕(康寧)을 담보

할 것.
제3조 대일본 정부는 대한국의 독립과 영토 안전을 확실히 보증할 것.
제4조 제3국의 침해 혹은 내란으로 인하여 대한국 황실의 안녕 보전에 위험이 있을 경우 대일본 정부는 그때 그때 필요한 조치를 속히 행할 것이며, 대한국 정부는 대일본 정부의 행동이 용이하도록 충분한 편의를 제공할 것.
제5조 양국 정부는 이후 상호간의 승인 없이 본 조약의 취지에 반하는 협정을 제3국과 체결하지 못 한다.
제6조 본 조약에 관련된 내용 중 협정하지 못한 세부 사항은 대일본 대표와 대한국 외부대신 간에 그때 그때 협정할 것.

이 조약이 성립하자 우리의 주권은 전연 실추되니, 영국의 신문은 "한국이 이 조약으로 인하여 영원히 일본의 부속국으로 전락하였다. 이후 한·일관계는 이집트가 영국을 대하는 것과 같고 월남이 프랑스를 대하는 것과 같아 그 권능과 효력과 성질이 전부 동일한 것으로서, 간단히 말하면 한국의 독립은 형식상 독립이요 실제상의 독립이 아니다. 소위 일본의 충고라는 것도 명령권이나 다름 없어 종이 한 장 차이밖에 없는 것"이라고 보도했다.

이 무렵 우리나라의 여론이 들끓어 반대하는 목소리가 비등했으며, 이유인(李裕寅), 권종석(權鍾奭) 등이 중추원 관리들과 함께 상소하여 이지용, 구완희의 매국을 탄핵하고 조약의 폐기를 요청했다. 일부는 연설로 민심을 격발하고 어떤 사람은 이지용, 구완희에게 총격을 가했으며 그 집에 폭탄을 투하하는 사건도 일어났다.

제14장 이토 히로부미(伊藤博文)가 한국 대사로 부임함

이토 히로부미가 갑진년(1904년) 3월 7일 한국 대사로 발령받아 국서를 가지고 내한하여 황제 및 황태자, 영친왕, 엄귀비를 알현하고 일본 황제의 선물을 바쳤는데 그 국서에는 이렇게 쓰여져 있다.

> 천우(天佑)를 보유하고 만세일계(萬世一系)를 밟은 대일본 황제는 위덕(威德)이 융성한 좋은 벗 대한국 황제폐하에게 삼가 말씀을 올리니 맹약을 새로이 체결한 이래 양국의 우의가 더욱 돈독해져 짐이 매우 흡족해 하는 바이라.
> 이에 신임하는 의장 정 2품 이토 히로부미를 특파대사로 명하여 애정(哀情)을 대진(代陳)케 하노니 원컨대 폐하는 이토 대하기를 나를 대함과 같이 하며 그가 진주(陳奏)하는 것은 즉 짐의 지정(至情)이니 오직 폐하는 받아들이소서. 짐은 폐하의 안녕과 제실(帝室)의 행복을 깊이 축복하나이다.

이에 우리나라도 황족 완순군(完順君) 이재완(李載完)을 시켜 이토에게 감사의 뜻을 표시하고, 다시 황족 외부대신 이지용을 보빙대사(報聘大使)로 임명하여 동경으로 보내고 황제 및 귀비의 선물을 증정하게 했다.

(생각건대) 이토가 한국에 온 목적은 우리나라를 회유하려는 것이다. 일본이 우리나라와 교섭할 때 한국의 독립을 보전한다 했고 선전포고문에도 한국의 독립을 유지한다 했지만 이는 진심이 아니라 핑계일 뿐이며 러시아의 구실을 막으려는 수단이다. 일본군이 입성하자 하야시가 그 즉시 한·일 의정서를 강제로 체결했는데, 그도 역시 말하기를 한국의 독립과 영토를 확보한다면서 우리의 주권을 탈취하니 한국 사람이 왜 일본의 의도를 모르겠는가? 한국인의 불평을 눈치챈 일본이 전쟁에 불리하게 작용할 것을 우려하여 이토를 보냈고, 그로 하여금 일반을 위안하여 장애를 제거하려는 것이다. 또 한국에는 단지 군주권이 있을 뿐이며 민권(民權)이란 것은 없는 까닭에 한국에 대한 요구는 군주 한 사람 만을 위협

하면 용이하게 성공하므로 전에 가토오라는 자가 독립협회를 파괴한 것도 민권을 말살하려는 것이었다.

지금 러·일이 개전하는데 한국인 중 상식이 있는 자는 모두 이 전쟁의 결과에 우리나라의 존망이 달렸다고 말한다. 따라서 재야의 유지들이 구국의 방책으로서 민의를 결합한 여론기관을 만들자며 동분서주하고, 여기에 동조하여 의견을 보내는 자도 많다. 정부 대신도 이 취지에 찬성하여 의회(議會) 설립을 요청하는 자가 있는데, 만일 이 안건이 성사되면 대중의 힘이 결합되므로 그 세력이 고립된 군주 한 명의 힘과 달리 일본의 정책에 방해가 될 염려가 있으므로 이를 미연에 방지하고자함이 이토를 보낸 두 번째 목적이다.

이토가 도착하자 일본 황제의 문안 내용과 두 황제의 두터운 친목에 대해서 언급하고, 또한 일본과 러시아의 이번 전쟁이 한국의 독립을 보호하고 만주를 청국에 돌려주려는 것이라며 그럴듯한 말로 우리 황제와 여러 신하들의 의구심을 풀어주었다. 이어서 군주께 아뢰기를, 이런 난국을 맞이하여 마땅히 군주권을 유지해야 하는데, 군주권을 상실하면 반드시 위기에 부닥칠 것이니 원컨대 폐하께서는 경솔하게 남의 말을 듣고 군주권을 잃지 마시라고 진언했다.

황제께서는 원래 군주권을 고집하고 민권이라는 두 글자를 싫어했는데 이토의 말은 자신의 생각과 정확히 일치했다. 따라서 여러 사람에게 이르되 이토는 일본의 원로로서 학식과 권한이 있는 사람이며 내게 군주권을 잃지 말라고 권유하거늘, 우리 백성은 무슨 까닭에 의회를 만들어 군주권을 제한하려는 것이냐고 물은 뒤 의회 설립을 단념하게 되니 이것이 그가 앞으로 강제 조약을 순조롭게 체결하려는 모략이었다.

일본 군신의 선전포고에는 모두 한국의 독립을 보전한다고 하면서 그 실행은 합병이며, 만주의 개방을 제창하면서 그 실행은 잠식이며, 황실의 안녕 유지를 장담하고 군주권을 잃지 말라고 권유하면서 그 실행은 폐위(廢位)였다.

이것이 소위 '지나치게 달콤한 말은 그 속이 반드시 쓰다'는 것이다.

제15장 일본인이 통신기관을 강점함

갑오년(1894년) 청·일전쟁 때 일본은 군용이라는 구실로 경인·경부 간의 전선을 가설하고 전쟁 뒤 우리나라가 회수를 요구했지만 응하지 않았다.

광무 4년(1900년) 3월 연안 각 요충지에 무선전신 부설권을 요청했지만 허가하지 않았고, 1년 후 다시 부산에서 마산과 원산 사이에 무선전신 지선(支線)의 가설을 요구했지만 역시 허가하지 않았다.

광무 7년(1903년) 10월 부산에서 원산 및 대동강 사이에 해저 전선을 가설할 목적으로 멋대로 조사를 행하고 다시 경성의 남대문 정거장 부근에 함부로 전주를 세웠으므로 우리 정부가 즉시 뽑아 버렸다. 일본 공사가 손해배상을 요구하다가 거절당하자 일본인이 다시 건설했다.

우편은 갑오년(1894년) 이후 일본이 군용이라는 핑계를 대고 부산·경성·인천에 우편국을 세웠고, 광무 3년(1899년) 용산에 우편 취급소를 세우고, 8월에는 진남포(鎭南浦) 우편국을 세웠다. 이에 우리 정부가 일본 공사관에 알리기를, 올해부터 우리나라가 만국우편을 실행하니 국내에 있는 일본 우편국을 철수하라고 통첩했다. 일본 공사는 우리의 우편 업무가 발달할 때까지 기다렸다가 철수하겠다는 핑계를 댔고, 광무6년(1902년) 12월 일본인이 다시 전주 우편국을 설치했으므로 우리 통신원(通信院)에서 철거를 독촉했지만 응하지 않고 평양과 대구에 우편국을 증설했다.

광무 8년(1904년) 일·러가 개전하자 일본군이 속속 입경하여 각 전신국의 암호 전신을 금지하고 우리 전신을 이용하여 군사기밀을 통신했다. 2월 19일 각지에 있는 우리 전보국을 점령하고 아울러 창원 마산 사이와 경성·평양·삼화(三和) 사이에 전선을 가설했다. 3월에는 다시 우리 전신주에 자기들의 전선을 첨가하여 가설했고, 일본 기사를 각 전신국에 배치한 뒤 일본어로 전문을 발송했으며, 경부와 경의 및 각 철도의 중요역에 우편국을 설치했다.

광무 9년(1905년) 3월 20일 하야시가 외부에 공문을 보내 전신국과 우편국을 통합하라는 전보 독촉이 본국에서 왔으니 양 사무를 일본이 담당하도록 빨리 결정을 내려달라고 요청했다. 외부대신 이하영(李夏榮)이 각료회의에 제안하자 차라리 위력으로 강탈을 당할지라도 우리 손으로 양도할 수는 없다며 전원이 일치하여 반대했다. 하야시도 참석해 강요했지만 부득이 수일간을 보류하였다. 30일의 각료회의에는 군부대신 권중현(權重顯), 외부대신 이하영, 학부대신 이재극(李載克), 법부대신 이지용, 일본 공사 하야시와 서기관 오기하라, 구니와케 등이 참석했는데 권중현이 먼저 의견을 제시하여 전신과 우편이 군사상 꼭 필요하다면 불가불 허가할 수밖에 없으나, 해당 기관의 관리 및 고용인은 한국인을 다수 채용할 것이며 그 이익금은 정부에 분납하는 것이 옳다면서 양도를 결정하고 다음날 외부의 통신원에 모여 합동조약을 체결했다. 그 내용은 다음과 같다.

> 한·일 양국 정부는 한국의 통신기관을 정비하고자 일본의 통신기관과 합동 연합하여 하나의 공통된 조직으로 하고, 또한 한국의 행정 경제상의 편익을 위하여 한국의 우편 전신 사업을 일본 정부의 관리에 위탁하며, 이로 인하여 대한제국 외부대신 이하영과 대일본제국 전권공사 하야시는 각각 상당한 위임을 받아 아래의 조항을 약정함.

제1조 한국 정부는 국내의 우편 전신 및 전화 사업을 일본국 정부의 관리에 위탁할 것(국내부에 전속된 전화는 제외함).

제2조 한국 정부의 기존의 통신사업과 관련 있는 토지, 건물, 기구, 기계, 기타 일체의 설비는 협약에 따라 일본 정부의 보호 관리로 옮길 것.

　　　전항의 토지, 건물 기타 설비에 관해서는 양국 관리의 입회 아래 그 재산 목록을 작성하여 후일의 증거로 함.

제3조 한국의 통신기관을 확장하기 위하여 일본 정부에서 필요할 경우에는 고유의 토지 및 건물은 무상으로 사용할 수 있으며, 모든 개인의 토지와 건물은 유상으로 수용할 수 있다.

제4조 통신기관의 관리 및 재산 보관에 관하여는 일본 정부가 자기의 계산으로 선량한 관리인의 책임을 부담함.

　　　통신기관의 확장에 관한 비용은 일본 정부가 부담할 것이며, 일본 정부는 통신기관의 관리 및 재정 상황에 관하여 한국 정부에 알릴 것.

제5조 일본 정부는 통신기관의 관리 및 확장에 관한 일체의 설비 및 물건에 대하여 과세를 면제할 것.

제6조 일본 정부는 관리권 및 업무 확장에 저촉되지 않는 범위 안에서 현재의 통신원을 존속시켜 한국 정부의 관리에 맡길 것.

　　　일본 정부는 관리 및 사무 확장에 있어서 한국 관리 및 사용인을 다수 사용할 것.

제7조 우편 및 전화에 관하여 한국 정부가 이미 외국 정부와 협정한 사항은 일본 정부가 그 권리 의무를 승계할 것.

　　　통신기관에 관하여 장래 한국 정부로서 새로이 협정할 필요가 있을 때는 일본국 정부가 한국 정부를 대신하여 그 책임을 진다.

제8조 일·한 양국간에 종래 성립한 통신기관에 관한 각종 협정은 본 협약에 의하여 당연히 개폐될 것.

제9조 장차 한국의 통신사무로 인하여 수익이 있을 경우 일본 정부는 그 수익 내에서 상당한 액수를 한국 정부에 교부할 것.

제10조 장래 한국 정부가 재정상 충분한 여유가 있을 때는 양국이 협의하여 통신기관의 관리를 한국 정부에 환부할 것.

이상과 같이 통신원을 양도한 후 한국에서 발행한 우표와 엽서는 6월 30일을 기한으로 폐지하고 7월 1일 이후부터는 일본 우표 및 엽서를 사용하되 일본 규정에 따라 시행하게 되었다. 5월에 일본 위원장 이케다(池田十三郞) 등과 체신 기술자 30여 명이 내한하여 통신기관의 접수를 요구했으며, 일본 대리공사 오기하라는 한국측 접수위원이 시급히 인계에 착수해 줄 것을 누차 우리 정부에 독촉했다. 아울러 우리의 체신 전신 두 관서는 자연히 폐지될 것이며, 소속 관리의 임면과 월급은 일본 정부에서 적당히 처리할 것이라고 전했다. 이에 우리 통신원 관리들이 극도로 격분하여 정부 대신을 공박하고 총사직을 단행했으며, 통신총판(장관) 장화식(張華植)은 강경하게 인계를 거절했다. 그러자 일본 통신관 몇 명과 헌병 7, 8인이 원내에 난입하여 현관을 지키고 출입과 통신을 금지했으며, '경성우편국 분실(分室)'이라는 일곱 자를 크게 써서 간판을 바꿔 달았다. 다음날 접수위원 등이 자기들 멋대로 검사를 시작하여 인계 사무를 집행한 후 위원장 이케다가 소속 관리의 직첩(職牒)을 써서 주니 관리들이 더욱 격분하여 잠적한 채 나타나지 않았다. 일본 순사가 통역을 거느리고 사방으로 찾아다니며 출근하라고 위협했지만 사직한 자가 부지기수였다.

이로써 일체의 통신기관이 일본에 귀속되고 한국의 비밀 외교문서가 전부 단절되어 감옥에 갇힌 것과 차이가 없었으며, 부자지간이라도 자유로이 통신을 할 수가 없게 되었다.

제16장 일본 선박의 자유 운항

이전부터 일본 사람들이 우리 해안과 하천의 운항권을 획득하고자 누차 교섭을 가졌지만 우리 정부가 허가하지 않았다. 광무 9년(1905년) 5월 1일 일본 대리공사 오기하라의 위협적인 요구를 참정(參政) 민영환이 거절하여 파면되고 후임 심상훈(沈相熏) 역시 재차 거절하였다. 이에 하야시가 8월 12일 황제께 상주하여 재가를 구한 뒤 의정서리 박제순, 내부대신 이지용, 외부대신 이하영 등과 협약에 조인하였다. 그 내용은 다음과 같다.

> 한·일 양국 정부는 한국의 산업 발달과 무역 증진을 위하여 한국 연해 및 내륙 하천에 일본 선박이 운항할 필요가 있음을 인정하고 대일본제국 특명전권공사 하야시와 대한제국 외부대신 이하영이 각각 상당한 권한을 위임받아 아래와 같이 약정함.
>
> 제1조 일본국 선박은 본 규약에 따라 무역의 목적으로써 한국 연해 및 내륙 하천을 운항할 수 있다. 단 개항장 간의 운항은 자유로이 한다.
> 제2조 연해 및 내륙 하천의 운항에 종사하고자 하는 일본 선박은 일본 영사관을 경유하여 선박 소유자의 이름, 주소, 선박의 명칭, 종류, 적재량, 운항구역을 한국 해관에 보고하여 감사(鑑査)를 받아야 한다.
> 제3조 일본국 선박이 감사를 받을 때는 다음의 금액을 한국 해관에 납부해야 한다. 100톤 이하 15원, 100톤 이상 500톤 이하 50원, 500톤 이상 1000톤 이하 100원, 1000톤 이상 150원.
> 제4조 일본국 선박은 그 운항구역 안에서 자유로이 운항할 수 있다. 단, 천재지변이 있을 경우 이외에는 한국 영토 밖의 다른 곳에 정박할 수 없다.
> 제5조 일본 선박은 운행중 반드시 감사증을 휴대하여 한국 해관의 지방관리 또는 그 위임자, 동장(洞長) 또는 촌장(村長)의 요구가 있을 때는 이를 제시해야 한다.
> 제6조 일본국 선박 소유자는 그 선착장에서 창고를 건축하거나 토지를 임차할 수 있으며, 한국 해관의 허가가 있는 해안에서 부두를 축조할 수 있다.
> 제7조 일본국 선박이 본 약정에 위반할 때는 한국 해관이 이를 조사하여 죄질이 중한 자는 감사증을 회수하거나 교부를 취소할 수 있다.
> 제8조 일본국 선박 또는 승무원이 본 약정 기타 조약에 위반하거나 범죄를 저지른 때는 일본 영사관에서 조약 및 일본 법률에 의하여 처분할 것.
> 제9조 본 조약의 유효기간은 조인일로부터 기산하여 15년으로 하고, 만기 후에는

협의하여 결정한다. 단 장래 한국의 해운업이 발달되면 양국 정부는 위의 기간 내라도 협의하여 다시 정한다.

제17장 일본의 황무지 개간권 요구

광무 8년(1904년) 6월 일본 대리공사 오기하라가 일본인 나가모리(長森藤吉郞)의 신청에 의하여 우리 정부에 황무지 개간권을 요구했는데 그 주장은 대략 다음과 같다.

1. 한국 궁내부의 전국 13도에 있는 국유지와 민유지를 제외한 산림, 하천, 황무지의 개척은 일본인 나가모리에게 특허할 것.
2. 나가모리는 이 특허에 의해 자신의 계산으로써 1항의 황무지를 개척하되 만 5년 후에는 궁내부에 세금을 납부할 것.
3. 특허 기간은 50년으로 정하고 만기 후 다시 계약할 수 있다.
4. 궁내부에서는 특허자 이외의 제3자에게 본 조약에 저촉되는 특허를 내주지 않을 것.

우리나라에 원래 황무지가 많아 국토의 1/4을 차지한다고 운운하며, 일본인 나가모리에게 이런 요구를 제출케 하고, 공식 조인 전에 《한성신문》(일본이 발행)에 게재하니 외부가 궁내부에 사실 여부를 조회하고 《황성신문》이 사실을 통탄하며 반박했다. 국민들도 비로소 알아채고는 조상이 물려준 땅을 어찌 이렇게 매각할 수 있는가 하며 분개하였다. 정기조(鄭耆朝), 최동식(崔東植) 등은 사방에 통문을 돌려 이런 사실을 알렸고, 종 2품 이상설(李相卨)은 반대하는 상소를 올렸으며, 각지의 유생들도 반대하는 글을 서로 돌리며 규탄하였다. 궁내부가 외부의 조회에 회답을 보냈는데, 산림과 임야 중에 국유와 민유를 빼고 나면 외국인에게 양도할 땅이 어디 있겠느냐고 대답했다. 외부가 이 답변을 근거로 일본 공사에게 통지하고 나가모리의 신청이 근거 없음을 밝혀 거절의 뜻을 표시했다. 그러나 일본 공사는 외부에 공문을 보내 상소를 올린 유생은 모두 난민이니 탄압하라고 요청했다. 이에 우리 정부가 거절하고 신청서를 돌려보내자 오기하라는 다시 12가지 이유를 늘어놓은 〈황무지 개간안 변명서〉라는 것을 작성하여 외부에 재신청했다. 아울러 다수의 일본 경찰을 보내 여영조(呂永祚), 김두성(金斗星), 오주혁(吳周赫), 이순범(李舜範) 등을 구금하고 혹심하게 위협 공갈을 했지만, 이들이 굽히지 않고 항의하자 경무청으로 이송하여 엄벌에 처할 것을 요청했다.

이때 윤시영(尹始永), 홍종영(洪鍾榮), 윤병(尹秉), 홍필주(洪弼周), 이범창(李範昌), 이기(李沂) 등 수백 명이 연명으로 상소하여 간신 매국노를 처단하라고 요구했고, 송수만(宋秀萬)과 송인섭(宋寅燮) 등은 〈보안회(保安會)〉라는 단체를 조직하여 연설과 격문으로 사방에 알리다가 일본 경찰에 체포되었다.

이유인(李裕寅) 등은 외부에 청원하여 신청서의 취소를 요구했으며, 다시 각국 공사에게 호소하여 공평하게 판결해 줄 것을 요청했다.

황제께서는 여러 차례 측근을 시켜 해산을 종용했지만 사람들이 울면서 물러가지 않았다. 한편 일본 공사는 우리 정부에게 보안회원을 엄벌에 처하도록 협박하다가 수백 명의 병사를 동원해 군중을 총칼로 위협하더니 원세성(元世性) 등을 체포해 갔다. 그러나 저녁 무렵 종로에서 다시 집회가 열리자 일본 병사가 또 난입하여 이범석(李範錫), 신영식(申永植) 등 여러 사람을 체포하고 나머지 군중들을 쫓아버렸으며, 원세성·이범석·신영식 등 세 명을 안주(安州)에 있는 일본군 병참 사령부로 압송하여 수 개월간 감금했다가 석방했다.

며칠 후 하야시가 돌아와 민중의 분노가 불같음을 보고 본국 정부에 보고했더니 일단 중지하고 뒷날을 기약하라는 훈령을 보내왔다. 따라서 하야시가 외부에 공문을 보내 황무지 개간안은 차차 시일을 두고 다시 협상하자고 했지만, 외부대신 이하영이 장문의 서신을 통해 반박하는 회답을 보냈는데, 그 내용은 다음과 같다.

  본월 23일에 도착한 황무지개간안에 대한 공문을 조회하였고, 동시에 본 대신이 전에 하기와라(萩原) 대리공사에게 주었던 조화에 대해 거절한 답신을 붙여온 곳에 대해, 본 대신은 아주 이상하게 여기는 바이다. 보내온 글을 살펴 조사해보니 본월 5일 본 대신의 회답 가운데 화충(和衷)이나 상판(商辦)이란 구절을 썼었는데, 이 말은 허가할 뜻이 없어 듣기 좋게 제목을 잡은 것이오. 화충이란 말은 서로 강행하지 말고 바로 협심하자는 것을 말하는 것이고, 상판이라는 말은 그 사리를 헤아려 그 가부를 결단함을 말하는 것이외다. 이번의 황무지개간안은 조금도 승인해 줄 수가 없는 문제이외다. 따라서 9일 본 대신은 이 교섭이 중요하다는 것을 알기 때문에 다른 일일랑은 모두 제쳐두고 마음 속에서 늘 생각을 하였지만, 대세를 판단하니 거절할 수밖에 없어 거절하는 회답을 보냈던 것이오. 먼저번에 귀공사가 대황제폐하를 알현할 때 본 대신은 예식이 있어 대동하지는 못했지만, 귀공사가 화충과 상판의 유지(諭旨)를 들은 바와 같이 이는 바로 거절할 수밖에 없다는 뜻이외다. 그 뒤에 보내온 공문 중에서 반복되는 많은 말들은 이야기꺼리를 만들려고 재갈을 물리기도 하고 굴레를 씌우기도 한 것들인데, 어찌도 그리 오해가 심하단 말이오. 그래서 이 안건에 대해 본 대신은 부득불 조목조목 따져서 우리나라가 옳다는 것을 알리려고 하는 것이외다.
  귀 조회 제 122호를 소급해서 조회하니 거기에는 두 나라가 의정서를 서로 나눈 이래 이해와 휴척(休戚:기쁨과 걱정)을 함께 해야 한다고 하였으며, 전쟁 후에는 발전을 위해 반드시 서로 돕고 옹호하여 경영해야 한다고 말했소이다. 돌이켜 보면 우리 두 나라는 아시아에 같이 있으면서도 어려움을 당하면 서로 보호해야 하는 것이 도리이며, 따라서 이해와 휴척을 같이 해야 한다는 의정서를 교환하지 않았더라도 당연히 해야 하는 것이며, 의정서도 이러한 이치에 의해 교환된 것이외다. 그런즉 소위 전쟁 후의 발전을 위해 돕고 옹호해야 한다는 것은 서로간에 이익이 있는 것은 서로 가지도록 하는 것이고, 서로 침략하는 것은 옳지 못하다는 견해를 편 것이오. 앞으로 우리 정부가 관아를 설치하고 황무지를 관리하려고 하는데 이를 넘겨달라고 강력히 요청하는 것은 실로 서로를 돕고 옹호하려는 것이 아니라, 이는 강압적으로 행하려는 것이 아니고 무엇이겠오.

이후 보내온 글에 또한 말하기를 지난번 조정에 돌아왔을 때 본 안건을 제출하여 이익의 득실 등을 전 대신에게 설명하였고, 본 안건이 제출된 뒤에 발생하는 일들에 대해서는 별개로 처리한다는 등 운운하였는데도, 지난번 공사가 멋대로 설명하자 모든 대신들이 시인하지 않았던 것이오. 그런데 지금 다시 멋대로 구실을 붙인다는 것은 부당한 일이 아니고 무엇이겠소. 또 보내온 다른 공문에 의하면 배일을 책동하는 자가 있어 두 나라의 친교를 교란시키고 있다고 운운하였는데, 지난번에 불평을 품고 방자한 무리들이 거짓 의리를 빌려 다른 사람의 이름으로 연명하여 통문을 돌리며 민심을 선동하자, 본 정부는 각 지방에 전보를 보내 이를 막도록 했던 것이오. 이미 여러 날이 경과하였는데도 아무런 일이 일어나지 않고 있으니 이는 다행한 일이 아니고 무엇이겠소.

또 말하기를 일종의 무뢰배가 본 안건의 진상을 이해하지 못하고 자기 마음대로 남의 마음을 헤아려 억측을 부리며 무리를 많이 모아서 보안회(保安會)라 칭하며 각처에서 모여 여러 사람을 밀고하고 제멋대로 논의한다 하였소이다. 또 말하기를 정부가 즉시 진압하지 않고 함께 방관만 하고 있다고 운운하였는데, 소위 〈보안회〉라고 하는 단체에는 무뢰배가 섞여 있기는 하나 그들이 주장하는 것은 국민정신에서 나온 것이라 본 정부가 진압하여 제어하기가 어려우니 설득해서 해산시키는 것이 옳다고 보아 본 정부는 이들을 인정하지 않고 달래서 해산할 수 있도록 지시했던 것이오. 그런데도 어찌하여 이에 대해 관심이 없다고 하는지 알 수가 없소이다. 일찍이 듣건데 귀국은 중대한 안건이 있으면 민정(民情)이 물 끓듯 일어나 아무런 거리낌 없이 자신의 주장을 펴며 무슨 당(黨), 무슨 회(會)니 하며 부단히 나타나도, 귀정부가 그들을 무뢰한 난민으로 지목해서 강제로 탄압하지 않았다고 하는데, 이번 우리 국민들이 울분을 참지 못하여 한 곳에 모여 정부의 견해를 확실히 묻고자 한 것이며, 또한 귀공사관에 예의에 어긋나는 행동을 하지 않았는데도, 어찌하여 귀공사는 군졸을 풀고 순사를 파견하여 많은 이들을 체포하였던 것이오. 궁궐이 지척에 있는데도 큰 소리가 일어나게 하고, 맨주먹의 군중들에게 총칼로 공격하여 구속된 자가 9명이나 되며 부상을 당한 자가 4명이나 되는데도, 귀공사는 알지도 못하고 양국간에 체결한 수호조규 및 특수맹약은 어디에다 두고 스스로 귀국의 명예를 돌보지 않으며, 동시에 동양의 평화를 생각하지 않는 것인지 모르겠소이다. 귀공사는 반드시 여러 번 반복해서 이 문제를 생각하여 체포해간 사람들을 풀어주어야 할 것이고, 부상자는 치료해 주는 것이 옳을 듯하오.

보낸 공문 중에서 또 말하기를, 2, 3명의 높은 벼슬아치들이 암암리에 사주한다고 운운하였는데, 이 말을 어디에서 들었는지 알 수가 없소이다. 사사로이 본 안건의 허부(許否)를 조사해 보면, 이는 정부 주권에 관계되는 것이므로 벼슬이 높으면 어찌하여 정당에서 논하지 않고 구차하게 애매한 일을 꾸미려 하겠소이까. 그 말은 근거가 없는 말이니 말할 만한 것이 아니라 보오.

또한 공문에서 말하길 귀정부가 이들 무식한 자들의 망동을 두려워하여 논의를 두서너 번 했다고 운운하였는데, 어찌 본 정부가 일찍이 이들이 망동하는 앞에서는 승인해 준다고 했다가 뒤에서 거절했다고 할 수가 있겠소이까. 이것은 말도 안 되는 것이외다. 또 공문에서 말하길, 본 안건은 나가모리(長森) 한 개인의 생각에서 나왔다고 한다면 정말 쓸데 없는 짓으로 돌려 깊게 허물을 물을 필요는 없겠으나, 만약 귀정부가 이를 검토한 후 그로하여금 제출케 한 것이라면, 이는 사리 밖에 속하는 일이라 몹시 슬프고 애석한 일이라 하지 않을 수 없을 것이오. 만일 귀정부가 본정부를 위하여 추호도 다른 논의를 하지 않았다면, 바로 승인할 수 있는 것인지, 또 이 권리를 획득한다면 독립 및 영토 보존의 맹약에 부합된다고 할 수 있겠는지, 또 만약 본 안건이 없다면 동양평화를 유지할 수 없다는 것인지 알 수가 없소이다. 귀정부는 어찌하여 사리에 어긋나는 일을 청구하여 스스로 귀정부의 권위를 손상하고 동시에 본국으로 하여금 물의를 일으키게 하는 것이오. 본 정부는 주권을 유지하며 국시(國是)를 확립하는 차원에서 결단코 승인하여 시행하지 못 하도록 할 것이오. 본 대신이 이렇게 말하는 것을 보면 본 대신의 마음이 어디 있는가를 다 드러냈다고 하겠소이다. 귀공사는 탁월하고 원대한 식견으로 이 문제를 두루 통찰하시어 본인의 말에 동감해 주기를 바라오. 또 승인하지 않게 된 데 대한 견해에 대해서는 누누히 그 바른 바를 서술하였으니, 본 대신이 보낸 제128호 또한 받아들이지 않을 이유가 없다고 보오. 이 조약안에 대해서는 본 정부가 이를 보존할 필요가 없는 것이니, 귀공사가 제출한 약안(約案) 및 본 대신이 받은 지난번 공문도 돌려보내며, 회답을 보내니 귀공사는 청컨대 번거롭겠지만, 사실에 비추어 이를 조사해 보는 게 좋을 듯하오. 귀공사가 우방국과의 외교를 생각하고 대국(大局)을 바라보며, 본 안건을 신속히 취소할 것으로 믿어의심치 않는 바이오.

다음날 일본 통역 시오가와(鹽川)가 일본 공사의 명령으로 외부의 반박문과 조약 원고를 가지고 외부로 찾아왔는데, 이 안건은 뒷날 외부대신과 일본 공사가 만나 다시 협상하자는 하야시의 말을 전했다. 그후 7월 30일 참정대신 심상훈과 외부대신 이하영이 일본 공사와 담판하여 황무지 개간안을 철회시켰다.

제18장 삼림 벌채 및 포대 건축 · 금전 갈취 · 도축

광무 6년(1902년)에 일본 농무성 산림국에 근무하는 기사 다나카(田中喜代治)와 미야시마(宮島多喜郞) 등은 우리나라 전국 각지를 돌아다니며 산림과 지질에 대해 조사하였다. 광무 7년(1903년) 4월에는 일본인 아베(阿部準輔)가 한국인 · 중국인과 함께 삼림이재회사(森林理財會社)라는 이름으로 압록강변의 삼림을 벌채하겠다고 우리 외부에 알려왔다. 이에 외부에서 농부에 인가 여부를 물어오자 농부에서는 안 된다고 하며, 그 회사가 벌채허가서를 제청한 일 및 그 회사의 주소 · 이름 · 인허가 날짜 등은 모두 근거 없는 것이라고 하였다. 하야시(林權助) 공사 또한 "이것은 그들이 위조한 것 같으며, 나는 자세히 모르는 일이다"고 하였다. 그럼에도 일본인 등은 개인땅이라 자칭하며 각자 권총을 소지한 채 압록강 연안 각 곳을 횡행하며 한국인의 목재를 강탈하고 또한 협박하여 운반시켰으며, 한국인 일꾼들에게 채찍질을 열심히 해대었다. 그러다가 광무 8년(1904년) 11월에 하야시 공사가 압록강과 두만강은 군용지라 하여 이들 두 강 연안의 채벌권을 차지했다.

하야시 공사는 또한 의정서를 체결한 이후부터 이들 지역을 군사적으로 필요한 지역이라 칭하면서, 부산서부터 마산 · 진주 · 목포 · 인천 · 중남포 · 압록강 · 원산 · 성진 등의 연해 각 곳에 포대를 설치하였다. 또 황주군에다가는 흥업회사를 설립하고 토지를 구입하여 지역을 널리 확장해갔던 관계로 이들 지역에 살던 우리 국민들은 대부분 이곳을 떠났거나 생활기반을 잃고 말았다. 이전 갑오 · 을미년에 우리나라는 동학난과 의병들이 궐기함으로 인해서 우리나라 안에서 행상을 하던 일본인들이 인명과 재산의 피해를 입었지만, 우리나라 국민들도 많은 피해를 입었기에 당시에는 한 마디 말도 없더니, 러 · 일전쟁이 일어나면서 하야시는 일본 군대의 위세를 믿고는 당시의 피해에 대해 배상할 것을 강요하여 주청하니, 고종은 할 수 없이 내탕금 18만 3천 7백 50원을 죽은 자들의 유족들에게 나누어 주어야 했다. 외부에서는 일본 공사에 공문을 보내 일본인 피해자 유족들에게 이미 보상금 18만 원을 내렸으니 당시 일본인들에게 피해를 본 한국인도 70여 명이나 되므로 일본인 피해자에 맞추어 우리나라 유가족에게도 그에 상당하는 보상금을 지급해야 양국간의 국교를 더욱 친밀하게 증진시킬 수 있지 않겠는가 하고 주장하였지만, 일본공사는 아무런 회답도 하지 않았다. 그러다가 한참 후 공문을 보내왔는데, 이전 시흥군민들의 소요로 인해서 일본인 2명이 사망했고, 3명이 중상을 입었으므로 보상금과 치료비 3천여 원을 신속히 지불해 줄 것을 청해왔다.

국내에 있던 일본군 병참 소재지 및 경부선·경의선 정거장 부근에 있던 일본인 거류지 외의 각 부(府)·군(郡)에 있는 일본인 거주지에 도축장을 개설하니, 그동안 마음대로 도살업에 종사하던 한국인이나, 남의 소를 훔친 자 등이 모두 이 도축장으로 소를 끌고 가버리는 통에 소를 잃은 주인들은 알면서도 이곳을 조사하여 찾을 생각일랑은 아예 생각도 못했다. 그러니 자연 도살영업은 모두 일본인들에게 돌아가고 말았다.

제19장 한반도 북쪽에서의 일본군 횡포

광무 9년(1905년) 1월 하야시가 내부에 통지하여 함경북도 각 군에 광관(曠官 : 사무를 집행치 않고 공석 중인 관리)이 많아 일본사람이 대신 업무를 보았으니 빨리 그 월급을 지불하라고 요구했다. 이 무렵 함경도는 러·일의 군대가 교체하는 도중이라 군수물자를 강요당하고 관리도 위험과 박해가 빈번하여 조정과 연락이 통하지 않는 외진 고장에서는 직무를 이탈하는 관리들이 종종 있었으며, 일본이 통역원이나 병참 근무자로써 대신 직무를 보게 하고 봉급을 요구하였다.

우리 정부가 거절하자 일본군이 세금을 징수하겠다면서 월권과 간섭이 심했으므로 외부가 일본 공사에게 아래와 같은 통고문을 보냈다.

귀국 군정관(軍政官)의 통지문에 의하면 세금을 징수한다며 각 군수에게 보고할 것을 요구하고 지휘와 훈시를 내리면서 위반자는 처분한다는 등 운운하니, 그 군정관이 군사상 필요하여 귀국 정부의 명령에 따라 북한 지역에서 군정을 실시함은 군사상의 범위 내에서 시행할 일이요 그 이외의 월권 간섭은 부당한 것이다. 더욱이 징세권은 국가가 적법하게 부과하는 것으로서 정부의 정당한 절차를 거쳐 임명된 각 군수가 그 직권으로 징수하는 것이며 군정과는 무관한 것이다. 군정관이 군수에게 보고를 요구할 필요도 없고 지휘와 훈시를 내릴 권한도 없는 것이다. 또한 그 훈시라는 것의 내용 가운데 지방관 중 일본군에게 불리한 자가 있으면 해임 처벌하고 적임자를 골라 지방 행정을 장악하게 한다는데, 귀국 군정관이 무슨 권한으로 정당한 절차를 거쳐 임명된 우방국의 관리를 마음대로 해직 처벌하며 자유로이 임명할 수 있는지 참으로 해괴하고 승복할 수 없는 일이다. 별지에 군정관의 통지문을 베껴 보내니 공사께서는 귀국 군정관에게 훈령을 내려 세무에 간섭하지 말고 권한을 남용하지 않도록 조치하기 바란다.

이 통고 후에도 2월 26일 하야시가 공문을 보내 함경남도 관찰사 이헌경(李軒卿)이 군사상 방해가 되니 파면하라고 요구했고, 이와 동시에 이헌경이 내부에 전보를 띄워 일본군 사령부에서 관찰사의 인장을 빼앗아 가고 사직을 강요한다는 연락을 보내 왔다. 같은 날 덕원(德原) 군수는 일본 군정관이 군사상 필요한 토지에는 지세를 징수하지 못 하도록 금지했으며, 일본인이 원산항 경무관 박홍호(朴洪昊)를 고원군(高原郡) 대리군수로 임명하고 발령장을 주며 업무를 보게 한다는 보고를 보내왔다. 3월 2일 일본 공사가 또 공문을 보내 제주 목사 홍종우(洪鍾宇)가 일본인에게 옳지 않은 일을 했으니 즉시 파면하라고 요구했고, 4월 5일에는 원산의 일본군 병참사령관이 성진 감리(監理) 조종환(趙鍾桓)과 함남 관찰사 이헌경을 쫓아냈다.

외부가 일본 공사에게 통지하여 만일 해당 관리가 군사상 방해가 된다면 중앙 정부와 협의하여 임면하는 것이 옳은 법인데, 국교를 무시하고 마음대로 처분하는 것은 참으로 기괴한 일이니 군사령부에 통지하여 마찰이 없도록 해결해달라고 요청했다. 그러나 하야시는 5월 24일 외부에 통첩을 보내 군사령부에서 군령을 포고한 각 지방에서는 아래의 세 가지 조항을 추가로 실시하겠다고 알려 왔다.

1. 한국 정부가 지방관을 임면할 때는 우선 사령부에 통지할 것.
2. 각 군수가 부임할 때 사령부의 증명이 없으면 부임하지 못 한다.
3. 각 지방의 광산과 산림은 사령부의 허가가 없으면 벌채하지 못 한다.

이와 동시에 하야시는 각 항구의 일본 영사들에게 훈령을 내려 "한국 지방관리 중에 비행이 있는 자에 대해서는 지방에 거주하는 백성들이 이 사실을 구체적으로 적어서 본 공사에게 고소하라"고 지시했다. 2월에 하야시공사는 다시 의정서리인 조병식(趙秉式)에게 서한을 보내 "신속히 학부와 농부를 폐지하여 내부에 부속토록 하라"고 지시했다.

제20장 일본 헌병의 대리 경찰역 자행

광무 9년(1905년) 1월 5일 한성 주재 일본군 사령관 하세가와(長谷川好道)가 각지에 포고하기를, '지금부터 경성 및 인근의 치안 경찰에 관한 사항은 일본 헌병이 한국 경찰을 대리하여 담당한다'고 알렸다. 1월 10

일에는 일본 헌병사령관의 고시문을 각처에 게시했는데, '우리 군사행동의 이익을 보호하고 작전군 배후의 치안을 유지하기 위하여 필요한 구역 내에 군령을 반포 시행했으며, 현재 경성 및 인근의 치안 경찰에 관하여 한국 경찰을 대신해 질서의 엄숙을 기하고자 아래의 군령을 포고하여 일반 인민의 범죄 행위가 없기를 기했다.

> 아래 각 항의 죄를 범한 자, 교사한 자, 미수범, 예비 음모자는 그 정황에 따라 사형, 감금, 추방, 과료 혹은 태형(笞刑)에 처하며, 물건을 범죄에 사용한 자는 정황에 의하여 그 물건을 몰수한다.
>
> 1. 적의 간첩행위를 한 자 및 이를 유도 조성한 자.
> 2. 적군의 행동을 방조하거나 또는 그 편리를 도모한 자.
> 3. 아군의 포로가 된 자를 도주시키거나 또는 강탈한 자.
> 4. 단체를 조직하여 반항을 도모하거나 기타 아군에 대하여 반항 적대행위를 계획한 자.
> 5. 아군의 행동을 방해한 자.
> 6. 군용 전신, 전화기관 또는 철도, 군용 차량, 선박 등을 파괴, 도용(盜用)하거나 그 운용을 방해한 자.
> 7. 군용 영조물, 도로, 교량 등을 파괴한 자.
> 8. 병기, 탄약, 양곡, 피복, 기타 군수품 및 군용 우편물을 파괴하거나 도용한 자.
> 9. 전 3호 이외에 군사상의 통신 또는 수송 등을 방해한 자.
> 10. 아군에게 불이익한 허위 또는 과장된 통신을 하거나 이와 유사한 소문을 유포한 자.
> 11. 아군에게 불이익한 게시(揭示)를 한 자.
> 12. 아군의 징발, 숙박 및 인부 고용 등을 방해한 자.
> 13. 일본 군인, 군속의 직무 집행을 방해한 자.
> 14. 집회, 결사 또는 신문, 잡지, 광고 기타 수단으로 공안 질서를 문란하게 한 자.
> 15. 일정한 지역 내의 출입, 체류를 금지한 경우에 있어서 이 금지령을 어긴 자.
> 16. 군사령관의 명령에 위반한 자.

17. 범죄자를 은닉하거나 강탈 또는 도주하게 한 자.
18. 범죄자를 위하여 그 증거를 없앤 자.

제21장 허위(許蔿) 격문과 일본 헌병에 의한 집회 금지

 일본이 재정, 군사, 법무, 학교, 경찰, 우편 업무를 전부 장악하고 백성의 생명과 재산까지 침탈당하게 되어 형세가 점점 위급해지니 한국인으로써 뜨거운 피가 흐르는 자가 어찌 속수무책으로 죽기만 기다리겠는가? 이리하여 허위 등 수십 명이 죽기를 각오하고 국민에게 호소하여 일시에 궐기하고자 전국에 격문을 띄웠다.

 현재 한·일간의 교섭은 동양 안위의 분기점이므로 마땅히 우의를 돈독히 하고 진심으로 도와서 수레와 수레바퀴가 서로 의지하고 노(魯)와 위(衛)의 친분처럼 된 이후라야 동방의 세력이 강화되고 러시아의 병탄을 면한다는 것은 비단 일본의 희망일 뿐만 아니라 우리 한국의 소원이다.
 다행히 일본 황제가 널리 생각하고 깊이 우려함으로써 만리에 출사(出師)하여 노고를 아끼지 않고 만주 여순을 공략하여 탐욕스럽고 난폭한 러시아의 예봉을 꺾고 우리나라와 조약을 맺어 우리 강토를 보전하고 독립을 공고히 하고자 하니 우리 한국인이 감격하여 동아시아의 안전이 이 전쟁에서 완성된다고 생각했다.
 그러나 의외로 일본 공사라는 인물이 적당하지 못 하여 조약이 체결된 지 얼마 되지도 않아 그 취지를 뒤바꾸고 비열한 간신 매국노들과 결합하여 우리 황제폐하를 위협하고 국권을 약탈하며 전국의 이익을 송두리째 장악하여 수탈하고 정부 대신의 임명에도 간섭하여 뇌물이 성행하고 관에서는 주연이 끊이질 않으니 그들이 아끼는 자는 비록 간악한 무리일

지라도 중용하고 그가 미워하는 자는 선량한 자라도 교체해 버리므로 이는 우리 황제폐하의 개혁을 방해하며 다시 그 군대와 백성이 우리나라에 들어와 횡포와 악행이 러시아인의 탐학에 비해 몇 배나 됨에도 불구하고 방임하여 금지하지 않으니 친선을 도모한다는 약속이 어찌 이럴 수 있는가? 이대로 방치하면 우리 삼천리 강토를 집어삼키고 이천만 백성이 어육(魚肉)이 될 것이니 설령 러시아가 동양에서 멋대로 행동할지라도 그 위화(危禍)가 이 정도에는 이르지 않을 것이다. 비유하건대 이웃집에 도둑이 들자 대신 쫓아주고 그 공덕을 빙자하여 재산을 전부 탈취하면 집주인은 오히려 도둑에게 당하는 것만 못할 것이니 현재의 정세가 어찌 이와 다르겠는가?

한국이 비록 피폐하지만 이천만 인구가 한마음으로 분발하고 의기를 드높여 빈사지경에서 삶을 구하고 존망의 위기에서 생존을 도모한다면 어찌 강약을 따지겠는가. 비록 기력이 쇄진했다 할지라도 속수무책으로 죽음을 기다리는 것보다는 나을 것이 아닌가? 그들 일본인의 탐욕스럽고 난폭한 소행을 일일이 지적하기는 어렵지만 이제 그 대강을 적어 13도 동포에게 고하노니 원컨대 모든 사람은 눈 앞에 있는 하루의 편안을 구하지 말고 협력 발분하여 우리 종묘사직을 공고히 하고 백성을 편안케 하여 천하 만국에 수치를 모면케 하라.

1. 철도에 대한 문제

작년 가을 남대문 밖 정거장 구역을 확정할 때 69000여 평을 지정하여 일본 회사도 만족하고 그 부근 10000여 평의 토지는 궁내부에서 도민의 상점과 공장 건축지로 지정하였다. 그러나 금년 4월 일본 공사가 위의 10000여 평도 정거장 부지로 편입시키도록 요구한 다음 승인도 얻지 않고 울타리와 표석(標石)을 이전하여 강제로 점령하였다. 우리 철도원이 거절하자 일본 공사는 제멋대로 해당 토지의 가격을 24000원으로 정하고 그중에서 몇 년 전에 개성 인삼 문제로 일본인이 피해를 입은 소위 구휼금이란 것을 빼고 나머지만 제일은행이 지불한다는 둥 운운하였다. 이는 국권을 전혀 무시한 횡포이며, 철도협약 때 급수용 우물을 파는 데 필요한 토지는 100평 이내로 한정한 것을 도처에서 이를 무시하고 닥치는 대로 점유했으며, 특히 우수현(牛首峴)은 남묘(南廟)에 가까우므로 우물을 파지 못하게 했으나 도리어 산 뿌리를 관통하는 지하도를 개통하면서 매일 폭약을 사용하여 남묘와 남산을 진동케 하였고, 철도 부지의 전답 가격과 사용 인부의 임금은 시가(時價)대로 지급해야 하거늘 우리 철도원 기사가 직접 시찰한 곳은 다소라도 급료를 지급했지만 나머지는 이리저리 핑계를 대고 전혀 지급하지 않았다. 한 가지 예를 들면 직산군 한 곳 만 해도 논 19석 14두락, 밭 1석 8두락, 목재 돌 등의 가격과 묘지 이장비 250냥을 전부 배급하지 않았을 뿐만 아니라 일본인의 음식 대금 4505냥을 지불하지 않았다는 것은 당해 군수의 보고서를 보더라도 명백하며, 나머지 다른 곳도 대개 이와 비슷하다. 또 일본인이 철도를 빨리 완공한다면서 많은 일본인과 한국인을 인부로 사용했는데, 일본 인부들은 포악하고 한국인 인부들은 무뢰한들이었지만 통역의 말만 듣고 이들을 감쌌으며, 자신들이 숫자가 많음을 이용하여 마을을 약탈하고 부녀자를 강간했으며 인명을 살상하고 관청을 습격하는 등 불법행위가 끊이지를 않았다. 지방관이 이들을 체포하고자 하면 오히려 모욕을 당해 그 피해가 화적보다 더 심했지만 관리와 백성들 모두가 그들을 겁내 감히 상급 관청에 호소하지 못 하고 삼천리 방방곡곡에 원한이 가득했다.

일본이 민란을 두려워하여 각지에 군대를 주둔시키고 억압을 가했는데, 폭행 가운데 특히 심했던 것은 금산(金山)의 변(變)이다. 금산 군수 이성해(李成海)는 성격이 강직하여 그들의 불법을 엄금하고 우리 백성을 보호하니 일본 공사가 외부에 공문을 보내 철도 공사를 방해하는 자라고 하였다.

이성해가 대구에 갔다 돌아올 때 거곡점(渠谷店)에 이르자 철도 패장(牌長) 홍명선(洪明善)이 이유 없이 트집을 잡고 많은 일본인과 인부들을 불러 모아 관리들을 구타했는데, 일본인 곤도(近藤精一), 나오다(直田) 등은 철봉을 마구 휘둘러 가마를 부수고 군수를 끌어낸 다음 의관을 찢고 무수히 구타하여 중상을 입혔으며 수행 관리는 곤죽이 되도록 얻어맞은 것이다.

영동(永同) 인부 김영복(金永卜), 허성오(許聖五) 등이 술값을 내지 않고 오히려 주인을 구타했으므로 군수 천세현(千世顯)이 이들을 체포하려고 하자 인부들이 일본인 십여 명과 함께 철봉을 들고 관청에 난입하여 관리를 구타하고 군수에게 부상을 입혔다. 연기(燕崎)에서는 감옥을 파괴하고 죄수를 꺼내는 등 기괴한 폭력 현상을 헤아릴 수 없으며 일일이 기록하기가 어렵다.

2. 우리 국권을 침탈한 문제

우리의 공사(公私) 권익을 닥치는대로 빼앗고 한반도는 새로운 일본이라는 말을 거리낌없이 발설했으며, 우리 국민에게 그들의 은행권을 강제로 사용하게 하고, 조약상 인정되지 않은 지방에 임의로 거주하여 우리를 식민지처럼 여겼고, 토지를 불법으로 뒷거래했고, 울릉도 산림을 불법으로 벌채하면서 오히려 한국인의 벌채를 금지하고 한국인에게 과세했으며, 제주도 목장과 어업 기지, 바다를 둘러싼 삼면의 어업권을 전부 그들의 수중에 넣어 우리 어민은 생업을 잃게 되었고, 각지의 금광도 무수히 강점 당했다.

3. 북진군의 작폐 문제

일본인이 들어간 서북 각 지방은 닥치는 대로 군량미를 징발하고 학교와 객사 등에 임의로 방치하여 위패(位牌)와 궐패(闕牌)가 불안하게 됐으며, 관청을 점거하여 멋대로 거주하고 약탈을 자행하여 가축, 식량, 금전을 가리지 않고 노략질하니 주민들이 흩어져 온 동네가 텅 비었다.

허위 등이 이 격문을 선포하자 일본 공사가 크게 화를 내고 이들을 엄벌에 처할 것을 요구하며 외부를 협박했다. 아울러 일본군과 일본 경찰을 풀어 여러 사람을 감옥에 구금하고 격문을 압수했다.

광무 9년(1905년) 1월 7일 한성 주재 일본 헌병사령관이 한국인의 자유 집회를 엄금하는 포고문을 다음과 같이 발표했다.

제1조 정치에 관하여 단체를 조직하고자 할 때는 조직하기 3일 전에 그 책임자가 단체 이름, 단체 규칙, 사무소 및 그 구성원 명단과 주소, 등급, 직업, 나이 등을 제출하여 인가를 받을 것.
제2조 정치에 관하여 대중을 모으고 집회를 개최하고자 할 때는 회장 또는 발기인이 개회 1일 전에 집회 장소, 연월일시 및 집회 목적을 보고하여 인가를 얻을 것.
제3조 공적인 집회 결사로서 정치와 관계없는 것이라도 필요가 있을 때는 제1조 및 제2조에 의함.
제4조 옥외에서 대중을 모으거나 다수인의 운동을 금지한다.
　단, 관혼상제(冠婚喪祭) 기타 관례에 의한 것은 예외로 한다.
제5조 모든 집회에는 헌병을 참가시키며 헌병의 명령에 복종해야 한다.
제6조 이 포고령에 위반한 자는 군법으로 처분한다.
제7조 본령을 위배하는 자는 군율로써 처분한다.

일본 공사가 다시 외부에 알리기를 인민의 안녕 질서를 위하여 헌병사령부에서 이러한 포고를 내린 것이니 조선 정부는 인민에게 주지시키기 바란다고 했다.

제22장 일본인이 찬정 최익현을 구금함

찬정(贊政: 의정부 소속의 칙임관) 최익현(崔益鉉)은 국가의 원로이며 유림의 태두(泰斗)로서 학문과 품행이 뛰어난 인물인데, 직언 때문에 세 차례 나 귀양을 가게 되니 명성을 더욱 떨치게 되었다. 그는 산속 깊은 곳에 거처하면서 제자들과 함께 조용히 지내고 있었다. 나라에서는 여러 차례 관직을 주며 그를 불러들이려 했으나 나아가지 않았다. 그러나 점차 나라의 안위가 위급해지자 조야를 막론하고 두려워하지 않는 이가 없어 어찌할 줄 몰라했다. 이에 고종이 최익현을 생각하고 남달리 예의를 갖추어 그를 부르게 하니 최익현은 간곡하게 사양하였지만, 결국 입궐하게 되었다. 그러나 그는 입궐하자마자 황제에게 나아가 황제의 잘못과 간신들의 매국을 규탄하면서 거리낌 없이 수많은 말로써 자세하게 아뢰었다. 그는 읍소하여 말하기를, "슬프옵니다. 4천 년 국가가 이제 왜에게 망하여 폐하가 종사와 국민을 저버리게 되었으니, 어찌 이에 이르도록 하였습니까? 이제 소 잃고 외양간 고치는 것은 때가 늦었습니다만 신이 지금부터 아뢰는 여러 가지 조목을 폐하는 이제라도 실천하셔야 하옵니다. 그러지 아니 하시면 신은 궁궐 층층대에 머리를 부수어 국은에 보답하고 저 하옵니다. 감히 아뢰옵니다만, 이제 더 이상 물러설 수 없습니다"라고 하였다. 그러자 황제는 민망함을 금치 못 하여 말하기를, "짐이 마땅히 실행할 터이니 경은 잠시 물러가 계시지요"라고 하였다. 이에 궐 밖으로 나와 잠시 기다리니, 수일이 지나도 말한 것을 실시하려는 기미가 전혀 없자, 바로 대궐 밑으로 가서 죽을 결심을 하였다. 그러한 소식을 접한 일본인들은 그렇게 되면 자신들에게 안 좋을 것임을 알아채고는 그를 '배일당(排日黨)'이라 하여 일본 군대를 파견하여 사령부로 데려와 구치시키며 힐난하였다. 그러자 최익현은 노도와 같은 음성으로 꾸짖기를 "이 짐승같은 무리들아! 어찌 그리도 예의 범절을 모른단 말인가! 내가 내 군주에 대하여 말한 바가 너희들과 무슨 관계가 있다고 이처럼 불법적인 일을 저지른단 말이냐?" 하니, 일본 군인들이 감히 더 이상 문책하지 못 하고 병사를 시켜 그를 고향 정산(定山)으로 강제로 호송해 버렸다.

판서 김학진(金鶴鎭)도 시국 문제를 상소하다가 일본군 사령부에 구금

됐으나 며칠 후 풀려났다.

　참판 이남규(李南珪)는 성질이 강직하고 문장에 능했는데, 갑오년(1894년)에 오도리 공사가 군대를 이끌고 입경하자 "일본이 아무런 까닭도 없이 병력을 동원해 국교를 유린한다"고 따지는 상소를 올렸다. 이에 앙심을 품은 일본인이 정미년(1907년) 가을 고향인 예산에서 그가 의병과 내통했다고 모함하여 공산(公山) 감옥에 투옥시켰다. 감옥에 투옥시킨 후 "네가 의병을 일으키려 했지?"하고 문책하자 그는 하늘을 우러러 웃으면서 손으로 가리키며 말하길 "백만의 의사들이 이 속에 있으나 나가지 못하는 것이 한스럽다"고 하였다. 이에 일본인들은 그가 쉽게 굽히지 않을 것임을 알고는 석방시켜 돌려 보냈다. 그러나 며칠 후 일본군이 다시 찾아와 강제로 가마에 태우더니 온양군 평촌(平村) 들판에 이르자 사람이 없는 것을 알고는 그를 끄집어내고 칼을 겨누며 위협했다. 이에 이남규가 노하여 "이 개, 돼지만도 못한 놈들아 나를 얼른 죽여라"하고 꾸짖자, 일본 병사가 바로 그의 목을 베는 바람에 욕을 다 하지도 못하고 피살되었다. 이때 그의 아들이 통곡하며 맨 손으로 왜병과 격투를 벌이다가 역시 칼에 맞아 희생되고 말았다. 가마를 들고 가던 하인들도 분통함을 참지 못하여 돌덩이를 들고 일본 병사를 후려치다가 전부 총을 맞고 사망하고 말았다.

제23장 각 부서의 일본인 고문(顧問)

　광무 8년(1904년) 7월 하야시가 일본 정부의 훈령에 따라 우리 정부에 고문을 초빙하도록 했다. 당시 황무지 개간권 문제 때문에 한국인의 감정이 몹시 흥분해 있었으므로 하야시 공사가 이 안건을 철회하여 인심을 수습코자 하니 관민 모두가 크게 기뻐하며 일본의 호의를 믿었다. 며칠 후 우리 정부에 권고하기를 현재 악화(惡貨)가 충만하고 재정이 문란하니 이름 있는 재정 전문가를 선임하여 정리를 맡기는 것이 좋겠다고 했다. 아울러 외교에도 적당한 외국인 고문을 두는 것이 좋다고 하면서 외부대신 이하영과 탁지대신 민영기에게 의안 제출을 강요했으므로 두 대신이 아래와 같은 의안을 제출했다.

> 1. 대한 정부는 대일본 정부가 추천한 외국인 1명을 재정고문으로 초빙하여 재무에 관한 일체의 사항은 그 의견을 자문한 후 시행할 것.
> 2. 대한 정부는 대일본 정부가 추천한 외국인 1명을 외교고문으로 초빙하여 외교 업무에 관하여 그 의견을 자문한 후 시행할 것.

이 의안이 일본 공사관에 송부되자 하야시가 크게 기뻐하면서 그날로 조약을 체결하고 조인까지 하면서 다시 한 가지 항목을 첨부했다.

> 한국 정부는 외국과 조약을 체결하거나 기타 중요한 외교 안건(외국인에 대해 특권을 양도하거나 혹은 계약)의 처리에는 우선 일본 정부와 협의할 것.

이상의 협약에 대해 일본 법학박사 나카무라(中村進一)가 논평하기를, 일전의 〈일한 의정서〉로 한국이 우리 보호국이 된 것으로 생각했는데 오늘 이 협약을 보니 한국은 확실히 우리 보호 아래의 일부 주권국으로서 프랑스와 베트남 간의 관계와 유사하다고 인정할 수 있다는 등의 말을 했다.

10월 7일 탁지대신 민영기, 외부대신 이하영이 일본인 메가다(目賀田種太郞)와 고문 초빙 계약을 체결하고 아래와 같이 결정 조인했다.

> 제1조 메가다 타네타로오는 대한국 정부의 재정 정리와 감사에 관하여 극히 성실하게 심의 입안할 책임을 진다.

제2조 대한국 정부는 일체의 재정 사무에 관하여 메가다의 동의를 얻어야 한다. 메가다는 재정 사항에 관하여 의정부 회의에 참석하며, 재정에 관한 의견은 탁지대신을 경유하여 정부에 제의할 수 있다. 의정부 결의 및 각부 사무로서 재정에 관계된 사항은 상주하기 전에 메가다의 동의와 날인을 받아야 한다.
제3조 메가다는 재정 사무에 관하여 황제에게 상주할 수 있다.
제4조 메가다의 봉급은 월액 금화 800원으로 정하여 매월 말일 지불할 것. 이 봉급 외에 대한 정부는 메가다의 관사를 공급할 것. 단 적당한 관사가 없을 때는 관사비로써 월액 금화 100원을 지급할 것.
제5조 메가다가 귀국하거나 휴가를 얻어 귀향할 때는 교통비 외에 금화 300원을 지급할 것. 공무로 한국 내지를 여행할 때는 교통비 외에 매일 금화 10원을 지급할 것.
제6조 본 계약은 그 기한을 미리 정하지 않으나 일방에게 계약 해제의 필요가 있을 때는 상호 협의한 후 일본 대표자의 동의를 얻어 본 계약을 해제할 것.

이 계약을 체결한 다음 메가다가 황제를 알현했다. 당시 《오사카(大阪)매일신문(每日新聞)》에는 '한국의 재정고문으로 메가다가 초빙됐는데 이는 일본 정부가 우선 재정에 착수하여 한국의 보호를 실행하는 것이며, 한국의 군사비를 삭감하고 외국에 주재하는 공사관 경비를 전부 폐지하는 등의 조치를 즉시 실행할 것'이라고 보도했다.

이리하여 탁지부의 재정 출납과 각종 서류를 일일이 조사하여 고문에게 교부하고, 중앙 금고를 설치하여 그 집행자로 일본인 30여 명을 채용했으며 다시 13도 각 지방에 부속 금고를 두고 고문의 보좌관을 파견하여 관리를 맡기니 전국의 재정권이 전부 일본 사람의 수중에 들어갔다.

광무 9년 1월 17일 정부 대신들의 어전회의에 메가다가 3대 의안을 제출 상주했다.

> 1. 일화 1,000만 원을 차관으로 들여 와 금년 6월 안으로 중앙 및 지방 각지에 은행을 설립할 것.
> 2. 전국에 유통되는 백동화(白銅貨)는 금년 6월까지 회수 정리할 것.
> 3. 각 부(府), 부(部), 원(院) 제도를 개정 감축하고, 각 관리의 월급은 일본화폐로 지급할 것.

위의 차관 도입안에 대해 일본 공사는 전국의 지세 및 해관세(海關稅: 세관 통과세)를 담보로 할 것을 요구했고, 탁지대신 민영기는 해관세만 담보로 내놓아 결정을 보지 못했다.

같은 달 재정 정리비로서 다시 한성 제일은행에서 300만 원을 차입하는 계약을 체결했는데, 악화를 바꾸고 새로운 보조화폐를 주조하는 비용에 충당한다는 명목이었다.

4월 4일 〈신구(新舊) 백동화 교환령〉을 내려 구화 2원에 신화 1원씩으로 정했다. 메가다는 악화를 정리한다는 구실로 종래 우리나라의 백동화 총액 1억 원을 전부 일본으로 보내고 재정이 곤란해지자 다시 일본 국채를 이용한다면서 일본 백동화 300만 원을 들여왔는데, 가져간 것은 수천만 원이요 가져온 것은 겨우 300만 원이었다. 이로 인하여 경제가 공황에 빠지고 상인들은 폐업을 했으며, 또 구백동화(舊白銅貨)는 반값에 거둬들였지만 신화와 품질 중량이 동일했으므로 메가다는 신구 동전의 교환에 의해 막대한 이익을 얻은 셈이다. 더군다나 소위 악화라는 것도 전부 일본 사람들이 위조한 것이며 지폐도 또한 일본인의 위조가 많았는데 전후 통계를 내보면 우리나라의 피해가 수억 원에 이를 것이다. 또 용산 전원국(典圓局)의 조폐(造幣) 기계를 일본인이 가져가 오사카 조폐국에서 사용했다. 이 해 6월 일본 대장성(大藏省)이 세무관 8명을 파견해 8도에 배치했다.

외무고문에는 일본 정부가 미국인 스티븐스를 추천했다. 이 사람은 주미 일본 공사관에서 수십 년을 근무한 친일파이며 겉은 미국인이지만 속은 일본 사람이었다. 스티븐스는 광무 9년(1905년) 12월 20일 한성에 와서 27일에 고문 초빙 계약을 체결하였다.

대한국 외부대신 이하영은 칙명을 받들어 대일본제국 정부의 추천으로 대한제국 외교고문이 된 아메리카합중국의 스티븐스와 다음과 같은 약관을 체결한다.

> 제1조 대한국 외부대신은 본 계약에 소재된 조건에 따라 외교고문으로 초빙된 스티븐스를 모든 부처의 정약(訂約)을 맡아보게 할 것.
> 제2조 스티븐스는 대한국 정부와 타국 정부 혹은 인민 간의 일체 외교사건 및 기타 안건에 관하여 성실히 심의·입안할 책임을 맡을 것.
> 제3조 대한국 외부대신은 외교에 관한 일체의 왕래 문서를 전부 스티븐스에게 보이며, 또한 타국 정부 또는 민간과의 일체 외교 사항 및 안건은 반드시 스티븐스의 동의를 얻은 후 처리할 것이며, 스티븐스는 외교에 관하여 의정부 회의에 참가하고 자의로써 의정부 회의에 의견을 제출할 수 있다.
> 제4조 스티븐스는 외교관계에 대하여 한국황제를 알현하고 상주할 수 있다.
> 제5조 스티븐스의 월급은 월액 금화 8백 원으로 하되 매월 말일에 지급한다. 위의 봉급 외에 한국정부는 스티븐스에게 관사를 마련해 주는데, 관사가 마련되지 못 했을 때는 관사료로 매월 금화 1백 원을 급여한다.
> 제6조 스티븐스가 휴가를 얻어 본국이나 일본을 왕래할 때, 교통비 외에 금화 3백 원을 지불하고, 본 계약이 파한 후 일본이나 본국으로 돌아갈 때는 교통비 외에 7백원을 지급한다. 그리고 공무 때문에 여행을 하게 되면 교통비 외에 매일 10원의 경비를 지불한다.
> 제7조 본 계약은 기한을 정하지는 않으나 어느 한 쪽이 해약이 필요하다고 할 때는 쌍방간 협의를 거쳐 서울에 있는 대표자와의 동의를 거쳐 파악하며, 또 일본제국 정부가 어떤 일로 인해 본 계약을 파기할 것을 요청할 때는 대한국 정부는 응낙하며 스티븐스 또한 이의를 제청하지 아니한다.
> 제8조 본 계약은 서울에 있는 일본 대표자의 동의를 얻지 아니하면 변경할 수 없다.

광무 9년(1905년) 1월 27일 일본인 마루야마(丸山重俊)를 경무고문으로 초빙하여 외부대신 이하영과 조병식이 합동으로 조인하였다. 대한국 내부대신 조병식은 칙명을 받들어 마루야마와 함께 다음과 같은 조항을 협정하였다.

> 제1조 마루야마는 대한국정부의 경무관으로서 경찰사무를 처리하는 데 협조하며, 경찰사무에 관한 제반사항을 극진한 성의로 심의·기안할 책임을 맡는다.
> 제2조 대한국정부는 경찰에 관한 일체의 사무를 마루야마의 동의를 얻은 후 시행한다. 그리고 마루야마는 경찰에 관계되는 일에 대해서는 의정부 회의에 참석하며, 또한 경찰과 관계되는 의견은 내부대신을 거쳐 의정부에 제의할 수 있다.
> 제3조 마루야마의 월금은 월액 금화 4백 원으로 하며, 매월 말일에 지급한다. 월급 외에 대한국 정부는 마루야마에게 관사를 지급하며, 관사가 없을 때는 관사료로 매월 금화 80원을 지급한다.
> 제4조 마루야마가 본국을 다녀올 때나 휴가를 다녀올 때는 교통비 외에 금화 2백 원을 지급할 것이며, 경찰사무로 인하여 한국 내지를 다닐 때는 교통비 외에 매일 금화 8원을 지급한다.
> 제5조 본 계약은 기한을 정하지는 않으나, 어느 한 쪽이 계약을 해제할 필요성이 있다고 할 때는 서로 협의한 후 대일본제국 대표자의 동의를 거쳐 본 계약을 해제한다.

같은 해 2월 다시 후루가와(古川松之助)를 경무고문 보좌로 임명하고, 같은 달 17일에 경부(警部) 마츠나가(松永房七), 순경 모리와키(森脇又熊) 등을 고문 아래 배치했다.

3월 10일에는 일본 정부가 다시 경부·순경 등 여섯 명을 파견하여 한성의 5개 경찰서 및 감옥에 배치했고, 4월에 한국인 순경 1,525명 중에 525명과 지휘자 80명 중 30명을 감원하고 어떠한 공문이든지 고문의 날인이 없으면 시행치 못 하게 했다.

5월에 다시 일본 경시(警視) 9명과 경부 13명을 파견해 13도에 배치하고 지방 경찰사무를 관할하게 했다.

영국인 해관(海關:세관) 총세무사, 프랑스인 법부고문 등이 전부 파면되고 일본인 야비하라(弊原坦)가 학부 참여관이 되어 각 국민학교에 일어 과목을 신설했으며, 모든 교과서는 일본어로 편찬하고 우리의 역사 지리 과목은 전부 폐지했다.

광무 9년(1905년) 2월 하야시가 의정 서리 조병식과 함께 알현 상주하여 각국에 주재하는 한국 공사를 모두 소환했다. 제일 먼저 독일, 프랑스, 일본 세 공사를 철수시키고 이어서 청국과 기타 각국의 공사를 불러들였으며 외국인 명예영사도 전부 해임했다. 이로써 일체의 외교권은 일본 공사에게 일임하게 되었다.

제24장 일본이 우리 군대를 감축함

국가가 대립하고 종족이 병립되면 그 사이에 경쟁과 약육강식이 일어나는 것은 옛부터 있어 온 일인데 오늘날에 있어서도 마찬가지이다. 유럽의 세르비아, 불가리아 등은 인구가 불과 백여 만이고 나라를 세운 지도 겨우 수십 년으로 문명과 과학이 특수한 것은 없지만 온 나라가 무예를 숭상하여 정병 30만을 가진 탓에 인근의 강국 터키를 이겨 굴레를 벗고 자립한 것이니 국가의 뼈대는 무력 뿐이다. 무력이 강한 자는 작아도 큰 것을 이기고, 야만도 늠름함을 자랑할 것이다. 지금 우리나라는 국민이 2천만 이상이지만 병력은 불과 만여 명이므로 만일 세르비아나 불가리아처럼 아주 작은 나라와 인접했다 하더라도 그 침략을 방어하기 어려운데 우리의 현실은 강대국과 인접해 있는 것이다. 우리나라도 옛날 삼국시대에는 무력이 융성하여 전쟁이 일어나면 사방에서 군사들이 모여들었는데 오늘날 이토록 유약해진 까닭은 정치가 옳지 못한 탓이다. 우리의 선유(先儒) 이율곡도 선조대왕 때 '십만 양병설'을 건의하여 만일의 사태에 대비하려 했지만 당시 대신들의 식견이 깊지 못해 시행하지 않다가 임진왜란을 당하고 나서야 율곡의 선견지명을 탄복했지만 이미 늦은 일이다.

오늘의 난국을 당하여 만여 명의 작은 병력도 일본인의 간섭으로 감액과 해산을 당하니 어찌 국가를 보전하겠는가.

우리나라의 군사 제도는 광무 원년에 신식으로 개혁하여 군부(軍部)를 두고 원수부(元帥府)를 설치하여 전국의 군정을 다스렸는데, 황제는 대원수(大元帥), 황태자는 원수(元帥), 대장은 부원수(副元帥)가 되고 다시 원수부에 군무, 검사, 회계, 기록 4개 국(局) 총장을 두고 육군의 정(正), 부(副), 참장(參將) 중에서 임명하였다. 편성은 시위(侍衛) 보병연대, 친위(親衛) 보병연대, 진위(鎭衛) 보병 각 대대로 하여 시·친위연대는 경성에 배치하고 진위 본대(本隊)는 지방(수원, 강화, 청주, 대구, 광주, 원주, 황주, 평양, 북청 등)에 배치했다. 또 육군 무관학교를 세워 학생 700명을 양성하고 헌병사령부 및 기포공(騎砲工) 각 부대와 황실의 의장(儀仗)을 담당한 호위대(扈衛隊)가 있었다. 장충단(獎忠壇)에서는 순국 군인을 제사하고 다시 진위대 각 부대에서 약 10명씩을 선발해 징상대(徵上隊)를 조직했는데 그중에서 평양대는 대궐 밖 숙위소에서 근무하게 했다. 그후에 징상대 인원을 1개 연대까지 늘렸지만 군병의 총수는 2만을 넘지 않았다.

광무 6년(1902년)에 징병령을 공포했지만 시행되지는 못했다. 이들 원수부, 무관학교, 장충단 등의 창립은 부장 민영환(閔泳煥)이 건의하고 계획한 것이다.

광무 9년(1905년) 일본군 사령관 하세가와가 재정을 정리한다면서 군대 감축안을 제출했다. 우리 정부가 처음에는 반대했지만 위협에 굴복하여 부득이 받아들였는데, 친위연대와 징상연대를 폐지하여 시위 제2연대로 통합했고 호위대는 폐지하고 지방의 진위대는 감원했다. 원수부는 황제가 직접 통수하는 까닭에 이를 고쳐 시배종부(侍陪從府)로 하고 군부의 관할로 귀속시켰다. 일본 무관 노즈(野津)는 고문이 되어 무관학교를 폐지하고 육군 연성학교(陸軍 硏成學校)를 다시 세워 퇴직 장교를 수용하니 경향 각지의 군사비가 1만 원 이하가 되었다. 또 일본 장교 및 하사관을 교관과 조교라는 명칭으로 각 부대에 배치하고 군사훈련을 담당한다는 핑계를 댔지만 실제로는 감독과 정탐을 목적으로 한 것이다.

동년 10월 이후 일본군이 속속 내한하여 경성, 평양, 의주, 영원, 원산, 공주, 전주 등 전국의 요지에 배치되었고, 다시 각 군에 수십 명씩 파견하여 관사와 민가를 점령한 뒤 주인을 내쫓으니 날이 갈수록 위압이 심해지고 질서가 소란했다.

제25장 군용지 강제 점거와 강제 징수 및 징용

광무 9년(1905년) 1월 경남 웅천군(熊川郡)의 보고에 따르면, 군내의 와신도(臥薪島), 가덕도(加德島) 두 섬에 일본이 군용지로 밭 417.8두락, 논 68.7두락, 민간인 무덤 12개소, 가옥 30호를 점령했다.

4월 평안도 평양군의 보고에 따르면, 경의선 정거장으로 민가 155호를 추가로 점령했다.

황해도 금천군(金川郡) 보고에 따르면, 당해 군의 철도 연변에 군용지라는 구실로 210,908평을 점거했고, 또 평산(平山) 차유령(車踰嶺)의 도로 공사 비용이라는 명목으로 지방민에게 16,130원을 강제 징수했다.

5월의 평양군 보고는, 성밖 정거장 기지를 확정할 당시에 충분히 넓게 지정했는데도 지금 철도감부(鐵道監部)에서 다시 군용지 구역이라는 구실로 확장하여 서경 궁궐과 수많은 민가가 그 안에 편입되었다.

6월 정주군의 보고에 의하면 일본인이 오산면(五山面)의 전답 35,000평을 점거했다고 했다.

또 봉산군(鳳山郡)의 보고에 의하면 군내 철도기지가 410,092평이며 청계(淸溪), 마산(馬山), 사리원(沙里院), 계동(桂東) 등 네 군데의 정거장 기지 295,543평, 합계 706, 835평도 전부 민유지를 강점한 것이라 했다.

한성판윤의 보고에 의하면 남대문 밖 철도감부에서 군용지로 점거한 토지가 수상리(水上里)와 증하리(甑下里)만 66,467평이며, 민가 10호, 분묘 355개소이고, 함경도 문천군(文川郡)의 보고에 의하면 효명사(孝明社) 목장지를 원산의 일본 영사가 군용이라는 구실로 강탈했다고 했다.

8월에 일본인이 한강 연안에서부터 용산 일대에 걸쳐 군용이라는 구실로 광범위한 점령을 시작하여 인가를 훼손 철거하고 전답을 파괴했으며, 분묘를 이장하고 공사를 서둘렀는데 거주민 수만이 길거리로 쫓겨나 한성부에 호소했다. 판윤이 일본 영사와 교섭을 벌였지만 영사는 군용이라 어쩔 수 없다는 대답만 했고, 다시 내부에 탄원하며 신속한 처분을 요청하자 일본 헌병이 칼을 뽑아들고 위협을 가했다. 이에 군중의 분노가 폭발하여 돌덩이를 마구 던지니 대신과 관리들은 도피하고 일본 헌병이 총을 쏘아 진압했는데 주모자 두 명이 구속되고 유혈이 흥건했다. 군중들이 다시 남대문 밖에 모여 통곡을 했는데 울음소리가 하늘에 가득했다. 일본 헌병이 또 수십 명을 체포하자 정부가 판윤 박의병(朴義秉)에게 땅값 조사를 명하니 7개동 주민의 사유 전답이 3,118평인데 가격이 155,900원이고 가옥 1,176호에 가격이 182,980원, 분묘는 1,117,308기에 이장비를 각 분묘당 50전씩 계산하여 558,654원으로 총 합계가 897,534원이었다. 탁지부가 일본 공사관에 지불을 청구했지만 메가다가 거절했다.

내부가 위원 유봉근(柳鳳根)을 보내 평양 군용지를 조사했는데 외천(外川), 내천(內川), 고순화(古順和), 용산(龍山) 다섯 고을에 침탈된 인가가 714호, 전답이 164,763묘(畝), 분묘가 2,353기였다.

김해군의 보고에 의하면, 마산포와 삼랑진 사이의 군용 철도 정거장으로 종전의 약속보다 16,016평이나 더 많은 토지를 수용했다. 인천 전동(典洞) 소재 민가 360여 호를 군용이라는 구실로 모두 철거했다.

10월 평양 관찰사의 보고에 의하면 평양성 부근의 민가 58가구를 일본

병참부가 성곽을 침입해 지은 건물이라는 트집을 잡아 강제로 철거했다. 평양군 주민들이 정부에 다음과 같은 탄원을 올렸다.

갑진년(1904년) 6월 일본군 장교가 와서 정거장 기지를 확정할 때 개인 땅 17,700여 무(畝)와 민가 180여 가구를 몰수했으므로 주민이 그 장교에게 애원했더니 경계선 밖으로 옮겨 지으라고 했습니다. 그러더니 이듬해 봄에 철도감부에서 29,000여 무를 추가로 확장하고 경계선 밖에 새로 지은 200가구까지 다시 철거했습니다. 이곳은 작은 땅도 금과 같아서, 80무의 땅으로도 7, 80명이 충분히 생활을 유지할 수 있었는데 지금은 모두 뺏기고 송곳을 세울 땅조차도 없습니다. 또 작년 10월 일본 병사가 민가를 빌려 주둔하면서 금년 4월에 귀국한다길래 그 말을 믿고 삼동에 농구를 준비하여 봄 동안 근처 빈터를 일구고 씨를 뿌려 곡식과 채소가 자라자 일본군이 주민을 내몰고 야채밭을 부숴 연병장을 만드니 남녀노소가 통곡하여 그 참상을 형언하기 어렵습니다.

라고 호소하고, 다시 대한 매일신보에 다음과 같이 투서했다.

일본 관리가 우리나라 관헌을 대할 때 아주 간교하게 농락하는 수단을 썼다. 처음에는 감언이설을 늘어놓다가 나중에는 위협과 협박으로 우리 고혈을 빨고 생명을 해쳤다. 그들의 천백 가지 간악한 흉계를 일일이 지적하기 어렵지만 평양에서 저지른 일을 대강 열거하면 다음과 같다.
소위 군용지라는 명목으로 우리의 상업상 긴요한 요충지를 점거하고 나중에는 일본 상인에게 대여하니 그들이 저지른 첫 번째 죄이다.
철도 연변에 임시 군용이라는 구실을 붙여 각 정거장 부근에 있는 우리나라 사람의 양전 옥답과 분묘 구역을 닥치는 대로 점거하고 팻말을 세우므로 주인이 어쩔 수 없이 뇌물을 바치면 그 팻말을 제거하니 그 두 번째 죄이다.

군용이라는 구실로 목재, 말 사료 등 각종 물품을 강제로 가져가고 물건 값을 지불하지 않으니 그 세 번째 죄이다.

일본 재무관이 창고 회사를 건축한다면서 민가를 함부로 철거했는데 가격의 십분의 일도 지불하지 않았고 우리 정부의 공정한 가격 지시도 거절하니 그 네 번째 죄이다.

대동강에 다리를 놓으면서 교량 부지를 넓게 잡아 이익을 보고 통행인에게는 자유롭지 못하니 그 다섯 번째 죄이다.

일본 상인이 우리 공유지에 멋대로 건축 개점하니 그 여섯 번째 죄이다.

군대가 도처에서 민가를 강탈했는데 처음에는 잠시 빌린다고 하고 나중에는 집주인을 내쫓으니 그 일곱 번째 죄이다.

우리 성벽을 허물어 그 석재로써 일본인들의 건축 재료를 삼으면서 우리나라 사람은 한 조각도 가져가지 못 하게 하니 그 여덟 번째 죄이다.

소위 목장이라는 구실로 민유지를 점거하고 가격을 지불하지 않으니 그 아홉 번째 죄이다.

그들이 우리 황실의 목축장이라는 구실을 달았지만 사실은 자기들의 영업지로 삼으니 그 열 번째 죄이다.

또 그들이 시정개선의 충고라는 명분으로 우리 정치에 간섭하여 야심을 노골적으로 드러낸다.

일본군이 북진한 이래 평안, 함경, 황해, 경기 각 도가 군수물자의 강제징발과 운반, 철도공사의 강제노역에 동원되어 쉴 틈이 없고 극도로 피폐했으며, 특히 말 사료, 계란, 소, 돼지의 노략질이 매일 수만에 달했다.

광무 9년 7월 안동현 주둔 일본군이 평안 남북도 관찰사에게 군용 인부 4000명을 요구했다. 이어서 경기, 충청, 전라, 경상 4도에서도 인부 4000명을 모집하여 구련성(九連城)으로 보내라고 하며 우리 내부에 공문을 보내 각 도에서 장정을 모집하는 훈령을 내리게 했다. 그러나 당시는 농번기라서 민중들이 서로 상의하고 모집에 응하지 않는 경우가 많았다. 그러자 일본군은 각지에 순경을 보내 동네를 돌아다니며 집집마다 강제로 모집했으므로 남녀가 피해다니느라고 소동을 벌였고 징집된 자는 울면서 면제를 애원했다.

경의선 철도공사도 일본인이 군용을 빙자하여 각 군에서 수천 명씩의 인부들을 징발했으며, 인원이 모자라면 관청에 난입해 관리를 욕보이고 구타했다. 그리고는 순경을 촌락에 보내 강제로 부역에 동원시켰는데, 그 임금은 2, 30센트짜리 군표 조각을 급여하고 그후 지불하지 않았다.

미국 선교사 루(婁)씨가 동양을 여행한 후 샌프란시스코에서 불루돈(佛婁敦) 신문기자와 담화를 가졌는데, 다음과 같이 말했다.

한국에서 일본인의 행동이 극도로 악날하여 한국인을 짐승같이 대우하고 토지 재산 등 각종 물품을 마음대로 탈취하는데 특히 참혹한 것은 학살이다.

한국인이 일본군의 요구에 응하지 않으면 러시아 간첩이라는 누명을 씌워 구금한 뒤 고문을 가하고 때로는 목을 베어 죽이는 일도 예사로 한다. 내가 한국에서 일본인이 한국인을 학대하는 현장 사진 40여 장을 가져왔으니 우리나라 사람들에게 보여 비판하도록 하겠다. 일본군이 한국인을 살해할 때 십자가에 사지를 결박하고 목을 베거나 총살을 하는데, 한 발에 즉사하지 않는 자가 애처롭게 고통을 호소하는 모습은 차마 눈 뜨고 보기 어려운 장면이다. 부녀를 살해할 때는 그 목을 길거리에 내걸어 통행인에게 보이며 이런 사건들은 도처에서 벌어지고 있다. 내가 전에는 일본 사람이 미국인보다 근면 성실하다고 칭찬했지만 이번 여행에서 이러한 야만 행동을 목격하고 나니 불행하고 가련한 것은 한국인이다. 일본인의 노예가 되고 가산과 전답은 일본인이 자기 것처럼 쓰면서 만일 반항하면 즉시 총살하여 길거리에 내걸고 다른 사람들을 위협한다.

또 어떤 곳에서는 외출하려고 집을 나서는 여염집 부녀자를 일본 병사
가 함부로 구타하여 땅에 쓰러뜨리고 낄낄거리며 즐거워하는 모습을 목
격했다. 이러한 모든 상황을 내가 목격한 것은 미국 대통령 영애가 한국
에 온 이후의 상황이다.

영국 맨체스터 신문은 일본 사람이 증기 기관차를 타고 땅에 엎드린
한국인들 위로 행진하는 모습의 만화를 실었는데, '일본인이 한국에서
급속히 행진하고 무수하게 압박하는 형태' 라는 설명을 달았다.
부산에서는 어떤 일본 사람이 한국인의 돈을 차용했는데, 기일이 되어
독촉을 받자 부인만 방 안에 두고 자기는 숨어버렸다. 그 처가 한국인 채
권자를 방 안으로 불러들여 근근히 문답이 오고가는 중에 남편이 뛰어들
어 자기 처와 간통했다면서 고함을 지르고 구타했다. 결국 꿔준 돈은 물
론이요 벌금 500냥까지 내야했다. 또한 약간의 물건을 늘어놓고 상점을
벌이고 있는 자가 한국인과 물건을 매매하게 되면 갑자기 그 한국인이
물건을 도둑질 했다고 구타하면서 강제로 수배금을 빼앗아 냈다. 또한
한국인 무뢰배에게 사주하여 사람을 꼬득여 그 물건을 사게 하고 싼 값
으로 팔았다고 떠들어대 그 사람이 도둑놈의 물건을 산 것이라고 둘러대
어 그 물건을 다시 강제로 빼앗아 가는 일본인도 있었다.

제26장 한국 경내에서 러·일 양국의 싸움

일본과 러시아가 한국 경내에서 싸운 곳은 평양·정주·의주에서였
다. 러시아의 코사크 병사 83명의 기병이 음력 정월 12일 평양에 도착하
자 일본군 육군 부대장 고무라(小村義勇)가 한 초병을 보내 칠성문을 지
키게 하다가 러시아군이 도착한 것을 보고하자 부대를 인솔하여 나아가
접전하였다. 그러자 러시아군이 후퇴하여 박천에 이르자 전보국의 기계

를 약탈하여 갔다.

　러시아군이 정주성으로 후퇴하자 일본 기병대 2개 부대가 와서 정탐을 하다가 남문으로 들어서자 복병이 있음을 알고 신속히 문 밖으로 후퇴하여 접전을 벌였지만, 러시아군이 높은 곳에 위치하고 있어 언덕 밑을 내려다 보며 공격해오니 일본군은 당해 낼 수가 없자 동쪽으로 패주하였다. 일본군 연대본부에서 이 소식을 듣고는 병력을 동원하여 러시아군을 물리치고 이들을 구하였는데, 이때 러시아군은 후퇴하여 선천에 이르게 되었다. 일본군 중위 가노(加納忠勇)와 특무조장 기요스에(淸末廣吉)·오장 누마쿠라(沼倉邦一)가 이 싸움에서 전사하였다. 일본군은 러시아군을 추격하여 철산에서 싸웠다. 그러자 러시아군은 선천을 포기하고 의주로 탈주하여 압록강을 건너 구련성(九連城)에 모였다. 이에 일본군은 작은 배 3척에 분승하여 강 가운데 있는 마릉도(馬陵島)로 향하여 정탐을 하다가 러시아군의 습격을 받아 많은 군인들이 익사하고 말았다. 그러자 일본 군영에서는 다리를 놓아 남아 있던 군사들을 구하였다. 밤이 되어 달이 밝자 일본군 부대장은 부하들을 집합시켜 놓고 술을 마시며 결별인사를 한 뒤 11척의 배에 분승하여 공격에 나섰지만, 러시아군의 공격을 받아 3척이 격침되었다. 그래도 다른 배들은 연안에 상륙하였다. 그들은 러시아군 진영을 불태우며 공격하자 러시아군은 다시 패주하였다. 10여 일이 지나자 세 곳에 다리를 가설하고 일본군이 도강을 하게 되어 구련성·합막당·안동현 등을 탈취하니, 러시아군은 할 수 없이 봉황성을 향해 후퇴하였다.

제27장 러·일 양국의 여순전투

　여순에서의 제1차 싸움은 선전포고도 하기 전에 이미 시작되었고, 곧이어 일본연합대 사령관 도고가 제2차 공격을 시작하였다. 그때는 눈보라가 몰아치는데다 어둡기까지 하였고, 날씨 또한 살을 에이는 듯 추웠다. 일본 군함 4척이 앞으로 전진하여 갔는데, 이것은 의도하지 않은 작전이었다. 그러다 보니 2척만 여순항구에 도착하였고, 2척은 길을 잃어 우왕좌왕하였다. 그러는 중에 러시아 함대를 찾으려고 애를 썼으나 별안간 포성이 맞은편에서 들려오자 러시아 함대와 아주 가까이에 있음을 알게 된 일본 함대는 어뢰를 발사하면서 대응하여 러시아 함대 1척을 파손시켰다.

러시아 군함은 제2차 습격을 받자 곧바로 모두 퇴각하고는 항구로 들어가서 오랫동안 나오지 아니하였다. 그러자 일본은 항구를 봉쇄하고는 상선 5척을 구하여 해군 중좌 바료(馬良橘) 등 76인을 모집하여 구축함 4척으로 호위토록 하고는 노철산 남쪽을 경유하여 여순으로 달려갔다. 그러자 러시아군은 해상 탐조등을 비추면서 맹공격을 해왔다. 그리하여 일본군 상선 5척은 항구에 이르기도 전에 침몰되었다. 그러자 일본군은 작은 배를 타고는 도망치기에 급급하였다. 그 다음날 다시 싸움을 하게 되자 러시아 함대 1척을 파괴했으나 봉쇄하려던 계획은 실패하고 말았다.

러시아는 마그로프(馬克羅甫)를 새로 파견하여 사령관으로 삼고 여순 군대를 통솔토록 하였다. 일본군은 제 4차 공격을 시도하기 위해 갑·을 2 대로 나누어 전진시켰으며, 을대는 여순항구로 들어가서 러시아함대가 포격을 가하는 가운데 조금의 동요도 없이 어뢰를 설치하였다. 그리고 돌아가는 길에 러시아 함대 2척과 마주치자 이들의 길을 차단하고는 맹렬히 공격을 가하여 한 척은 도주케 했고, 다른 한 척은 바다에 침몰시켰다. 갑대는 노철산(老鐵山) 남방에 이르러 러시아함대 6척과 만나 공격하여 1척을 파손시키자, 러시아 사령관 마그라프가 이를 구하려고 뛰어들다 일본 순양함 4척에 포위되어 이들에 대항할 수 없음을 알고는 퇴각해버리고 말았다.

10여 일이 지나 제5차 싸움이 벌어졌는데, 일본군이 먼저 어뢰정 수척을 파견하여 여순 앞바다를 정탐하였는데, 이를 안 러시아포대에서 발포해오는 바람에 일본군은 즉시 퇴각하고 말았다. 다음날 도고 사령관이 군함 3척을 인솔하고 여순 포대를 향해 맹격을 가하면서 러시아함대가 바다로 나오도록 유도하자 마그라프도 이에 뒤질세라 포대에 의지하면서 항구 밖으로 나와 방어자세를 취하자 양군은 오랫동안 공방을 벌였으나 승부가 나지는 않았다.

일본군은 여순에서 여섯 번째의 싸움을 일으키고는 여순항구를 재차 봉쇄하려고 했다. 그리하여 상선을 모집하여 어뢰 및 수뢰정 6척을 호위 전진시키자, 러시아군대는 해상 탐조등을 비추면서 공격해왔다. 그리하여 결국 일본군 함대 4척이 모두 항구 밖에서 침몰되어 버렸고, 선장 히로세(廣瀨武夫), 부선장 스기노(杉野孫七) 등이 이 싸움에서 전사하고 말았다.

16일이 지나자 일본군 중좌 오다(小田喜代)가 교룡환(蛟龍丸)을 타고 어뢰정 등으로 호위하여 여순항 밖으로 달려나가 수뢰를 설치하고 돌아오려 하던 중 갑자기 러시아함 1척을 만나자 공격하여 격침시켰다. 그러자 러시아 사령관 마그라프가 이를 구하려 함대 1척을 데리고 나아갔으나 오히려 일본군에 의해 곤경에 빠지자 재차 6척으로 항구에 나가게 하여 이를 구하도록 하였다. 그러자 일본 군함은 거짓으로 패퇴하는 척하여 항구에서 멀리 나오도록 유도하였다. 별안간 여러 척의 일본 군함이 나타나 협공을 가하자 러시아 함대는 이들의 계책에 말려든 것을 알고는 항구로 돌아가는데, 한 척이 수뢰를 건드려 터지게 하는 바람에 침몰되어 마그로프 사령관과 낭랑 등이 전사하고 말았다.

마그라프는 러시아 제일의 명장으로 ≪방수법론(防水法論)≫ 및 ≪흑해지중해조류교환론(黑海地中海潮流交換論)≫, 그리고 ≪해수의 중율온도론(海水之中率溫度論)≫을 저술하여 해전의 기본서로 사용했고, 1977년 러시아와 터어키와의 전쟁 때는 수뢰를 장치하는 법을 고안하여 이를 운반선에 설치하여 터어키 함대를 공격하여 파손시켰다. 또 갑오년 중동 싸움에서는 러시아·프랑스·독일이 요동지역을 간섭하자는 의론이 나오자 앞장서서 일본인들을 물러나도록 겁을 준 사람이었다. 낭랑은 일찍이 일본을 주유하고 천진에 도착하여 수일간 머물다가 시베리아 기차를 타고 성피덕보(聖彼德堡)로 돌아가려 하던 중 마그라프가 머물게 하는 바람에 싸움을 돕고 있던 사람이다. 그러나 양국간 싸움이 시작되자마자 두 명의 장수가 먼저 사망했다는 것은 러시아가 패하게 되는 징조가 되었다고 하겠다.

마그라프가 갑자기 전사하자 일본군은 러시아에 특출한 장수가 없음을 알고 제8차 전쟁을 시작하였다. 전쟁은 수일간 치열하게 치루어지다가 러시아 함대 5척이 파괴되고, 한편 항구를 봉쇄하기 위해 상선 8척으로 군함을 호위하며 맹진케 하니 러시아군은 해상 탐조등을 비추며 발포하여 일본군 상선 3척은 항구에 이르기도 전에 침몰되었고, 5척만이 항구에 이르게 되었다. 그러나 러시아군의 항로가 아직도 통하는 바람에 일본군의 항구 봉쇄 계획은 또 실패로 돌아가고 말았다.

10일후 일본군은 대요구(大窯口) 앞바다 밑을 수색하며 수뢰를 설치하는 가운데 러시아와 여러 차례 싸움을 벌였으나 서로간에 큰 피해는 없었다. 그러나 일본군 수뢰정 1척이 러시아군의 수뢰를 맞고 파괴되니 일본군은 제4차 항구 봉쇄를 시도하여 수척을 동원해 항구를 막기는 했으나 별로 성과를 얻지 못하고 있었다. 그러던 중 갑자기 안개가 끼자 일본 함정들은 자기들끼리 부딪쳐 격침되었으며, 한편으로는 수뢰에 부딪쳐 파괴되고 말았다. 이때 러시아 함대가 항구를 빠져나가 공격을 가하자 일본군 함대 5척이 도와주는 바람에 러시아군이 퇴각하고 말았다.

10번째 싸움이 벌어지자 러시아 군은 군함 수척을 항구 밖으로 내보내 소해선(掃海船)으로 일본군이 설치한 수뢰를 파괴하려 하자 이를 본 일본군이 매복시켰던 여러 함대들을 일제히 출현시켜 협격하였다. 거기에다 날까지 이미 저문 상황이었기에 러시아군함은 급히 도망쳤다. 그러나 그들은 항구로 돌아가지 못하고 만자영(巒子營)에 정박하였으므로, 일본군은 야간에 8차례나 공격하여 러시아 함대 수척을 파괴시켰다.

이렇게 되자 러시아군은 스스로 퇴각하여 항구에 들어가서는 감히 나오지 못하게 되었다. 그러나 일본군이 어두운 밤을 이용하여 황금산 밑으로 접근해서 러시아 포대를 향해 양쪽에서 협공하자 러시아함 2척이 침몰했고, 일본 장수 간도(權藤薰義)가 전사하였는데, 이것이 11번째의 싸움이다.

그러나 러시아군은 일본군이 계속해서 항구를 봉쇄하려는 것을 보고는 결국 봉쇄당하고 말 것을 두려워하여 항구를 빠져나가려 하였다. 일본군이 이러한 것을 눈치채자 곧바로 12번째의 공격을 가하였다. 사령관 도고는 즉시 모든 함정에 명령하여 협공토록 하였다. 결국 이들은 산동각(山東角) 남쪽에서 만나게 되어 오랫동안 서로 포격전을 벌였다. 그러던 중 결국 러시아군이 견디지 못하고 항구로 다시 달아나려 하였다. 그러자 일본함은 곧바로 이들의 귀로를 차단하고는 러시아 함대에 맹공을 퍼부어 이들에게 큰 손상을 입혔다. 그리하여 2척은 칭따오(靑島)로 도망갔고, 2척은 상하이로 도주하였으며, 1척은 앤타이(煙台)로 도망갔으나 일본군에 나포되고 말았다.

일본 육군대장 노기(乃木希典)가 요양으로부터 여순으로 진공해 가다가 간대산(刊大山)에서 큰 싸움을 벌이게 되었다. 그리하여 주변에 보루를 만들어 놓고는 소좌 야마오카(山岡熊次)를 파견하여 러시아군에 가서 비전투요원 및 항구로부터 나오고자 하는 자가 있으면 인도할 것을 권유했으나 러시아군이 이에 응하지 않았다. 일본군은 이에 3종대로 나누어 공격에 나섰으니 우익종대군은 174미터 고지로 나가고, 중앙종대는 반용산(盤龍山) 동서포대를 함락하고, 좌익종대는 동계관산(東鷄冠山) 부근의 망대를 점령했으나 러시아군의 포격이 맹렬하자 더 이상 지킬 수 없음을 알고는 그곳을 버리고 철수하고 말았다.

일본 육군의 제1차 공격이 성공하지 못하자 수군이 이를 대신하여 13차 싸움을 벌였다. 당시 러시아 함대는 오수리(塢修里)로 들어가 그들을 유인하여 항구 밖으로 끌어내려고 도고사령관이 대위 가와나미(川浪)를 보내서 수뢰정 수 척을 이끌고 항구에 잠입토록 하였다. 그러나 러시아군이 이를 알아차리고 대포를 난사하자 일본선 중 하나가 큰 포탄을 맞았다. 그리하여 신속히 빠져나오려고 했으나 다시 큰 포탄을 맞음으로 해서 가와나미는 두 다리를 잃었다. 이에 일본선 1척이 가서 이들을 구하려 했으나 또한 포탄을 맞았다. 일본 선상에는 쓰러진 시체들이 피가 낭자한 가운데 널려 있었는데, 마침 이때 러시아 함대 3척이 항구 밖을 달리고 있어 포대가 발포를 그치는 바람에 일본군은 파손된 배를 붙들어 매고 도망해 나올 수가 있었다.

일본 해군이 이미 불리하게 되자 노기는 드디어 다시 한 번 싸움을 걸고자 하였다. 전번에는 일본군이 갱도를 파서 참호를 구축할 때 러시아군과 싸움을 벌였는데, 이번에는 우익 및 중앙 2종대에 명하여 러시아 보루를 진공토록 하였다. 그때 좌익종대는 갱도를 완성하지 못하여 함께 진공하지 못했다. 우익종대는 203미터 고지 및 적관산 포대를 공격하였으나 함락시키지 못하였고, 다만 사타사이(斯他斯爾) 및 해서산(海鼠山)의 포대만을 점령하였다. 중앙종대는 먼저 이룡산(二龍山) 지뢰의 도화선을 끊고 고로파금(苦魯巴金) 포대를 빼앗고 여수의 식수원인 철파이프를 끊어 러시아군에게 식수 부족을 가져오게 하였다.

노기는 세 번째 공격을 통해 우익종대장 마쓰무라(松村)를 파견하여 결사대를 조직케 한 다음 송수산 포대를 공격케 하였으나 겨우 병호(兵壕)만을 점령하였을 뿐이었다. 중앙종대장 오도리(大島)가 소좌 오가타(緒方)를 파견하여 결사대로써 발권산(鉢卷山) 포대를 공격하였다. 그러나 러시아군의 공격이 난무하자 사상자를 많이 냈다. 그럼에도 일본군은 보루에 의지한 채 물러나지 않고 있다가 결국은 러시아군의 지형이 더 좋은 곳을 확보하고 있음을 알고는 그들을 점령하기가 어려움을 알자 공병대를 시켜 땅을 파고 전진토록 하였다. 러시아군이 이러한 일본군의 행동을 눈치채고는 자신들도 땅굴을 파서 방어하려 하니 양쪽에서 땅 파는 소리가 요란하였다. 그때 일본군 병사들은 발을 끈으로 묶으며 후진에 있던 병사에게 이르기를, 우리가 죽으면 이 끈을 잡아당겨 우리의 시체를 거두어 가라고 하였다. 러시아 병사가 포탄을 터뜨려 일본군 공병 2명이 굴 속에서 사망하자 끈을 끌어 올렸으나 이미 온 몸이 만신창이가 되어 있었다.

또한 일본 공병이 동계관산 북포대로 향하니 해안 바깥쪽으로 구덩이를 파서 위를 두둑하게 덮은 곳으로 접근하자 러시아군이 또한 이를 알아차리고 폭약을 던지고 달아났다. 또한 신산연대가 동계관산 포대로 갔더니 소위 구보가 탄환을 맞고 절벽으로 떨어져 사망하자 이등병인 오가와(小川善次郞)가 분발하여 먼저 뛰어올라 포대 꼭대기에 깃발을 꽂고 크게 만세를 외쳐댔다. 그러자 러시아군이 육박하여 나섰으며 사격이 더욱 맹렬해졌고 일본군이 바로 갱도로부터 포대 밑을 통해 위쪽으로 향하니, 러시아병들은 이에 저항하였다. 그러자 보루 아래 위쪽에서 양군이 혼전을 벌이게 되어 총으로 찌르고 휘두르며, 수류탄을 던지는가 하면 칼을 들고 육박전을 벌이기까지 했다. 그러자 피와 살이 튀어 보루벽이 붉게 물들었고, 마침내는 러시아군이 포대를 사수할 수 있었다.

그러자 노기는 마침내 계획을 변경하여 203고지에 있는 포대를 공격할 것을 명하였다. 그리하여 사상자를 많이 내기는 했으나 끝내 탈취하는데 성공하였다. 중앙종대는 이룡산 포대를 점령하고는 동계관산 서남구로 나아갔고, 좌익종대는 동계관산 북흥담을 폭파하다 소위 노기 호시노리(乃木保典)가 전사했는데, 그는 대장인 노기의 둘째 아들이었다. 그의 큰 아들인 노기 가쓰노리(乃木勝典)는 이보다 먼저 남산싸움에서 죽었는데, 둘째 아들마저 죽자 노기 대장의 부인이 이 소식을 접하고는 "우리 남편이 군사를 거느리고 여순을 공격할 때마다, 충성스럽고 용맹스런 우리 군사들이 많이 죽어간다는 소리를 들을 때마다 눈물을 금할 수 없었는데, 이제 두 아들이 전사했다하니 기쁘기도 하고 근심스럽기도 하다. 나라를 위해 몸을 바쳤고 가훈(家訓)을 저버리지 않았으니 기쁜 일이 아니고 무엇이겠소. 그러나 죽은 모습을 보지 못했으니 장문(將門)을 욕 되게는 하지 않았는지 근심스럽기 한이 없다. 그러나 사실을 조사해 본 결과 옆에 찬 검이 톱니처럼 날이 부러져 있었다하니 이는 용감히 싸우다 전사한 것이 분명하니 첩의 마음은 한결 편안하다"고 말했다 한다.

　이때 양군의 사상자는 이루 말할 수가 없을 정도로 많았다. 마침내 정전하기로 합의하고 시체를 수습할 것을 상의한 후 병관(兵官)을 파견하여 중립지에서 서로 만났는데, 러시아 병관이 말하기를 "우리 군대는 죽을 것을 각오하고 여순을 지킬 것이다. 만약 귀군이 여순을 얻으려 한다면 시체가 산만큼 높이 쌓인 뒤에야 가능할 것이다. 하물며 아군은 병대가 강하고 군량이 넉넉하며 탄환이 가득하여 귀군이 오기만을 기다리고 있을 뿐이다"라고 하였다. 이에 일본 병관이 말하길 "아군의 사기는 바야흐로 높아서 반드시 여순을 꼭 탈취하고 말 것이다. 장차 축배 들 날이 얼마 남지 않았다"고 대답하였다. 그러자 통역이 옆에서 농담 섞인 어투로 "양국이 원한을 풀고 수호동맹을 맺어 군사를 일으켜 출정을 한다면 앞을 가로막을 자가 없을 것이며, 지구를 나누어 가져도 어렵지 않을 것이오"라고 하였다 한다. 그리고는 서로에게 술을 권하여 평소처럼 담소하였다고 한다. 그리고는 서로 시체를 수습한 후 악수를 하고 헤어졌다고 한다.

　일본 육군이 이미 203고지를 점령하고 마침내 중포를 발사하며 여순항구 내로 공격해 오자 러시아 전함 4척과 순양함 2척, 그리고 수뢰정 포함이 모두 침몰되었고, 다만 전함 1척만이 성두산 밑에서 포탄을 피하자 해군 대장 도고는 드디어 14차 공격 명령을 내렸고, 전 군함을 5대로 나누어 밤을 타서 항구에 도착하여 포격을 가하니 러시아측의 해상 탐조등이 일제히 비치며 포격을 가하여 왔다. 이에 일본 전함 2척이 격침되었고 대위 나카호리(中堀彦吉)가 전사했다. 그러자 대위 요코가지(橫尾)가 다시 수뢰를 쏘며 러시아 함대를 공격하고 돌아왔다.

　러시아의 여순함대가 전멸되자 노기 대장은 군사를 독려하여 진공했고, 싸우기에 앞서 양군은 포로 명부를 교환하였다. 노기 대장은 우익종대를 보내 고정산 포대 및 송수산 포대를 공격하고 중앙종대는 이룡산 포대 및 망대이동의 여러 포대를 공격하였다. 좌익종대는 계관산북포대를 공격하여 함락시켰다. 이에 러시아장수 사타사이는 함대가 모두 침몰되고 요새가 모두 실함되는 것을 보고는 마침내 여러 장수들과 상의한 후 성문을 열고 항복하고 말았다.

제28장 요동 각지에서 일·러 양국의 싸움

러시아군이 구련성(九連城)에서 패하고 봉황성(鳳凰城)으로 패주하다가 양산성(陽山城)을 지나던 중 러시아군이 그곳을 방어하고 있었다. 그런데 마침 날이 저물자 러시아병들은 그들을 일본군이 습격해 오는 줄로 알고 대포를 쏘며 사격을 가해댔다. 지나던 러시아병은 자신들이 아군이라는 사실을 속히 알릴 수가 없자 부득불 수레를 버리고 도주할 수밖에 없었다. 그제서야 주둔했던 러시군들은 자신들이 오인한 것임을 알게 되었다. 이러는 과정에서 사상자가 근 200여 명에 달하였는데, 이를 안 일본군이 뒤를 이어 추격해왔다. 그런데 이번에는 방어하던 러시아군이 또 다시 패주해 오는 러시아군인줄 알고 막지를 아니하니 졸지에 습격을 받아 마침내 패하여 봉황성으로 도주하였다. 그러면서도 다시 러시아군을 추격해 오자 러시아군은 얼마간 저항을 하긴 했지만 결국은 도망을 치지 않으면 안 되게 되었던 것이다.

금주(金州)는 요동의 인후(咽喉)와 같은 곳이고, 동쪽은 금주만에 닿고 서쪽은 대요구(大窯口)에 근접해 있으며, 남쪽으로는 여순과 연결되어 있고, 북쪽은 요양(遼陽)과 통하여 청니와(靑泥窪)·대련만과 더불어 서로 마주보는 험준한 요새였다. 러시아 사령관 사타사이(斯他司爾)가 이곳을 기점으로 하여 방비를 엄하게 하였다. 그리하여 남산포대의 사면은 모두 철조망을 치고 지뢰를 매설하였으며, 참호를 깊이 파 겹겹으로 방어를 하였다. 일본군이 이곳을 3일간 공격하였으나 불리한 싸움의 연속이었다. 그러는 가운데 밤이 되면서 천둥과 번개를 동반한 비가 쏟아져 지척을 분간할 수 없게 되자 이 틈을 타고 일본군은 공격을 개시하였다. 그리하여 금주만을 획득한 제1사단은 일본 함대의 도움을 받아 금주에서의 싸움에서 승리하였고, 제3사단과 제4사단은 남산 포대로 진공하여 함대의 도움을 받아 러시아군을 패배시키고 그 보루를 탈취하였다. 이 싸움에서 러시아군의 사망자는 1000여 명이었고 일본군 사망자는 4200여 명이었다. 일본 육군 제1군은 히라츠카(平塚) 및 고이즈미(小泉) 등이 대장 오쿠(奧保鞏)의 명령을 받아 러시아군을 추격하여 용왕묘(龍王廟)에 이르러 군대를 주둔시켰다. 그때 러시아 기병이 9척(尺)이나 되는 장창을 가지고 습격해오자 히라츠카는 기병대를 이끌고 이들에 맞섰다. 그리고 고이즈미는 보병을 이끌고 응전하자 러시아군은 후퇴하고 말았다. 고이즈미 등은 러시아군이 자신들이 고립되어 있는 것을 알고 재차 습격해 올 것을 두려워 하여 포병 2개 대대를 증가시켜 하루를 보내자 과연 러시아군이 다시 당도하였다. 일본 기병대는 거짓으로 패하여 달아나는 체 하니 러시아군은 마치 승리라도 했다는 듯이 쫓아왔다. 이때 일본군이 삼면에서 일제히 공격해 오자 러시아군은 패주하는 수밖에 없었다.

  일본의 제1군이 이미 용왕묘에서 승리를 거두었고, 또 지대(枝隊)와 정찰대를 나누어 파견하여 통원보(通遠堡)로 향하다가 도중에서 러시아병을 만나 수차례 격퇴시키고 정찰대가 번가구(樊家口)에 이르자 러시아군 수십 명이 장가석(張家石) 계곡 사이에서 나오는 것을 보고는 대장 사카바시(阪橋)와 나카무라(中村)가 협공할 것을 상의하여, 나카무라는 대원을 인솔하고 신속히 진격하였지만 러시아군 복병이 사방에서 맹사격을 가하자 나카무라는 전사하고 말았다. 그때 러시아군 대장 유승유림(柔升楢林)이 왼손에 총을 잡고 오른손으로 군모를 들고 지휘하며 일본군을 포위하니 사쿠라이(櫻井) 및 구로키(黑木)가 지휘하는 두 개의 대대가 급히 지원해 와 러시아군을 격퇴시키기는 했으나 일본군 사상자가 많았다.

같은날 새마집(賽馬集)의 싸움에서 일본군 사사키(佐佐木) 지대가 러시아군대와 양목(楊木)과 임자(林子)에서 만나 그들을 격퇴하고 새마집에 이르렀는데, 이때 러시아군 복병이 일본군의 배후를 공격하였다. 러시아군 중장 혁나가(革奈哥)가 칼을 휘두르며 지휘하니 일반인과는 달리 아주 용맹스러웠다. 마침 일본군은 이나무라(稻村)지대가 석문자(石門子)로부터 달려와서 러시아군의 배후를 공격하자 러시아군은 급히 사방으로 피할 곳을 찾아 도망갔다. 또 일본군 제1지대가 대고산(大孤山) 상륙군과 함께 협력하여 수암성(岫巖城)에서 공격하여 그곳을 함락시켰다.

일본군이 이미 새마집을 거점으로 삼고는 애양(靉陽) 변경문을 공격하여 점령했고, 또한 득리사(得利寺)에서 교전을 벌여 승리하였다. 러시아군은 분수령(分水嶺)에서 대오를 정비하여 진격하며 새마집 등 여러 곳을 회복하려고 하였지만 일본군에게 격퇴당했다. 한편 일본군은 대고산에 있던 병사들을 다시 모집하여 분수령을 포위 공격하니 2일 만에 러시아군을 대파시켰다. 그러자 러시아군은 석목성(析木城)으로 후퇴하였다. 일본군은 이에 분수령으로부터 러시아군을 추격하였는데, 마천령(摩天嶺)에 있던 첨병부대가 갑자기 러시아군 대대병력을 만나게 되어 총검을 들고 돌진하게 되었다. 초장(哨長) 요시이가 앞으로 뛰어나가 싸웠고 러시아군도 요양과 새마집으로부터 오던 자들이 모두 칼을 들고 전면에 나서서 싸우니 일본군은 큰 손실을 보아야했다. 소좌 다카쿠사키(高草木)는 앞에서 들려오는 함성을 듣고 급히 달려가 러시아군을 격퇴시키고 그들을 구원하였다.

10여 일이 지나 다카쿠사키가 마천령의 제일 높은 봉우리에 웅거하며 러시아군과 싸움을 벌였다. 그는 휘하 병사에게 "한 사람이라도 남아 있으면 진지를 버리지 말라"고 외치면서 독려하였다. 러시아의 지원병이 신속히 제일 높은 봉우리 앞의 높은 곳을 점령하였지만, 일본군도 용기를 잃치 않고 물러가지 않았다. 그러는 가운데 미야가와(宮川)와 규시마(牛島)군의 지원을 받자 러시아군의 기세가 약간은 꺾이는 듯했다. 그러나 일본군의 부관인 간도(神戶)는 사카다(阪田)·오다(大田)·오자와(小澤)·가와세(川瀨) 등의 모든 부대에 명령을 내려 탑각만(塔角灣)으로 패주토록 하였다.

일본 제2군은 득리사로부터 러시아군을 추격하여 개평(蓋平)에 이르러 4일간을 싸우다가 격파하고 대석교(大石橋)로 전진하였다. 러시아군은 태평령군의 고원을 점령하고 일본군과 항전하였다. 러시아의 고로파금(苦魯巴金) 장군이 친히 전선에 나서서 전군을 지휘하자 일본군 대장 오쿠가 병들을 독려하여 죽음을 돌보지 않는 위험을 무릅쓰며 진공하였다. 그러는 가운데 마침내 태평령(太平嶺)·우심산(牛心山)·청석산(靑石山) 등의 험지를 탈취하고 대석교도 함락시켰다.

일본군이 대석교에서 다시 석목성을 향해 진공하다가 러시아군을 만나 2일간을 계속 싸웠다. 수세에 몰린 러시아군이 해성(海城)을 향하여 도주하자 일본 장수 구로키가 제1군을 인솔하고 세하연(細河沿) 등지를 점령하였다.

세하연은 동쪽으로 새마집을 경유하여 관전(寬甸)으로 통하고 서로는 한파령(寒坡嶺)에 연하여 안평을 경유하여 요양으로 통하였으며, 남쪽으로는 연산관(連山關)을 경유하여 봉황정으로 통하였고, 북쪽으로는 본계호(本溪湖)를 경유하여 봉천으로 통하는 곳이다. 세하(細河)는 구불구불 서북쪽의 연하(沿河) 일대로부터 내려오는데 그 경사면은 깎아내린 듯한 절벽이며, 그 앞쪽으로는 넓은 광야가 펼쳐져 있다. 러시아군은 이곳을 점령하여 방비하면서 병사들로 하여금 일본군을 교두(橋頭)로 유도하여 포대를 가설하고 공격을 가하니, 일본군 소위 나카노(中野)가 총탄에 맞아 죽는 등 싸움이 치열하였다. 일본군은 이마무라(今村) 및 타니야마(谷山) 두 부대가 지원하자 러시아군은 안평(安平)을 향해 도주하였다. 구로키는 다시 좌우종대에 명하여 유수림(楡樹林)·양자령(楊子嶺)에서 러시아군을 공격하여 대패시켰다. 또 전주 남산에 주둔하고 있던 일본군은 비두산(丕頭山)·검산(劒山)·쌍대구(雙臺溝)·안자령(安子嶺) 등 여러 곳을 탈취하니 이것으로써 러시아군의 험난한 요새도 모두 잃게 되어 여순의 형세는 아주 위태롭게 되었다.

러시아군은 마침내 대소고산(大小孤山)으로 후퇴하여 방어하며 대고하(大孤河)의 물을 끌어들여 그 산허리를 흐르게 하였다. 그러자 일본군은 4개 대대로 나뉘어 비가 쏟아지는 것도 아랑곳하지 않고 공격을 하였다. 그때 공병 1개 대대가 옷을 벗고 하천을 건너 맨몸으로 전진하니 러시아군이 첨병들에게 맹격을 가해왔다. 동계관산 및 노율취(老口律嘴)의 포대 또한 일제히 발포하여 하루 밤낮을 교전하였으나 승부가 나지않았다. 다음날 러시아 함대 7척이 성창연안(城廠沿岸)에 나타나 공격해 오자 일본군은 앞뒤에서 적을 맞아 사상자가 매우 많았으나 더욱 분발하여 러시아군을 공격하니 러시아군은 패주하였고, 마침내 대소고산을 탈취하였다.

러시아군은 대소고산을 잃고는 간대산(干大山)·년반구(碾盤溝) 등에 웅거하였고, 동시에 노철산(老鐵山)·의자산(椅子山) 등에 있는 각 포대와 연결하여 방어하였다. 그러자 일본군은 부대를 나누어 이들 지역에 대해 공격을 가하였다. 밤을 이용해 비를 무릅쓰고 러시아군과 교전하였다. 대장인 노기가 사병들 앞에 서서 신속하게 전진하자 병사들은 감격한 나머지 용기를 갖게 되었고, 그리하여 부상을 당해도 돌진하여 제일 높은 언덕을 탈취하자 러시아군은 후퇴하고 말았다.

러시아군 대장 고로파금이 요양에다 20만 명의 대군을 집결시켜 놓고 이에 대한 설욕을 다짐하고는 군량 및 무기 일체를 두루 갖추게 하였고, 성벽을 쌓고 갱호를 파 철망을 설치하고 지뢰를 설치하는 등 일본군이 오기만을 기다리고 있었다. 일본군 대장 오야마(大山巖)는 3곳으로 나누어 공격하도록 명령하였다. 제1군이 탕하(湯河)를 건너려 했을 때, 대장 이노우에(井上)가 마침 병이 나 있었다. 그러나 그는 속히 일어나 공격에 참여하려 하였다. 그러자 군의관이 가마를 타고 갈 것을 건의하였다. 이에 이노우에는 이를 뿌리치면서 "포성 가운데로 나아가면 몸이 나을 것이다"라고 말하고는 말을 타고 진지로 나아갔다. 그리고 그곳에서 말을 내려 하안(河岸)가 풀 속에 누워 전군을 지휘하였는데, 갑자기 한 개의 큰 폭탄이 그의 옆에 떨어져 큰 폭음이 진동을 하자 모두들 놀라 정신을 못 차렸으나 이노우에는 지도를 펴놓고 아무런 일도 없었다는 듯이 지휘에 열중하였다.

대산(臺山)을 공격하자 모든 병사들이 참호를 파고 몸을 숨기면서 온 힘을 다해 공격하기를 8일 밤낮이나 그리하였다. 그러는 동안 병사들이 잠시 눈을 붙일 수도 없었음을 알고 있던 장군 오카자키(剛崎)는 산정으로 올라가 장교와 병사들은 모두 참호 속에 들어가 잠을 자도록 하라고 명했다. 그러자 모두들 참호 속에 들어가 총을 베개 삼아 누웠다. 당시 포탄이 사방에서 떨어져 터지는 소리가 우뢰와도 같았는데도 병사들이 그의 명령에 따르자 오카자키는 웃으면서 "우리 군사들에게는 이런 담대함이 있으니 어찌 우려할 바가 있겠는가"라고 하였다.

밤이 되자 러시아군은 갑자기 포성을 그치고 한 부대가 군악을 연주하며 군가를 부르자 오카자키는 군사들에게 응전하라고 크게 외쳐댔다. 이에 일본 병사들은 총을 들고 일어났는데, 러시아군은 죽음을 무릅쓰며 알몸으로 폭탄을 마구 던지며 돌진해 왔다. 이에 일본군사들도 미친 듯이 이리 뛰고 저리 뛰며 역투를 벌이니 양군의 사상자는 헤아릴 수가 없었지만, 결국 러시아군이 더 많은 부상자를 내자 도주하기 시작했다. 또 보병 1개 대대가 시체를 넘어 돌진해 오자 일본군은 이에 맞서 공격을 가했고 러시아군도 총을 휘두르며 공격했다. 오카자키는 러시아군이 자신의 위치를 알면 군에 불리할 것을 알고는, 나팔을 불어 사격을 정지할 것을 명하자 군대가 갑자기 숙연해졌다. 그는 이러한 일본군사들의 자세를 보며 "싸움이 치열하게 벌어지고 있는데도 이렇게 빨리 명령에 따라주니 기율이 잡힌 군대는 가히 천하를 장악할 수 있다"고 탄복하며 말했다.

러시아군대가 오랫동안 사격을 가하다가 일본군이 싸움을 그친 것을 알고는 그들도 사격을 그치고 욕을 해대기 시작했다. 그러자 오카자키는 이러한 느슨해진 기회를 이용하여 재차 공격할 것을 명하였다. 그리하여 일제히 일본군의 사격이 가해지자 러시아군은 결국 물러나고 말았다.

제2군은 수산보(水山堡)를 공격하였는데, 양군이 맹렬히 공방전을 벌이며 소위 사이토(齊藤)가 깃발을 들고 대원을 거느리며 적진으로 진공하였다. 그러나 러시아군이 그 깃발을 빼앗자 사이토는 기장(旗章)을 잡아당겨 품 속에 감추고 깃발을 허리에 동여매어 칼을 휘두르며 싸우다가 총탄에 맞아 쓰러졌다. 그러자 조장 와카바야시(若林)가 몸을 날려 그를 구하려다 역시 총탄을 맞고 쓰러졌다.

양군이 요양 화거참(火車站)에서 한창 싸우고 있을 때 러시아 장수 고로파금이 전보를 받았는데, 구로키군과 오쿠 군대가 모두 패하였다는 내용이었다. 그는 이에 희색이 만연하였다. 그런데 이 날 이사전(爾司荃) 장군이 와서 "적군이 이미 패자하 수산보를 건너서 화거참을 격파하여 그곳을 잃었고, 요양성이 포위되어 요양이 파괴되었다. 그들이 봉천과 철령에 있는 부대와 연락하여 우리의 귀로를 차단한다면 우리들은 죽음을 면치 못할 것이다"라고 하니 그는 곧바로 성을 버리고 봉천으로 도주했다.

러시아 장수 고로파금이 철령으로 도망가서 다시 병력을 보충하여 남하하여 요양을 회복하고 여순을 구하려 한다는 소식을 일본 장수 오야마가 듣고는 즉시 3개 대로 나누어 방어케 하였다. 그 우익대는 러시아군과 본계호·납자산·양성보 일대에서 싸웠고, 좌익대는 동산보북연대 임성보납목둔 일대에서 싸웠으며, 중앙대는 옥문자삼 괴석산에서 싸워 모두 격퇴하였으나, 오직 삼도강(三道岡)에서만 싸워 패배하였다.

얼마 안 있어 일본 수륙군이 여순을 협공하여 함락시켰다. 그러자 러시아 장수 고로파금은 사하(沙河)에서 그 소식을 듣고는 군기가 떨어질 것을 염려하여 일본군을 공격하려 하였다. 그는 소장 미사전과(密司前科)를 속히 파견하여 제1군을 이끌고 일본군 좌익대의 배후에서 갑자기 나타나 우장(牛莊)에서 싸우고, 대장 곽리편북(郭里偏北)을 파견하여 제1군을 인솔하고 흑구대(黑溝臺)에서 싸웠으나 러시아군이 온 힘을 다해 날쌔게 싸웠으므로 일본군은 많은 사상자를 내게 되었다. 그러나 일본군은 조금도 사기가 저하되지 않아 여러 날을 격전하였는데, 마침내 러시아군이 패주하게 되자 고로파금은 다시 대장 임니유자(林尼維茨)를 보내 마격령(馬格嶺)으로 진군토록 하고 고로파금은 친히 대군을 이끌고 봉천 부근으로 가서 공격을 가하니 일본군대장 가와무라(川村景明)는 압록강으로부터, 노기는 여순으로부터 이곳에 이르러 오야마군과 합하여 봉천을 돌파하며 철령을 함락시킨 후 개원(開原)·창도(昌圖) 등으로 나가자, 러시아군은 하얼빈을 향해 퇴각하였던 것이다.

제29장 러·일 양국의 해전

일본 군함 1척이 현해탄을 지나다가 갑자기 러시아 함대를 만나 격파되었으며, 또한 2척이 마관(馬關)에서 왔으나 모두 수뢰에 의해 부서졌고, 그통에 맞아 죽은 사람, 자결한 사람, 바다에 투신한 사람 등이 있었으며, 포로로 붙잡힌 자도 100여 명이나 되었는데, 무학탄(無鶴灘)에 도착하여 석방될 수 있었다.

일본 함대가 여순항 공격에 전심하고 있을 때 블라디보스토크에 있던 러시아군함이 일본군함이 없는 틈을 이용해 일본 연해를 돌아다니며 경계를 펴면서 여러 차례 일본 군함을 격침시키고 항로를 막았다. 이보다 먼저 해군대장 도고(東鄕平八郎)는 중장 우에무라(上村彦之丞)에 명하여 함대를 이끌고 쓰시마해협을 경비토록 하였으나, 이 때에 와서 격침되자 일본 군내 상하의 여론은 모두 우에무라 중장의 경비소홀의 책임을 묻자고 요구했다. 이러한 환난을 당한 것을 우에무라는 수치로 생각하고는 전쟁구역을 대대적으로 보수하여 방어에 임하였다. 이 때 초소에서 보고해 오기를 러시아 군함 3척이 울산 앞바다에서 경계를 펴고 있다고 하였다. 이에 우에무라는 즉시 함대를 인솔하고 나아가 공격하였다. 격전이 수시간 계속되는 동안 러시아군함이 많이 파손되었는데, 1척은 침몰되고 2척은 달아났다.

러시아의 태평양함대가 황해에서 패한 후 일본 연합함대가 여순을 봉쇄하고 육군 10만으로 포위 공격하는 한편, 별도로 3군으로서 요양을 공격하자 러시아군은 비로소 육해군이 모두 전패하는 위기를 맞게 되었다. 나아가 여순 또한 겹겹이 포위된 채 고립되어 있었으나 오직 여순함대만이 수개월을 지탱할 수 있는 전력을 가지고 있었을 뿐이었다. 그러자 러시아측은 발틱 함대를 급파하여 이 지역으로 나아가 지원하는 계책을 세우게 되었다. 그리하여 유렴(維廉)제독에 명하기를 분발하여 전력을 다해 이곳으로 나아가 블라디보스토크와 연락하여 단숨에 일본군과 쟁패를 벌이도록 명하자, 발틱함대 전부가 일본해로 급히 출동하게 되었다. 이들은 일본군의 허점을 틈타 일본 해군을 격파하고 여순의 포위망을 풀고 제해권을 회복하면, 일본 육해군의 연락이 끊겨 일본의 40만 대군을 한 군네로 모아 섬멸하기가 쉬울 것이라고 생각하였다. 그리고 설사 발틱함대가 패하더라도 블라디보스토크로 퇴거하면 계속해서 강한 함대를 운영할 수 있으므로, 이들을 다시 피요트르대제 만에 집결시켜 오랫동안 버티면서 기회를 기다릴 수 있을 것으로 생각하였다. 그러나 이것은 여순이 함락되기 이전이면 성사될 수 있었던 계획이었으나, 이미 여순항이 함락되어 버려 함대가 전멸하였으니, 비록 육군에 의해 패권을 잡는다 해도 단지 요양을 회복하는데 그칠 것이며 여순은 회복될 수 없는 상황이었다. 더구나 육군도 만에 하나의 승산도 없었으니 러시아의 계획은 상당한 모순이 있었던 것이다.

그런데도 이때 러시아황제는 회의를 열고 전략을 결정하였다. 즉 발틱해에 있는 전 군함을 모아 제2 태평양함대로 편성하고 중장 라가타사환개(羅斯他司桓開)를 사령관에 임명하고 동정에 나가도록 하였다. 그리하여 거대한 군함들이 바다 위에 떠서 여파항(黎波港)에 모이니 러시아 황제와 황후 및 황태자가 친히 와서 사열하였다. 이들이 출항할 때는 군함

70여 척이 백여 리나 이어져서 구경꾼들은 그 웅장한 모습에 감탄하지 않는 자가 없었다.

동정을 위해 여파항의 알렉산더 3세 항을 빠져나온 함대들은 단백해협과 소비에트 해협을 경유하여 사가은(司加恩)에서 홋카이도로 들어가 영국 어선을 격침시켰다. 영국인은 러시아 관원 4명을 붙잡아 이 문제에 대해 심문하였다. 그러는 가운데서도 발틱 함대는 다불 해협을 통해 서반아 동북연안을 경유하게 되었고, 3대로 나누어 나아갔다. 제1대는 21척을 이끌었는데, 이들은 아프리카 서해안으로 향했고, 제2대는 25척을 이끌고 지중해를 경유하여 홍해를 지나 수에즈 운하에 들어갔다. 이때 일본군이 이미 여순 함대를 섬멸하였다는 소식을 접한 러시아 황제는 이를 두려워하여 제3 태평양함대를 편성하고 이파알락부를 제독에 임명하여 제2함대를 지원토록 하여 마달가사가도(馬達加斯加島) 해상에서 합력토록 하였다. 그러는 가운데 여순항이 함락됐다는 소식을 들은 이들은 60여 일을 이곳에서 머물다가 봉천에서의 패배소식을 듣고는 어쩔 수 없이 달적도(達赤島)에 이르게 되었다. 그리고는 말래카해협의 싱가포르를 지나 방란만(芳蘭灣)에 정박하여 제3함대와 서로 만나니, 발틱해를 출발하여 여기에 이르기까지 7개월을 허비한 셈이었다.

당시 라시타사환개 제독은 제장들과 회의를 개최하였다. 이때 한 사령관이 "적은 반드시 일본해를 견고히 지킬 것이므로 쉽게 들어서는 것은 좋지 않으며, 태평양을 돌아 일본 연안을 빠져 종곡(宗谷) 해협으로 들어가는 것이 더 좋을 듯하다"고 하였다. 그러나 한 함장이 성난듯이 "바다를 가리도록 많은 우리 함대가 당당히 지구 반바퀴를 돌며 이곳에 이르렀고, 또한 이제 적을 공격하여 영국의 해군제독 넬슨과 공을 비교하려는 차에, 적을 피해 우회하여 간다는 것은 오히려 지금의 상황을 해결할 수가 없을 것이다. 그러니 먼저 대만을 공격하여 근거지로 삼는 것이 상책이다"라고 주장하였다. 라사타사환개는 오랫동안 심사숙고하더니 "곧바로 대마도 해협을 지나 블라디보스토크로 향한다"는 결정을 내렸다.

이에 모든 장수들이 찬성하였다.

당시 일본 사령관 도고는 이보다 앞서 여순 함대를 섬멸하고는 동경으로 개선해 있었는데, 이제 러시아 발틱 함대가 동으로 오고 있다는 소식을 듣고는 중장 우에무라에게 명하여 제2함대를 인솔하고 대만 근해를 지키도록 하였다. 또 소장 시마무라에게는 지함대(枝艦隊)를 이끌고 블라디보스토크로 가서 방어토록 했으며, 중장 데바(出羽)에게는 제3함대를 이끌고 지나해로 나가 지키게 하였다. 그리고 중장 마쓰나가(松永)에게는 제6함대를 이끌고 큐슈북쪽 해안을 지키게 하였으며, 중장 우리오(瓜生)에게는 제4함대를 이끌고 대주(對州) 근해에서 지키도록 하였다. 중장 가타오카에게는 제5함대를 이끌고 류큐(琉球) 근해에 가 있도록 했으며, 자신은 제1함대를 이끌고 마산포에 머물면서 전군을 지휘하며 삼엄한 경비 태세를 갖추고 있었다.

이때 일본함 신농환(信濃丸)이 쓰시마 남쪽을 순시하다가 운무(雲霧) 속에서 러시아 함대가 다가오는 것을 보고는 바로 긱 함대에 무전을 보내 이 사실을 알렸다. 그러자 가타오카는 러시아함대의 북행을 유도하여 쓰시마해협에 이르게 하였다. 도고는 전함 6척을 이끌고 우에무라가 이끄는 6척, 우리오가 이끄는 7척과 함께 종단으로 함대를 진치게 하고는 서쪽을 향해 늘어서게 하였다. 그러다가 가타오카와 데바의 함대가 러시아 함대의 앞 뒤에서 나타나 대포를 쏘며 러시아 함대를 공격하였다. 그러자 그 첫 탄이 러시아 제독 화이격삼(華爾格森)에 맞아 전사케 하였다. 격전이 오래도록 지속하는 동안 러시아함대는 많은 포탄세례를 받아 크게 파손되어 깃발이 부러지는 등 그 진용이 흩어지게 된 데다가 겹겹이 포위되고 말았다. 이에 러시아 함대는 급히 북상하려 했으나 일본 함대가 이를 차단하는 바람에 2척이나 침몰하고 말았다.

라사타사환개는 중상을 입고 니파알탁부가 대신 지휘하게 되었다. 그러는 가운데 다시 1척이 침몰하여 장교와 사병 700여 명이 익사하였다. 일본함대의 포위 공격은 더욱 맹위를 발휘하여 러시아 함대는 속속 침몰하기 시작하였다. 그러자 니파알탁부는 싸우기를 멈추게한 후 블라디보스토크를 향해 신속히 도주하려 하였다. 그러나 때는 이미 해가 진 후라 바다는 어둠이 가득 차있었고 바람과 파도까지 크게 일어나 러시아 함대는 우왕좌왕 어찌할 줄을 몰라했다. 이에 대해 일본 함대는 수뢰와 어뢰정을 동원하여 3면에서 육박하면서 러시아 함대를 계속해서 격침시켰다. 그러자 한 러시아 함대는 백기를 게양하고 항복하려는 것을 확인한 일본병사들은 그 군함에 뛰어올라 80여 명이나 체포하였다. 그 안에는 라사타사환개의 막료들이 모두 포함되어 있었다. 그리고 그 군함을 이끌고는 사세보(佐世保)항으로 끌고갔다. 니파알탁부는 전함 5척을 이끌고 급히 블라디보스토크로 도망치다가 도고에게 퇴로를 끊기게 되자 또한 백기를 들고 투항하였으며, 나머지 군함들은 모두 버려두거나 침몰되었다. 이 해전을 통해 러·일 양국의 전황은 완전히 판결나게 되었던 것이다.

일본군은 발틱 함대를 격파하고는 가타오카와 데바가 이끄는 두 함대를 러시아 속령인 고부도(庫負島 - 樺太)로 출발토록 명하였다. 그 섬의 남쪽은 종곡 해협인데, 이곳은 홋카이도와 대치하는 곳이고, 북은 달단 해협으로 연해주와 서로 바라보고 있는 곳이었다. 동북쪽은 가가극해(可克海)에 임하여 치도리열도가 바라다 보이는 곳이며, 캄차카반도는 일본 도쿠가와 막부 시대에 러시아가 치도리열도와 교환하여 러시아령이 된 곳으로, 일본이 언젠가는 이를 만회하겠다는 뜻을 품고 있던 곳이었는데, 이때 비로소 되찾게 되었던 것이다. 그리하여 제1대는 가이살과부(哥爾薩科府)를 점령하고 러시아군과 달리니(達利尼) 삼림에서 싸워 패배시켰으며, 제2대는 아력산부(亞歷山府)에서 합공하여 그 산이 대파되었다. 그러자 러시아 장수 새이길색기부(塞爾吉素奇夫)와 열야포라부(烈耶蒲羅夫) 등이 투항해왔고, 가타오카 함대도 러시아병을 고내철호(古柰察湖)와 내보하구(柰普河口) 등지에서 섬멸하자 이로써 섬 전체가 모두 평정되었다.

제30장 영·일동맹의 개정

미국대통령 루즈벨트가 동양의 전화를 종식시키기 위해 일본과 러시아정부에 각기 화의문제를 제출하자 양국정부는 모두 받아들였다.

이에 앞서 1902년 1월 30일에 체결한 영·일동맹 6개조는 한·일 양국에 관한 것으로서 러시아를 견제하려던 것이었다. 그러나 러·일전쟁이 끝나고 강화조약이 성사될 기미가 보이자 1905년 8월 12일 주영 일본공사 하야시(林董)가 영국 외무경과 협의하여 동맹조약을 개정하게 되었다. 그 내용은 아래와 같다.

> 제1조 일본국 또는 대영국은 본 조약에 기재한 권리가 위험에 처할 때는 즉시 상호 통보할 것이며, 만일 그 권리 및 이익이 침해를 당할 때는 상호 협의하여 공동의 방책을 강구한다.
> 제2조 양 동맹국 중에 도발하지 않고 1국 혹은 수개국의 공격 또는 침략을 받은 때는 양 동맹국은 그 이익 및 권리를 보호할 방법을 강구하며, 1국이 타국과 교전할 때는 그 공격 침략의 장소 여하를 불문하고 동맹국은 상호 협력하여 전쟁에 종사할 것이며, 강화조약도 양국이 충분한 협의를 거친 후에 체결한다.
> 제3조 영국은 일본이 한국에서 정치, 경제, 군사상 우월한 이익이 있음을 인정하고, 일본이 그 이익을 유지 확장하기 위하여 공정하고 부득이한 지도, 감리(監理) 및 보호 등의 조치를 한국에서 시행할 권리를 인정한다. 단 그 조치는 각국 상공업의 기회균등주의를 위배할 수 없다.
> 제4조 일본은 영국이 인도 국경에서 그 안위에 관계된 일체의 사항에 관하여 특별한 이익이 있음을 승인하고, 영국이 인도와 그 부속지를 보호하는데 필요한 불가피한 조치를 승인한다.
> 제5조 조약을 체결한 양국은 양국의 상의와 타협을 거치지 않고서는 다른 나라와 체결한 조약이 본 조약의 목적을 침해할 수 없다.
> 제6조 현재 일본과 러시아가 싸울 때, 대영국은 엄격하게 국외 중립을 지키되,

> 만약 다른 나라 또는 수개국이 일본과 교전을 하게 되면 대영국은 일본국에 원조하여 전투에 참가할 것이며, 강화를 할 때는 반드시 양국과 상의하여 타협한 의견에 따른다.
> 제7조 조약을 체결한 양국 중 어느 한 나라가 본 조약의 장정에 의해, 다른 나라와 조약을 체결하여 그 조건에 따라 출병 내지 원조를 할 때, 법률·출병·원조 등에 관해서는 반드시 영·일 양국의 육해군 담당자가 상호 협의하여 결정한다. 단 해당 담당자의 상호이해 문제에 관한 것은 반드시 수시로 상의하여 조금이라도 견해차가 있지 않도록 한다.
> 제8조 본 조약 제6조에 정한 장정 외에는 서명 날인한 날로부터 시행하여 10년간 유효하며, 10년의 기한이 차기 전 12개월 동안 모르고서 체맹양국이 본 조약을 폐기할 의사가 있음을 통지하지 않으면, 본 조약은 당사국 중 어느 한 나라의 표명의사에 따라 폐기하려는 날부터 계산하여 만 1년이 될 때까지 계속 유효한다. 그러나 기한 만기일에 이르러 양국 중 어느 한 나라가 타국과 교전이 있게 되면 본 조약은 강화조약이 체결될 때까지 계속 시행된다.

이 조약 제3조에서 소위 공정하고 부득이한 지도, 감리(監理) 및 보호 등의 조치를 한국에서 시행할 권리를 영국이 인정한다는 것은 장래 한국을 일본의 보호 아래 둔다는 것을 명백히 선포한 것이다. 조약 체결 후 하야시 일본 공사가 조약 등본을 우리 정부에 보내면서, "일본 정부가 동아시아의 대세를 유지하기 위하여 금년 8월 영국과 신정협약(新定協約)을 조인했으며, 귀국과 일본 양국에 관한 가장 긴요한 조건이 들어 있고, 동양 평화의 영원한 기초요 양 제국을 위해 다행한 일"이라고 말했다. 외부대신 박제순은 10월 17일 영국 공사에게 공문을 보내 다음과 같이 항의했다.

> 한·영조약 원문을 보니까 이후 타국과 문제가 생길 때는 적당한 방법을 강구하여 우선적으로 조치한다고 했고, 또 최혜국(最惠國)의 예로써

서로 대우한다고 약속했다. 조약 체결 이래로 피차 사절단을 파견해 날이 갈수록 친목이 두터워지고 조약을 준수하여 위배됨이 없는데, 오늘 귀국이 일본과 체결한 협약 가운데는 한·영조약의 취지에 어긋난 점이 많으니 우리나라가 의외로 생각하는 바이다. 현재 세계 열강이 모두 세력 균형을 중히 여겨 비록 영토가 협소한 작은 나라라도 대국 사이에 끼어 자주와 동등한 권리를 누리거늘 유독 우리나라만 왜 예외인가? 우리나라가 아직 귀국에게 잘못한 적이 없고 귀국도 신의로써 천하에 명성이 자자한데 어째서 이처럼 조약을 가벼이 여기는가? 가령 다른 나라가 귀국 문제에 간섭할 때 제3국이 공공연하게 승인한다면 귀국은 이를 받아들이겠는가? 이는 우리나라가 귀국에 대해 기대하는 것이 아니라 부득이 공사에게 항의하지 않을 수 없는 일이니 귀국 정부에 전달하여 일본과의 조약을 철회하고 친선을 유지한다면 비단 우리나라의 다행일 뿐만 아니라 국제적 국면의 안정을 위해서도 다행일 것이다.

미국인이 발행하는 상해 대륙보(大陸報)는 영·일 동맹조약의 진상을 논했는데, 그 대체적인 내용은 제1차 조약문에서 한국의 독립을 유지한다 해놓고 그것을 실행한다는 것이 한국을 합병하였으니, 사람을 기만하는 것으로 말만 항상 바뀌었다고 하였다. 이러한 이 신문의 논설 내용 일부를 인용하여 참고로 아래에 소개한다.

    국제조약의 진상은 왕왕 원래 발표한 원문을 잘 해석하기가 어려운 경향이 있으니 영·일조약이 바로 그 한 예다. 1902년 영국과 일본이 조약을 체결했는데, 그 내용을 1905년에 다시 개정하였으니 본보는 이에 그 제1차 맹약이 맺어지게 된 이유를 아래에서 인용하고자 한다. 영·일 양국 정부는 원동의 상황 및 평화를 유지하기 위하여, 나아가 중·한 양국의 독립 및 토지의 완전함을 유지하며, 동시에 각국이 중·한 양국 내에서 상공업의 균등한 기회를 갖는다는 것을 공고히 하자는 까닭에 아래와 같은 조약을 협정한다고 운운한 이 조약은 1902년 체결 서명하였다. 이는 일본이 미리 러시아와 전쟁을 하게 될 것이라고 생각하여 조선과 만주에서의 이익을 쟁취하기 위한 준비로서 이 조약 체결을 준비하였던 것이다. 그런데 1905년에 와서 조약문을 개정하였으니 본보는 이 조약문의 요점을 추려서 아래에 기재하려고 한다.

1. 동아·인도 지역에서의 평화를 확보한다.
2. 중국의 독립과 영토의 완전을 확보하고 열국이 중국경내에서의 공동 이익을 확실히 유지토록한다
3. 동아 및 인도지역에서 양 체맹국의 영토권을 보호하고 해당 지역에서 양국의 특별 이익을 방어하고 보호한다.

이러한 조약은 1902년에서 1905년까지 수년을 내려오면서 시국이 변천하여 일본이 이미 러시아에 승리하고, 또 조선과 남만주 일대를 점령하였으니, 제1차 맹약 중 조선 독립을 담보한다는 내용은 그 형체조차 없어져 버렸다. 이를 통해 본다면, 영국은 일찍이 일본이 임의로 행사할 수 있는 권리를 이미 승인해 준 것이다. 개정된 맹약 중에 중국에 관한 것과 개방 문호정책의 조건을 둔 것은 종전과 다름 없으나, 인도도 조약문안에 집어 넣은 것은 제1차 조약에 들어 있지 않던 내용이다.

국제적 맹약을 자세히 살펴보면, 가장 원만한 방법은 조약 당사국이 얻으려는 것이 무엇인가를 살피는 데 있는 것이다. 영국과 일본이 서로 맹약을 체결한 것은 반드시 양국은 나름대로의 이유가 있고, 목적이 있는 것으로서 이에 그것을 분별하여 논하면 다음과 같다.

영국과 일본이 동맹을 체결한 이유는 독일의 상업적 세력이 점차 영국과 자웅을 겨루게 되고 독일의 해군이 발전하여 장차 유럽에서 육해군방면에서 우위를 갖게 되면 영국에 불리할 것이므로, 영국은 해군을 본국 해양에 집결시켜 적국에 대비하려는 것이다. 이렇게 하면 해외에서의 이

익을 상실 내지 침해당할 소지가 있지만, 만일 영국과 독일이 화친관계를 상실하여 전쟁이 일어나면 독일을 제어하기가 어려울 것이니, 이 두 가지를 다 보존하기 위해서는 오직 일본과 맹약을 체결하는 것일 뿐으로, 이는 해군을 내륙 해양에 집결시켜 놓을 수 있으면서 해외에서의 이익을 보존할 수 있는 방책이었던 것이다.

또한 일본과 연맹을 체결한 후 다시 외교를 벌여 삼국협약의 국면을 이루게 되었으니, 영국이 일본과 맹약을 체결한 목적도 바로 여기에 있었던 것이다. 이러한 목적을 도외시하고 다른 데 목적이 있다는 것을 우리는 발견할 수가 없다. 영국이 의도하는 것은 견제세력을 없애는데 불과한 것으로, 유럽에서의 일에 대비하며 독일의 움직임에 대응하려는 것이다. 맹약을 체결할 때 영국은 중국에 대해 개방문호 주의를 보존하려고 했다고는 하지만, 근래의 일을 보면 이는 영국이 중요시했던 점은 아니었다. 제1차 맹약 중에 조선의 독립을 보존하겠다는 것이 체결 목적의 하나였으나, 이것도 사람을 속이려는 것으로 체결 내용 중 이런 조항이 있다는 것은 일본이 조선 독립을 빌미로 러시아를 어렵게 하려는 데 있는 것이었다. 그리하여 일본이 조선을 점거하자마자 이 말이 속임수였음이 금방 나타났는데, 그것은 개정한 내용 속에 이 말이 들어있지 않다는 점에서 곧 알 수 있는 것이다. 즉 이런 조문을 그대로 두면 자기들 행동을 스스로 막는 꼴이 되는 것이므로 그 근거를 없앴던 것이다. 그러면 일본과 영국의 연합은 왜 진행되게 되었나? 그것은 바로 조선을 합병하고 중국에서의 세력 확충 때문이었다. 일본은 그런 계획을 달성하기 위해서 먼저 러시아와 싸워 그들을 이긴 것이었으니, 일본과 영국의 연합은 일본으로 하여금 전쟁의 경비를 계획하고 또한 지난번과 같은 타국의 간섭을 면하려는 것이었다.

본보에서는 이에 대한 이해를 돕기 위해 근래에 일어났던 일들을 통해 영·일 맹약의 진정한 목적의 일부를 다음과 같이 폭로한다.

1. 조선의 합병
2. 법고문(法庫門)과 금애(金愛)의 철도건설 계획, 이것은 영국이 일본을 위해 도움을 준 최고의 것으로 남만주에서 이권을 인정해 준 것이며, 문호개방이라는 주장과 중국의 토지를 보전해 준다고 하는 그들의 약속을 스스로 파괴한 것이다.
3. 영국은 일본에게 복건성 및 인근 각지에서 최고의 지위를 갖는다고 하는 것을 승인해준 것이며, 이것은 영국인에 대한 이익을 비밀리에 경고한 것이며, 동시에 미국인에 대한 자신들의 견해를 간접적으로 표현하기 위해 한 것이다.
4. 영국은 일본이 산동에서의 행위 및 전에 만주에서 행하던 정책을 산동성에서도 할 수 있음을 도와준 것이다.

　이런 것으로부터 영·일조약은 언제나 당시의 동향에 따라 비밀리에 변경되었던 것이고, 이러한 것은 오늘에까지 이르고 있는 것이다. 따라서 조약 가운데 있었던 본래의 의의는 이미 상실된 것이고, 다시 발생하게 된 조약의 조건은 그 근거를 잡을 수 없으므로 그 진의를 표명하도록 우리는 곰곰이 생각해서 그들의 그러한 의미가 무엇인지를 밝히고자 하는 것이다.
　제1차 영·일조약이 알려졌으나 미국은 그다지 주의를 기울이지 않았다. 그것은 미국이 저촉받지 않을 것이라고 생각했기 때문이었다. 더구나 조약문 가운데 중국과 한국의 독립 및 양국의 문호개방주의를 보증한다고 한 것은 미국 국무장관이 선포했던 정책과 딱 맞아 떨어지는 것이었기 때문이었다. 그러므로 전혀 대수롭지 않게 생각하였고, 오히려 환영하였던 것이다. 그것은 미국의 정책을 보장하는 계기가 되는 것이었고, 당시의 일본의 실력은 미국의 의심을 살 정도가 아니었기 때문이었다.
　그러나 제2차 협약이 성립되자 미국은 비로소 이러한 이들의 움직임을 주의하기 시작하였다. 그것은 한국의 독립을 보증한다는 내용이 없어졌기 때문이었다. 그리고 해약을 선포한 목적에 대해서도 신뢰할 수가 없었고, 또 그들의 야욕을 미국 스스로 추측할 수 있었기 때문이었다.

또한 미국과 일본간에는 캘리포니아문제로 인해 논쟁이 일고 있었는데, 이로써 미국은 비로소 미·일 양국간에 평화가 실효되었음을 알게 되었던 것이다. 더구나 영·일 맹약이 미국에도 서서히 적용되기 시작하였던 관계로, 미국인들은 영국으로 하여금 이 맹약이 어떻게 적용되는지 그에 대한 해석을 요구하기에 이르렀다. 이에 영국 정부는 이 맹약의 적용 문제에 대해 표명하기를 이는 일본을 돕고 미국을 적대시할 리가 없다는 식으로 의도를 밝혔다. 그러나 이런 말을 표명했음에도 불구하고 미국인들은 영·일 맹약에 대해 마침내 의구심을 갖게 되었던 것이다.(이하 생략)

제31장 러·일 양국의 화친조약

1905년(광무 9년) 9월 5일에 러시아 전권위원인 위특(韋特)과 일본 전권위원인 고무라 쥬타로(小村壽太郞)가 미국 포오츠머드에서 강화조약을 체결하였는데, 그 내용은 다음과 같다.

> 제1조 일·러 양국의 강화가 성립된 후에는 양국 정부와 국민은 종전과 같이 우의를 돈독히 한다.
> 제2조 러시아 황제는 일본이 한국에서 정치·군사·경제상에서 특별한 권리가 있음을 인정하고, 이후 러시아는 한국과 일본이 공동으로 필요하다는 판단에 의해 한국에 요원을 파견하거나 한국관원을 지도하는 등의 행위에 대해 간섭 방해하지 못한다. 다만 러시아 국민과 한국 내에 있는 러시아인의 영업은 다른 나라 국민과 마찬가지로 동등한 보호를 받는다.

제3조 일·러 양국의 만주에서의 지위는 동일하므로 양국은 똑 같이 병력을 철수하고, 만주에서의 양국 국민의 개인적 특권은 훼손받지 않는다.

제4조 여순·대련 및 그 부근의 바다와 육지에 대해서 러시아는 그 동안 얻은 조차 권리 전부를 일본측에 양도한다. 단 그 지역 범위 내에 있는 러시아 국민이 소유한 권리 및 재산은 존중하여 보호받는다.

제5조 일본과 러시아 양 정부는 만주에서의 동등한 권리를 가지며 상업상의 발전을 도모하며, 좋은 방향에서의 정책을 실시할 경우에는 피차간에 방해하지 않는다.

제6조 만주 철도는 관성자(寬城子)·장춘으로 경계를 하여 양국이 이 철도를 분할하는데, 양국은 모두 상공업의 목적에 맞게 사용한다. 러시아가 해로를 건설할 경우에는 청나라와 체결한 조약상의 권리 및 부수적 지선의 축조 권리를 일본 철도에 돌려주며, 일본은 이를 획득한 광산과의 연락에 사용한다. 단 개인적 기업을 건립하는 경우는 강제할 수 없으며, 양 조약체결국은 미사용지에 대해서 자유로 경영할 수 있다.

제7조 일본과 러시아 양국의 철도선은 관성자에서 접속하여 통행하며, 이를 통해 서로 연락토록 한다.

제8조 만주 철도의 지선에 대해서는 피차 방해해서는 안 되며, 상업상 운송의 편리를 도모토록 한다.

제9조 러시아는 화태(樺太)의 북위 50도 이남 및 부근의 각 섬을 일본에 할양할 것이며, 양국은 종곡해협(宗谷海峽) 및 달단해만(私祀海灣)에서 함께 자유로이 항행할 수 있도록 한다.

제10조 화태 본도에 살고 있는 러시아인은 계속 일본의 신영토에 거주할 권리가 있으며, 일본정부는 그 영토에서 러시아 죄인은 돌려보낼 권리가 있다.

제11조 러시아는 캄차카해 및 백인해(白人海)의 어업권리를 일본국민에게 양여할 것을 허락한다.

제12조 양 조약체결국은 전시전에 체결한 통상조약으로 변경된 것을 제외한 외에는 모두 실시하고 상호 최우대국으로 한다.

제13조 일본과 러시아 양국은 현재 포로에게 사용한 제 비용을 각각 계산하여 상환한다.

제14조 본 조약은 영문·불문으로 기록하며, 러시아는 불문을 갖고 일본은 영문

> 을 갖되, 단 해석을 요할시에는 불문으로 표준을 삼는다.
> 제15조 본 조약의 비준은 조인 후 50일 내에 양국 군주에게 주청하여 서명을 받되, 러시아 주재 미국공사와 일본주재 프랑스공사가 일본과 러시아 양국을 대리하여 본 조약에서 비준한 사실을 전보로 통지한다.
>
> 추가조항
>
> 제1조 일본과 러시아 양국군의 만주에서의 철수는 조약 조인일로부터 18개월 이내에 완료할 것이며, 군대 철수는 제1선에서부터 시작하여 18개월 후에 양국은 철도수비를 위하여 1Km마다 병사 50인씩을 배치한다.
> 제2조 화태도(樺太島)의 일·러 양국 영유 지역의 경계에 대해서는 경계설치위원회의 심사후 표적을 세운다.

제32장 주영 대리공사 이한응(李漢膺)의 자결

주영(駐英) 대리공사 이한응이 광무 9년(1905년) 5월 12일 런던에서 음독자살했는데 다음과 같은 유서를 남겼다.

> 오호라 국가는 주권이 없고 인종은 평등을 상실하여 각종 교섭에 치욕이 그지없으니 이 어찌 피끓는 자가 참을 수 있는 일인가. 오호라 장차 종묘 사직은 망하고 민족은 노예가 될 것이다. 구차하게 살아남아 치욕을 더하는 것보다 차라리 한순간에 모든 것을 잊는 것이 옳을 것이다.

한응은 비양(毘陽) 군수 고(故) 이경호(璟鎬)의 아들인데 경호는 갑오년 동학란 때 친군부(親軍府)의 남영(南營) 우령관(右領官)으로서 동학당을 토벌하다가 전사했으므로 조정이 병조판서로 추서하고 장충단에 모셨다. 한응은 18세에 영어를 모두 익히고 26세에 영어학교 교관이 됐으며, 26세에 주영 공사 참서관(參書官)으로 런던에 부임하여 31세에 대리공사 업무를 보았다.

영국과 일본이 처음 동맹을 맺을 때도 한국의 독립은 보전한다면서 한국에 있는 일본의 우월권과 행동의 자유를 승인하더니 러·일전쟁이 종결되자 일본의 한국 보호를 승인할 형세가 명백하여 안중에는 한국이 보이지 않았다. 영국 사람이 원래 교만하여 부강하고 동등한 나라에 대해서도 오히려 경멸하는 태도를 보이는데 하물며 한국 사람은 나라 잃은 노예로 대우함이 한이 없는 것이다.

그러므로 한응이 국치를 맞아 순국하니 두 부자를 충신으로 온 국민이 존경했다.

(생각건대) 이한응의 죽음은 우리 민족의 최근사에서 가장 빛나는 선혈이다.

대체로 우리 민족은 조상의 신성한 가르침을 계승하여 삼강오륜을 지키고 예의를 숭상하여 충신 열녀의 선혈이 역사에 끊이질 않았다. 만일 이런 것이 없었다면 4000여 년 국가의 명맥을 어찌 이어왔겠는가. 그러나 근세에 이르러 국난이 거듭돼도 순국하는 자가 드물고 사람의 도리는 땅에 떨어졌으며, 풍속이 퇴폐하고 염치가 없어지고 명예와 절개가 끊어지게 되어 조상이 물려주신 본래의 면목이 발휘되지 못했다. 그러나 광무 9년 5월에 이한응이 국치를 맞아 순국했다는 소식이 해외에서 전해오니 참으로 존귀하고 숭상할 인물로서 우리 민족의 선혈을 끓게 한다. 그후 충정공(閔忠公) 민영환(閔泳煥), 충정공 조병세(趙秉世) 등의 순국으로 충의의 기풍이 되살아나 애국지사가 계속 출현함으로써 우리 민족의 정신을 세계에 떨치니 이들이 아니면 우리 민족은 짐승의 신세를 면치 못했을 것이다.

무릇 사람의 육체는 동물과 차이가 없어서 굶주림과 음식, 암수의 정욕은 구분이 없는 것이다. 다만 특별히 고귀한 점은 천부의 영혼이라는 것이 있어서 인의예지의 덕과 효제충신(孝悌忠信)의 행(行)으로 천지의 중심이 되어 능히 사물을 다스리고 사물의 다스림을 받지 않는 것이다. 그러므로 사람 됨의 도리는 이 영혼을 존중하고 양성함에 있는 것이다. 공자가 말씀하시기를 살신성인(殺身成仁)이라 했고 맹자는 사생취의(舍生取義)라 하셨다. 인(仁)이 어째서 육신보다 중하며 의(義)가 왜 삶보다 중한 것인가 하면, 정신을 다스리는 혼(魂)이 육체의 생명을 다스리는 백(魄)보다 중하기 때문이다. 영혼이라는 것은 천지의 신명(神明)한 지기(知氣)가 인간의 마음과 육체에 깃든 것이므로 육체의 생사와는 무관하며, 육체는 마치 여관방과 같아서 그 존재나 소멸이 진아(眞我)의 초연함과는 무관한 것이다. 따라서 군자는 그 경중을 상세히 헤아려 생사 문제로 인의를 더럽히지 않으니 현세에서 이름을 구하지 않아도 명예가 무궁하고, 세상을 떠남에 초연히 승화하여 쾌락이 스스로 존재하는 것이다. 눈 앞의 부귀를 탐하여 매국 화족(禍族)의 극악을 감행하는 자도 타고난 양심이 전혀 없는 것은 아니지만, 그 육체의 욕망을 극복하지 못하고 영혼의 존귀함을 스스로 포기하여 악의 구렁텅이에 빠진 것이다. 살아서는 악취를 천하에 퍼뜨리고, 죽어서는 영겁(永劫)으로 몰락하는 보복을 받을 것이니 참으로 크나큰 어리석음이 아닐 수 없다.

제33장 한국 선비가 일본 천황에게 상소함

이기(李沂), 나인영(羅寅永), 오기호(吳基鎬), 김인식(金寅植) 등은 애국지사였다. 러·일의 개전 이래 일본의 침략 행동이 점차 표면화하여 나라의 운명이 위태롭기 짝이 없었다. 따라서 이들은 동경으로 건너가 일본 정계와 여론의 움직임을 살폈는데, 일·러의 강화조약이 성립되고 한국을 보호국으로 한다는 소문이 자자하여 형세가 위급했으므로 부득이 일본 천황에게 직접 상소를 올렸는데, 그 내용은 다음과 같다.

교전국과의 강화조약도 이미 성립되어 개선군에 대한 예식도 거행되었고, 멀리에 있는 다른 나라 국민들도 모두가 이를 찬양하고 있는데, 우방에 있으면서 서로가 상부상조하며 지내야만 하는 형세는 반드시 필요하다고 봅니다. 이러한 기쁨의 마음을 한 말씀으로 요약해서 아뢰고자 하오니 폐하께서도 기뻐하는 마음으로 들어주시옵길 호소하는 바입니다.

한·일 두 나라는 모두 동양에 위치해 있으면서도 특히 이웃에 살고 있으니 이 두 나라 사람들은 형제나 같다고 할 수 있습니다. 근래에 들어 백인들이 동아시아에 들어와 그 세력이 밀어닥쳤는데도 이를 막을 수가 없게 되었는데, 비록 우리 한국이 약소하기는 하지만 그 믿는 바가 있어 감히 두려워하지 않는 것은 바로 귀국이 있었기 때문입니다. 특히 귀국은 갑오년에 우리나라의 독립을 말했고, 갑진년(1904년)에 한국의 독립을 약속한 것도 귀국이었습니다. 만주에서 전쟁을 벌이던 날 세상 사람들은 의로운 싸움이라 칭송한지라 첫번째는 여순에서 이기고 이어 봉천에서 승리를 거두게 되어 용기가 백배한 즉 이로말미암아 전승을 거두게 되었던 것입니다.

금년 8월 강화를 할 때 전쟁에 이기면 태만하게 되기 쉽고 성공하면 교만해지기 쉬울 것이라고 경고 한 바가 있습니다. 그럼에도 불구하고 우리 한국과 관계된 위험이 심히 큰지라 감히 앉아서 볼 수만 없어서 바다를 건너 일본으로 건너온 것이며, 또한 서신 한부를 정부에 바쳐 명을 기다린 지 이미 수개월이 됐습니다.

약서(約書)에 공포한 것을 보면 정치상·군사상·경제상에서의 탁월한 이익이라는 말은 독립이라는 말과 함께 그 본 뜻과는 달리 많은 곳이 위배되는 것 같습니다. 그러나 이러한 말이 혹시 적대하고 있는 러시아에 대해 그들의 희망을 없애려는 계책에서 나왔다면 가히 이해할 수가 있습니다. 그럼에도 근일 들리고 있는 보호국이라는 말 같은 것이 신문지상에 실리고 있기에 이는 우리 한국인들의 울분을 부추기는 꼴이 되어 오히려 덕이 원망으로 바뀌고 은혜가 반전되어 원수가 되려는 상황에 있습니다. 이를 우리 외신(外臣)이 생각하면(일본이 내신이고 한국인은 외신이라 칭했음) 이는 폐하의 뜻이 아니라고 생각되는데 이는 어찌된 까닭인지 알려주시기 바랍니다.

갑오년 8월 1일 칙서에 있는 바를 살펴 보면 "조선은 본래 영국과 함께 자주국이라 밝혔음에도 청국이 속국으로 여기고 속으로는 권유하는 척하며 겉으로는 위협하여 내정을 간섭하니, 이에 짐은 메이지 15년 조약에 의거하여 군대를 파견하며 사변에 대비하여 다시는 조선이 영원토록 난리를 면하도록 하고 장래 치안을 유지시키며 동양 전체의 평화를 유지하려 한다"는 내용이 있습니다.

갑진년(1904년) 2월 10일 칙서에 있는 말은 일본제국이 한국에 대하여 "그 지위를 보전하는 것은 하루 이틀의 연고에서가 아니요, 한국의 존망은 실로 제국의 안위에 매여 있는 것이며, 러시아는 맹약에 구애받지 않고 만주를 점거하고 병탐하여 만주가 러시아로 귀속될 것 같으면 한국의 보전도 지탱할 수가 없으며 극동의 평화 또한 희망을 가질 수가 없다. 그러므로 짐은 이 기회를 헤아려 시국에 대한 타협을 하려고 한다"고 하였습니다.

이 두 개의 칙서가 같은 뜻이라는 사실은 그 명명백백함이 해와 달 같고 그 믿음이 금석(金石)과 같으며 이미 세상사람들이 모두 잘 알고 있습니다. 옛사람들의 말에 의하면 일개의 필부에게 조차도 거짓말을 해서는 안 된다고 하였는데 하물며 일국의 황제가 거짓말을 해서 되겠습니까? 그렇기 때문에 외신들은 이는 폐하의 뜻이 아니라고 느끼고 있습니다. 고사(古史)를 보면 덕과 힘은 반복하며 없어지고 다시 생기곤 하는데, 만일 덕이 힘을 이기면 다스림이 이루어지고 힘이 덕을 이기면 어지러워진다고 했으니 이는 세상을 다스려가는 이치라 하겠습니다. 폐하의 성신문무(聖神文武)를 생각해 보면 등극하신 지 38년 동안 나라를 부강하게 하시어 별안간 동양의 패주(覇主)가 되신 것은 어찌 다른 술책이 있어서 그렇게 된 것이겠습니까? 바로 세상사람들에게 믿음을 잃지 않으셨기 때문이 아니십니까? 따라서 싸움에 이기시고 공덕을 성취하신 것을 하나의 계율로 삼으시고, 또한 동아시아는 황인종이다 하는 것을 유념하시어 우리 한국이 독립할 수 있도록 해주시고 한·일 두 나라가 서로 의지하며 살 수 있도록 해 주신다면, 이는 우리 한국만의 행복이 아니요, 이는 또한 귀국의 행운이며, 세상 모두에 대해서도 다행한 일이 아니겠습니까? 이러한 신들의 간곡한 마음을 반드시 폐하께옵서는 받아주시기를 삼가 죽음을 무릅쓰고 엎드려 간곡하게 아뢰는 바입니다.

제34장 이토가 특파대사로 한국에 옴

광무 9년(1905년) 11월 2일 일본 후작 이토 히로부미(伊藤博文)가 특파대사로서 한국에 온다는 사실이 전보로 전해져 왔다. 그러자 이기, 나인영, 오기호 등이 다시 서신을 이토에게 보냈다.

    서신을 올리는 우리가 사사로이 듣건대, 각하가 특파대사의 자격으로 우리나라에 건너오라는 명령을 들었다 하니 슬프고 애통하기만 하구려! 왜냐하면 결국 우리 한국은 망하고 말 것이기 때문이오! 우리 한국은 귀국과 근접해 있고 더구나 불행하게도 각하를 만나야 할 운명에 있다니, 하느님이시여 정말로 우리 한국을 돕지 않으시고 이 지경에까지 이르도록 하셔야 합니까?
    우리가 생각하건대 각하는 우리나라를 보존케 하겠다고 명분을 내세우고는 있지만, 내심으로는 집어삼키려는 모략을 품고 멸망시키려는 것 아니겠소? 이제 슬슬 일어나서 그 동안의 것들을 거두려는 평생의 책략을 성사시키려는 것이 아니겠소? 결국 이번에 나오는 것은 이러한 것을 실행하려는 것에 있을 뿐이요, 이를 행하려는 것이 아니겠느냐 이 말이오.

　우리 한국의 간교한 무리들이 궁중을 출입하면서 임금님께서 이러한 소식들을 들으시는 것을 은폐시킴도 적지 않다고 봅니다. 또한 각하는 이들 두 사이에 서서 조종을 하면서 모략을 취하면서 지위는 우방의 후작이라 하고, 그 명성은 근대 정치가의 으뜸이라 들으며, 그 말하는 소리와 웃음이 다른 삶들로 하여금 존경해 마지 않는 넉넉함도 있으니 이번 일도 반드시 해내리라 믿소이다.

　그러나 맹자가 말하기를 '허수아비를 만드는 자는 그 앞날이 없다' 라고 하였으니, 그 말은 그 형상이 미워지게 되면 따라 죽게 되는 것이라는 말이외다. 이제 우리 한국이 소국이라고 하기는 하나 인구가 2천만 명 이하로 내려가지 않고 또한 모두가 혈력(血力: 피와 힘)과 성명(性命: 人性과 天命)이 있어 결단코 짚으로 만든 허수아비와는 비할 것이 아니라고 생각되오. 우리가 반드시 각하의 손길에서 벗어날 수가 없게 된다면 따로 떨어져 나와 추위에 떨며 굶주림에 지친다 해도 통절히 당신의 이름을 외치며 저주할 것인데 그러면 당신은 어떻게 할 것이오.

　나는 믿건대 비록 사람의 힘에 의한 화가 당신에게 미치지 않는다고 하더라도 하늘의 재앙은 아마도 피하지 못하고 말 것이라고 믿소. 무고한 사람을 죽여 천하를 얻는다 하는 것은 옛사람들도 하지 않던 짓인데 각하께서 이러한 의(義)를 알지 못하는 것은 아니겠지요. 그러나 우리 2천만 동포를 죽이고 탄환지(彈丸地)를 얻는다면 그 이해관계는 명백하게 나타날 것인데 어떻게 하려고 그러오.

　어떤 이는 말하기를 '사람은 반드시 자신의 주된 계획을 가지는 것이 좋다' 고 했지만, 그것이 당신처럼 너무 지나치면 허물이 되어 좋지 않은 것이오. 슬프고 슬프오! 당신은 어찌 그리 어리석기만 하단 말이오! 한·일 양국은 순치 관계와 같아 서로 의지하며 지내야 하므로, 이제 한국이 망하면 일본이 망한다는 것은 이미 천하가 다 아는 일이 아니겠소? 이는 양국의 틈새가 벌어지기만을 기다리는 적들이 6대주에 가득함을 알아야 하오. 일본이 한국을 대함이 형제 관계와 같다고 한다면 영국과 미국에 대한 관계는 친구지간에 지나지 않는 것 아니오. 스스로 형제를 해치고 친구를 택하면서 자신을 좋게 보아달라고 하는 것이 어떠한 일인지는 천하가 다 아는 일이지 않소? 영국과 미국과 동맹을 맺었다고 하나 과연 언제까지 믿을 것이오? 그러므로 우리가 들려드리는 말은 오직 우리 한국만을 위해서 그리는 그런 계책이 아니라는 것이오. 이는 동양 전체를 위한 계책이라고 할 수 있소이다. 바라옵건대 각하께서는 추요(芻蕘:자기의 글이나 시에 대한 경칭)의 뜻을 버리지 말고 최후의 거둠을 생각하며 그것을 구하려 한다면 기쁘기 그지 없을 듯하오.

이토 히로부미가 한국에 온다는 전보가 오자 사람들은 의아해 하며 반드시 중대한 문제가 있는 듯한데 만일 정말로 보호조약을 제출하게 되면 어떻게 대응할 것인지 정부의 태도를 주목하고 있었다. 이때 참정대신 한규설(韓圭卨)이 각 대신의 의견을 물었더니 모두가 대답하기를, '만약 우리나라 사람으로서 여기에 굴복하는 자는 매국노이며 만대의 죄인이다. 우리들은 죽기를 각오하고 이에 응하지 않을 것이다'라고 했다. 한규설은 '여러분의 결심이 이러하니 국가를 위해 다행한 일'이라고 했다.
그달 5일에 〈일진회(一進會)〉라는 단체가 다음과 같은 성명서를 제출했다.

이제 한·일 양국 관계를 단지 옛날로 회복하려는 것은 죽은 자를 소생시키는 것과 차이가 없으니 온당치 못한 일이다. 그러므로 우방의 지도를 순순히 받아들여 문명을 진보시키고 독립을 유지하는 것이 합당하다.
어떤 이는 말하기를, 독립의 대권이 피해를 입고 국가의 체면이 손상된다 하여 어쩔줄 모르고 망국을 탄식하는 자가 있지만 이것은 하나만 알고 둘은 모르는 것이다. 전에 체결한 한·일의정서 속에 외교사항은 대소를 막론하고 일본 정부가 추천한 외교고문의 자문을 얻어 시행한다는 내용이 있는데, 이는 실질적으로 외교업무를 일본 정부에 위임한 것이며 이제 와서 형식의 변화가 있을지라도 그 차이를 따질 일이 아니다. 더욱이 국가를 대표해 우리가 외국에 파견한 공사 중에 나라의 체면을 손상하지 않은 자가 별로 없으니 차라리 우방 정부에 위임하여 그들의 힘으로 국권을 유지하는 것이 역시 폐하의 대권을 발전시키는 것이다.

내치(內治)만 보더라도 무능한 관리를 사용하는 것보다 차라리 유능한 고문을 선택해 폐정을 제거하고 민복(民福)을 증진하는 것이 역시 폐하의 대권을 발전시키는 것이다.

전날 러·일이 교전할 때 우리 일진회원은 미력을 다해 인부로서 경의선 공사에 종사했고, 때로는 수백 명의 사상자까지 내면서 궂은 일도 마다 않고 대열을 조직하여 성심성의껏 북진군의 운반에 협력한 까닭은 작은 공이나마 동맹국에 믿음을 보여준 것이다. 또 우리 회원이 일본 관민에게 호의를 가진 것은 사실이지만 이는 선진 동맹국에 대한 교분일 뿐이며 다른 뜻이 있는 것은 아니다. 항간에 편견을 가진 무리들이 우리 모임을 외국인의 꼭두각시라며 손가락질하고 심지어 망국의 도적이니 매국노니 하지만 이는 참으로 지나친 오해이다.

우리 모임은 한마음 한뜻으로써 신의를 가지고 우방과 교분을 나누며, 동맹에 대하여 성실하게 그 지도를 따르고 그 보호에 의거하여 국가의 독립을 유지하고 영원무궁하게 안녕과 행복을 누릴 것이다.

일진회는 동학 일부의 변신으로서 일본의 조장으로 성립한 단체이다. 갑오년에 동학이 흩어지자 그 두목은 일본으로 망명했는데, 비밀리에 신도를 우리 내지에 파견하고 어리석은 백성을 유혹하여 단체를 조직하였다. 갑진년(1904년)에 러·일이 싸워 일본이 득세하자 두령 송병준(宋秉峻), 이용구(李容九)가 일본의 힘을 빌려 정권을 탈취하고자 일본인에게 충성을 다하고 단체를 조직해 '일진회'라는 이름을 붙였다. 일본도 이들을 이용하려고 남몰래 5만 원을 도와줬으며, 일본인 우치다(內田良平)는 고문이 되고 일본군 사령부도 각별한 보호를 해 주었다.

이렇게 해서 무식한 무뢰한들을 널리 모집했는데, 일진회에 가입하면 안으로는 대신 협판과 밖으로는 관찰사 군수가 될 수 있으며 부자들의 재산도 자기들 소유가 될 것이라 하니 우매한 민중이 가산을 탕진하면서 가입했고, 일본인을 위해 철도공사와 군수품 운반을 도우면서 죽거나 다치는 일도 피하지 않고 부귀 영화가 빨리 오기만을 기다렸다. 이제 이토가 내한하여 보호조약을 체결한다는 소문이 나돌자 좋은 기회라고 생각한 송병준이 보호조약을 찬성하면 이토가 정권을 내줄 것으로 믿고 앞의 선언을 발표한 것이다. 이에 전국의 인사들이 이를 갈며 규탄하고 그들의 오장육보를 씹어먹고자 했으며, 국민교육회, 대한구락부, 황성 기독청년회 등 각 단체가 일제히 궐기하고 나섰다.

참정대신 한규설이 한성부에 지시해서 사람들에게 고시했는데, 최근의 일진회 선언서라는 것은 내용이 부도덕하여 인민에게 감히 하지 못할 말이며, 이로 인해 여론이 들끓고 유언비어가 난무하고 있다. 당국에서는 철저히 조사해 처분을 내릴 것이니 일반 인민은 의심을 갖지 않도록 하라고 당부했다. 이어서 각 도에 훈령을 내려 단속할 것을 명하니 하야시 공사가 여러 차례 이 훈령의 철회를 요구했지만 참정대신은 듣지 않았다.

(생각건대) 일본은 오래 전부터 한국을 집어삼키려 했는데, 그 동안 한국인으로서 그들에게 이용당한 자가 셋이 있다. 하나는 의친왕(義親王) 이강(李堈), 영선군(永宣君) 이준용(李埈鎔)인데 황족으로서 일본에 머문 것이며, 둘은 갑신 개화당의 박영효 일파인데 국사범으로 일본에 망명했으며, 셋은 일진회 간부 송병준과 이용구이다. 일본 정치가들은 두 황족과 국사범을 이용해 우리 황실을 위협했는데, 의친왕이나 영선군을 옹립하여 귀국 후 왕위를 잇게 한다고 하자 이 말에 놀란 우리 황실이 막대한

어용금을 그들 정객의 수중에 들이밀었다. 또 우리 정부를 위협하되 국사범 박영효 등을 귀국시켜 정계를 개혁한다고 하니 정부의 뇌물이 끊임없이 그들의 호주머니 속으로 들어갔고, 이로 인해 소모된 우리 정부의 재정이 엄청났다. 물론 이들 두 황족과 국사범들이 본심으로 그들에게 이용되어 국가를 해친 것은 아니지만, 우연히 그 곳에 체류함으로써 그렇게 된 것이다. 따라서 타인의 세력 범위 안에 있는 자는 스스로 구걸하지 않아도 그들에게 팔려서 국가에 해를 끼치는 법인데, 하물며 남의 힘을 빌려 자기 욕심을 채우고 약자가 강자를 이용하려 하거나 서툰 자가 능숙한 자를 이용하겠다는 것은 크나큰 착각으로서 나라를 자멸시키고 민족을 죽이는 일이다.

〈일진회〉라는 것은 우리 민족 가운데 어리석은 자들이 송병준, 이용구 일당의 꼬임에 빠져 헛된 부귀를 꿈꾸며 모여든 장님 집단이다.

일본이 갑오년에 우리 독립을 부르짖고 갑진년에 독립을 보증하여 천하를 속이고 중국과 러시아를 물리치니 방해하는 자가 없었다. 그래도 한국 병합을 실행할 때 거짓말로 조약을 어겼다는 사람들의 비판이 두렵고 우리 민족 전체의 저항을 염려하여 일진회를 민간 단체라 부르고 이를 이용한 것이다. 즉 민간 단체의 찬성과 동의가 있었다면서 천하의 입을 막고 우리 민족의 저항을 줄여 보려고 금전으로 비호하고 세력과 부귀로서 유혹하여 이들을 장악한 것이다. 아울러 전시에는 군수품 운반과 철도공사에 돈 한푼 내지 않고 수만 명의 인부를 얻었으며 한국 경영에는 보호조약 황위폐립 최종합병 등의 큰 일을 전부 찬성하게 했으니 일본에 가장 유리한 이른바 민간 단체이다. 또 이들을 교사하여 우리 민족의 애국 단체를 원수 보듯 탄압하여 혼란에 빠지게 한 것도 이용의 일종이다. 일본이 우리 민족을 이렇게 조종하는 가운데 한국은 합병된 것이다.

16일 정삼품 이석종(李奭鐘)·이건석(李建奭) 및 각도 유생 등 3백 명은 일본이 맹약을 저버리고 공법을 유린한 데 대해 통렬하게 논박하였다.

또한 일진회의 매국 괴수를 참수할 것을 청하여 대궐 앞에 엎드려 소청하니, 일본군들이 대한문 앞으로 달려와 그들을 사령부로 납치하여 협박과 공갈을 하였으나, 그들이 끝까지 반항하며 굽히지 않자 감금해 버리고 말았다.

제35장 이토가 보호조약을 강제로 체결함

11월 10일 이토 히로부미가 경부선으로 경성에 도착해 정동에 있는 손택(孫擇:독일 여자)씨의 저택에 숙소를 정했다. 다음날 임금을 알현하고 일본 천황의 친서를 전달했는데, "짐이 동양 평화의 유지를 위해 대사를 특파하니 합심하여 대사의 지휘를 따르고 국가의 방어를 조치하소서. 짐은 황제의 안녕을 공고히 보호하겠다"는 내용이었다.

14일 이토가 경인선으로 인천에 내려가 하룻밤을 묵은 뒤 귀경했고, 15일에는 서기관을 거느리고 제실(帝室) 심사국장 박용화(朴鏞和)의 소개로 수옥헌(漱玉軒)에서 임금을 알현했는데, 일전에 자기가 전달한 친서의 내용처럼 대동아의 평화를 유지하고 한·일 양국의 보존을 위해서는 다음의 네 가지 조건을 체결해야 된다면서 조약문을 상주했다.

> 제1조 일본국 정부는 동경 외무성을 거쳐 금후 한국에 대한 외교관계 및 사무를 전부 지휘 감독할 것이며, 일본의 외교 대표자 및 영사는 외국에 있는 한국인과 그 이익을 보호한다.
> 제2조 일본국 정부는 한국과 타국 간에 현존하는 조약을 완전히 실행할 임무를 맡으며, 한국 정부는 금후 일본국 정부의 중개를 거치지 않고서는 국제적 성질을 가진 어떠한 조약 혹은 약속도 하지 않을 것을 약속한다.
> 제3조 일본 정부는 그 대표자로서 한국 황제 아래 1명의 통감을 둔다. 통감은 경성에 주재하며 황제 폐하를 친견할 권리를 가진다.
> 일본 정부는 한국의 각 개항장 및 일본 정부가 필요하다고 인정하는 곳에

> 이사관을 둘 권리를 가진다. 이사관은 통감의 지휘 아래 종래 한국 주재
> 일본 영사에 속하던 일체의 직권을 집행하고, 다시 본 조약의 내용을 완전
> 히 실행하기 위하여 필요한 일체의 사무를 관리한다.
> 제4조 일본과 한국 사이에 현존하는 조약 및 약속은 본 조약에 저촉되지 않는 한
> 도에서 모두 그 효력을 지속한다.

황제께서 이 글을 다 보시고 "짐이 최근에 보호조약을 체결한다는 신문 보도를 읽었으나 생각컨대 작년 귀국 황제의 선전소칙 중에 한국의 독립을 위해 노력한다고 했고 또 한·일의정서에도 확실히 독립을 보증한다는 문구가 있으므로 신문 보도를 믿지 않았다. 더구나 후작이 명을 받들고 한국에 오니 깊이 다행으로 여겼는데 어떻게 후작이 이런 요구를 제출할 수 있는가?"라고 말했다.

이토는 "이는 본인의 자의가 아니라 우리 정부의 명령이니 만일 승인하시면 비단 양국의 행복일 뿐만 아니라 동양 평화를 영원히 유지하는 방책이니 즉시 허락하심을 엎드려 바라나이다"했다.

황제께서는 "이는 짐이 혼자서 결정할 일이 아니며 정부 대신도 감행하지 못할 일이다. 우리 종묘 사직의 입국 규범은 큰 일을 만나면 정부의 대소 관료는 물론 퇴직한 원로 대신과 초야에 있는 유생들까지 의견을 물어서 시행할 수 있는 것이다. 그러니 짐 혼자서 즉시 결정을 내릴 수 없다"라고 하셨다.

이토는 다시 "백성들이 다른 말을 하면 마땅히 병력으로 진압할 것이니 즉시 처분을 내리소서" 하였다.

황제께서 정색을 하며 말씀하시기를 "짐이 차라리 몸으로써 순국할지언정 절대로 승인하지 못하겠다" 하셨다. 이토가 재삼 위협하다가 황제의 허락을 얻지 못하고 물러갔다.

다음날(16일) 하야시가 참정 대신 등 각 대신과 민영환, 심상훈을 이토

의 숙소로 초청하고 별도로 외부대신 박제순을 공사관으로 불렀는데 민영환은 마침 귀향 중이라 오지 못했다. 이토가 대신들에게 한국 문제와 동양의 대세를 설명한 다음 자신이 한국에 온 이유는 특별히 황제의 칙령을 받들어 한국 황제폐하에게 친서를 올리려는 것이며, 이러한 때 동양의 영구 평화를 유지하자면 부득이 보호 조약을 체결할 수밖에 없다고 말했다. 그러자 참정대신 한규설이 "귀하가 말한 동양의 대세는 동감이다. 하지만 어제 듣자 하니 친서 4조는 귀국이 원래 우리의 독립을 유지하고 동양의 평화를 확보하기 위해 러시아와 전쟁을 벌인 것이므로 우리가 병력으로 원조는 못했지만 백성들이 군수품을 나르고 철도공사에 힘을 다했으니 조력은 미약하나 성의만은 보인 것이다. 또 한·일 의정서를 체결할 때 우리의 손실이 매우 컸지만 단지 독립을 확보하기 위해 용인한 것이다. 또 귀국 황제폐하의 선전조서 가운데 특별히 우리 독립을 보호한다고 천하에 선포하여 우리가 보석처럼 믿고 있으며, 대사도 지난날 우리 독립을 위해 노력했던 까닭에 분명히 우리 독립을 침해하지 않을 것을 확신하여 기쁘게 대사를 환영한 것이다. 어찌 대사가 이런 일을 하겠는가? 비단 백성들의 바람에 어긋날 뿐만 아니라 절대로 시행하지 못하겠다"고 말했다. 법부대신 이하영은 "이 일이 중대하여 쉽게 결정할 수 없으니 공론에 붙여 결정하는 게 옳다"고 했고, 학부대신 이완용은 "이 일의 인정 여부는 이 자리에서 결정할 수 없다. 마침 주무대신이 공사와 담판 중인데 어떻게 결정됐는지 아직 듣지 못했다"고 했다.

농상공부대신 권중현은 "귀국 황제의 선전조서와 다른 성명서 및 한·일 의정서에 분명히 우리 독립을 존중하여 의혹이 없는데 이 문제를 꺼내는 것은 의외"라고 했다. 토의를 끝내자 모든 대신이 함께 입궐했는데 외부대신 박제순 역시 일본 공사관에서 돌아왔으므로 공사와 주고 받은 내용을 물었다. 박제순은 "목숨을 걸고 강경하게 거절했다"고 대답했다. 이에 모든 대신이 어전에 들어가 그간의 문답 내용을 아뢰고 물러났다.

17일 하야시가 다시 모든 대신을 불러서 4개조의 승인을 요구하자 박제순은 "내가 어제 공사와 나눈 말을 귀하가 이해할 것이며, 참정대신 이하 각 대신이 이토 대사와 회견한 것 역시 나와 동일하니 오늘 이 자리에서 어찌 변경이 있겠는가?"했다.

참정대신은 "어제 양쪽에서 문답한 상황은 외부대신이 설명한 것처럼 다시 거론할 필요가 없지만 조약 문제는 정부 각료가 절대로 용납하지 않을 것이다"라고 했으며, 권중현은 "이 안건은 정부가 독단할 일이 아니라 마땅히 중추원과 합의해야 할 일이다"라고 했다.

이 말을 들은 하야시가 화를 내며 "이는 귀국이 핑계를 대는 것이다. 여러분들이 아무리 반대할지라도 대사가 황칙을 받들고 한국에 올 만큼 중요한 일이니 기어이 단행할 것이다. 여러분은 이 뜻을 귀국 황제께 전하라" 하자 이완용이 "이 일은 불가불 속결해야 할 것이다. 어떻게 미루기만 하겠는가?"라고 하였다. 이리하여 모두들 자리에서 일어나 입궐하려 했더니 하야시가 자기도 궁내대신에게 전화로 알현을 청했으니 함께 입궐하자고 했다. 이근택(李根澤)이 이 말을 듣고 "이 안건은 정부의 의결에 속하는 일인데 공사가 하필이면 이때 입궐하겠다고 하는가?" 했고, 참정대신도 "만일 공사가 입궐하면 나는 안 가겠다"고 했다. 하야시는 자기도 입궐할 권리가 있다면서 반박하고 일본 헌병과 순경들이 대신들을 애워싼 채 입궐했는데 하야시는 휴게실로 들어가 대기했다.

대신들이 황제께 절하고 사태를 자세히 말씀드린 뒤 계속해서 어전회의를 열어 이 문제에 대해 가부를 결정하는데 모두들 찬성하지 않았으나 유독 이완용 만은 "이렇게 중대한 안건을 승인하지 않으면 그만이지만, 만약 승인한다면 어구를 고치는 것도 좋을 듯하다"고 하여 서너 명의 대신이 찬성하고 이하영이 소매 속에서 조약문 사본을 꺼내 고칠 부분을 논의했다. 그러자 참정이 화를 내며 "개정이란 말은 더욱 망발이다. 이런 말을 우리가 먼저 꺼내면 어떻게 그들을 거절하겠는가?"라고 하면서 대신들이 식언을 할까 염려하여 재차 가부를 물었더니 모두 거부한다고 대답했다.

황제께서 참정대신에게 신중히 의논하라고 말씀하시자 참정대신이 개정은 부당하며, 설령 어구를 약간 바꾼다 해도 본래의 취지는 변함없으니 나는 이 의견에 반대한다고 말하고 다시 박제순의 의향은 어떤지 물었다. 박제순은 자기도 역시 개정은 불가라고 믿으며 단연코 다른 뜻은 없다고 대답했다.

황제께서 다시 참정대신 및 외상에게 충분히 조심할 것을 당부하자 참정대신이 울면서 말했다.

"오늘의 사태는 찬성이나 반대만이 있을 뿐이며, 우리나라가 찬성해도 망하고 반대해도 망할 것이다. 사람은 죽지 않는 사람이 없고 나라도 망하지 않는 나라가 없으니 차라리 군신이 함께 사직을 위해 순국하면 망할지라도 세상에 대해 면목은 세울 것이다. 만일 죽지 않고 망하면 후세에 더러운 이름을 남길 것이니 오직 폐하께서 결정하심을 원하나이다."

박제순도 또한 울먹이면서 참정대신의 말이 참으로 절실하다고 진언했다.

황제께서 침통한 표정으로 "짐의 의사는 결정했으니 경들은 거듭 조심하라"고 말씀하셨다.

참정대신이 휴게실로 가니 하야시가 의결 여부를 물었다. 참정이 만장일치로 부결했다고 전하자 하야시가 화를 내며 "공이 수반(首班)으로 정부를 통솔하는데 책임이 막중하다. 이처럼 중대한 일을 이리저리 미루려 하는가?" 하면서 궁내대신 이재극을 불러 "참정대신이 칙령을 받들지 않으니 불충하다. 직접 상주하여 면직시키겠다"고 하였다. 이 말을 들은 참정대신이 탄식하며 "공사가 우리 정부를 모욕함이 이 지경에 이르렀으니 더 이상 참을 수 없다" 하고 벌떡 일어나 나가려 하자 다른 대신들이 만류하면서 "우리들이 명을 받들어 협의하는 것인데 어떻게 일본 공사의 말을 듣고 자리를 뜨려 하는가" 하였다. 아무도 나가려는 사람이 없는 가운데 이토 대사와 하세가와 대장이 병사를 인솔하고 입궐하여 사방을 포위하니 대궐 주위에 삼엄하게 늘어선 총칼이 어좌를 직접 핍박했다.

이러한 무력 시위 아래서 이토가 알현을 청하자 황제께서는 궁내대신을 통해 병이 있어 접견할 수 없으니 참정대신과 협의하라고 명했다.

대신들이 이토와 협의할 때 참정대신이 박제순을 향해 "공은 주무대신이니 먼저 말하라"고 하자 박제순은 반대의 뜻을 표시하고 어명이 있었는지 다시 물었다.

그러자 이토가 "어명이 있었으니까 가결한 것이 아닌가"라고 대답했다. 박제순이 미처 대답하기 전에 왜 말을 모호하게 하느냐면서 참정대신이 박제순을 비난했다. 박제순은 그게 아니라 대사가 내 말을 잘못 들은 것이라고 했다. 이토가 이는 찬성이며 반대가 아니라고 하자 참정대신이 다시 박제순에게 왜 해명하지 않느냐고 했더니 박제순은 대답이 없었다. 참정대신이 다른 대신들에게 말하라 하자 민영기는 반대했고, 이하영은 "내가 정부에 있으면서 찬성하지는 못하겠다"고 했다. 이완용은 개정하면 찬성하겠다고 했다. 이근택, 이지용, 권중현 등은 모두 이완용과 같은 의견으로 '황실존엄'이란 문구를 추가하자고 요구했다. 이토가 참정대신의 의견은 어떠냐고 묻자 "나는 정부 대신들과 함께 귀 대사관과 공사관에서 확실히 말했고 방금 어전회의에서도 역시 만장일치로 부결했으니 어찌 딴 말이 있겠는가" 했다. 이토가 화를 내며 "공이 수반(首班)이라는 중책에 있으면서 종묘 사직의 존망을 생각지 않느냐?"고 묻자 참정대신은 책임이 중하니까 이런 것이라고 대답했다. 이토가 다시 배일(排日)하는 것이냐고 묻자 참정은 배일이 아니라 실제로는 양국의 영원한 행복을 위하는 것이라고 했다. 이토는 자기 역시 여러 차례 수반을 지낸 탓에 난국도 경험했지만 공이 어째서 이렇게 오해하느냐, 말과 행동이 틀리지 않느냐, 아무쪼록 고집을 부리지 말고 후회가 없도록 하라고 참정에게 말했다. 참정대신이 "나는 성질에 표리가 없으니 어찌 말과 행동이 다르겠는가? 대사가 여러 번 수반을 역임했으니 이런 사정을 이해할 것이다. 나는 목이 떨어질지라도 이 조약은 승인할 수 없으니 다시 생각하기 바란다"고 말했다. 이토가 궁내대신을 불러 지금 이 협의는 반대가 적고 찬성이 많으니 이미 결정된 것이며, 이 사실을 황제께 말씀드리라고 했다.

참정대신은 사태가 긴박함을 알고 황제께 진언하여 군신이 함께 거절하려고 방 밖으로 나가 예식관(禮式官) 고희경(高羲敬)을 시켜 알현을 청하고 대청 뒤 작은 방으로 들어가 다시 이재현(李載現)에게 알현을 요청했다. 이때 고희경이 와서 전하기를 일본 공사관 통역 시오가와(鹽川)가 참정대신을 만나고 싶다 하길래 세옥헌 앞뜰로 나갔더니 시오가와가 달려들면서 참정대신의 왼팔을 잡고 일본 헌병 5명이 위협하며 휴게실 서쪽의 작은 방으로 끌고가 헌병 대장 한 명과 장교 한 명이 감시했다. 잠시후 이토가 찾아와 "이 일이 동아의 대국을 유지하려는 것인데 공은 왜 오해하는가?"라고 물었다. 참정대신이 "대사는 생각해 보라. 우리나라가 자력으로 독립한 것이 아니요 귀국이 주장한 것이다. 그후 10년 동안 우리가 자수(自修) 자강(自强)하지 못하여 이런 변을 당하니 과실은 우리에게 있다. 하지만 귀국이 수년 이래로 우리 껍질를 벗기고 고혈을 빨아 남은 게 거의 없고 단지 독립이라는 허울 뿐이다. 이제는 이것마저 뺏고자 하니 어찌 견딜 수가 있겠는가?"

이토는 "내가 야심이 있는 게 아니라 단지 귀국이 실력이 없어 이렇게 하지 않으면 동양이 위태롭기 때문이다"라고 했다.

참정은 "대사가 전에 정한론(征韓論)을 반대하고 천진조약, 마관조약에서 우리나라의 독립을 위해 고심했다. 이러한 대사의 덕성과 신의로 볼 때 지금의 조치는 너무도 의외가 아닌가?"

이토는 "공이 수반의 자리에 있으면서 이러함은 오해이다. 칙령이 있는데도 받들지 않겠는가?" 참정이 "나라는 제왕 혼자의 나라가 아니다. 우리 황제폐하가 나를 죽일 권리는 있지만 내 뜻을 꺾을 권리는 없으니 비록 엄한 분부가 있을지라도 나의 순국은 직분이니 어찌 황제의 명을 받들겠는가" 이토가 "만일 기어이 그렇다면 공이 우선 화를 당할 것이다." 참정대신이 "지금 총칼 속에 둘러싸여 대사와 항쟁하니 내 생명은 결정된 것이다. 다시 무슨 화복(禍福)이 있겠는가? 다만 이 조약은 도저히 따를 수 없으니 원컨대 대사는 신의를 존중하여 양국에 행복되게 하라" 하고 목놓아 울기 시작했다. 이토가 손을 잡고 위로하며 "공의 처지는 이런 난국을 맞이하여 당연한 것이다. 하지만 우리가 결코 딴 뜻은 없으니 우려할 일이 아니며, 신하의 도리로 말할지라도 나라가 중하고 군주는 그 다음이다. 다시 한 번 심사숙고하기 바란다." 참정대신은 "대사의 말이 당연하다. 나 역시 대강은 경중을 아는 까닭에 이렇게 하는 것이다." 이토가 "공의 심경은 동정이 가지만 대세 대국을 고려하라." 참정대신은 "대사는 입장을 바꿔 생각해 보라. 사람의 도리상 도저히 하지 못할 일을 강요하면 따르겠는가? 내 몸은 죽일 수 있지만 내 뜻은 꺾을 수 없으니 다시 생각해보기 바란다."

이리하여 이토가 다시 의석으로 나가 각 대신에게 말하기를, "참정대신 한 사람이 반대할지라도 일부를 개정하면 다른 대신들은 전부 찬성하겠다니 이 안건은 결정된 것이다"라고 하면서 정부 주사(主事) 두 명을 불러 개정안 1통을 복사시켰다. 이어서 일본 공사관 통역과 외부 보좌원 등이 병사 수십 명을 인솔하고 외부로 달려가 대신 도장을 탈취해 즉시 날인한 다음 "참정대신은 날인하지 않아도 무방하다"고 말했다. 이리하여 5조약이 성립되었다. 그 조약문의 내용은 다음과 같다.

제1조 일본국 정부는 동경 외무성을 통해 금후 한국관계에 대한 사무감리를 지휘할 수 있다. 일본국 외교 대표자 및 영사관은 외국에 있는 한국 신민 및 이익을 보호한다.

제2조 일본국 정부는 마땅히 한국과 타국간에 현존하고 있는 조약의 실행을 완전히 떠맡으며, 한국 정부는 금후 일본국 정부를 통하지 않으면 국제성의 모든 조약 및 약속을 할 수 없다.

제3조 일본국 정부는 그 대표자로 하여금 한국 황제폐하의 궐하에 통감 1인을 두고 통감은 모든 외교와 관계되는 사항을 관리토록 하며, 서울에 주재하면서 황제폐하를 배알(拜謁)할 수 있는 권리가 있다. 일본정부는 각 개항장 및 기타 일본 정부가 필요한 땅이라고 인정하는 땅은 이사관을 둘 권리가

> 있으며, 이사관은 통감부 지휘 밑에 두고, 종래 한국에 속해 있던 일본 영
> 사의 모든 직권을 집행하며, 아울러 본 조약 조관을 완전히 실행하는 등
> 필요한 일체의 사무를 장악한다.
> 제4조 일본국 및 한국간에 현존하는 조약 및 약속은 본 조약 조관에 저촉되는 것
> 을 제외하고는 모두 계속해서 효력을 발생한다.
> 제5조 일본국 정부는 한국 황실의 안녕과 존엄의 유지를 보장한다.
>
> 이 조약문은 앞에서 말한 4조 외에 '제5조 일본 정부는 한국 황실의 안녕과 존
> 엄을 유지할 것을 보증한다' 라는 조문 하나를 추가한 것이다.

날인을 마친 뒤 이토, 하세가와, 하야시 등이 군대를 철수시켰고, 다음 날은 감시도 해제했으므로 참정이 비로소 밖으로 나와 내정부(內政府)로 가서 참찬 이상설과 손을 마주잡고 통곡했다. 다른 대신들이 모여들자 참정이 소리 높여 꾸짖으며 "시정배들이라도 공들처럼 말을 번복하지는 않을 것이다. 나라는 망했다. 나라가 망하면 공들이 편할 것 같은가?" 하고 다시 박제순을 향해 "어찌 전후 반복이 이처럼 심한가?" 하며 질책했다. 다른 대신들은 모두 고개를 수그리고 말을 못했으며, 다만 "다행히도 참정 한 사람이 있을 뿐이다" 라고 말했다.

참정은 즉시 상주문을 올렸다.

> 금일 체결한 조약은 신이 여러 대신과 함께 매일 협의할 때 모두 반대
> 라 했고, 일본 대사 및 공사와 회견할 때도 이론이 없더니 의결하는 자리
> 에서 탁지대신 민영기, 법부대신 이하영은 논의를 거부하고 다른 대신들
> 은 본문을 개정하면 찬성하겠다 하여 개정 가결하게 됐습니다. 특히 외
> 부대신 박제순은 주무대신으로서 계속 반대하더니 끝내는 의결석상에서
> 잘못인줄 알면서도 조인을 거절하지 못하여 국사를 그르쳤습니다. 다른
> 대신들이 찬성하는 조건으로 말한 '개정' 이란 것도, 그때 신이 다른 곳

에 억류되어 참석하지 못했지만, 국체(國體)를 더럽힌 천만 부당한 것입니다. 외부대신 박제순은 우선 관직을 박탈하고 법부에 명해 법에 따라 다스리시고, 기타 논의에 가담한 대신들도 파면하시며, 신 역시 수반 자리에 있으면서도 이들을 저지하지 못 하고 죄를 범했으니 머리를 진흙에 박고 처벌을 기다리겠습니다.

그러나 이에 대해 아무런 회보가 없더니 얼마 후 조칙이 내려왔는데, 참정대신 한규설이 궁궐 안에서 행동이 조심스럽지 못했으므로 우선 관직에서 파면하고 3년간 유형에 처한다고 했으나 곧 유형만은 면제되었다.

이 조약의 성립으로 인해 외부대신 박제순, 학부대신 이완용, 내부대신 이지용, 군부대신 이근택, 농상공부대신 권중현을 '을사5적(乙巳五賊)'이라 부르며 온 나라 백성이 규탄하고 간장을 씹어먹고자 했다. 따라서 이토가 순경과 군대를 보내 사택을 보호하고 출입을 경호해 주었다.

제36장 황성신문이 봉쇄되고 사장이 구금됨

우리나라의 신문은 서재필의 독립신문이 효시로서 순전히 한글을 사용했는데 재필이 출국함으로 폐간되었다. 정유년(1897년)에 유지들이 공동 출자하여 양 신문을 발간하니 하나는 《황성신문(皇城新聞)》이며 국한문을 혼용했고, 다른 하나는 《제국신문(帝國新聞)》으로서 한글만을 사용했다. 이 두 신문이 민의를 대표하고 권력과 당파를 초월하는 독립적인 태도와 공정한 언론에 세인의 칭찬이 집중되었으며, 일본의 대한 정책에 대해서도 종종 비판을 가했으므로 그들이 좋지 않게 생각하고 있었다.

갑진년에 러・일전쟁이 일어나자 일군 사령부에서 군사에 관계가 있다는 핑계로 검열을 시작했다. 그후 마루야마(丸山重俊)가 경무고문이 되자 일본 경찰 한 명을 전속 검열관으로 배치했으며, 조금이라도 일본인의 비위를 거슬리면 말소 금지시키더니 지금은 하룻밤 사이에 보호조약이 성립되어 그 사실을 보도하지 못 하게 했다. 사람들이 의아해하자 황성신문 사장 장지연(張志淵)이 회사 친구와 의논하되 신문이란 것은 직필로 보도하는 것이 천직인데, 지금 나라의 존망에 관계되는 중대한 조약을 체결했는데도 사실을 폭로하지 않으면 교활한 일본인이 우리 군신 상하가 만장일치로 동의한 것이라고 천하를 기만하고 협박으로 강제 체결한 진상을 속일 것이다. 그러니 우리들이 죽을지라도 묵인할 수는 없다면서 조약 체결의 전말을 대서특필로 상세히 기재하고 아울러 '시일야방성대곡(是日也放聲大哭)'이란 제목으로 논설을 붙여 종이에 피눈물이 가득한 수천 마디의 말을 도도히 실어 검열을 맡지 않고 만여 매를 추가로 인쇄했다. 이어서 많은 배달부로 하여금 경성 내외의 각 가정과 기관에 빠짐없이 배달시키고 자신들은 밤새 술을 마시며 경찰의 체포를 기다렸다.

다음 날 아침 일본 경찰이 신문사에 와서 허가증을 압수하고 기계에 자물쇠를 채웠으며, 장지연을 경무청으로 연행하여 심문을 벌였다. 경찰이 검열에 위반하면 죄가 되는 줄 아느냐고 묻자 장지연이 안다고 대답했다. 알면서도 어째서 고의로 죄를 범했느냐고 경찰이 다시 묻자 장지연이 다음과 같이 대답했다. "이는 나의 직책이다. 내가 내 직책을 수행하는 데는 죽음도 피하지 않겠다." 그러자 경찰은 다시 심문하지 않고 구금한 지 70여 일만에 석방했다.

황성신문이 조약 강제 체결의 실상을 폭로하고 '방성대곡'이란 글이 항간에 전파되자 국민들을 크게 흥분시켰지만 신문이 폐간된 지 5개월이나 지나 암흑과 의혹이 날이 갈수록 심해졌다. 이때 영국인 베델(Bethell)이 한글, 한문, 영문의 세 종류로 《대한 매일신보(大韓 每日新報)》를 간행하게 됐는데 일본이 검열하지 못했으므로 그들의 강압을 사실대로 보도하고 가차없이 비난했다. 따라서 사람들이 환영하여 발행 부수가 막대했으며, 나도 이로 인해 뜨거운 피가 끓어올라 사투를 맹세했다. 학생들은 폐교 통곡하고 교인(敎人)은 하늘을 부르며 슬프게 울었다. 상가는 문을 닫았고 유생은 맨발로 상경하여 합의문을 쓴 만장을 내걸고 큰소리로 항의하는 자가 셀 수 없이 많았다.

제37장 매국을 성토한 상소(上疏)들

보호조약이 발표되자 이에 찬성했던 대신들과 일본의 강압적인 행동을 성토하는 유생들이 매우 많았다. 그러나 이들이 올린 상소문은 받아들여지지 않아 아무런 성과도 얻어내지를 못하였으나, 당시 민중들의 반대여론이 얼마나 처절했고 통절했는가를 알려주는 좋은 예이기에 그중 서너 편을 참고로 게재하고자 한다.

의정부 참찬 이상설(李相卨)은 본래 학문에 뛰어난 수재로서 인망이 드높았다. 정부에 들어온 지 얼마 되지 않아 이토 히로부미에 의한 강제 조약이 이루어지자 참정대신 한공(韓公)과 협력하여 반대를 해왔으나, 회의에 참여할 수 있는 권한이 없는 데다가 이들이 항의한 문제마저 슬그머니 없어져 버리곤 했던 관계로 의견이 반영되질 않았다. 그러는 중에 조약이 체결되자 그들은 통곡을 하며 사직을 고하면서 이 조약이 임금의 비준을 받지 못한 채 체결됐다는데 하나의 희망을 가지고 상소를 다시 올렸다. 그 상소문의 내용을 보면 다음과 같다.

신 삼가 엎드려 올리나이다. 어제 새벽에 있었던 일을 들으니 모든 대신들이 일본과 조약을 체결하는데 이미 용인했다고 하옵니다. 이는 이미 나라를 다시 찾을 수 없는 지경에 이르렀다는 것이니, 사직하고 돌아와 통곡하여 마지 않을 뿐입니다. 이제 오로지 할 수 있는 일은 제 뜻을 다시 임금님께 상소하는 일밖에 없으니 윤허해주시길 바랄 뿐입니다. 오늘

듣건대 이번 조약에 대해 폐하께서는 아직 비준에 동의하지 않으셨다고 하옵니다. 신이 생각하옵건대 이는 그나마 아주 다행스런 일이 아닐 수 없다고 생각됩니다. 만일 그렇다면 이는 나라를 다시 찾을 수 있는 계획을 도모할 수 있다고 봅니다. 이 조약은 비준을 해도 망하고 안 해도 망하게 될 것이므로 망할 때까지 기다린다고 하면 평안치 않을 것이므로 굳건한 마음으로 저항하여 우리의 선조들이 폐하에게 부여한 중책을 저버리지 않도록 해야 할 것입니다. 폐하께 엎드려 청하옵건대 참정대신 한규설이 상주한 것을 표본으로 하시어 조인에 동조한 대신들을 징벌하시고 나라의 기강을 바로 잡도록 하셔야 하며, 나아가 유능한 자를 신하로 간택하시어 이를 행하시어, 천하 만세에 폐하의 성스러운 마음이 언제나 남겨지도록 하옵소서. 그렇지 않으면 신은 비록 죽을지언정 이들 나라를 팔아먹은 도적놈들과는 같이 있을 수 없습니다. 폐하께서 만약 신의 말씀이 잘못됐다고 여기시면 신을 참수하시어 모든 도적들에게 감사해 하시고, 만약 신의 말씀이 옳다고 여기시면 모든 도적의 무리들을 참수하시어 국민들에게 감사하는 마음을 보여 주시옵소서.

그리하여 참정대신 한규설이 파면되고, 박제순(朴齊純)이 의정대신서리(議政大臣署理)가 되니 일반인들의 분노는 더욱 가중되었다. 그러자 종1품 이유승(李裕承)이 다시 상소를 올렸는데 그 내용은 다음과 같다.

삼가 엎드려 아뢰옵나니 신이 근년에 들어 쇄약해져 병이 드는 바람에 국사가 어떻게 돌아가는지 듣지도 보지도 못하게 되었으므로 살아 있다 해도 이미 이 세상사람이 아니고, 그저 죽을 날만 기다리고 있사옵니다. 그러나 아직은 육신이 살아 있고 본성이 없어지지 않은지라, 일본과 맺은 조약에 대한 소식을 듣고는 머리카락이 치솟고 간장이 떨려 참을 수 없지만, 그저 엎드려 베개에 얼굴을 파묻고 울 수밖에 없는 신세니, 이제는 죽으려고 해도 죽을 수조차 없게 되었습니다. 어떤 요행으로 이 조약이 체결되었고 이를 막지 못했는지는 모르겠으나, 모든 신하들이 계속해서 올린 상소를 들으신 폐하의 뜻이 어찌 분명히 확인되지 않은 채 이렇게 결정되게 되었나이까? 이는 이미 나라의 천명이 다했고 국세를 회복할 수 있는 길이 없게 됐다고밖에 할 수가 없을 것 같습니다. 생각지도 않게 외부대신 박제순이 의정서리가 되었다 하는데, 박제순은 혼백이 나간 인물로 충신과 역적이 어떤건지도 모르는 자로 나라를 팔아먹기를 쉽게 생각하는 금수와 같은 자이옵니다. 이런 자들에게 국사를 맡기게 되면 중대한 잘못을 저지르게 될 것인데, 폐하께서는 어찌 종묘사직을 이들 악독한 무리들이 제멋대로 하는데도 참고만 계시옵니까?

엎드려 폐하께 청하옵건대 지금부터라도 모든 사람들이 논한 바에 따라 모든 적들을 물리치시고 나라의 법도를 바르게 세우도록 해야 할 것이며, 나라의 지사들을 선별해서서 지금까지 맺은 불평등조약을 엄히 척결하시면 국권을 보호함은 물론 국왕의 위엄을 되찾을 수 있을 것입니다.

또 법무부 주사 안병찬(安秉瓚)이 도끼를 들고 대궐 앞에 엎드려 상소하니 그 말 한 마디 한 마디가 얼마나 격렬한지 일본 형사들이 그를 체포하여 장지연(張志淵) 등과 함께 경찰서로 구인한 후 70여 일이 지나 석방하였는데, 그의 상소문의 내용은 다음과 같다.

삼가 엎드려 아뢰옵나니 나라가 있는 까닭은 법제가 바로 서고 그에 의한 권력이 있기 때문입니다. 법이 제대로 행하여지지 못하고 권위가 서지 않으면 비록 군주가 예전과 같이 권좌에 있고 종묘사직이 그대로 있다해도 이미 망한 것이나 다름 없습니다. 지금의 상황을 보면 다른 나라 사람이 정부의 통감이 되어 군신과 백성들이 장차 모두 다 포로가 되어 잡힌 짐승이나 생선처럼 비참하게 되었는데도 나라가 망하지 않았다고 할 수 있겠습니까?

저들 오적들도 우리 조종의 신하이거늘 어찌 5백 년의 종묘사직과 3천리 방방곡곡에 살고 있는 생령들을 하루 아침에 다른 사람들에게 모두 다 주어버렸는지, 이는 도저히 참을 수가 없는 일입니다.

또한 외국인들이 억지로 맺자고 청해온 조약을 위로는 폐하의 허락을 안받고, 또한 아래로는 신하들이 끝까지 이 문제를 승인하려 하지 않는 뜻이 있음에도, 몹쓸 무리들이 무슨 배짱으로 단독으로 이를 허락하고, 스스로 나서서 조인까지 하게 하였나이까. 이들은 우리 조국의 모든 백성들을 한낱 지푸라기보다도 가볍게 보는 것 같습니다. 이들 도적 무리가 비록 미친 외국인들에게 넘어가 나라를 팔아먹었다고는 하지만, 어찌 그들의 마음에도 조금이나마 인간으로서의 마음이 없겠습니까? 그런데도 폐하께서 수십년간을 이러한 무리들을 길러왔기 때문에 오늘에 이르러서 그 효과가 이처럼 나타난 것입니다. 이에 대해 폐하께서도 또한 후회하시리라 믿어 의심치 않습니다. 이제라도 그들을 마땅히 참수하여 조종(祖宗)에 사죄하고, 백성들이 편안하게 살지 못하도록 한데 대해 사죄를 해야 할 것입니다. 그러함에도 불구하고 반대로 우유부단해서 그들을 용인해 주면 재차 그들은 교활한 상소를 많이 올릴 것이므로, 이들에 대해 말로써 대하지 말고 공문으로 명을 내려 이들 무리들이 4천년 동방화촉의 나라를 멸망케 하려는 그들의 죄를 문책해야 할 것입니다.

그리고 어떤 일이든 끊고 맺는 일을 확실히 해서 다시는 그런 일을 하지 못하도록 두려움을 갖도록 해야 할 것입니다. 비록 신은 폐하가 이들 무리들이 하는 짓을 충성스런 일이라고 생각지 않으시리라 믿습니다만, 그들이 위협하는 바 때문에 감히 그 죄를 묻지 않을까 두렵습니다. 폐하가 만약 임금의 지위에 있지 않으시거나, 아직 군주의 지위가 바뀌지 않았다면 법이 아직 다한 것이 아니고, 권력 또한 다 가버린 것이 아니므로, 이는 하늘에 비추어봐도 명백히 이들 반역자들이 죄로부터 벗어날 수 없음을 알 수 있는 것입니다. 이들 도적들은 이미 폐하에게 있어서 불공대천의 원수들입니다. 그리고 우리 국민들 누구나 그들의 심장과 간을 베어먹고자 할 것입니다. 그럼에도 어찌 폐하께서는 연약하게 참기만 하시어 이 지경에까지 이르게 하였습니까?

　또한 외국인들의 사주를 받아 이들 역적들이 제도를 쉽게 바꾸어버려 어느 사이에 그들이 원하는 바를 다 얻게했습니다. 지금은 바로 일국의 존망을 가름하는 중요한 시기입니다. 따라서 비록 폐하라 할지라도 폐하 스스로 이를 허락할 수가 없는 것입니다. 따라서 폐하께서는 이는 불가한 일이라고 명확히 말하시고, 정부의 수상도 불가하다고 해야 하며, 우리나라 전국민도 또한 이를 불가하다고 해야 하는 것입니다. 그들이 이를 얻게 되면 아주 어린애라 할지라도 재산을 빼앗을 수가 있습니다. 우리 백성들이 다 보고 있는데 어찌 감히 이에 근거하여 물품이 빠져나가는 것을 용인해 주겠습니까? 이제 홀로 생각해보니 박제순 이하 5적의 머리를 참하여 거리에 달아놓고, 한나라를 호령하고 또한 각국과 내통하여 나라를 빼앗으려는 일본인들의 죄상을 폭로하여, 온 국민이 하나로 뭉쳐 이를 실천함으로써 억지로 맺어진 이 위약(僞約)을 철회토록 모든 국민들이 열화와 같이 일어나 우리나라 독립자주의 주권을 천하에 밝혀야 할 것입니다. 그리고 침략과 소요에 의해 피해가 일어나지 않도록 해야 합니다. 그런 후에야 주권을 행할 수 있고, 주권을 세울 수 있으며, 그럼으로서 비로소 내정과 외교를 시작할 수가 있는 것입니다. 만약 그렇게 하지 못하고, 지금과 같이 여리고 참기만 하다가는 이런 일이 그치질 않아 종묘사직의 영혼들을 모신 제단에 폐하가 절을 한다해도 꾸짖음이 더할 것입니다.

　오호라! 애통하고도 슬프도다! 당당한 우리 삼천리 동방예의지국이 스스로 존재하지 못하고 하루 아침에 다른 나라 사람 통감이 지배하는 나라가 됐으니, 폐하 또한 스스로 왜 그렇게 됐는지를 잘 알고 있다고 생각됩니다. 그렇지 않은가요? 하늘이여! 하늘이여! 어찌 이 일을 참을 수 있다는 말입니까? 신은 비록 보잘것 없는 사람이오나 선왕의 유민(遺民)으로써 이를 참을 수가 없고, 또 부모님이 물려 주신 이 몸으로 그들의 노예가 되어 웅크린 채 거짓으로 살아갈 수가 없습니다.

신이 어제 이미 본부에 사직서를 바치고 울분이 격하여 감히 이렇게 법을 어기면서 상소를 올리오니, 엎드려 비옵건대 폐하께서는 종묘사직과 백성들을 깊이 위하는 마음으로 신으로 하여금 5적을 물리치고 위약(僞約)을 철회할 수 있도록 하여 주옵소서. 만약 그렇게 하지 못하면 신이 도끼를 들고 궐 앞에 엎드려 있으니 엄명을 내리시어 이 도끼로 신의 머리를 참수토록 하여, 나라를 팔아먹은 모든 도적들을 대신하여 종묘사직에 사죄할 수 있도록 해주시기를 간절히 원하옵나이다. 운운.

한편, 원래 의정부 대신으로 임명되었던 조병세(趙秉世)가 가평(加平) 고향에서 이 소식을 듣고 고성으로 달려와 배알하며 상주하길 청하나 허락하지를 않자, 백관과 더불어 연명으로 상소하기를 여러 번 하였다.

그러자 국왕이 이를 전해듣고 유지를 내려 "경들의 충성스런 마음을 짐이 이미 짐작하고 있으니 돌아가라"고 하였다. 그러나 그들은 조금도 물러서려고 하지 않았다. 그러자 급기야는 그들 모두의 관직을 박탈하고 문밖으로 내쫓으라고 명하였다. 이에 모든 이들은 더욱더 대한문(大漢門) 밖에서 주저앉은 채 처벌해 달라고 기다리자, 일본 헌병 수십 명이 들이닥쳐 원로 대신 조병세를 정동주재소에 구금해 버렸다. 그러자 문무 백관들은 재차 시종 무관장 민영환(侍從 武官長 閔泳煥)을 우두머리로 하여 소를 올리니 그 1차 상소의 내용은 다음과 같다.

삼가 엎드려 올리나이다. 신을 비롯해 정부의 제신들이 듣자하니 일본 공사가 5가지 일을 열거하며 가부를 결정해 달라고 요청하여 조인하기에 이르렀다고 하던데, 이를 들으니 심장이 놀래고 정신이 아득하여 어찌할 바를 몰라하던 중, 폐하의 성지(聖志)가 명확하신 바를 알고 다행스럽게 여기고 있습니다. 비록 여러 차례에 걸쳐 곤혹스런 압박을 받으셨지만 끝까지 동요되지 않으시고, 또한 참정대신 한규설이 끝까지 비준하는 것을 견결히 거절했다하니 얼마나 다행스러운지 모르겠습니다. 다만 두려운 것은 그들이 사기적으로 5적들이 조인한 문서를 가지고 이것이 옳다고 하며 구실을 대어 유린하게 되면, 노예와 같은 처지로 되고말 터인데 이런 근심이 바로 눈앞에 다가오고 있음을 말씀드리고자 하는 바입니다. 이렇게 되면 바로 종묘사직이 없어지는 것이 되오며, 백성들은 이제 그들의 밥이 되는 것이옵니다. 오호 슬프도다! 박제순의 죄를 어찌 마음대로 처벌할 수 없는 것이옵니까! 신은 주무대신으로서 비록 폐하가 허락하여 조인한 것이라 해도 죽음으로써 이에 투쟁하여 나라의 은혜에 답하는 것이 신하의 본분을 다하는 것이라고 생각하옵니다. 성의(聖意)를 받들지 아니하고 자기들 마음대로 조약을 체결하여 나라를 팔아먹은 도적이 어느 대에도 없었는데, 어찌 이런 도적의 무리가 있을 수 있는 것입니까? 천하의 일은 정명(正名)이 그 첫번째인데, 폐하께서 이러한 도적을 처형하지 않으시면, 내부에서 그 많은 사람들이 한마디씩 하게 되고, 따라서 이 사실이 알려지면 전국민이 격분할 것입니다. 또한 외적으로는 전세계 모든 나라들의 여론에 대해 사과할 바가 없게 될 것이니, 엎드려 비옵기를 폐하께서는 이 일에 대해 역정을 내시고 박제순의 머리를 참수하시어 거리에 내다 걸도록 하시옵소서. 그리고 다른 모든 글을 쓸 수 있는 신하들로 하여금 나라를 팔아먹은 모든 자들에 대해 쓰게 하여 이들의 습성이 어떠한지를 후대에 알려야 하옵니다. …… 왕명에 의해 그들의 관직을 면직케하고 구속 체포하여 나라 법의 정도가 지켜지도록 해야 하며, 죽음으로써 절개를 지킨 충신들을 간택하여 그들의 충절을 알리도록 해야 할 것입니다. 그리고 외부장관에게 소칙을 내리시어 각 국의 공관에 성명을 내도록 해야하며, 각 국의 공사들과 협의하여 이처럼 위협에 의해 맺은 조약은 국가적으로 인준을 거친 것이 아니니, 그 조약은 무효이므로 다시 모여 담판을 한 후에 이를 실시하지 않도록 해야 합니다. 그리하여 국권을 되찾고 백성과 사회를 존속시켜야 합니다. 신 등이 감히 격분한 나머지 연서하여 아뢰오니, 엎드려 비옵건대 황상께서는 속히 결단을 내리시어 처분토록 하옵소서. 삼가 준허도 받지 않은 신들이지만, 전하의 면전에서 차라리 머리가 부숴지는 한이 있더라도, 참을 수 없기에 궐문 밖에서 오른 바를 아뢰는 것입니다.

동시에 조병세가 여론을 대표하여, 각국 대사에게 공문을 보내니, 그 글의 내용은 다음과 같았다.

세계 중에서 우리나라가 자주독립국가임은 천하가 다 아는 사실이다. 일본이 마관조약으로부터 이번 러·일전쟁이 개전할 때 선전포고한 소칙과 한·일의정서에 우리나라의 독립과 영토의 보존을 해준다고 하여 각국에 성명하였기에, 이러한 사실은 천하가 다 아는 바이니, 귀국의 공사도 이를 잘 알 것이다. 그러나 오늘에 와서 일본 대사 및 공사가 조약서 한 장을 들고 궁궐에 들어와 조약에 서명할 것을 강박하였는데, 그 내용을 보면 일본 통감을 우리나라에 두고 우리의 외교권을 일본에 둔다는 것이다. 이렇게 하는 것이 독립이고 속국을 폐한다는 것인가? 속국이 되면 결국은 나라가 망하게 되는 것이기에 우리나라 황제가 이를 허락하지 않고, 참정대신도 이에 따르지 않자 일본대사가 협박을 가하였고, 병사들을 궁궐로 데리고 들어와 공포 분위기를 만들어 가부를 결정하라고 위협하는 가운데, 처음부터 일정한 예식도 없이 외부(外部)의 도장을 강제로 빼앗아 날인하고 이를 조약이라고 하고 있다. 오늘날 천하대국이 횡행하고 있는 정세하에서, 약소국가인 우리는 열강 사이에 처해 있지만, 스스로 온전하기에 그들 어디에도 속하지 않으니 이는 이웃나라의 정의에 의지하고 공법에 의거한 결과이다. 공법회의에서 통보해온 제450장에 보면 조약을 체결할 때 반드시 상대국의 허락이 있어야만 이것이 행해진다고 하고 있고, 제409장에는 조약을 협의할 때 위협에 의해 이루어지면 이러한 조약은 폐할 수 있다고 하고 있다. 정식적인 조약이라는 것은 위로는 국왕의 윤허가 있어야 하고 아래로는 서로 협의하여 서로의 입장에 따라 추구하는 바에 이르게 하여 서로간에 타결을 해야만 모름지기 조약이라고 할 수 있는 것이다. 그렇기에 위협하며 강제로 체결한 조약은 비록 체결됐다 하더라도 무효인 것이다. 일본이 우리나라에 대해 강할 때는 의지하려 하고, 약할 때는 압박을 가하니, 이는 바로 법을 벗어난 행위이다. 하물며 우리나라가 귀공사와 좋게 지낸 지도 이미 여러 해인네 일본이 단독으로 우리의 외교를 탈취하는 것은 우리나라만을 욕보이게 하는 것이 아니라, 또한 귀공사를 능멸하기도 하는 것이다. 귀공사가 우리나라에 있을 때는 모두가 형제자매와 같아 서로에게 양보하고 직접 외교적으로 행하지 않은 것은 단지 우리나라만이 위급한 압박을 받고 고통을 받는 것이 아닐 뿐만 아니라, 실제로는 귀공사의 체면과 권한에 손해를 끼치는 것이다. 지금 일부 사람들이 그들에게 압박을 당하고 있으나 그 이치를 모르니 원래 원로대신이었던 이 조병세가 우리나라의 선례를 헤아려 전반적인 면에서 나라의 일을 묻노니 이는 국권을 만회하고자 함이다. 이에 감히 공문으로 보내드리니 모든 공사들께서는 이러한 상황을 잘 보살펴 주기바란다. 이에 대해 각 공관에서는 회합하시어 공법의 정의에 따라 이 문제를 좌시하지만 말고 담판을 지어, 이 잘못된 늑약을 부인해야 할 것이다. 그리하여 공사들이 자신의 고유 권한을 잃지 않도록 해주길 바라며, 우리나라가 망국의 구렁텅이에 이르지 않도록 커다란 은혜를 베풀어 천하가 언제나 의로움으로 충만되기를 바라마지 않는다. 말로써 그 뜻을 다 전할 수가 없음을 양해해 주시기 바라며, 이 뜻이 제대로 이행되어지기를 원하는 바이다.

민영환이 백관을 이끌고 날마다 궁궐 밖에서 소리치며 호소하니 일본공사가 법부(法部)를 위협해서 징벌을 청하였고, 이에 모든 신하를 구속하라는 명이 내려지게 되었다. 모든 사람들이 평리원(平理院)으로 가서 심문받기를 기다리다가 해질 무렵에야 석방되었다. 그러자 저녁에 다시 상소 올리는 곳을 백포점시민공회소(白布店市民公會所)로 옮겨 정하였다.

제38장 민영환, 조병세, 홍만식, 송병선, 이상철, 김봉학 등이 순국함

민영환(閔泳煥)의 자(字)는 문약(文若)이며 호는 계정(桂庭)인데, 여양 부원군(驪陽 府院君) 유중(維重)의 7세손으로서 민겸호의 아들이며 명성황후의 종질(從侄)이다. 황실의 외척으로 젊어서부터 고위직을 역임하더니 을미년(1895년)에 러시아 전권공사가 되고 정유년(1897년)에 영국·독일·러시아·프랑스·이탈리아·오스트리아 6국 공사를 겸임하며 유럽 각국의 정치 제도와 부강한 모습을 살펴보고 마음 속 깊이 느낀 바가 많았던 인물이었다.

무술년(1898년)에 귀국하자 유럽 제도를 모방하여 민권을 확립하여 국가의 기본을 공고히 하고자 여러 차례 개혁을 건의했지만 시행되지 못했으며, 단지 육군제도를 개혁한 것이 그의 계획에서 나온 것이었다. 을사년(1905년)에 처음 참정이 되었으나 일본의 요구를 반대했으므로 즉시 교체되어 시종무관장이 되었다.

그해 10월 용인에서 죽은 부인 김씨의 이장(移葬)을 마치고 경성으로 돌아오자 일본의 강요로 보호조약이 체결됐으므로 피를 토하고 통곡을 하더니 조병세 등과 함께 연명으로 상소를 올리고는 대궐 앞에 엎드려서 물러가지 않았다. 이들에게 누차 해산하라는 엄명이 내렸지만 굽히지 않았다. 11월 1일 아침에 잠시 귀가하여 자식들을 불러모은 뒤 장남 범식(範植)의 등을 어루만지면서 언제 너의 장성한 모습을 보겠느냐 하고 탄식조로 말하고는 다시 교동으로 가서 어머니 서씨 부인에게 작별의 절을 올린 뒤 즉시 입궐했다. 그날 저녁 조병세가 일본군에게 체포되자 그 대신 앞장서서 더욱 간곡하게 진언을 올렸으며, 이로 인해 황제가 구속 처벌하라는 명령을 내렸다.

민영환이 평리원(平理院)에서 처벌을 기다리다가 석방되자 다시 소를 올리기 위한 장소를 백포점(白布店)으로 옮기고 판서 민영규, 김종한, 남연철 등과 내일 만날 것을 약속하고 헤어졌다. 민영환은 부근에 거처를 정한 다음 잠시 잠을 자겠다면서 좌우를 물리치고 하인에게 세숫물을 가져오라며 심부름을 보냈다. 하인이 나가자 그 즉시 방문을 잠그고 단도로 배를 찔렀지만 칼이 짧아 깊이 들어가지 않았으므로 다시 목과 복부를 난자하여 유혈이 방 안에 가득한 채 절명했다.

신음 소리를 들은 하인이 방문을 부수고 들어와 보니 칼을 쥔 채 평소와 다름 없는 안색으로 숨을 거둔 상태였으니, 때는 을사년(1905년) 11월 4일 오전 6시였다.

당시 큰 별이 서쪽으로 떨어졌고 비둘기 100여 마리가 무리를 지어 어지러이 날아다녔다고 한다.

시신을 본가로 운구할 때 이를 지켜보던 수천 명의 사람들이 통곡을 하며 울었는데 마치 자기 친척이 상을 당한 것처럼 슬퍼했다.

민영환의 소매 속에서는 유서 2통이 나왔으며, 한 통은 국민에게 보내는 고별사였고, 다른 한 통은 각국 공사에게 보내는 공한이었다.

국민에게 보내는 고별사

오호라 ! 나라의 수치와 백성의 욕됨이 이에 이르렀으니 우리 인민은 장차 생존경쟁에서 남김 없이 멸망될 것이로다. 무릇 살려고 하는 자는 반드시 죽고 죽음을 기약하는 자는 삶을 얻으리니 여러 백성들은 이를 알아야 할 것이다.

영환은 한번 죽음으로써 황제폐하의 은총에 보답하고 이천만 동포에게 사죄하노니 영환은 죽어도 죽지 않을 것이며 구천에서 여러분을 기필코 도울 것이니, 우리 동포 형제는 더욱더 분투하여 뜻을 굳게 하고 학문을 익히며 힘을 합하여 우리가 자주 독립을 다시 찾게 된다면 죽은 자들도 황천에서 기뻐할 것이로다.

오호라! 실망하지 말 것을 부탁하면서 우리 대한제국 이천만 동포에게 삼가 이별을 고하노라.

각국 공사에게 보내는 글

영환이 직분을 다하지 못해 국세(國勢)가 이에 이르렀도다. 다만 한번 죽음으로써 황제폐하의 은총에 보답하고 이천만 동포에게 사죄하노니 죽은 자는 이미 죽은 것이나 이제 우리 이천만 인민이 생존경쟁에서 남김 없이 멸망당할 것이니 귀 공사가 어찌 일본의 만행을 알지 못하겠소.

바라건대 공사께서는 천하의 공의(公議)를 중히 여기시어 귀국 정부와 인민에게 이 사실을 알림으로써 우리 인민의 자유 독립을 도우면 죽은 자는 황천에서도 기뻐 감격할 것입니다.

오호라! 각하께서는 우리 대한을 가벼이 여기지 않기를 바라며 우리 인민의 뜨거운 마음을 오해하지 않기를 바라마지 않습니다.

참찬 이상설은 민영환의 순국 소식을 듣고 종로로 뛰어나가 통곡하며 다음과 같이 연설하였다.

정부 대신들이 이 지경에 이르러서도 편안함을 찾아 도적질하고 구차하게 살아남을 망상만을 하고 있느냐? 이제 국가가 자립하지 못하고 타인의 보호를 받게 되면 종사(宗社)가 없어질 뿐만 아니라 종족도 멸망할 것이니 우리 동포 형제는 깊이 생각하라.

민영환이 죽은 오늘이 바로 전 국민이 죽은 날이다. 내가 민공(閔公) 한 명을 위해 우는 것이 아니라 실은 우리 전국 동포를 위해 우는 것이다.

황제께서 민영환의 죽음을 듣고 애도하며 영의정 벼슬과 '충정(忠正)' 이라는 시호를 내리셨고, 다시 정문(旌門:충신 효자 열녀 등을 기리는 문)을 세우라고 명하셨다.

조병세(趙秉世)의 자는 치현(穉顯)이며 호는 산제(山齊)인데 고 상문간공(相文簡公) 관빈(觀彬)의 5대손이다. 성품이 소박하여 꾸밈이 없고 내외직을 역임하면서 공적이 현저했으며, 재상이 되어서도 강직했으므로 존경을 받았다. 갑오년(1894년)에 사직하고 고향인 가평으로 내려가더니 병신년(1896년)에 시무책 19조를 올렸고, 무술년(1898년)에 다시 재상에 임명됐지만 사양하고 나가지 않았다. 경자년(1900년)에 입궐하여 소인배들이 정치에 간여하는 폐단을 진언하고 병 때문에 다시 고향으로 내려갔다.

을사년(1905년)에 이르러 일본의 강요로 보호조약이 체결됐다는 소식을 듣더니 대성통곡하면서 나라가 망하는데 내가 신하로서 어찌 그냥 있을 수 있는가 하고 대궐로 달려가 울면서 진언했다.

    국가는 한 집안의 소유가 아니므로 큰 일이 일어나면 비록 국왕이라도 독단적으로 일을 처리하지 말고 널리 전현직 대신과 2품 이상의 관원과 재야의 선비들에게 상의하여 결행하는 것이 조상들이 만든 법이거늘, 오늘의 일본 공사요구가 대단히 중대한 일임에도 불구하고 대신 한두 명이 황제의 뜻과 국법을 받들지 않고 찬반을 제멋대로 결정하여 나라를 적에게 주니, 법을 업신여기고 매국한 죄가 만번 죽어도 모자랄 것입니다. 주무대신 박제순 이하 찬성한 각 대신을 법대로 처벌하여 공론에 사죄하고 즉시 조칙을 내려 조약을 취소한 뒤 각국에 알리소서. 만일 실시하지 않으시면 신이 대궐 계단에 머리를 부딪치고 죽겠나이다.

황제께서 목이 아프다며 대면을 사절했으므로 부득이 물러나 백관을 거느리고 대궐 앞에 엎드려 상소를 올렸는데, 일본 병사에게 구금되었다가 석방되자 다시 상소를 올리려고 표훈원(表勳院)에 이르렀을 때 민영환의 죽음을 들었다. 그러자 여러 사람에게 말하기를, "내가 이번 길에 순국을 결심했었는데 하물며 이렇게 능욕을 당하고 어찌 살기를 구하리오, 가서 민영환을 만나겠다"고 하면서 국민에 고하는 글과 각국 공사에게 보내는 편지를 쓴 뒤에 음독자살했다. 그는 다음과 같은 국민에게 고하는 글을 남겼다.

병세(秉世)가 죽음에 이르러 국내의 백성들에게 고하노니, 오호라 이웃의 열강이 맹약을 어기고 간신들이 나라를 팔아 먹어 5백 년의 종묘사직이 위급하게 되어 2천만의 백성들이 장차 노예로 되고 말 것이니, 이럴 바에야 차라리 나라를 위해 죽는 게 낫지 어찌 오늘날의 이와 같은 치욕을 참고 볼 수 있겠습니까? 지금은 뜻있는 지사들의 피를 말리며 눈물을 머금게 하는 때라고 할 수 있습니다.

병세가 분노하여 격함이 극에 이르렀으나 나의 힘이 부족하여 상소문을 올리며 이를 받아달라며 궐문 밖에서 오래도록 외쳐댔던 것은 우리의 국권을 우리가 되찾을 수 있도록 하자는 데 있었고, 또한 죽음 가까이에 있는 살아 있는 생령들을 구하고자 함인데, 일이 이미 우리의 뜻대로 되지 않고 대세가 이미 가버렸으니, 이제는 오직 죽음으로써 위로는 국가에 보답하고 아래로는 백성들에게 사죄할 수밖에 없게 되었습니다. 다만 한이 있다면 국세가 회복되지 못하고 우리의 주권을 행사하지 못하고 있는 현실입니다. 우리 전국의 동포들은 나의 죽음을 슬퍼하지 말고 각자가 분발하고 더욱 충성하여 의롭게 하는데 힘쓰고, 나라와 가정을 보좌하여 우리의 독립기초를 다짐으로써 앞으로 우리의 부끄러움을 없애준다면, 병세 비록 구천지하(九泉之下)에 있다 하더라도 춤을 추며 기뻐하리니, 국민 각자 모두가 그렇게 될 수 있도록 힘써주기를 바랍니다.

또한 각국 공사에게 알리는 글은 다음과 같다.

병세가 일본에 의해 강제로 체결된 조약에 대해 각국의 공사관에게 공문으로 알렸음에도 결국 한번의 모임도 가질 수 없었습니다. 이러한 슬픔과 분노를 이기지 못해 죽음으로써 보국하려고 합니다. 차제에 각국의 공사들께 엎드려 바라는 것은 항상 이웃나라로서의 친의를 생각하여 우리가 약소국임을 헤아려 우리나라가 다시 독립국으로서의 권한을 회복할 수 있도록 도와준다면, 병세는 죽더라도 결초보은할 것입니다. 이제 정신이 흐려지고 기력이 쇠진해지는 고로 이로써 나의 뜻을 대신하겠나이다.

그의 죽음에 대한 소식을 듣자 임금은 그를 애도하여 충정(忠正)이라는 시호를 내리고 정문(旌門)을 세워 그를 기리도록 했다.

참판 홍만식(洪萬植)은 여주에서 일본의 강압으로 보호조약이 체결됐다는 변고를 듣고 비분의 눈물을 흘리면서 "나라의 치욕이 이 지경에 이르렀는데 살아서 무엇하리오" 하는 말을 남긴 뒤 음독자살했다. 이는 민영환과 조병세의 순국보다 먼저 일어난 일이었다. 홍만식의 죽음이 조정에 알려지자 충정(忠貞)이라는 시호를 내렸다.

홍만식은 재상 홍순목(洪淳穆)의 아들인데 어려서 급제하여 내외직을 역임했다. 사람됨이 신중하여 장차 큰 인물로써 신망이 두터웠으나 갑신정변 때 동생 홍영식이 가담했으므로 섬으로 유배되었고, 풀려난 뒤 조정이 홍만식의 무고함을 가련히 여겨 누차 관직을 내렸지만 사양하고 항상 폐인을 자처하더니 오늘에 이르러 순국한 것이다.

학부 주사 이상철(李相哲)은 애국지사였다. 나라의 위험이 날로 임박하자 이를 슬퍼하며 때때로 음식을 먹지 않더니 오늘에 이르러 철야로 통곡하며 "나라가 망하고 인민이 노예가 되면 살아도 죽은 것이나 마찬가지다" 라고 한 뒤 음독자살했다. 황제께서 이 사실을 듣고 학부 협판을 내리시고 정문(旌門)을 세우도록 명한 뒤 유족에게 휼전(恤典)을 지급했다.

평양 징상대(徵上隊) 병졸 김봉학(金奉學)은 사람됨이 성실하고 항상 순국을 위한 기개를 가지고 있었는데 민충정의 순국 소식을 듣고 눈물을 흘리며 탄식하기를, "국가의 녹을 먹는 신하가 당연히 그래야 한다. 나는 일개 미천한 병졸에 지나지 않지만 군인으로서 나랏일에 생명을 바치지 못하고 구차하게 목숨을 구걸함은 오히려 치욕이다"라고 하면서 음독자살했다.

황제께서 이 소식을 들으시고 예관(禮官)을 보내 제사 지냈으며, 비서승훈(秘書丞勳) 4등급을 내리고 정문(旌門)을 세우게 했다.

경연관(經筵官) 송병선(宋秉璿)은 호를 연제(淵齊)라 하며, 우암(尤庵) 송시열(宋時烈)의 9대손이다. 가문의 전수를 계승하고 유림의 여망을 짊어진 탓에 야인으로 있을 것을 고수하며 황제의 부름에 응하지 않았다. 그러나 나라에 큰 일이 있을 때는 가까운 신하를 보내 의견을 자문하는 것이 통례였고, 이를 위해 조선조에서는 유신을 예우하는 특전이 있었다.

그는 오늘날 일본의 강압으로 보호조약이 체결됐다는 소식을 듣자 대성통곡하며 말하기를, "이는 일찍이 없던 변고이므로 집안의 규범만 고수하며 참고 넘길 일이 아니다" 하면서 상소했으나 받아들여지지 않았다. 이에 결연히 분기하며 "나라가 망하고 도(道)가 망하고 민족 역시 멸종되니 내게는 오직 죽음이 있을 뿐이다. 내가 죽음으로써 황제께 간언(諫言)하리라" 하며 사당에 작별을 고하고 즉시 경성으로 올라가 알현을 청했다. 황제께서 일본인의 질책을 꺼려하여 뵙기가 어렵다는 말을 듣고는 부득불 내원(內院)에 직접 알려 다시 알현을 청했더니 황제께서 깜짝 놀라시며 예식을 갖추고 융숭한 대접으로써 맞이했다. 이에 상소 10조를 바치면서 간절하게 진언했는데, 그 내용은 대체로 나라가 있어야 법도가 존재하는데 지금 폐하의 나라가 망하면 천하의 법도도 역시 망할 것이니 폐하가 계시는 섬돌 아래가 바로 신(臣)이 죽을 곳이다. 시행하지 않으면 물러가지 않겠다고 하였다. 황제께서는 "짐이 마땅히 진행할 것이니 우선 숙소로 물러가라" 하셨지만 송병선은 "신이 죽음을 자처했는데 시행을 못 보고는 감히 물러갈 수 없다"고 버텼다. 이에 장례경(掌禮卿) 남연철(南延哲)이 황제께서 이미 시행하시겠다는 말씀이 계신 것이니 우선 궁 내부로 물러가 기다리는게 좋겠다고 권했으므로 부득이 물러났다. 다음 날 경무사 윤철규(尹喆圭)가 찾아와 황제께서 입궐하라는 명을 내리셨다며 거짓 칙교(勅敎)를 전했다. 이 말을 믿고 영성문(永成門)을 나서는데 윤철규가 하는 말이 여기서 수옥헌(漱玉軒)이 제법 멀어 노인의 도보 행차로는 곤란하니 교자를 타라고 권했다. 이어서 일본 헌병이 한복으로 교자를 둘러싸면서 오적(五賊)들이 선생을 해치고자 하므로 보호해야 한다고 말한 뒤 교자 문을 닫고 마구 달려 서대문 밖으로 나갔다. 여기서 다시 일본 옷으로 둘러싸더니 칙령이라고 하면서 신체를 수색하여 패도(佩刀: 선비가 몸에 차는 장식용 칼)와 소매 속에 있던 약을 뺏고 밤새도록 감시했다. 송병선은 비로소 어리석은 자들에게 속았다며 탄식했다.

  다음날 아침 기차에 태워 대전역에 내리게 한 다음 일본 병사는 돌아갔다. 어쩔 수 없이 회덕(懷德) 석촌(石村)마을로 들어가서 "여기는 나의 조상 우암선생이 거처하시던 곳이니 바로 내가 죽을 곳이다" 하면서 제자들을 불러 유언을 남겼다. "내가 교활한 무리에게 능욕당함이 이에 이르니 내 한몸은 중할 것이 없지만 사림의 치욕을 어찌하리오" 하고 의관을 정제하고 북향사배(北向四拜)한 다음 행낭에 가지고 다니던 독약을 꺼내 먹었다. 그러나 원래 체구가 강한 데다가 수양을 겸한 탓에 약효가 발휘되지 않았다. 이에 다시 약을 먹었지만 언행과 안색이 변하지 않았으므로 "이 약이 별로 듣지 않는다"고 하면서 세 번째 먹고서야 겨우 숨을 거두었다. 송병선의 죽음이 조정에 알려지자 황제께서는 애도하며 충정(忠正)이라는 시호를 하사하시고 정문(旌門)을 세우라고 명했다.

그가 남긴 글로 〈유소(遺疏)〉, 〈국민에게 알리는 글(告國民書)〉, 〈시서사 동지서(示書社同志書)〉 등이 있는데, 먼저 그의 〈유소〉를 보면 다음과 같다.

신이 적들을 토벌하고 그들과 맺은 조약을 척결코자 하는 뜻을 상주한 데 대해 삼가 처분을 받고자 여러 차례 알현하옵기를 간청했지만, 임금님의 평안에 누를 끼치게 된다 하여 대궐문 밖에서 오래도록 대기하였나이다. 경무사(警務使) 윤철규(允喆圭)가 와서 신에게 유혹하길 만약에 궐내로 들어가고 싶으면 이제 연로하였으니 근력이 없을 것이므로 홀로 들어가기 어려울 것이라 하며 신을 부축하여 교자에 태우고 가니 눈 깜박할 사이에 성밖에 도착하였습니다. 순검(巡檢)과 왜놈 순사가 칙령에 의해 신을 보호한다고 하면서 신의 몸을 수색하는 등 욕을 보였나이다. 그리고는 위협하여 기차에 태우더니 곧장 공주땅 태전(太田)에 보내어 신으로 하여금 고향으로 돌아오도록 하였나이다. 그 당시에는 죽으려고까지 했습니다만 그것도 뜻대로 되지 않았습니다.

신이 육체적으로 받은 모욕은 괜찮으나 조정과 사림(士林)에 욕을 보인 꼴이 되었으니 이를 어찌 통탄하지 않을 수 있겠습니까? 모든 적의 무리들을 아직 제거하지 못하고 모든 조약 체결 또한 아직 폐하지 못하였으니 이는 5백 년 종사를 오늘날에 이르러 망하게 하는 것입니다. 3천리 강토가 오늘날에는 이제 우리 것이 아니게 된 것입니다. 수천만의 백성들도 오늘에 와서 망하게 된 것입니다. 또한 5천년간 지속되 온 우리의 맥이 오늘에 와서 단절되었으니 이제 신이 어찌 살아가겠습니까? 장차 지하에 계신 우리 성조(聖祖)들과 선현(先賢)들을 뵙게 되었을 때 춘추(春秋)의 대의를 책임지지 못하였으니, 삼가 폐하께 엎드려 청하오니 이제 신은 사직을 위하여 순국을 하여 정의를 지키려 하오니, 폐하께서는 왕으로서의 위엄을 더욱 펴시고 잘못 체결된 조약들을 폐기하시어 국권을 회복하고 사람을 가려 직책을 맡기시어 우리 국민들을 보호하신다면 우리의 종묘사직이 영원토록 보존되고 우리 민족의 맥이 끊어지지 않을 것입니다. 이렇게 되면 오늘은 신이 죽는 날이 아니고 오히려 다시 태어나는 날이 될 것이옵니다.

〈전 국민에 고하는 글(告全國人書)〉에서는 다음과 같이 말하고 있다.

저는 초야의 일개 백성에 지나지 않지만 두문분출하고 독서에 열중하며 의를 지키려고 하여왔습니다. 세상의 도가 융성해서 시대가 바뀌려 할 때는 그저 다소곳이 그 변화에 일조하는 것으로 만족하겠습니다. 그러나 현재 국가의 존망이 위태롭게 되어 우리 백성들이 멸종할 때에 처했으나 만세의 번영을 구가하는 큰 공을 세울 수 있기는커녕 우리들의 한 세대를 구할 수 없는 나이지만, 그렇다고 지금의 악독한 참상을 그냥 지나칠 수만도 없으니 차라리 이러한 상황을 모르는 것만 못하지 않을까 후회만 막심할 뿐입니다. 그리하여 이제 오직 죽음으로써 국민에게 사죄하려 하지만 다음의 말은 국민 각자가 잘 생각해 주길 바랍니다. 즉 죽으려고 하면 살 것이오, 살려고 하면 죽을 것입니다. 죽음에 이르러 죽게 되면 그 죽음은 곧 사는 것과 같은 것입니다. 옛말에 이르기를 대중이 한 마음 됨은 성(城)을 쌓은 것과 같다고 했으니 오직 국민들에게 바라는 것은 분발하고 힘써서 일심으로 단결하여 충성으로 군을 섬기고 그를 받들어 최고의 방법을 동원해서 꺾이지 않고 움츠리지 않는다면 하늘도 반드시 도울 것이므로 살아갈 수 있는 날을 맞이하게 될 것입니다. 만약 그렇게 하지 못 하고 태만하게 되면, 다음 지하에서 우리 국민을 만나더라도 나는 영원히 외면할 것이니 각자 모든 백성들은 이를 염두에 두도록 하소서!

서사동지(書社同志)에게 보내는 글에서는 다음과 같은 말을 하였다.

이제 우리는 스스로의 역량으로 흉악무도한 역적들을 토벌하여 국가의 기강을 세워 대의를 실현할 수 없게 됐습니다. 이에 천지신명께 아뢰옵나니 이제 개나 양과 같은 노예가 되어 망극한 욕을 입게 되었으니 이는 우리 유가들의 몸과 마음을 멸하게 하는 것이므로 오직 죽음으로 군자들에게 사죄하고자 합니다. 우리는 그 동안 위로는 수천수백 년을 지켜왔고, 아래로는 수천수백 년을 살아나갈 것입니다. 그러나 이제 하늘을 우러러 보며 오늘날의 상황이 어떠한가를 바라보면 그저 묵묵히 눈물만을 흘릴 뿐으로 어찌 선조들과 후인들에게 부끄럽다 하지 않겠습니까?

　무릇 새로운 생을 맞이하고 태평함이 오고 안 오고는 하늘의 도리이니 오직 여러분께 바라고 싶은 것은, 오늘날의 상황이 캄캄하고 꽉 막혔다 하여 영원히 다시 찾아오지 않을 것이라고 하지 말고 의지와 기운을 조금도 굽히지 말아서 천길 낭떠러지의 절벽에서도 조금도 굴하지 않는 튼튼한 기둥과 같은 마음으로 어려움과 고달픔을 참고 인내하여 힘써 열심히 일하여 죽음도 불사하고 나아가며 물러서지 않음으로써 우리의 도가 끊이지 않도록 떠받쳐 나간다면 이미 망해버린 이 땅일지라도 우리나라의 맥은 계속해서 이어나가게 될 것입니다. 동지섣달의 찬바람과 눈보라가 맹렬히 휘날려도 이는 반드시 지나가고 따뜻한 봄이 반드시 찾아오게 마련이듯이 오늘날 비록 이를 극복해낼 수 있는 방법이 없다 하더라도 우리가 몸을 던져 의를 위해 순국하려는 마음을 갖고 있다면 결국 제군들은 도를 흥하게 하고 새로운 환생을 얻게 될 것입니다.

제39장 중국지사 반종례(潘宗禮)가 바다에 투신 자살함

　이 때 중국 유학생 중 반종례라는 사람이 있었는데, 그의 자는 자인(子寅)이었고, 순천부(順天府) 통주(通州) 사람이었다. 혹은 그를 천진사람이라고도 한다. 그는 일본에서 유학을 하고 귀국하다가 배가 인천항에 도착하자 일본이 한국을 협박하여 보호조약을 체결했다는 소식을 들었다.

또 한국인들이 학대받고 있는 광경을 목격하자 그는 눈물을 흘리며 슬퍼해 마지 않았다. 그때 마침 이 배에 타고 있던 상인이 민영환의 유서를 가지고 왔기에 반종례가 보고는 울면서 말하길, "충신이란 몸을 희생하여 나라가 망하기 전에 이를 구하는 데 최선을 다하는 것이다. 이제 대세가 틀렸는데 피를 뿌린들 어쩔 것인가! 한·중 양국의 관계를 생각할 때 한국이 이미 망했으니 중국도 또한 위태로울 것이다. 우리 국민들이 아직도 이를 깨닫지 못하고 있으니 사전에 이를 피로써 경고하지 않으면 안 되겠다"하고는 시무14조(始務十四條)를 열거하여 친구에게 부탁하고는 정부에 헌책(獻策)케 하고는 바다에 뛰어들어 자살을 하니 이때 나이 42세였다.

직예총독 원세개는 이 소식을 듣고 그를 의롭다 평하고 즉시 진소하여 그의 뜻을 조정에 알리는 한편 또한 글을 지어 그에게 조위를 표하였다. 즉 "우리의 아들은 이미 갔으니 동포여 어찌할 것인가? 제군들은 더욱 열심히 할 것이며, 필부 또한 책임을 느끼겠다"고 하면서 만련(晚聯)을 증정하니 그 구절의 내용은

"가련하도다! 지사가 생을 이렇게 쉽게 보내다니……그러나 그것은 당연히 노도(怒濤)로 화하여 대해(大海)를 흔들었다. 원컨대 국민 단체는 결단을 내려 모두가 절조를 지켜 광란의 이 난세를 만회해야 할 것이다"고 하였다.

이 때 중국인들이 인천항에 나와 나(박은식)를 방문하고 이러한 사실을 술회하였다. 나는 그 말을 듣고는 탄식하며 말하길, "반군은 진실로 중국을 위해 순국을 했다고 할 것이나, 우리나라 일로 인해 이런 일이 일어났으니, 이는 혈족(血族)의 기류(氣類)를 느낌으로써 그렇게 된 것이 아니겠는가?"하고 뇌사(誄辭:조사)를 읊어 바다에 던지고 조위를 표했다. 그 뇌사의 내용은 다음과 같다.

아! 애통하도다!

여기 아름다운 한 사람이 있었으니,
바로 오늘의 노연(魯連 : 춘추전국시대 제나라의 지사)이 아닌가!
그 성품이 연조(燕趙 : 두 나라에는 우국지사가 많았음)의 우국지사들과 같으니,
시대를 걱정하는 마음에 눈물이 마르지를 않네.
대양을 항해타가 진주를 구하려는 바는
해지는 곳에다(중국을 가리킴) 시대에 저항하라는 말을 전하려는 것이니
인천항에 이르러 마음이 편해지네,
아름다운 단군·기자의 산천이여
봉황이 나올 이 나라여
면면히 4000년을 이어왔구나
중화의 문물을 받아들이고
자고 이래 양국의 혈연이 두터웠건만
이제 천하가 새로 개벽됨을 만나게 되었구나
그럼에도 홀로 도원(桃源)에 싸릿문 닫고 있었더니
큰 뱀이 독을 뿜고 있네
이제 폭풍이 불어닥쳐 바다가 넘치는도다
여섯 명의 충신이 절사하여 삼천리 강산을 들먹임은
선종(仙種)의 천수(千壽)를 누리지 못함을 슬퍼해서일까
새와 짐승도 울부짖으며 귀신도 통곡을 하니
이제 삼천리 강산은 상전벽해가 되었구나
아 슬프도다, 우리의 전철(前轍)이 이미 뒤엎어져 버렸으니
앞으로의 일도 전복되는 거나 아닌지 걱정이 앞서네
슬프도다 옥토의 성스러운 민족이여
아직도 코를 골며 잠에 취해 있으니
차라리 내 몸을 던져 속죄하려네

모두들 나는 뒤에 죽으려네 한다면
누가 먼저 죽을 것인가
이제 피를 던져 뇌관을 터트린 것은
귀먹어 아둔한 자들을 깨우치려 하는 것이네
황제를 쳐다보며 자신의 몸을 바치는도다.
어룡(魚龍)을 불러 앞을 인도케 함은
굴원(屈原)을 따르겠다는 뜻이니
동포의 대오각성을 바라는
번득이는 그의 영혼 천지에 드날리네
한 몸을 양국(중국과 한국) 위해 바치니
그 찬란한 빛은 천추에 영원할 것이다
바닷바람의 북치는 듯 물결소리는
황홀한 백마의 분노의 울음 소리와도 같도다
군령(軍靈)에 의지해 제위(帝位)를 비키려는 것은
온 세상의 물을 끌어 악한 기운을 정화하려는 바니
우리들에게 무궁한 도움을 주려는
그 고귀하고 의로운 마음을 잊어서는 안 되네

제40장 반대당의 투옥

평양 유생 최재학(崔在學), 김인집(金仁집 : 원본이 한글), 신상교(申尙敎), 전석준(田奭畯) 등이 혈서로 '사수독립(死守獨立)'이라는 네 글자를 써서 전국에 격문을 보내고 다시 대궐 앞에 엎드려 상소하자 일본 헌병과 순경이 체포하려고 했다. 그러자 유생들이 노한 목소리로 "우리들은 죽기를 각오하고 독립을 지키고자 하니 차라리 죽을지언정 네놈들에게 욕을 당하지는 않겠다"면서 호통을 쳤다.

일본 헌병이 군도를 휘두르자 유생들은 맨주먹으로 대항했으며, 헌병 1개 소대를 증원하여 유생들을 마구 찌르고 체포했는데 모두가 중상을 당해도 굴복하지 않고 대한독립 만세를 외쳤다. 유생들은 경무청에 구금된 지 70여 일 만에 석방됐다.

민영환과 조병세가 순국한 다음날 대관 심상훈, 민영휘, 민병석, 이유승 등과 신사 수천 명이 표훈원(表勳院)에 모여 소청(疏廳)을 열었다. 그러자 헌병대장 고야마(小山正己)가 병력을 동원해 포위한 뒤 신사들이 이렇게 많이 모이면 치안에 방해가 되니 얼른 해산하여 화를 면하라고 했다. 심상훈이 "나라가 있어야 치안이 있는 법이거늘 이제 나라가 망하는데 무슨 치안이 있으며, 또 우리들이 글로써 우리 군주에게 알리는데 치안 방해가 웬 말이냐?"하면서 따졌다.

고야마가 얼른 해산하지 않으면 무력으로 다스리겠다고 하자 심상훈은 "일이 여의치 않으면 죽음이 있을 뿐이며 어찌 무력을 두려워하겠는가?"라고 했다.

고야마는 "모두가 정말 죽기로 결심했느냐? 해산하는 게 좋다" 하면서 재차 위협했지만 끝까지 거절했다. 그러자 고야마는 병사에게 문을 지키게 하고 나가는건 자유롭지만 들어오는건 엄중히 금지시켰다. 기어이 들어가고자 하면 총검으로 쫓아냈으므로 모두들 음식을 먹지 못해 피곤과 배고픔이 극심했지만 밤새 버티더니 황제께서 근신 두 명을 보내 대관은 입궐하라는 분부를 내리셨으므로 대관은 입궐하고 신사들은 해산했다.

기독교인 김하원(金河苑), 이기범(李基範), 차병수(車炳修) 등이 국권을 사수하라는 경고문을 띄우고 종로에서 연설을 했는데 일본 헌병과 경찰 수십 명이 총검을 휘두르며 난입했다. 쌍방간에 난투가 벌어진 끝에 김하원 등이 혼절하자 격분한 군중이 돌을 던지고 헌병은 총을 쏘았지만 해산하지 않자 다시 헌병 수백 명을 증파하여 수백 명을 사령부에 구속했다.

이토가 기차를 타고 수원을 시찰하러 가는 도중 안양역에서 열차에 돌을 던지는 사건이 일어났다. 이토는 깜짝 놀라 경성으로 돌아오고 돌을 던진 농부 김태근(金台根)은 곤장 100대에 처했다.

기산도(奇山濤), 이종대(李鍾大), 김석항(金錫恒) 등 열한 명이 박제순, 이지용, 이근택, 이완용, 권중현 5인을 살해하려고 계획을 세우다가 발각되어 징역형에 처해졌다.

이건석(李建奭)은 전부터 일본 헌병사령부에 구금 중이었는데 보호조약이 체결됐다는 소식을 듣자 피를 토하며 절명했고, 일본 사람이 그 집 앞에 시체를 던져두고 갔다. 식구들이 옷 속에서 유서 한 통을 찾아냈는데 아들 응수(應洙)에게 다음과 같은 유언을 남겼다.

> 사람은 죽는 법이지만 죽을 장소를 얻기가 어렵도다. 내가 죽되 편히 눈감지 못 하는 이유는 국적(國賊)을 없애지 못하고 국권을 회복하지 못한 까닭이다. 오호라 응수야! 너는 나의 죽음을 슬퍼하지 말고 나의 뜻을 계승하는 것이 진정한 나의 아들이다.

당시 신사 유생으로서 상소를 올리거나 격문을 돌려 조약의 강제 체결을 반대하고 체포 투옥된 자가 부지기수지만, 그 중에 유명한 자는 윤병(尹秉), 윤두병(尹斗炳), 정명섭(丁明燮), 이계(李契), 김복한(金福漢), 이승희(李承熙), 장석영(張錫英), 이두훈(李斗勳), 유도성(柳道性), 곽종석(郭鍾錫), 최동식(崔東植), 김일제(金一濟), 송수만(宋秀萬), 허겸(許蒹), 유봉의(柳鳳儀), 노봉수(盧鳳洙), 강윤희(姜允熙), 오주혁(吳周赫) 등이며 그 나머지는 기록하기도 어렵다.

일본군은 수개월 동안 각 성문을 지키면서 행인 중에 신사 행색을 한 사람이 있으면 통행을 저지했다.

제41장 찬정(贊政) 최익현(崔益鉉)의 격문

찬정(贊政:의정부 소속의 칙임관, 갑오경장 때 설치) 최익현(崔益鉉)은 전에 어전에서 시국을 통렬히 비판하다가 일본 병사에게 쫓겨나 고향인 정산(定山)에 머물고 있었다. 보호조약이 체결됐다는 소식을 듣고 매우 격분하여 일이 이미 그릇됐음을 느끼고 의병을 일으켜 순국할 결심으로 먼저 전국에 격문을 띄웠는데, 그 내용은 다음과 같다.

오늘날의 나라일을 차마 무어라 말해야 좋단 말인가? 옛날에는 나라가 망하면 다만 종실과 사직이 무너졌을 뿐이었는데, 오늘날에는 나라가 망하는 것이 민족까지도 멸망하는 게 아닌가? 옛날에는 다른 나라를 멸망시키는 것은 무력에 의했으나 오늘날에는 조약에 의해 나라를 멸망시킨다. 무력에 의하면 어떻든 승패라도 나게 마련인데, 조약에 따르면 다시는 돌이킬 수 없는 멸망의 길로 들어서고 마는 것이다. 아! 지난 10월 21일과 같은 변고가 전세계 고금을 통해서 보더라도 도대체 있을 수 있는 일이란 말인가? 우리가 스스로 다른 나라와 외교관계를 맺지 못 하고 다른 나라 사람으로 하여금 외교관계를 대행시키는 것은 이미 나라가 존재하지 않는다는 것과 같은 것 아니겠는가? 우리나라는 이제 국토와 국민은 있어도 스스로 감리하지 못 하고 다른 나라 사람으로 하여금 대신 감리토록 하게 한다면 이는 임금이 없는 것과 마찬가지가 아닌가? 나라가 없고 임금이 없다면 우리 삼천리 강산의 국민들은 모두가 노예가 되는 것이고 신하나 첩이 될 텐데 이는 결국 산다고 하더라도 죽은 것과 마찬가지가 아니겠는가?

더구나 저들은 여우와 같은 간악한 사기술을 우리에게 부렸던 것을 상기한다면 그들은 우리 민족을 이 땅 위에 절대로 남겨 두려 하지 않을 것이 분명하다. 그렇게 되면 우리가 비록 노예가 되고 신하나 첩이 되어 살아보려고 해도 살아날 수 없을 것이 아니겠는가? 왜 이런 말을 하는가 하면 나라가 재원을 가지고 있는 것은 사람이 혈맥을 가지고 있는 것이나 마찬가지이니, 사람이 혈맥이 다하여 끊어지면 죽는 것과도 같이 나라도 마찬가지라는 것을 말하려 함이다. 요즘 우리나라의 재원이 크던 작던 간에 저들에게 빼앗기지 않는 것이 있더란 말인가? 철도, 광산, 어채(魚採), 삼포(蔘圃)는 모두가 우리나라의 재산인데 저들이 강탈하기 시작한 지가 이미 수년이나 되지 않았는가?

나라에서 쓰는 경비는 오직 세금을 부과해서만이 사용되고 있는데, 이제 모두 그들에게 빼앗겨 그들이 장악하고 있으므로 황실의 경비까지 저들에게 구걸하여 얻어 쓰지 않으면 안 되는 상황에까지 이르게 되었다. 세관에서 출입하는 물품에 대한 세금부과는 적은 액수가 아님에도 우리나라가 관여할 수 없게 되었고 전신과 우편 두 기관은 통신기관으로서 국가에 기여하는 바가 매우 큰데 이 또한 저들에게 빼앗겨 버리고 말았다. 토지에 대해 말한다면 각 항구, 시와 정거장 등 종적으로 볼 때 수천 리나 되고 횡적으로도 수천 리나 되는 땅을 저들이 모두 소유하게 됐고, 넓은 뜰의 비옥한 땅과 울창한 산림도 저들에게 빼앗긴 곳이 얼마나 되는지 알 수 없을 정도이다.

화폐에 대해 말한다면 백동화폐의 폐단은 비록 컸지만 위조된 악화는 저들이 한 짓인데 그것을 바로 고친다고는 하지만 함유량의 경중이 털끝만치의 차별도 없이 그 가격만 배로 올렸을 뿐, 오직 저들의 이익만을 꾀한 것이다. 또 통행될 수 없는 종이 조각을 원위화(元位貨)라고 강제로 이름을 붙여서 우리의 혈맥을 고갈시켜 백물(百物)이 불통하게 하니 그 흉계와 독수(毒手)는 참으로 참혹하다 아니할 수 없다.

국민에 대해 말할 것 같으면 각처에서 부설하는 철도의 역부와 러·일 전쟁 때 군수품을 수송해 주는 등 사람들을 소처럼 채찍질하고 돼지처럼 부려먹다가 조금이라도 자기들 뜻에 어긋나면 풀 베듯 순식간에 죽여버리곤 하니 우리 국민의 부자형제들로 하여금 원한과 복수심을 품게 하였지만 복수할 길조차 얻지 못 하고 있다. 이 때문에 여러 선비들이 전후해서 상소를 올렸으나, 이러한 상소는 모두가 나라를 위해 충성스런 계책을 내놓자는 것인데도 별안간 포박하고 욕보이는 데다가 대신이나 중신들에 대해서까지 조금도 예로써 대하는 법이 없으니 이는 우리를 여지없이 업신여기고 멸시하는 짓이라 아니 할 수 없는 일이다.

자국 사람들을 각 부서에 배치하여 고문관이라는 직함을 부여하고는 마음대로 후한 월급을 주었고, 그들이 하는 일도 모두가 우리를 해치고 자기 나라를 위하는 일들뿐이었다. 이상의 예들은 불법적이고 부도덕한 것으로 우리를 압박하고 겁탈한 뚜렷한 예로써 그 대략적인 상황을 소개한 것이다.

약속한 것을 지키지 않고 맹세한 일을 어긴 죄에 대해서 말할 것 같으면, 마관조약에서 러·일전쟁 선전포고문에 이르기까지 모두가 대한의 자주독립을 말했을 뿐만 아니라, 우리 영토를 보존해야 한다고 주장한 것 또한 한두 번이 아니었으나 모두 가볍게 파기해 버리고 난처해질 만한 일들은 조금도 남겨두지 않았다. 처음에는 우리의 역적인 이지용을 꾀어서 의정서를 만들더니 마침내는 조선의 대역적인 박제순을 위협하여 지금의 신조약을 만들어 조선땅에 통감부를 설치하고 일본에게 외교권을 이양하지 않으면 안 되게 만들었다. 그리하여 삼천리 강토와 2천만 백성들이 저들의 속민이 되었으니 이는 세상에서 말하는 보호국에 그치는 것만이 아니었다. 그러나 속민이 되었다면 그들 국민과 함께 평등한 관계가 되어야 하고 그들과 더불어 계속 살게 하여 생을 누리도록 해야 할 것이다. 나라는 비록 망했어도 인종은 아직 멸하지 않았으므로 이상에서 열거한 것만 보더라도 모두가 불법적이고 부도덕한 일임을 알 수 있는데, 이는 과연 우리 민족을 이 나라 강토에 남겨두려는 것인지 그 의도를 모르게 하고 있다. 다시 말해서 이러한 그들의 의도는 우리 국민을 모두 땅 속에 묻어버리지 않으면 황막한 불모지로 추방하고 자신들의 백성을 이주시키려 하는 것으로, 이는 서양인들이 종종 하던 종족을 말살시키려는 짓에 그치려는 것이 아님을 알 수 있다. 이것이 바로 일본인들이 우리에게 시도하려는 의도인 것이다.

그러므로 앞에서 말한 바와 같이 노예나 신첩이 되어 삶을 구한다 해도 가히 얻을 수 없다는 말은 공연한 말이 아님을 알 수 있을 것이다. 하물며 당당한 우리 대한의 예의 있는 자주 국민으로서 구차하게 원수에게 무릎을 꿇어가며 하루의 삶을 구하는 것이 어찌 죽는 것보다 낫다고 할 수 있겠는가? 그늘 아래 있는 나무는 가지와 잎이 무성하지 못하고, 많이 짓밟힌 풀은 싹이 제대로 자라지 못하며 노예는 인종을 배출하지 못하는 법이니 이는 바탕이 달라서 그러는 것이 아니라 압박과 제지를 받아서 그렇게 된 것이다.

우리나라는 고려 이래로 비록 중국의 변방으로 인식되어 오긴 했으나, 토지, 백성, 정사(政事)에 있어서 자주성을 지녀왔다. 정병이 백여만이나 됐고, 재화는 정부의 창고에 가득하여 백성들이 잘 살아왔으며 호구는 매년 증가하여 비록 수나라 양제와 당나라 태종이 침입했어도 이기지 못하고 패하여 돌아갔으며, 원나라 세조도 침입해 왔으나 후에 쫓김을 당하게 되었으며, 조선 태조 때도 왜적이 누차 침입하였으나 번번히 패하였다. 그리고 임진왜란 때도 비록 명나라의 지원을 받기는 했으나 실지를 회복하고 완전히 승리를 거두게 된 것은 우리 수군이 노량해전에서 수백 척의 적선을 침몰시킨 때문이었다. 병자호란 때 만약 임경업(林慶業)의 의견을 따라 바로 후금의 서울로 쳐들어 갔더라면 청나라를 멸망시킬 수 있었을 것인데, 다만 그의 의견을 듣지 않았던 것이 한탄스러울 뿐이지 우리의 힘이 부족해서 그렇게 됐던 것은 아니었다. 이러한 점을 볼 때 우리나라가 비록 작다하더라도 국민의 기개는 강인하여 반드시 다른 나라에 지지 않는다는 점을 알 수 있을 것이다.

그러나 요즘 문치 위주의 정치를 해온 여파 때문에 백성들의 기개가 위축되어 진작시킬 수 없는 분위기로 되었고, 또한 천하의 대세를 익히 알지 못했던 고로 이들 변고에 대처할 생각을 못했을 뿐이다. 천하의 대세를 알지 못했기 때문에 죽음이 목전에 다가왔는데도 죽는다는 사실을 알지 못했던 것인데, 진실로 사람들이 자신이 죽는다는 것을 알기만 한다면 그에게는 살 수 있는 길이 열리고 그가 꼭 죽는다는 것을 모르고 요행히 살 수 있겠지 하는 생각을 가지는 까닭에 끝내는 죽을 수밖에 없게 되는 것이니 이는 바로 반드시 죽는다는 것을 증명하는 것이다. 그렇다면 우리가 살아갈 수 있는 길은 장차 어디에서 찾아야 할 것인가? 그 방법은 이제라도 각자가 분발해서 힘을 내고 각자가 심지를 길러 나라 사랑하기를 자기 몸 사랑하기보다 더 해야 하고, 노예가 되는 것을 죽음을 싫어하는 것보다 더 싫어해야 하며, 만 사람의 마음을 한마음으로 만들 수만 있다면 죽음 가운데서 살아날 수 있는 길을 찾을 수 있을 것이다. 저 일본인들은 비록 경솔하고 천박하고 교활하며 사기나 치고 예의도 없으며 의(義)도가 없어서 인간이라고 할 수가 없을 정도이나 그들이 이기고 강력한 것은 그들이 마음과 힘을 합하여 애국을 자기 몸 사랑하는 것보다 더하기 때문이다.

그러나 우리 국민은 본래부터 선왕들에 의한 예의의 가르침을 받아 우리 백성들의 머리 속에서 활발하게 움직이며 흐르는 피는 저들 것과는 전연 다르므로, 오늘날 우리 백성들의 급선무는 천하의 대세를 살펴 우리가 꼭 죽을 수밖에 없다는 까닭을 알아야 하는 것이다. 이처럼 반드시 죽는다는 것을 알게 되면 이를 극복하기 위해 스스로 기력을 회복하고 심지가 저절로 같아지게 되어 애국하는 마음이 자연히 생기게 되며 따라서 합심하는 마음도 자연히 생기게 될 것이다. 이렇게 되면 의지하고 바라는 마음을 버리고 퇴폐적이고 타락적인 습성이 위축될 것이며 되는대로 살면 된다고 하는 고식적인 폐단을 없애며 발전하게 될 것이므로 일단 나아가게 되면 후퇴하지 아니할 것이고 차라리 함께 죽을지언정 자기 혼자 살려고 하는 생각을 하지 않는다면 여러 사람의 마음이 모아지도록 하늘이 반드시 우리를 도울 것이다.

민영환, 조병세 두 사람의 죽음을 우리는 보지 않았는가? 나라가 망하고 민족이 멸망됨이 오직 이 두 사람만의 책임이 아니다. 그러나 이 두 사람은 국민의 한 사람으로써 자기 책임을 다하여 아무런 거리낌 없이 자신의 목숨을 끊고 자신의 안위를 돌아보지 않은 것은 백성들에게 죽음으로써 자신의 책무를 다하지 못했다는 의로움을 보여주려는 것이지 다른 마음이 있었던 것은 아니다. 진실로 우리 삼천리에 있는 백성들이 이 두 분과 같은 마음을 갖고 다른 마음을 갖지 않는다면 어찌 역적들을 제거할 수 없으며 국권을 회복할 수 없을 것인가?

익현은 정성이 모자라고 힘이 미약하여 이미 병에 걸려 죽지도 못하고 충성도 다하지 못하며 나아가 순국하여 백성들에게 어떤 이로움도 못할 형편이니, 하늘을 우러러 부끄럽고 살아서 우리 수천만 동포를 대할 면목도 없으며 죽어서 지하에 있는 민, 조 두 분을 뵐 수 있는 면목조차 없게 되었다. 이에 나의 못난 바를 헤아리지 못하면서도 오늘날 시국의 전반적인 추세를 나름대로 보고 들은 바를 간략하게 적어 우리 전 백성들에게 포고하노니 다만 바라는 것은 우리나라 백성들은 익현이 죽어가면서 하는 말을 가벼히 생각하지 말고 각기 스스로 이를 아는 데 힘써 저들로 하여금 민족 말살을 못하도록 해준다면 천만다행으로 여기겠노라.

그리고는 다시 제자들과 상의하기를, "지금의 형세는 죽음으로써 보국할 뿐이다. 우리들의 미약한 힘으로 어찌 막강한 왜적을 당하리오마는 먼저 의로운 깃발을 들어 의(義)에 죽을 따름이다"라고 하니 모두들 주저하지 않고 승락했다.

이에 병졸을 모집하고 무기를 구입하며 원근에 격문을 띄워 의병을 일으키고자 했으나 일본인이 알아채고 대군을 보내 포위한 뒤 함부로 총을 쏘았다. 최익현이 나서며 "너희들이 구하는 것은 내 몸이니 살인하지 말라"하면서 제자 열 명과 함께 체포되어 대마도로 압송됐으며, 최익현은 음식을 먹지 않고 아사했다.

이날 오색 무지개가 하늘에 떴는데 일본인들도 의인이라 하며 시문을 지어 조상(弔喪)했고, 영구가 돌아오는 날 남녀노소가 길에서 통곡으로 맞아들였다. 일본인들은 서로 말하길 "최익현이 사망했으니 이제 남아 있는 한국 유림들은 우리가 꺼려할 사람이 없다"고 하였다.

당시 또 사동(寺洞)에서 농상공부대신 권중현을 저격한 사건이 있었으나 맞지를 않았다. 또 같은 시간에 같은 동지들이 박제순 등 다섯 명을 살해하려 했으나 실패하는 바람에 혐의자가 체포 구금되어 조사받으니 모두가 시골 사람들이었다. 그러자 나인영(羅寅永), 이기(李沂), 오기호(吳基鎬), 윤주찬(尹柱瓚), 김인식(金寅植) 등이 평리원에 자수하여 "우리가 주모자다. 정부에 있는 도적들이 우리 삼천리 강토와 이천만 백성을 이 지경에 빠뜨리고 나라를 팔아먹었고, 지난 광무 9년 10월 17일 당당한 우리의 외교권을 방자하게도 일본에게 양도하였으니, 이 5적은 우리 국민의 불구대천의 원수이다. 우리는 그 도적을 처단코자 한 것이며 우리 주모자가 나타났으니 체포된 사람들은 죄가 없다. 우리는 그 형을 달게 받겠다"고 하였다.

이때 일본 헌병이 이들과 함께 연루된 자로서 민형식(閔衡植), 최익진(崔翼珍), 최동식(崔東植), 여영조(呂永祖) 등을 체포하고 다섯 대신의 집을 더욱더 엄중히 경비했다.

제42장 일인이 우리 황제를 감시 통제함

일본인이 갑진년(1904년) 이후 내정을 간섭하고 주권을 침탈함이 날이 갈수록 심해져 안으로는 각부 고문이 정무를 주관하여 크고 작은 일을 집행하고, 밖으로는 헌병 경찰이 각지에 흩어져서 일일이 정찰하니 우리나라 전체를 수중에 넣고 생사여탈을 마음대로 처리했다.

특히 황실에 대해서는 엄중한 감시와 통제를 가했는데, 고미야(小宮松一)가 궁내부 차관이 되어 실권을 장악하고 헌병 경찰이 대궐 문을 경비하여 대소 관리와 환관 궁녀들도 출입증이 없으면 드나들 수 없고 궁녀 처첩의 의복과 음식의 왕래에도 빠짐없이 검사를 받았다.

이토는 다시 송병준을 시켜 비빈(妃嬪)과 은밀히 결탁하여 황제의 일거수 일투족을 전부 탐지하니 즉위 40년의 지존(至尊)이 죄수와 다를 바 없었다.

이토는 또 황제를 배일(排日)의 영수라 하여 백성들 중에 불평을 표시하는 자가 나오면 궁중에서 주모했다며 각종 위협과 협박을 가해 하루에도 몇 번씩 어좌(御座)를 놀라게 했다. 그들이 말한 황실의 안녕과 존엄을 유지한다는 것이 바로 이런 것이다. 아울러 그들은 황실 재산을 조사해 차츰 차츰 뺏어갔는데, 원래 각 궁에서 관장하는 토지가 수십만 평이 있고 가격도 삼사천만 원에 달하며 경복궁, 창덕궁, 경운궁, 수옥헌, 경리원 등 각처에서 금·은화 및 지폐를 저축한 것이 수천만 원이 되며 황제께서 다시 각 개인 명의로 내외 각 은행에 저금한 것이 또한 수천만 원이나 된다. 그런데 이 많은 재물이 전부 일본 사람의 수중에 들어갔으며, 또 지방민이 황무지를 개간한 후 타인의 침탈을 피해 각 궁이나 영(營)의 소속으로 명의만 빌려놓은 것이 수십만 평에 달했는데 이 역시 일본인이 국유지를 조사한다는 명목으로 거의 다 탈취했다.

고종이 경운궁에 있은 지가 수년이나 되어, 경복·창덕 양궁은 오래도록 비게 되어 궁인과 순관만이 지키고 있었다. 성 안에 있는 시녀들은 자유로이 구경할 수 있었기에 구경꾼들이 날로 모여들었다. 그러자 일인들은 대궐을 비게 하고 대신 지키면서 이들에게 입장료를 받아 구경을 허락케 하는 영업행위를 하였다.

관자(管子)가 이르기를 "연안짐독(宴安鴆毒: 일하지 않고 노는 것은 짐새의 독과 마찬가지로 자살행위라는 것. 짐독은 짐새의 털을 술에 담가서 만든 독)은 불가회야(不可懷也: 일하지 않고 노는 것을 결코 마음에 두어서는 안 된다)"라고 했듯이, 동서고금에 이 독에 중독되고 패망하지 않는 자가 없었는데, 우리나라 또한 이 독에 중독되어 있다. 대체 이 독은 사람의 지기(志氣)를 깨뜨려 사람의 근육과 뼈를 녹이게 하는데도, 사람들이 자주 잊어 경계심을 잃게 한다. 비록 환란을 겪고 엄청난 치욕을 받았어도 시간이 지나면 곧바로 잊게 되어 분개하지도 못하고 겉으로 나타내지도 못하며, 움직이지도 변화하려고도 하지 않아 끝내는 패망하고 만다.

우리 광무제가 재위한 40년 동안 변고가 빈번하였다. 임오, 갑신, 갑오, 을미년의 일이 모두 예전에는 없었던 일이라, 우리의 임금과 신하 모두가 놀란 나머지 얼이 빠지고 대성통곡한, 그야말로 한시도 잊을 수 없는 사건들이었다.

옛날에 오자서(伍子胥 : 춘추시대 초나라 사람으로 초 평왕에게 가족을 잃자 오에 망명하여 오를 도와 초를 쳐 평왕의 묘를 파헤쳐 그의 시신을 삼백 번 내리쳤다고 한다)가 강가에서 궁색한 형색으로 걸식을 하면서도 그의 뜻은 초나라 서울인 영(郢)을 한시도 잊을 수 없어 와신상담하다 끝내 영에 돌아갈 수 있었는데, 이처럼 잊지 않는다고 하는 힘은 아주 강해서 어떤 목적이라도 채울 수 있고, 바다와 산을 옮겨다니며 하늘과 땅이 닫치고 열려도 크게 두려워함이 없어지고 큰 뜻을 이룰 수 있는 것이다. 한 남자의 잊지 않음이 이처럼 큰 일을 했건만 어찌 이처럼 큰 한 나라가 이럴 수 있겠는가.

만일 임오군란에 있었던 환란을 잊지 않고 군신이 매사에 조심하여 정치에 힘써서 위문공(衛文公)이 했던 것처럼 인재양성에 힘쓰고 농사를 가르치고 상업을 일으키며 공업을 진흥시키고, 가르치고 배우는 데 근면했다면 갑오동학란 같은 것은 일어나지 않았을 것이다. 스스로 실력을 쌓아서 중흥의 큰 기초를 세우고 문명을 진화시켜 열강과 함께 나란히 달려가는 것이 옳았던 것이다. 갑오와 을미의 변을 거쳤지만 그 치욕을 잊지 않고 거적자리에 창을 베개 삼고 와신상담하며 월왕(越王) 구천(句踐)처럼 가난한 사람을 도와 주고 죽은 사람을 불쌍히 여겨주는 것을 교훈으로 삼았다면, 10년 동안 우리나라도 발전하여 독립을 유지할 수 있었을 것이고, 간사한 무리들이 기회를 타고 나쁜 마음을 갖지 못하게 됐을 것이다. 하늘이 우리나라를 버리지 않아 변고를 통해 조심케 하여, 모두가 한 마음으로 왕을 일깨우며, 많은 어려움 속에서도 나라를 다시 세울 기회를 주심이 한 두번이 아니었음에도, 두려움이 앞서 복을 화로 돌리지 못하니 지금의 지경에 이르게 된 것이다. 시간이여 우리를 위해 잊지 않도록 해다오. 기회란 두 번 다시 오지 않는 것이니 한때를 잃게 되면 백 년이 지나도 회복하기가 어려운 것이다. 하물며 여러 차례나 기회를 잃어서야 어찌 다시 일어설 수 있으리오.

이제 변고를 만났으니 근심스럽고 두렵지만 이제 회개하기를 바라며 옛것을 버리고 새 것을 도모해야 할 것이다. 바람이 자고 물결이 잔잔해져서 조금 한가함을 얻으면 문득 다시 그것을 잊고 관직을 팔며 부정한 재물을 취하며, 음사(淫祠)와 연회에 빠지는 등 각종 나쁜 짓들이 예전의 것을 배워 일어나고 있으며, 태평만세를 즐기며 자족하니, 강한 이웃이 우리를 호시탐탐 엿보고 있으면서 준비를 하고 있는데도 우리는 보지 못하고 있었던 것이다. 그러다가 마침내 러·일전쟁이 터져 포화가 바다와 육지를 날아다니며 하늘을 진동시켜도 우리가 일삼는 것은 여전히 옛 습관에만 얽매여 있었으니, 모두가 잘 잊는 것 덕택이라고 하겠다.

잘 잊어버리는 악습이 있었기에 경종을 울려 그 위험을 알렸건만 이제는 돌침을 놓을 수도 없을 정도로 팔뚝이 여러 번 부숴져 치료방법조차 알지 못하게 되었다. 잊어버린다고 하는 중독증에 예전부터 걸려 자신의 몸도 잊고 나라도 잊으니 잊는 것이 어찌 그리 많다는 말인가. 40년간 존귀했던 임금이 이제 오늘에는 갇힌 꼴이 됐으니 바로 이는 자주 잊어버리는 독성이라는 것이 그렇게 만든 것이다. 그러므로 잊어버린다고 하는 것은 우리에게 가장 원수와 같은 것이다.

또 우리나라는 300년간 태평성대를 오랫동안 누리면서 이 잊어버리는 습관에 익숙해져서 습성이 된 것은 우리 임금 한 사람 만이 아니라, 모든 공경대부에게도 있어 오만하고 교만하여 놀고 즐기는 까닭에 나태해져서 일에 힘쓰려 하지 않는 것이다. 근면하고 인내하고 모험하고 분투하는 습성이 적게 되니 이렇게 하고서 어찌 살아날 수 있다고 하겠는가. 하와이 토인들이 다른 어떤 죄악이 없는데도 다만 일을 게을리한 까닭에 멸망으로 치달았던 것이며, 남양의 화교는 남다른 예능이 없음에도 오직 사업에 근면하였고, 힘든 일을 참으면서 견딘 까닭에 부유해져 유럽인들을 압도하였으니, 근면하고 나태함은 나라의 존망을 판단케 하는 것들이다. 내가 이제 우리 동포에게 크게 외치노니, "우리는 잊어버리는 습성 때문에 나라가 망했고 갇힌 몸이 되었으며 임금마저 잃은 것이다"

제43장 군항 점령과 북간도 문제 등

진해만은 동양 제일의 군항이며 영흥만도 동해안 제일의 항구이다. 일본인이 오랫동안 욕심을 내더니 이토가 한국 통감(統監)이 되자 제일 먼저 착수한 일이 두 항구를 한국의 군항이라 칭하고 잠깐 동안 일본이 빌려가는데 한국 군대의 확충을 기다려 돌려준다면서 각국에 공포하고 포대와 군영을 건설했다.

이어서 해군 방어부대를 두고 일본 군항으로 만들자 일본의 민간 단체가 박수갈채를 보내며 만세를 불렀는데, "일본의 한국 경영 가운데 이보다 중한 것이 없다. 한·일 의정서나 보호조약도 이보다는 못하고, 통감 설치나 철도 점유도 이보다는 못하며 두 군항의 획득이 최대 환영이다"라고 했다.

북간도는 한국과 중국의 경계인 두만강, 송화강(松花江)의 중간 지역이다.

옛날 청나라 강희제(康熙帝) 때 오랄 총관 목극등(穆克登)과 한국 관리가 입회하여 국경을 정하고 분수령(分水嶺) 위에 비석을 세웠는데, '동은 토문(土們)이며 서는 압록이다'라는 글을 새겨 넣었다. 분수령 북쪽에 강이 하나 흐르는데 이름이 토문(土門)이다. 한국인은 이 강이 정계비(定界碑)에 기재된 토문이라 하고 중국인은 두만강을 토문이라고 주장해 국경 문제가 생겼다. 또 이 지역은 러시아령 연해주에 대한 방어지일 뿐만 아니라 토질이 비옥하여 농경에 적당하므로 50년 이래 한국인 이주자가 격증하여 우리 동포가 수십만 가구나 되었다. 한국인 애국지사도 왕래하는 자가 많아 교육이 진흥하고 산업이 개발되어 국외에 있는 한국인 중에는 그 숫자나 질에 있어서 가장 으뜸이다.

최근 들어서 일본과 중국이 남만주 철도와 간도 경계의 두 가지 문제를 교섭함에 있어서 일본이 철도 부설권을 탐내 만철(滿鐵)을 취득하고 간도는 중국의 영유로 승인했으나 한국인의 치외법권과 영사 및 일본군 주둔을 인정하게 됐으므로 그 실권은 역시 일본이 차지했다.

이토는 또 한국 농상업의 발전에 필요한 자금이라는 구실로 우리 정부에게 일본 흥업회사에서 1000만 원의 차관을 얻게 했는데 선이자(先利子)로 100만 원을 공제했다. 그런데 이 차관을 산업발전 자금으로는 쓰지 않고 관청 개축, 수도 부설, 도로 측량 등에 쓰면서 전부 일본인 만을 고용하고 일본 물건 만을 사용하게 했다. 아울러 일본 관리의 봉급을 올려주고 고문, 보좌관, 순경 등 수천 명을 증원했으므로 채무자는 우리나라지만 이득을 본 자는 일본이었다.

제44장 우리나라의 국보급 유물과 일본인의 절취

유물(遺物)과 유적(遺蹟)은 나라의 정수이며 조상의 창조 능력과 국가 문명의 발전 정도를 나타내는 것으로, 후세 사람들이 기념하는 의식이 여기에 있는 까닭에 세계의 문화 민족은 각기 유물을 소중하게 보존하고 있다.

우리나라는 4000년의 오랜 역사를 가진 나라로서 일찍부터 문화가 발달해 고귀한 유물 유적이 각종 서적에 비춰보아도 허다하게 많다.

내가 들은 바에 의하면, 유태인은 나라가 망한 지 2000여 년이나 지났지만 지금도 그 유민들이 조상 솔로몬의 성벽을 만지면서 통곡을 하는데, 보는 사람들이 측은해 하며 찬탄을 아끼지 않는다고 한다. 그 한 조각의 낡은 돌이 능히 2000년 뒤의 후손에게 애모의 정을 느껴 피눈물을 흘리게 하는 이유는 견고한 애정의 뿌리가 유전되어 불멸하기 때문이다.

현재 우리 조상의 유적이 영락했지만 솔로몬의 성벽과 비슷한 것이 아직도 많이 남아 있으며, 또 우리 민족은 나라의 멸망이 멀지 않았으므로 단지 돌을 어루만지며 통곡할 뿐만 아니라 보존 존중할 애정의 뿌리가 특히 깊은 것이 있을 것이다. 그러므로 대략적인 내용을 적어 참고로 삼을까 하는데, 그중에는 현존하는 것도 있고 역사책에만 기록이 남은 것도 있으니 독자들은 이해하기 바란다.

강화도 마니산의 제천단(祭天壇)은 단군 시절에 축조한 것으로 위는 네모나고 아래는 둥근 석조 건축물이며, 위는 각각 6척(尺) 6촌(寸)이고 아래는 각각 15척인데 서양 사람이 동양에서 가장 오래된 건축이라고 했다.

경주 첨성대는 신라 선덕여왕이 축조한 것이며 우리나라 천문대의 원조이다. 위는 네모지고 아래는 둥근데 높이가 여러 장(丈)이다.

고구려의 보정금새(寶鼎金璽)는 대무신왕(大武神王)이 동부여(東扶餘)를 정벌하다가 이물촌(利勿村)에서 얻은 것이다.

신라의 장육불상(丈六佛像)은 진흥왕 때 만든 것인데 구리가 35,700근이고 도금(鍍金)이 200냥이다.

신라의 황룡사탑(黃龍寺塔)은 높이가 9층 24장이고 제작이 극히 정교하며, 종의 길이가 1장 3촌이고 두께는 9촌이며 무게는 497,581근이다.

봉덕사(奉德寺) 종은 구경이 8척이고 무게가 12만 근이며, 그 이외에

금·동 제품, 불상, 정경(鼎鏡), 누금기(鏤金器) 등이 매우 많다.

신라의 만파식적(萬波息笛)과 현학금(玄鶴琴), 가야금, 백제의 동루종(銅鏤鍾), 고구려의 공후(箜篌)는 모두 옛날 악기인데 만파식적은 속칭 경주 옥적(玉笛)이라고도 하며 자웅(雌雄)이 있다. 자적(雌笛: 암 피리)은 흑청황색 반점이 있고 옥으로 만들었으며 길이 1척 7촌 6푼, 주위가 3촌 4푼이다. 웅적(雄笛: 숫 피리)은 황색인데 들깨와 비슷한 흑색 반점이 있고 역시 옥으로 만들었으며 길이가 1척 5촌 1푼, 주위가 3척 4푼이다. 경주 사람 중에 이 피리를 불 수 있는 인물이 한 세대에 한 명씩 나온다고 한다.

고구려의 도자기 제조와 석탄 채굴 흔적은 몇 년 전에 일본인이 무순 탄광을 개발하다가 고구려인이 만든 도자기 종류를 발견했는데 그 제조법의 교묘함이 지금의 제품보다 우수하다. 또 석탄을 사용한 흔적이 분명히 있고, 아울러 도자기 병 한 개가 있는데 그 속에 중국 서한(西漢) 때의 오수전(五銖錢)을 저금했다. 이로써 추측해 보건대 우리 민족은 2000년 전에 벌써 석탄을 사용했고, 전해 내려오는 도자기도 천하의 진품(珍品)으로 근대 공학의 정밀함으로도 그 이치를 알아내기가 어렵다.

백제의 금칠개(金漆凱), 금동불은 진귀한 물건으로 유명하다.

충청도 은진군(恩津郡)에 미륵불상이 있는데 높이가 50여 척이다.

경상도 합천군 해인사에 팔만대장경 각본(刻本)이 있는데, 고려 대각국사(大覺國師)가 만든 것으로 천년의 유물이며 세계에 유례가 없는 진품이다.

평안도 안주군(安州郡)에 을지문덕의 석상(石像)이 있는데 중간이 부서졌으나 최근에 다시 개수했다.

백제의 도자기공, 야공(冶工), 기와공, 안장(鞍裝)공, 칠공, 불상공과 고구려의 화공(畵工), 가죽공, 신라의 조선(造船)공들이 모두 일본에 그 기술을 전해주었다.

고구려 광개토왕(廣開土王)의 기공비(記功碑)는 현재 봉천성 집안현(輯安縣)에 있으며, 높이가 1장 8척이고 폭이 5척 67촌인데 사면에 3촌 크기의 글자를 새겼고 중국의 영희(榮禧)는 그 서체가 위진(魏晋) 시대의 서체라고 한다.

신라 승려 김생(金生)은 서법이 신의 경지에 이르렀는데 창림사(昌林寺) 비석에 새긴 글이 있다. 원나라 조맹부가 찬탄하기를 자획(字劃)에 전형(典型)이 있어 당나라 명인의 글씨보다 우수하다고 했다.

신라 승려 솔거(率居)는 세상 사람들이 화신(畵神)이라고 불렀으며 단군의 초상과 불상노송(佛像老松)의 신품(神品)이 있다.

'기자수주무왕홍범도(箕子授周武王洪範圖)'는 평양 선우씨 집에 있고 조맹부의 글씨라고 한다.

신라 진흥왕 순수비는 함경도 안변(安邊) 황초령(黃草嶺)에 있는데 김정희의 말에 따르면 그 자획이 예서(隸書) 같기도 하고 해서(楷書) 같기도 하여 육조(六朝)시대의 서법 이상으로 우수하다고 한다.

신라 무장사비(鍪藏寺碑 : 守大南令 金陸珍이 씀)와 고려 인각사비(麟角寺碑 : 閔漬文이 왕희지의 글자를 모은 것) 및 보경사비(寶鏡寺碑 : 李弘老文) 등은 모두 진귀한 것으로 그 탁본은 중국 금석학자에게 귀한 선물이 된다.

신라의 오색구유(담요)는 〈두양잡편(杜陽雜編)〉에 전하기를 "그 제작법이 정교 화려하여 각 마디마다 가무 기악과 각국 산천의 형상이 들어가 미풍이 방 안에 들어오면 벌과 나비가 움직이고 참새와 제비가 날아올라 조금 먼 곳에서 보면 진짜인지 가짜인지 구별하기가 어렵다"고 한다.

신라의 만불산(萬佛山)은 〈두양잡편(杜陽雜編)〉에 전하기를 "신라가 만불산을 바쳤는데, 높이가 1장이나 되는 침단(沈檀)과 주옥(珠玉)에 조각한 것이며, 불상 중 큰 것은 1촌 남짓하고 작은 것은 7, 8푼 정도다. 불상의 머리는 좁쌀 작은 알과 큰 콩 만하고 그 이목구비 등이 전부 분명하다. 아울러 금·옥·수정으로 깃발, 암자, 수목, 누각, 대전(臺殿) 등을 만들었는데 그 형상은 미세하지만 자태는 살아서 움직인다. 또 그 앞에는 행진하는 승려 수천이 있고, 그 아래에 세치 크기의 금색 종이 있는데 이 종을 치면 행진하는 승려들이 고개를 숙여 절하고 이때 은은한 예불소리가 들리는데 종 속에 특별한 장치를 넣은 듯하다. 그 산은 만불산이라고 부르지만 불상의 수가 수만에 달해 일일이 세기가 어렵다.

경상북도 문경군(聞慶郡)에 오래된 도자기 병이 있는데 이를 두드리면 금속성이 들린다. 서양인이 분석 연구한 결과 태양열로 건조시켜 만든 것이라고 한다.

함경북도 종성군(鍾城郡)에 옛날 돌도끼, 돌화살 등이 있는데 숙신(肅愼) 시대에 만든 것이다. 〈죽서기년(竹書紀年)〉에 의하면 "순(舜) 임금 26년에 숙신씨가 돌화살과 가시나무 화살을 바쳤다"고 한다.

평안남도 강서군(江西郡) 서쪽에 거대한 고분이 있는데 이를 파보니 무덤 안쪽의 사면 벽에 수레, 말, 사람의 그림이 있었다. 일본의 고고학자가 미농지(美濃紙)에 베껴서 조사한 결과 2000년 전의 그림으로 천하의 명품이라고 했다.

고려 때의 자하배(紫霞盃), 오색 유리잔, 금자기(金磁器), 나전칠기 등이 있는데 제조법이 정교하고 수량도 상당하며, 또 일신삼동경(一神三童鏡), 선화경(線畵鏡), 점화경(點畵鏡), 쌍용경(雙龍鏡) 등이 전하여 국보가 되었다.

우리나라의 동활자(銅活字)는 태종 3년(1403년)에 주자소(鑄字所)를 설치하고 이직(李稷), 박석명(朴錫命) 등에게 명하여 동활자 수십만을 제조하고 서적을 인쇄했다. 이것이 세계 최초의 활자이다.

세종 때 앙부(仰釜), 일영(日影), 일성정시의(日星定時儀), 자격루(自擊漏), 측우기 등을 만들었는데 전부 세종께서 친히 설계한 것이다.

이충무공순신의 철갑귀선(鐵甲龜船)은 그 자세한 제작법이 《임진전사(壬辰戰史)》 및 《충무전서(忠武全書)》에 기록되어 있으며, 1883년 영국 해군사(海軍史)의 기록에는 "세계의 철갑선 가운데 가장 오래된 것은 조선인이 창조한 거북선이다. 이는 철판으로 포장하여 거북의 등처럼 만든 배로써 일본의 목선을 격파했다"라고 기록되어 있다.

비차(飛車)를 처음 만든 사람도 우리 한국인이다. 영종 때 신경준(申景

濬)은 박학다식한 인물로서 그의 수레 제조에 관한 글 가운데 비차에 대한 글이 있으며, 또 300여 년 전에 진주 사람 정평구(鄭平九)가 비차를 제조했다고 적었다.

정종 때 저술가 이규경(李奎景)은 〈비차변증설(飛車辨證說)〉을 썼고, 그 글에서 "원주 사람이 소장하고 있는 어떤 책에 의하면 비차는 가죽으로 만드는데 마치 비둘기와 비슷한 형상이라고 한다. 네 명을 태우고 배를 두드리면 바람이 생겨 공중에 뜨는데 능히 100장을 날 수 있다. 그러나 양각풍(羊角風)을 만나면 전진하지 못하고 추락하며, 광풍을 만나면 날지 못 한다고 한다"라고 썼다.

또 전주 사람 김시양(金時讓)의 말에 의하면, "호서 노성(魯城)의 윤달규(尹達圭)라는 자는 기묘한 물건을 제작하는 특기가 있는데 비차를 제조했다"고 한다.

위에서 기술한 것은 우리 조상이 만든 물건으로서 역사와 함께 전해오는 것인데, 역사책에도 없고 천재지변과 전란 등으로 없어진 것이 부지기수이다. 또 일본인이 한국에 온 이후 역대 고분의 유물, 옛날 돈과 명산대찰의 범종, 화로, 충신 열사의 기념비, 기념품과 유명한 정자나 누각의 시문 현판 등을 도적질해 간 것도 이루 헤아릴 수가 없다. 그중에 가장 중요한 것 한 두 가지를 적어보면 다음과 같다.

풍덕군(豊德郡) 부소산(扶蘇山)에 경천사(敬天寺)가 있고 절 앞에 13층짜리 옥탑이 있는데, 옥은 청석(靑石)과 비슷하며 조각한 인물이 매우 정교하여 이를 본 서양인이 그 가치는 900만 원을 넘는다고 했다. 이 탑은 700년 전 고려 공민왕비인 원의 노국공주(魯國公主)가 축조한 원탑(願塔)으로 한성 탑동에 있는 것과 동일한 탑이다. 그후 경천사는 영락하고 탑은 지키는 사람도 없이 숲속에 뒹굴었는데 일본 골동품상들이 왕래하면서 몹시 탐을 냈다. 그러더니 일본 궁내대신 다나카(田中光顯)가 우리 황태자의 혼례를 축하하러 특명대사로 내한했을 때 군인과 상인 50여 명을 몰래 보내 야밤에 탑을 가져갔다. 다음날 아침 인근 주민이 알고 쫓아갔지만 벌써 배에 싣고 도망친 다음이었다. 이 사실을 미국인 홀프와 영국인 베델이 신문에 폭로했는데, "다나카 일본 대사가 한국의 옥탑을 훔쳐가다"라는 제목을 달고 비난했고 미국의 각 신문도 논평을 가하니 일본인들도 수치스럽게 생각했다.

함경북도 회령군(會寧郡)에 임명전첩비(臨溟戰捷碑)가 있는데, 임진왜란 때 가토(加藤淸正)가 북도로 들어가 각 군을 함락시키자 이붕수(李鵬壽), 최배천(崔配天), 지달원(池達源), 강문우(姜文佑), 허진(許珍), 김국신(金國信), 허대성(許大成) 등 일곱 명이 의병을 일으켰다. 이들은 평사(評事) 정문부(鄭文孚)를 대장으로 삼아 가토를 격파하고 각 군을 탈환했으므로 뒷날 사람들이 비석을 세워 기념했는데 북평사(北評事) 최창대(崔昌大)가 글을 썼다. 비석은 임연쌍포(臨演雙浦)에 있었는데 갑진년의 러·일전쟁 때 일본군이 훔쳐가 동경박물관에 두었다.

그 내용은 다음과 같다.

주나라의 솥[周鼎]이 갑자기 사라지고, 조나라의 둥근 구슬이 돌아오지 않는 것은 그 자취를 없애려 한 것이다. 이러한 감회를 아래에 기록한다. 옛날 임진왜란 때 힘써 싸워 왜적을 격파하고 일세를 놀라게 했던 것은 수전에서는 충무공 이순신의 한산대첩이 있고, 육전에서는 도원수 권율의 행주대첩과 월천 부원군 이정암의 연안대첩이 있었기 때문이라고 역사가는 기록하였다. 말하기를 즐기는 사람들은 그것을 외우기를 게을리 하지 않는다. 그러나 이러한 공들은 모두가 힘을 합쳐 이룩해 낸 것이다. 단신으로 일어나 분발타가 실패하여 도망해 숨었다가 충의로써 오합지졸을 이끌고 전승하여 한 쪽이라도 극복한 것은 관북의 군사가 으뜸이다. 처음 왜의 수장인 토요토미 히데요시는 자신이 강한 것만을 믿고 오만한 나머지 중국을 침범하려고 엿보면서 우리나라가 길을 빌려주지 않자 화가 나 대거 침입하여 승승장구하며 우리의 도성에까지 이르렀던 것이다. 선조는 이미 서행길에 올랐고, 각 고을은 파괴되었으며, 왜적은 이미 경기도를 함락시킨 데다 날쌘 장수 두 사람에게 군사를 나누어 주고 두 길로 앞장 서 나아가게 했다. 고니시 유키나가는 행조(行朝)를 밟아 서쪽으로 갔고, 가토 기요마사는 함경도를 침입하였다. 그해 가을 가토는 북도로 들어갔는데, 왜병은 매우 정예병인데다 철령 이북에는 성을 지키는 이들이 없었기에 국경인(鞠景仁)이 반란을 일으켰다.

국경인이라는 자는 회령부의 아전인데 본디 악하여 복종하지 않았던 인물로, 왜적이 부령에 이르자 위험한 틈을 타서 반란을 선동하고 두 왕자(임해군과 순환군) 및 따라온 재신들을 체포하고는 동시에 모든 장리(長吏)들도 결박지어 왜적들에게 넘겨주고 그들의 환심을 샀다. 국세필(鞠世必)은 그의 숙부로서 명천 백성 말수(末守)·목남(木男)과 연결 모의하여 왜적이 주는 관직을 받고 주성(州城)에 웅거하여 세력을 확대하면서 죽이고 으르는 일만 하였다. 그리하여 여러 고을이 피폐해질대로 피폐해지자 사람들은 놀라서 스스로를 돌볼 수가 없게 되었다.

경성에 사는 이붕수(李鵬壽)는 기개가 있는 선비로서 "국가가 어지러운 것이 이 지경에까지 이르렀는데 흉도들이 감히 이럴 수가 있는가"라고 분개하여 말하면서 몰래 최배천(崔配天)·지달원(池達源)·강문우(姜文佑) 등과 더불어 모의하여 의병을 일으키나, 모든 사람의 처지가 서로 비슷해서 장수로 삼을 만한 사람이 없었다.

이때 평사 정문부(鄭文孚)는 문무를 겸했으나 싸울 군사가 없어서 산속에 숨어 있다가 의병이 일어나자 그들을 흔쾌히 따랐다. 그러자 그들은 정문부를 추대하여 장군으로 삼고 종성부사 정현룡(鄭見龍)·경원부사 오응태(吳應台)를 차장으로 삼아 피를 마셔 의를 맹세하고 의병을 모집하니 100여 명이 모였다. 이때 여진족이 또 북쪽 변경을 침입하자 이들은 사람을 보내 국세필을 달래 함께 이들에 대항하자 하니 그가 허락했다. 그리하여 의병을 입성시키고 나서 다음날 아침에 정문부가 기를 세우고 북을 달아 남성루에 올라가 국세필로 하여금 올라와 만나자고 하였다.

마침 그가 들어오자 문우에게 눈짓하여 그를 사로잡아 참수하고, 추종하겠다는 자들은 사면해 주고 군사로 맞아들여 그들을 이끌고 남쪽으로 내려가 말수를 체포한 후 참수하였다. 회령에서도 국경인을 토벌하여 참수하니 의병에 들어오는 자가 많아져 군세가 커졌으며, 길주인 허진(許珍)·김국신(金國信)·호대성(許大成) 등이 군사를 모아 성원해 왔다.

이때 가토 기요마사는 장령들에게 명을 내려 정병 수천을 거느리고 길주에 웅거케 하며 대군을 이끌고 남관에 진을 친 채 대치하고 있었다. 11월에 적을 가파에서 만나 싸움이 벌어지려 할 때, 정문부는 정현룡을 중위장으로 삼아 백탑에 주둔케 하고, 오응태 및 원충서(元忠恕)를 복병장으로 삼아, 석성·모회에 나누어 주둔케 하였다. 그리고 한인제(韓仁濟)를 좌위장으로 삼아 목책에 주둔시키고, 유경천(柳擎天)을 우위장으로 삼아 날하에 주둔시키고, 김국신·허진을 좌우척후장으로 삼아 임명·방치에 주둔시켰다.

적은 이기기만 하여 철저한 방어를 하지 않고 있었기에, 모든 군사들이 일제히 일어나 공격하니 군사들은 용기백배하여 서로 먼저 앞으로 나아가려 하였다. 적들이 패주하자 군사를 풀어 추격하여 장수 5명을 죽이고 그들로부터 얻어낸 노획물은 헤아릴 수 없을 만큼 많았다. 그리고 말과 병기도 모두 빼앗아버렸다. 그러자 그 동안 도망가서 숨어 있던 장수와 아전들이 서로 참가해와 무리는 어느덧 7천여 명에 이르렀다. 적들은 길주성으로 들어가 버렸고 기가 죽어 감히 움직이지를 못했는데, 길가에 매복해 있던 우리 군사들은 그들이 나오는 대로 무찔러버렸다.

얼마후 적들이 임명에서 크게 약탈을 자행하자 경기병대를 이끌고 기습하였다. 산을 덮을 정도로 복병을 설치하고 그들이 돌아오는 것을 기다려 협격하여 수백 명을 참수하고 그 뱃속을 갈라 대로에다 널려 놓으니 군세가 크게 떨쳐져 적은 더욱 겁을 먹게 되었다.

12월에는 다시 쌍포에서 싸움이 일어나 한창 무르익고 있는데 편장이 철기를 이끌고 좌충우돌하며 적을 무찌르는데, 그 빠르기가 바람같아서

적들은 정신을 잃고 감히 대항하지를 못하더니 모두 흩어져 달아나 버렸다. 그 이듬해 정월에는 단천에서 세 번 싸워 세 번 이기고 돌아와 길주에 주둔하며 병사들을 쉬게 했다. 조금 지나 가토 기요마사는 자기 군의 불리함을 알고는 대병을 보내 길주에서 맞부딪치게 되었는데, 우리 군사들은 후미를 공격하여 백탑의 큰 싸움도 승리하고 말았다. 이 싸움에서 이붕수・허대성・이희당 등이 전사했다. 그런데 적은 마침내 퇴각하여 감히 재차 되돌아오지 못했다. 이 때에 명나라 장수 이여송(李如松)도 광양에서 고시니군을 격파하였다.

그러자 정공은 최배천을 시켜 사잇길로 가서 행재소에 승첩을 알렸다. 왕은 그를 맞이하여 눈물을 흘리면서 붕수에게 사헌부 감찰을 내리고, 최배천에게는 조산대부라는 품계를 내렸다. 그런데 이때 관찰사 윤탁연(尹卓然)은 정문부가 절도사에게 알리지 않았다 하여 의병의 공을 질시하여 그를 무고하는 바람에 상을 내리지 않았다.

현종 때 관찰사 민정중(閔鼎重)과 북평사 이단하(李端夏)가 자기 부친으로부터 이 소식을 듣고는 사실을 알려서 정문부에게는 찬성벼슬을 이붕수에게는 지평벼슬을 추증하였으며, 나머지 사람들에게도 차등을 두어 벼슬을 추증하였다. 또 그의 사당을 경성 어랑리에 세우고 의병활동을 한 모든 사람들에 대해 제사를 지내게 했고, 창렬사라 사액했다.

경진년(숙종 26, 1700년) 최창대가 부경사가 되어 의병을 일으킨 자손들과 더불어 의병과 연고가 있던 곳을 방문하여 사적을 자세히 살핀 후 당시 모든 의병들의 풍모를 상상해 보았다. 또 임명과 쌍포를 지나가는 사람들은 당시 의병들이 진을 치고 있던 영루(營壘)와 싸운 곳을 돌아보며 당시의 상황을 이야기하며 떠날 줄을 몰랐다.

가만히 그들의 이야기를 듣던 나는 어느 노인에게, "왜병의 화가 실로 아주 컸소이다. 삼경(三京)이 초토화되고 전국이 다 파괴되었을 때, 이들 의병들이 나타나 어려운 가운데서도 왜군을 무찔러 우리나라가 다시 옛 땅을 회복하고, 야만스런 그들 풍습으로부터 벗어나게 됐으니, 변방 사람들이 이러한 충의를 듣고 전하게 된 것이 누구의 힘이겠소. 행주와 연안에는 모두 이들에 관한 비문이 있어 사실들을 기록하여 잘 알려주고 있어 동서에서 이를 우러러 보며 본받고 있는데, 관북에서는 그 공이 컸건만 아직 이런 비석 하나 없으니 이는 여러분의 수치가 아니겠소"라고 하자 모두들 응답하기를 "그렇소. 우리의 뜻도 그렇거늘 공께서 그렇게 말씀하시니 더욱 그렇소이다"하고는 돌을 깨어 재료를 만들어 가지고 들어오며 글을 청하였다. 나는 글을 쓸 사람이 못 된다고 하였더니, 또 와서 말하기를 "이번 역사에 공께서 의로운 일에 앞장 섰으니, 명을 받지 않으면 안 되오"라고 하여, 이에 그 사실을 서술하고 새기도록 하였다.

"도적들이 남쪽에서 와 중국을 원수로 삼고 우리 임금을 변방으로 가게 하고, 나라가 칼날을 받고 높이 솟은 저 북원(北原:함경도)이 이리와 살모사(왜병을 가리킴)로 가득 차 꿈틀대고 있는데도 어리석은 백성들은 이에 대항하지 못했다. 피를 서로 삼키며 독을 구제하고자 선비들이 앞에 나섰고 사람들이 이들을 뒤따르니, 군사는 의(義)로워야 하지 이(利)를 생각해서는 안 되는 법이라 하며 창과 칼을 대수롭지 않게 생각하였다. 이제 반도들을 섬멸하고 왜적들이 우리를 당해내지 못하게 되었고, 더구나 우리 무장한 의병들이 북을 치며 외치니 산이 무너지고 바다의 물결이 세차게 움직이는 듯하다. 군사들이 큰 공을 세우자 왜적들은 크게 겁을 먹고 벌을 받으니 이는 우리의 사사로운 충정에서 비롯된 것이 아니다. 북토가 이미 평정되어 이제 서로 양잠을 치고 농사를 짓게 되었다. 대군이 누가 이들의 공을 받들 것인가를 묻고는 그들에게 벼슬을 증수하고 사당을 세울 것을 명하여 빛나는 은혜가 시종 함께하고 선비의 기풍이 세상에 빛나니, 백성이란 곧 병기나 마찬가지이다. 임명에 우뚝 솟은 돌이 있어 이 글을 새겨 사당을 송축하나니 오래도록 편히 잠드소서.

영변군(寧邊郡)의 약산(藥山) 동쪽에는 만수산(萬洙山)이 있고 산 꼭대기에 수십 명이 앉을 수 있는 평지가 있다. 좌우로는 두 개의 긴 돌이 난간처럼 둘러져 있어서 연회 때는 그 사이에서 기생이 춤을 출 수도 있었는데 일본군이 이곳에 와서 산 아래로 돌을 굴려버려 그 빼어난 경관을 훼손시켰다. 일본은 암석과 풍경까지도 무슨 원한이 있길래 이처럼 파괴했는가 말이다.

제45장 동양척식회사

동양척식회사(東洋拓植會社)라는 것은 한국 토지를 개척하여 일본 농민을 정착시키려고 조직한 것이며, 일본인의 한국 이주 작업에 편리를 제공하는 것이 목적이지만 그 내막은 제대 군인을 우리나라에 이주시켜 한편으로는 농경에 종사하게 하고 다른 한편으로는 병력을 증강하는 이른바 둔전병제(屯田兵制)를 실시하려는 것이다. 일본인의 대한 정책이 속박과 압제와 강탈이 혹심했으므로 그들도 뒷날을 염려하여 이러한 방책으로 장래를 준비한 것이다.

내각 총리 가쓰라 타로오(桂太郎)는 비밀회의에서 이 회사 설립을 결정한 다음 법령을 공포했는데, 한·일 양국 정부도 상당한 출자와 보조를 하며, 업무 범위는 우리나라 전체를 포함하고 우사가와(宇佐川), 요시노(吉原) 등이 정·부 총재로서 내한하여 업무를 시작했다. 아울러 지방민의 반발을 염려하여 우리 정부에 권유했는데, 13도에서 각각 1명씩을 선발해 척식위원(拓植委員)이라는 이름을 붙이고 일본 관광단을 조직해 동경으로 보냈다. 일본에서는 총리 이하 각 대신이 융숭한 대접으로 환심을 사고, 또 각 병영과 병기공장을 견학시켜서 두려움에 복종하는 마음이 들게 하고 척식회사의 설립 정관을 보여주며 협력을 구했다. 위원 중 몇 명이 불만을 품고 단식하는 자가 생기자 일본의 고관대작들이 온갖 수단을 동원해 회유에 나섰으며 특별히 민간의 토지를 강매하지 않는다는 조항을 첨가하여 승낙을 받았고, 또 우리나라의 역토(驛土), 궁토(宮

土), 둔토(屯土)로써 출자에 대신하도록 각 위원의 손도장을 받았다.

역토라는 것은 각 역에서 말을 사육하는 데 필요한 기본 재산이며, 궁토는 각 궁에서 필요한 물품을 충당하는 데 사용하는 것이고, 둔토는 대대로 병사를 훈련시키는 둔전용 토지로서 전부 상등급의 기름진 땅인데 일본은 일시에 이처럼 광대한 옥토를 차지했다.

또 일본인이 재정을 장악한 이래 인플레이션이 날이 갈수록 심해져 우리 백성의 생활이 더욱 곤란했다. 어쩔 수 없이 척식회사에서 융자를 얻고자 하면 융자금의 몇 배나 되는 토지를 담보로 잡혀야 하고, 채무 상환 기일이 경과하면 그 즉시 소유권을 빼앗았다. 일본 농민이 경작지를 요구하면 제일 비옥한 토지만을 골라서 지급했고, 경작인을 바꾸는 시기도 제한이 없었으므로 우리 농민의 곡식이 다 익은 때라도 강제로 빼앗아 주인을 바꾸는 사례가 허다했으니, 척식이란 말이 과연 황무지를 개척해서 농업생산을 증가하자는 목적에서 만든 것이란 말인가.

제46장 헤이그 만국평화회의의 밀사 파견

오호라! 우열과 승패는 하늘이 정하는 것이요 약육강식은 자연법칙이며 평화의 내용은 경쟁이요 보호의 실상은 병탄(倂吞)이로다. 만일 종이쪽지에 쓴 글과 상투적인 말을 진심으로 믿는다면 크나큰 잘못이며 혹심한 실패를 초래할 것이다.

헤이그의 만국 평화회의도 만일 그 이름과 같다면 총칼을 옥과 비단으로 바꾸고 투쟁이 양보로 변하되 강권과 횡포를 억제하여 약자의 억울함을 들어주고 세계에 평화의 기운이 충만하며 중생은 행복과 즐거움을 누리게 될 것이다.

그러나 이 회의를 제창하고 주관한 자는 누구이며, 이 자리에 참석해 찬성하는 자는 누구인가? 모두 다 매와 호랑이처럼 날카로운 눈으로 사방을 노려보고, 이리처럼 탐욕스런 심보로 매일 약소국을 침략하며 나머지 종족을 박멸하는 것이 유일의 권리요 의무이니 어찌 진실한 평화주의로서 약소국을 구제하고 횡포를 제압하여 정도(正道)를 유지하겠는가? 강대한 자가 평화라는 이름으로 천하를 불러들여 자기의 권력을 신장시키려는 것이다.

오호라 고통에 죽어가는 인간이 하늘에 호소하여 살 길을 찾는 것은 고통이 지나쳐 부득이한 것이로다. 어찌 무익한 짓을 한다고 비난만 하겠는가?

우리나라가 평화회의 밀사 문제로 오히려 일본에 구실을 주어 화를 불러들였으니 이른바 평화라는 이름이 우리나라에 큰 해독이 되었도다.

1907년 7월 5일 네덜란드 헤이그에서 만국 평화회의를 개최했는데, 참석한 각국 위원이 47명이었다. 네덜란드 외상(外相)이 축하 인사를 하고 미국 대통령 루즈벨트가 세계 평화주의의 성공을 축하했으며, 각국 위원이 의안을 제출해 토론에 부쳤는데 한국의 밀사가 별안간 나타났다. 즉 전 의정부 참찬 이상설(李相卨)과 평리원 검사 이준(李儁), 러시아 공사관 서기관 이위종(李瑋鍾) 3인이었다.

이상설은 유생인데 한학에 능하고 서양 학문에도 정통하며 재주와 신망이 두터워 일시에 벼슬길에 올랐으나 의정부 참찬으로서 을사 보호조약에 극력 반대하다가 해임되었다.

이준은 됨됨이가 강직하고 모험심이 풍부하며 백절불굴의 기개가 있어서 모두가 존경했으며, 평리원 검사로서 법을 고집하다가 상관과 충돌하여 파면되었다.

이위종은 러시아 공사 이범진의 아들로서 유럽 각국어에 능통했다.

이준은 밀칙(密勅)을 받들고 4월 20일 경성을 출발해 함경도를 경유하여 블라디보스토크에서 이상설에게 칙명을 전하고, 시베리아 철도로 동행하여 러시아 수도 페트로그라드에서 이위종을 만나 함께 동행하여 헤이그에 도착했다. 당시 평화회의 의장은 러시아 위원 넬리도프(Nelidov) 백작이었는데, 러시아 정부에서도 한국 밀사에 관해 훈령을 보냈으므로 3인이 찾아가자 접견할 수 있었다. 그러나 회의 참가 여부는 회장의 권한이 아니라 하여 미결로 남겨 둔 채 다시 영국, 미국, 프랑스 각국 위원을 방문하여 회의 참가를 간청했다. 네덜란드 정부에 대해서도 을사조약은 한국 황제가 비준하지 않았으니 일본이 우리나라의 외교권을 탈취할 근거도 없기 때문에 사절을 특파한 것이라고 설명했다. 다시 러시아의 유명한 신문기자 오이리 및 투마스 등을 방문하여 그들의 동정을 얻었고, 각국 기자단이 국제 협회를 개최할 때 이위종이 등단하여 피눈물을 흘리며 일본의 강압과 박해 상황을 수시간 동안 연설하니 청중들이 비통하게 여겼다.

7월 5일에 이상설이 회의장에 나가 호소하는 글을 발표하니 그 대강의 뜻은 다음과 같다.

    우리들은 삼가 황제의 뜻을 받들고 귀국 총통과 대표에게 눈물로써 고하나니 우리 한국이 1848년에 자주 독립국이 된 것은 공인된 사실이고 이로써 각국과 수교를 계속해 온 것이다. 그러나 1905년 11월 17일 이후 일본이 무력으로 우리나라를 압박하여 각국에 대한 국제 교섭의 권리를 강탈하였다.
    현재 일본이 우리나라에 대해 취하는 사례를 두세 개 열거해 보면,
    첫째 모든 정무를 우리 황제의 승인을 받지 않고 마음대로 시행하는 것,
    둘째 일본이 육해군의 세력을 믿고 한국을 압박하는 것,
    셋째 일본이 한국의 모든 법률과 풍속을 파괴하는 것
    등이니 총통께서는 정의에 근거하여 처단하라.
    한국은 자주국인데 어째서 일본이 한국의 국제 교섭에 간여하여 우리

나라 황제의 명을 받든 사절단이 이 회의에 참석하지 못하는가?
　귀국 총통 및 대표는 위기에 빠진 약소국을 돕고 조력을 베풀어 우리 사절단을 만국 평화 회의에 참석시키고 모든 호소를 허용하기를 간절히 바란다.

각국 위원들이 이 호소를 듣고 그 고충은 이해하지만 처리할 방법이 없다면서 서로 얼굴만 쳐다보며 말이 없다가 영국 위원의 발언으로 기각하게 되었다.
이준은 분개하여 즉석에서 할복자살하고, 이상설과 이위종은 미국으로 건너갔다.

제47장 이토가 우리 황제를 폐위시킴

광무제는 1895년의 을미사변(민비 살해사건)을 당한 이후 일본인의 교활하고 흉폭함을 증오했지만 그들의 세력에 눌려 어쩔 수 없이 요구에 응하고 표면으로는 친일을 표시하여 일본군을 위문하고 개선을 축하하며 이토에게도 의존하는 태도를 보였다. 그러나 속으로는 원한을 품고 있다는 것을 이토도 알고 있었으므로 황제를 배일의 우두머리로 여겨 항상 폐위하려는 생각을 품고 있었지만 워낙에 중대한 일이므로 결행하지 못하고 기회가 오기만을 기다리고 있었다.
그런데 밀사 문제가 일어나자 이토는 뛸 듯이 기뻐하며 절호의 기회로 여겼고 일본에서도 이로 인해 여론이 분분했다. 즉 정우회(政友會)에서는 이 문제를 심각하게 논의해야 한다고 했고, 유흥회(猶興會)에서는 근본적인 수술이 필요하다고 했다. 오이시(大石正己) 같은 자는 이번 사건으로 한국 황제를 폐위하는 것이 좋다고 했으며, 한국 황제가 직접 일본으로 와서 사죄해야 한다는 자, 이후 한국 내각은 전부 일본인으로 조직하여 모든 정무를 자기들이 장악하는게 좋다는 자, 군부에 명해 한국의 징병령을 폐지하고 일본 육군성이 관할하며 궁내 및 탁지대신에게 궁내부를 감독시킬 것, 만일 그렇게 하지 않으면 한국은 자기들에게 오히려 화근덩어리가 되어 사건이 속출할 것이므로 이 기회를 놓치면 안 된다는 자 등 각양각색의 의견들이 나왔다.

7월 3일 이토가 궁내부 예식과장 고희경(高羲敬)을 불러 헤이그에서 온 전보를 황제께 전하라 하고 다시 상주하기를, "폐하가 우리의 보호권을 이처럼 유린하니 부득불 선전포고할 수밖에 없다"고 위협했다. 이에 궁중은 크나큰 두려움에 떨고 황제께서 근신을 불러 선후책에 대한 각자의 의견을 물었지만 해결 방법이 나오지 않았다.

7월 6일에 열린 각료 회의에서 이번 일은 궁중에서 시작됐으니 선후대책도 황제께서 책임져야 한다는 의견이 나와 어전 회의를 열게 됐는데, 총리 이하 각 대신이 서로 얼굴만 쳐다보며 아무런 말이 없었다. 이에 농상공부 대신 송병준이 분연히 일어나며 "헤이그 밀사 사건은 크나큰 정치 문제이며 일본이 반드시 따질 것이다. 나라의 위기가 눈 앞에 다가왔으니 오직 폐하께서는 심사숙고하여 처리하시기 바란다. 폐하가 우방국의 호의를 저버리고 밀사를 몰래 파견한 것이 무릇 15회나 되니 폐하가 아무리 모른다고 발뺌할지라도 일본이 그 확증을 가지고 있다. 만일 이토 통감이 이런 죄상을 힐책하고 하세가와 대장이 대한문을 향해 포격을 개시하면 폐하가 능히 한 마디로 타협할 수 있는가? 통감은 관대한 정치가로서 우리나라의 국리민복을 위해 성심성의껏 감싸거늘 폐하가 그 은혜를 배반하고 간사한 무리의 말을 믿어 뒤에서 배일을 행하는데 그 비용만 하더라도 1억 원에 이른다는 것을 나도 알고 있다.

이번 사건은 아무리 관대한 이토 통감이라도 다시 용서하지 않을 것이다. 또 외무대신 하야시가 머지 않아 한국에 온다는데 어떤 요구를 할지 모르겠다. 이제 폐하를 위하는 방책이 두 가지 있는데, 하나는 직접 일본에 가셔서 천황 폐하에게 사죄하되 겉으로는 황태자를 교육하러 왔다고 발표하는 것이다. 둘은 폐하가 스스로 두 손을 결박하고 대한문 앞으로 가서 하세가와 대장에게 항복하는 것이다. 그렇지 않으면 반드시 전쟁이 벌어질 것인데, 패전 결과로서 어떤 곤욕이 닥칠는지 폐하께서는 심사숙고하여 결정하시기 바란다" 하고 자기 의견을 표시했다.

황제께서 송병준을 뚫어지게 보시더니 "슬프다! 송병준이란 위인을 몰랐도다. 만일 진작부터 중용했더라면 나라의 위기가 이 정도에 이르지는 않았으리라" 하시며 자리를 박차고 나가 버렸다. 송병준의 진언을 듣고 다른 대신들은 전부 대경실색하여 등이 땀에 젖었지만 유독 이완용만은 태연한 얼굴이었다.

이후 매일같이 각료 회의를 열었는데 모두 다 밀사 파견을 부인하고 통감에게 관대한 양해를 부탁하자고 했으나 이완용, 송병준 만은 끝까지 황제가 직접 일본에 가서 사과할 것을 주장했다. 이근택은 황제를 남몰래 만나 내각이 통감에게 권유해서 폐하를 일본으로 보내 감금시키려 한다고 진언했으므로 황제께서 크게 노하여 대신들의 면담을 거절했다.

그러나 이미 일본 외무대신 하야시 등이 정부의 특명으로 18일에 경성에 도착한다는 전보가 왔으므로 궁중과 정부가 모두 불안에 휩싸여 어찌할 바를 몰랐다.

16일에 마지막 각료 회의를 열었는데 이완용 일당이 이토의 말을 듣고 황제 퇴위안을 제출했다. 탁지대신 고영희(高永喜)가 "신하된 자가 어떻게 감히 군주를 폐위하겠는가? 나는 따를 수 없다"고 하자 이완용과 송병준이 황제 폐위안 외에 일본의 노여움을 풀어 줄 방도가 있느냐고 묻자 고영희가 다시는 대꾸하지 못했다. 이날 밤 이완용이 황제를 알현하고 양위 문제를 진언했으며, 17일 오후에 이완용 등 7인이 입궐하여 양위안을 제출했다.

황제께서 크게 노하여 "경들이 짐을 위협하여 물러나게 하고 헤이그 사건도 내 책임으로 돌리나 이 일은 짐이 알지 못하는 것이라, 이로 인해 양위하면 짐이 스스로 책임을 자인하는 것이요 짐이 물러나면 이 나라를 보전할 자가 있는가? 짐은 차라리 죽을지언정 퇴위하지 않으리라. 경들은 짐을 통감에게 팔고자 하는가?" 하면서 엄숙한 얼굴로 크게 야단치시니 각 대신은 부득이 물러났다.

하야시 일행은 정말로 18일에 경성에 도착했다. 황제가 고희경, 송대관을 통감부로 보내 이토의 입궐을 요청했지만 이토는 듣지 않았다.

내각이 다시 비밀 회의를 열어 황제의 노여움을 진정시킬 만한 다른 방책을 강구했지만 이완용, 송병준은 이 방법 외에 달리 방법이 없으니 우리들이 비록 역적이란 말을 듣는다 할지라도 어쩔 수 없다고 했다.

18일 오전 각 대신이 알현할 때 만일을 염려하여 경비를 엄중히 하고 좌우 근신을 물러가게 한 다음 조중응(趙重應)이 각 방까지 살펴보고 나서 이완용 등이 나와 양위를 요청했다. 황제께서 노하여 "국가의 중대사는 내각이 책임지는 게 당연하다. 경들은 오히려 짐 혼자에게 책임을 떠넘기니 이게 어찌 신하된 자의 도리인가? 또 헤이그 사건에 짐은 관계가 없는데 이를 구실로 짐의 퇴위를 협박하느냐?" 하시자 송병준이 말하기를, "폐하가 헤이그 사건과 무관하다고 아무리 발뺌하셔도 일본이 충분한 증거를 갖고 있으니 어떻게 그 책임을 면하리요, 비록 폐하가 교묘한 핑계가 있다 해도 책임을 피하기는 어렵나이다"라고 했다.

황제가 이 말을 듣고 별안간 안색이 변하더니 "사람은 모두 한 번은 죽는 법이니 죽으면 그만이라" 하며 장차 자결할 뜻을 비치자 송병준 등이 오랫동안 우두커니 서 있다가 다시 진언했다. "일본 외상 하야시 일행이 벌써 경성에 왔으니 만일 오늘을 경과하면 반드시 중대한 요구가 있을 것입니다. 그러니 폐하 한 몸이 국가를 대신하여 태자에게 황위(皇位)를 물려주소서."

황제께서는 "이처럼 중대한 일은 원로에게 자문을 구하고 처리하는 게 좋겠다"고 하셨으므로 민영소(閔泳韶), 민영휘(閔泳徽), 서정순(徐正淳), 이용직(李容稙), 이중하(李重夏), 남연철(南延哲), 신기선(申箕善), 이윤용(李允用), 박제순, 이도재, 성기달(成岐達) 등을 불러들였는데 일부는 응하고 일부는 입궐하지 않았으며, 입궐한 자도 모두 말이 없었다. 이에 황제께서 대신들에게 말씀하시기를, "짐이 마땅히 경들의 말을 따라 우리 가문의 법도에 의하여 황태자로 하여금 대리케 한다" 하시며 양위의 조서를 내리시니 그 대략적인 뜻은 이렇다.

 짐이 열조(列朝)의 위업을 지킨 지 40여 년에 환난을 누차 겪고 적당한 인재를 얻지 못했으며 처사가 시의에 적합하지 못하고 국운이 점점 곤란에 빠지게 되었도다. 다행히 원자(元子)는 타고난 도량이 크고 일찍부터 평판이 자자하므로 짐이 우리나라의 법도에 따라 군국의 대사를 황태자에게 대리하게 하나니 그 예절은 궁내부 장예원(掌禮院)에서 거행케 하라.

 그런데 대리(代理)와 양위(讓位)는 비슷하지만 실제로는 다른 것이다.
 무릇 우리나라에서 대리의 규범은 신군(新君)을 '소조(小朝)'라 하고 구군(舊君)을 '대조(大朝)'라 하는데, 소조가 대조의 명령을 받들어 시행하되 국가의 대권(大權)은 대조께서 조종하는 것이므로 이토가 어떻게 이에 만족하겠는가?
 다시 이완용 등을 시켜 양위를 결정하게 하니 오호라 오늘의 양위가 어찌 황위를 태자에게 물려주는 것으로 그치겠는가? 뒷날 일본에게 나라를 넘겨주는 첫단계이며 시험인 것이다. 이로 인하여 애국 단체의 반대와 유혈 참극이 격심하게 일어나게 되었다.
 18일 밤 내각 대신들이 황제의 양위를 독촉하고 한편으로 통감부에서도 하야시 일행을 맞이하여 비밀리에 요구 조건을 토의하게 되었다. 그리하여 우리 애국 단체들이 사태의 위급함을 알고 동지를 규합하여 이를 갈며 외치기를, "방금 내각의 역적들이 황제를 폐위하고 나라를 팔고자 하니 우리들은 결사 투쟁을 벌이겠다"고 절규했다. 그러자 〈자강회(自强會)〉, 〈동우회(同友會)〉, 〈기독교 청년회〉 등에서 호응하는 자들이 일시에

2000여 명이나 몰려들었는데, 이를 두 패로 나누어 한 패는 일진회의 기관지인 국민신보사를 습격하여 사옥과 기계를 부수고 사원을 구타 추방했다. 다른 한 패는 대한문 앞에 연좌하여 농성을 벌였는데 순경이 내몰아도 물러나지 않았다. 변사(辯士) 몇 명이 나와서 비분강개하며 연설을 했는데 모두가 눈물을 흘리면서 황제 폐하는 역적들의 말을 듣지 말라고 외치고, 내각의 역적들이 멋대로 나라를 파니 이들을 모두 처단코자 맹세한다는 말을 하자 함성이 진동하고 박수갈채와 울음 소리, 매국노를 규탄하는 소리 등이 산천을 무색하게 했다. 이때 마침 달빛이 대낮처럼 밝았고 거리는 씻은 듯했는데, 북으로 백악(白岳:북악산)을 바라보고 남으로 목멱(木覓:남산)을 우러러 보니 이것이 우리 조상들이 탄탄하게 닦은 기본이며 우리 민족이 살아가는 땅이다. 이제 처연히 타인에게 빼앗기게 되어 우리들은 발 붙일 곳을 잃어버렸으니 누구를 원망하며 누구를 탓하겠는가. 눈에 보이는 모든 산천이 비통함을 어찌 참을 것인가.

이때 일본군이 대궐문을 경비하여 경계가 삼엄했으므로 궁중의 형편을 알지 못하여 급격한 행동은 없었고 밤이 깊어지자 모두 해산했다.

19일 새벽 양위 조서가 발표되자 흥분한 군중들이 어느새 대궐 밖에 수천 명이나 모여들었고, 살기가 충만한 가운데 순경이 이들을 쫓으려고 하자 사람들이 돌이나 기와 조각 따위를 마구 던져 순경 한 명이 부상을 입었다. 오후에는 사람들이 더욱 불어나 헌병과 충돌이 일어났는데, 돌조각이 어지러이 날고 혹은 맨주먹으로 격투를 벌여 일본 순경 한 명이 죽고 한 명은 부상을 당했다. 이에 헌병이 발포하여 여러 명이 사살되자 군중들은 뿔뿔이 흩어지게 되었다.

이날 종로에서도 군중 수천이 모여 규탄 대회를 열었는데, 일본 순경 50여 명이 달려와 강제로 해산시키려던 차에 한국 군인 수십 명이 전동 병영을 뛰쳐나와 종로의 일본 파출소를 습격하여 3명을 사살하고 6명을 부상시켰다. 뜻밖의 협력을 얻은 군중들은 일시에 파출소를 파괴하고 일본인 수십 명을 부상시켰다. 이로 인해 니현(泥峴:현 을지로)에 거주하는 일본인들이 공포에 떨며 문을 걸어 잠근 채 밤을 새웠고, 이완용 일당도 크게 놀라 통감에게 진압을 요청했으므로 이토가 하세가와에게 경비를 맡겼다.

당시에 시위(侍衛) 제2연대 제3대대가 애국 단체와 밀통하여 양위식 거행일에 친일파 대신들을 처단하고 황위를 보전하려 했으나 이완용 등이 이를 알아채고 크게 겁을 먹어 이병무(李秉武), 조중응(趙重應)을 통감부로 보내 급히 알렸다. 이토는 즉시 일본군 제1대대를 보내 19일 밤 12시에 포덕문을 거쳐 궁중으로 들어가고 다시 종로에서부터 각 성문과 대신들의 사택, 기타 요지에 병력을 배치하고 순찰을 돌게 했다. 아울러 1개 중대는 남산 왜성대(倭城台)에서 대포 6문을 배치하고 또 한 중대는 기관포를 가지고 군부로 들어가 화약고를 감시했으며, 일부는 용산 화약고를 점령한 다음 다시 군부에 명을 내려 각 영의 탄환을 거둬들여 군대 폭동을 경계했다.

동우회원 등은 결사대를 조직하고 강태현(姜泰鉉), 송영근(宋榮根)을 지휘자로 삼아 선언하였다.

"현 내각은 나라를 멸망시키고 민족을 말살한 극악무도한 역적이므로 토멸하지 않을 수 없으며, 하야시 일행이 장차 우리 황제를 협박해 일본으로 보낸다 하니 신하된 자로서 어찌 한번 죽는 것을 애석해 하겠는가?"

이에 수천 군중이 석고단(石鼓壇) 앞에 모여 일부는 이완용의 집을 불태우고 가족을 살육하며, 일부는 경부 철도를 파괴하여 황제가 내려가지 못하도록 결의한 다음 서대문 밖 이완용의 집을 불태웠는데 그 처자는 미국인 스티븐스의 집으로 피신하고 없었다. 한 무리는 서대문 밖의 일본인 경찰서를 파괴하고 다시 황토현의 일본 파출소를 습격했으며, 또 다른 무리는 군부대신 이병무의 집을 습격해서 파괴하고 일부는 종로에서 일본 기병과 충돌했는데 이 무렵에는 온 장안이 소란스럽고 살기가 충천했다. 일본인이 창 틈에서 총을 쏴 죽은 자가 허다해지자 그들은 사방으로 흩어져 도망가 살아남게 된 자들은 가재도구를 챙겨 들고 니현으로 이전하는 자가 끊이지 않았다. 이토가 병력으로써 체포 살육을 단행하여 며칠이 지나자 겨우 사태가 진정되었다.

19일에 양위식을 거행하려 했지만 중대한 차질이 생겼다. 즉 궁내부대신 박영효가 몸이 아프다며 나오지 않고 이완용이 자의로 서리가 되어 의식을 준비했는데, 반대파의 방해로 하루가 연기되어 20일 중화전(中和殿)에서 임시방편으로 전례를 따르지 않고 거행했다. 내관이 조칙을 낭독하는데 단지 새로운 황제에게 대리를 명한다는 것뿐이며 그 의식도 불비한 것 투성이라서 모양이 좋지 않았다. 칙사를 보내 종묘 사직에 고하고 다시 백관을 참례(參禮)케 했는데 대부분 회의를 품고 불참하여 겨우 내각 대신들과 친임관(親任官) 두세 명 뿐이었다.

통감부에도 새 황제 즉위의 사실을 통첩하고 연맹 각국에도 알리니 이날 오후에 이토가 외국의 문무관과 함께 축하를 드리려 했지만 이때 경성 내외의 소란이 그치지 않았고, 또 일단의 한국인들이 결사대를 조직하여 이토의 입궐 도중에 저격한다는 소문이 있었다. 이완용은 통감부로 도망가 몸을 숨겼고 하세가와 역시 이토에게 입궐을 중지하라고 권했지만 이토는 듣지 않고 경호를 엄중히 하여 입궐했는데, 무장 기마병이 30여 명에 보병 50명과 헌병 및 순경이 좌우에 배열했다. 당시 군중들이 대한문 앞에 모여 있지만 일본군이 대한문 앞에 기관포 4문을 배열하는 등 그 무장과 장비들이 전쟁터와 차이가 없었으므로 사람들이 감히 동요하지 못했다. 이토가 중명전(重明殿)에 들어가 새 황제를 알현하고 축하인사를 했으며, 하세가와는 군중들을 진압하기 위해 참석하지 못했다.

이렇게 해서 양위식은 거행했지만 전 황제의 조칙에는 단지 태자에게 군국의 대사를 대리하게 한다는 명이 있을 뿐이므로 이완용 일당이 복위(復位)의 여지가 있을까 염려하여 이를 예방하고자 21일 이완용, 이재곤

(李載崑), 조중응 등이 전 황제에게 알현을 청했다. 이때 박영효가 몰래 진언하기를 이완용이 신에게 의논도 없이 마음대로 궁내대신을 대리하는 것은 위법이며, 또 황태자는 단지 국정을 대리하라는 명을 받았을 뿐인데 이토와 내각 대신들이 사실을 왜곡하여 폐하의 대권을 뺏으려 하니 허락하지 마시라고 했다. 아울러 이완용 등을 향해 내각과 통감부의 잘못된 조치를 비난했으므로 궁중 사람들이 복위의 희망을 품게 되었다. 따라서 전 황제가 이완용 일행의 알현을 허락지 않았더니 이완용은 누차 알현을 청하다가 부득이 태황제 존봉안(太皇帝 尊奉案)을 상정하고 박영효를 처벌하자고 요구했지만 허락되지 않았다. 이리하여 송병준, 이병무, 고영희 등이 완전 양위를 협의하게 됐는데, 송병준이 이병무에게 "이 일이 오늘 밤 안으로 성공하지 못하면 내각의 운명은 내일로 끝장이니 자네들은 기어이 성사시켜야 한다. 나는 문 밖에서 기다리고 있겠다" 하며 독촉했다. 이에 이병무 등이 황제를 알현하고 퇴위를 강요하니 "한 나라에 군주가 두 명이고 부자가 서로 싸우는 모습은 외국에 대한 수치요 혼란도 또한 막대할 것이니 원컨대 폐하께서는 속히 은퇴하셔서 혼란을 면하게 하소서" 하였다. 황제께서 한 마디로 거절하자 이병무는 칼을 뽑아 자기 목을 찌르려 하면서 폐하는 지금이 어떤 세상인줄 아시느냐고 물었고, 전 황제가 그 위협을 이기지 못해 허락했다.

22일 내각 대신들이 새 황제를 알현하고 태황제의 조칙에 따라 대리를 바꿔 황제 칭호를 사용하게 되었다.

이에 앞서 박영효가 특별 사면을 받고 정미(1907년) 6월에 귀국해 황제를 알현할 때 구식 의관을 입고 망건에 비취(翡翠) 관자를 달았다. 황제께서 그 내력을 물었더니 박영효가 대답하기를 폐하께서 친히 하사하신 물건이라 신이 수십 년간 외국에 머물면서 항상 은총을 잊지 못해 이것으로 기념한 것이라고 했다.

황제께서 놀라시며 다시 상을 내리시더니 7월 17일에 궁내대신으로 임명하였다. 황제께서는 이완용, 송병준 등이 통감의 주구가 되어 날뛰는 것을 증오하여 박영효를 측근으로 끌어들여 의지했는데 황제 퇴위 문제에 봉착하여 이완용, 일당과 충돌하게 된 것이다.

이때 황제 및 내각이 여러 차례 박영효를 불렀으나 병을 칭하며 입궐하지 않았고, 이완용이 자의로 서리가 되자 박영효는 인장을 감춰 서류 인계를 거부하고 궁내부 관리들에게 준비를 태만히 하도록 지시해 양위식을 지체시켰다. 또 부령(副領) 어담(魚潭), 참령(參領) 이갑(李甲), 임재덕(林在德) 등과 모의하여 양위 거행일에 관할 시위대를 이끌고 궁중에서 대신들을 살해하여 양위를 저지하려는 계획을 세웠다. 그러나 19일 심야에 군대를 움직이다가 내각 정보원이 이완용에게 보고했고, 이완용이 일본군을 빌려 방어했으므로 무사할 수 있었다.

22일 양위식 거행 후 일본 경찰과 헌병이 박영효, 이도재, 남연철 등을 체포했는데, 박영효가 자신은 황족이라 너희들이 마음대로 체포하지 못한다면서 경찰을 꾸짖자 일경이 칙령을 제시하고 구속했다.

그 뒤 내각에서 박영효를 반역죄로 처벌하려 했지만 뚜렷한 증거가 없어서 전례(典例) 위반죄로 태형을 선고했으며, 8월 23일에는 형을 면제하고 8월 26일에 보안조례에 의해 제주도로 1년간 안치했다.

이갑, 어담, 임재덕은 3개월 감금 후 석방되었다.

새 황제가 즉위하자 연호를 '융희(隆熙)'로 바꾸고 셋째 아들 영친왕(英親王)을 황태자로 책봉했다. 태자는 엄귀비(嚴貴妃)의 소생인데 황제께서 태자를 매우 귀여워하시고 귀비도 총애하셨다. 이 사실을 안 이토는 송병준을 엄귀비에게 접근시켜서 황제 양위 후에는 영친왕으로 하여금 새 황제의 뒤를 잇도록 하겠다고 유혹했다. 귀비는 크게 기뻐하며 궁중에서 일어난 일을 모두 이토에게 밀고하여 폐위를 도왔다. 이제 태자를 책봉하고 이토가 태자의 스승이 되어 함께 일본으로 건너갔는데, 이토의 사위 스에마츠(末松)에게 교육을 전담시키니 인질인지 교육인지 알기 어려웠다.

아버지가 자식에게 위(位)를 전하는 것은 나라의 상례이며, 성전(盛典) 인데, 이제 선민들의 반대가 격렬하여 유혈 참극까지 연출하게 됨은 어찌된 일인가? 이번의 선위는 고종의 의중에서 나온 것이 아니며, 외국인의 압박과 위협에서 연유한 것이므로 정말 이상한 변고가 아닐 수 없으며 아주 부끄러운 일이라 하지 않을 수 없다. 하물며 나라까지 다른 나라에 넘겨주게 되어 제위가 없어지고, 나라가 없어지고 백성의 생명까지 빼앗아 가버리고 말았으니 이것을 옳은 일이라 할 수 있겠는가? 이에 신민들은 광분하여 질타하며 유혈을 두려워하지 않았다.

그런데도 유독 내각의 제신들만은 임금 보기를 원수같이 하여 잔혹한 마음으로 역적질이나 하고 있으며, 신속히 자신에게 이로움을 알선해 주지 않는다 하여 안절부절 못하면서 그저 요구하는 데만 전념하니, 어찌 고종께서 저같은 무리들을 가까이 했는지 알 수가 없는 일이다.

송병준은 원래 천한 계층으로 갑자기 일본을 업고 활동하면서 날로 이로움을 차지하여 평지에서 청운(靑雲)의 위까지 갑작스레 올라간 사람이다. 이토에게 충성하고 자신의 군부(君父)를 배반하고도 아무런 가책도 받지 않는 인간이다.

이재곤은 황족이며 이완용·임선준·조중응 등은 대대로 벼슬을 하던 이름있는 집안이다. 그들은 선대부터 임금의 은총을 받고 요직에 앉아서 잘 먹고 지내며 그 혈육을 길러 온 지 5백여 년이나 된 집안들이다. 그 무리들 또한 일찍이 과거에 급제하여 벼슬에 올라 요직에 앉아 부귀 영화를 평생토록 누려 임금의 베품이 하늘에까지 닿았던 인간들인데, 그런 은혜에 보답한다는 것이 몸을 가벼이 하여 하루아침에 변절을 하여 임금을 쫓아내려고 기를 쓰고 있으니 참으로 알 수가 없는 노릇이다. 그들 스스로가 생각해봐도 불안하게 느끼겠지만, 자신의 이익만을 생각했던 까닭에 이렇게 된 것이리라. 맹자가 말하되, "상하가 이로움을 취하게 되면 반드시 찬시(簒弑)의 화가 있을 것이다"고 하였는데, 우리나라는 이미 군신간에 이를 취함이 오래되었으니, 어찌하여 이런 일이 일어나지 않겠는가? 이익을 찾는데만 정신을 팔면 만악(萬惡)이 하늘에까지 차게 되어 요원의 불길이 번지게 되는 것이니, 강물의 흐름도 처음에는 보잘 것 없지만 점점 크다보면 걷잡을 수 없게 커가는 것이다. 저 이완용 · 이재곤 · 임선준 · 조중응 · 송병준 · 이병무 등의 부류도 사람이 사람답게 되기 위해서는 군신과 부자 간에 의로워야 하고, 국가와 민족에 대한 관계가 어떠한지를 안들을 리야 없건마는, 단 의가 이를 이기지 못하여 여기에 이른 것이다.

위에서 말한 자는 물론이거니와 이용원 · 김윤식 · 김학진 · 이용직 등도 모두 귀족의 자손이며, 높은 원로의 자손이며, 배운 사람들인데도, 어려서 배울 때 충효를 벗어나지 않았고, 날마다 의와 이가 어떤 것인지를 판단하는 법을 배웠을 텐데도, 합방하는 날 죽음으로써 나라에 보답하지 아니하고 금전과 봉작을 달게 받았으니, 일본이 합병하는 보수로 주는 훈공을 받고도 태연하게 세간의 염치라는 것을 모르고 호화롭게 잘 입고 잘 사는 것만 일삼으니, 아무리 현인이 없기로서니 어찌 여기에까지 이르렀는가? 배웠다고 처사라 하여 허풍을 떨며, 쉽게 관리가 되어 교만이나 떨며 명예를 취하여 만년에는 세도가로 변절하고 말았으니, 어제는 자기 나라 하고 오늘은 짓밟아버리는 등 변화가 무쌍하니 인생의 무상함에 탄식만 할 노릇이다.

제48장 정미 7조약의 성립

양위는 실행됐지만 밀사 문제는 해결되지 않았다.

이토는 "양위는 한국 대신들의 의견이지 일본의 희망은 아니었다"고 말하면서 하야시 등과 협의하여 7개조의 요구를 작성한 후 26일 밤에 이완용, 송병준 등을 불러 이 안건을 제시했다. 다음날 이완용 일행이 중명전으로 들어가 새 황제에게 상주한 후 어가를 창덕궁으로 모시고 태황

(太皇)은 경운궁에서 기거하게 했는데, 이는 혹시 태황이 새 황제에게 지시를 내려 자신들의 행동을 방해할까 염려하여 이렇게 격리시킨 것이다.

24일 양국의 전권대신이 통감부에서 조약에 조인했고, 그 전문은 다음과 같다.

> 일본국 정부 및 한국 정부는 조속히 한국의 부강을 도모하고 한국민의 행복을 증진시키기 위하여 아래의 각 조항을 약정한다.
>
> 제1조 한국 정부는 시정(施政) 개선에 관하여 통감의 지휘를 받는다.
> 제2조 한국 정부는 법령의 제정 및 행정상 중요한 처분에 관하여 미리 통감의 승인을 거쳐야 한다.
> 제3조 한국의 사법 사무는 보통의 행정 사무와 구별한다.
> 제4조 한국 고등관리의 임면(任免)은 통감의 동의를 얻어 행한다.
> 제5조 한국 정부는 통감이 추천하는 일본인을 한국 관리로 임명한다.
> 제6조 한국 정부는 통감의 동의 없이는 외국인을 초빙하여 관리로 임명하지 못한다.
> 제7조 메이지 37년 8월 22일에 조인한 일한협약 제1항은 폐지한다(탁지 재정고문 폐지).

이로 인해 우리나라의 외교 및 내정은 전부 통감의 수중에 들어갔으며, 통감은 각부 고문을 폐지하고 그 대신 각부에 일본인 차관(次官)을 임명하여 실권을 장악했다.

제49장 군대 해산과 참령(參領) 박승환(朴勝煥)의 순국

이보다 먼저 일본이 우리 경비를 절약하고 군사제도를 쇄신한다면서 군비를 축소하더니, 이제는 황제 폐위와 7조약 등으로 인해 한국 군인의 반발이 심했으므로 이토가 뒷탈을 염려하여 해산시켰다. 당시 군인으로서 경성에 주둔한 병력은 장교 및 참령 이하가 336명이고 병사는 9,640여 명이며, 지방 진위대 장병이 4,270여 명이었다. 이토가 이완용 등을 불러 비밀리에 결정하고 7월 30일에 하세가와 및 이완용, 이병무 등이 창덕궁에 들어가 새 황제를 협박하여 군대 해산의 조칙을 내리게 했다. 그 내용은 대략 다음과 같다.

> 현재 국사가 다난(多難)할 때 쓸데없는 비용을 절약할 것이며, 우리 군대는 용병(傭兵)으로 조직된 것이니 장차 군제를 개혁하고 사관을 양성하여 징병령을 실시할 때까지 황궁 시위병만 남겨 두고 나머지는 모두 해산하며, 너희들 장병의 노고를 생각하여 상금을 내리노니 각기 귀향하여 생업에 종사하라.

그러나 이 조서는 일단 비밀에 부쳐두고 선포하지 않았으며, 먼저 이토에게 진압책을 미리 준비할 것을 요청했다.

이토, 하세가와가 해산을 실행할 때 우선 각 부대의 탄환을 거둬들이고 제1차로 재경 부대, 제2차로 지방 진위대, 제3차로 헌병대, 여단 사령부 연성학교를 차례로 해산하도록 결정한 후 8월 1일 이토는 일본 교관에게 오전 10시까지 한국 군인을 훈련원에 집합시키라고 명령하고 다른 곳의 일본 부대를 시켜서 한국 병사가 나간 후 병영을 점거하여 무기, 탄약, 양식을 압수하도록 지시했다.

그날 새벽 비가 몹시 왔다. 군부에서 전령을 보내 각 부대장은 즉시 대관정(大觀亭)의 일본군 사령부로 집합하라는 연락을 띄웠다. 부대장들이 이상하게 생각하면서 오전 8시에 여단장 양성환(梁性煥) 이하 각 연대, 대대 각 부대 단장 등이 하세가와 관사에 집합했더니 이병무가 해산 조칙을 읽고 나서 오전 10시까지 훈련원에서 해산한다고 말했다. 양성환이 대경실색하며 승복하지 않았으나 어쩔 수 없이 부대로 돌아와 각 부대에 명령하기를, 오늘은 맨손으로 훈련원에서 훈련하는데 내외 장관의 연설이 있을 예정이라고 전했다.

이때 훈련원에는 군부협판 한진창(韓鎭昌) 이하 직원들과 일본 무관 등이 모이고 일본군 보병, 기병, 공병 등이 4열로 둘러쌌다. 오전 11시에 각 부대의 한국인 장병이 맨손으로 부대를 나와 훈련원에 이르니 시위연대 2대대가 오지 않았고 그 나머지는 전부 집합했다. 이날 먹구름이 짙게 깔리고 가랑비가 부슬부슬 내렸는데, 훈련원이란 500년간 국가의 무예를 닦던 곳이며 지금 군인들도 다년간 훈련을 받던 곳이다. 오늘 여기서 작별하고 국가는 영원히 군대를 잃게 되니 하늘도 슬피 울고 조문하는 듯했다. 일본 무관이 시위 2대대의 도착을 기다리지 않고 해산 명령을 발표한 후 허리에 찬 칼과 견장을 반납시켰고 한국 부대장들이 각기 부하들에게 훈화를 한 다음 그간의 노고를 치하하는 상금을 나눠주니 하사는 80원, 1년 이상 근무한 병사는 50원, 1년 미만자는 25원이었다.

이어서 자유 해산을 명했는데, 당시 일본군은 대포를 배열하는 등 무력 시위를 벌이고 감시를 엄중히 했으므로 한국 장병이 맨주먹으로는 어떻게 해볼 도리가 없었으나 너무도 분한 나머지 어떤 자는 훌쩍거리며 울고 통곡을 하는 자도 있었고 상금으로 받은 돈을 찢어서 땅바닥에 팽개치는 자도 있었다.

각자가 흩어져서 귀가하는데 길거리를 오가는 사람들도 분한 김에 이들을 나무랐다. "너희들이 군인이 되어 지금까지 국록만 먹고 한 푼의 보답도 없이 몇 장의 지폐에 팔려 왜놈의 노예가 되려느냐?" 이런 말을 들은 병사들은 더욱 분통이 터져 지방으로 내려가 의병이 된 자가 많았다.

시위 제1연대 1대대장 박승환(朴勝煥)은 을미사변(민비 살해) 이후로 항상 원수 갚을 생각을 잊지 않고 있었는데, 일본의 압박이 나날이 심해지고 국가의 명맥이 점차 위축되자 죽음으로써 보국할 결심을 하고 황제가 퇴위하던 날 궁중에서 거사하려 했으나 황제께 화가 미칠 것을 우려하여 참고 있었다.

  8월 1일 하세가와가 각 부대장을 소집하자 병을 칭하며 중대장을 대신 보내더니 군대 해산의 조칙을 듣고는 통곡을 하며 단검으로 자살하고 말았다. 마침 이때 일본 교관 구리하라(栗原)가 부대를 지휘하고 있었는데, 대열 중의 장병들이 대장이 죽었다는 소식을 듣고 술렁대기 시작했다. 흥분한 병사들이 일시에 탄약고를 부수고 실탄을 꺼내 구리하라를 사살하려 하자 깜짝 놀란 구리하라는 도망갔으며, 제2연대 1대대가 동시에 호응하니 그쪽의 일본 교관 역시 도피했다. 이에 일본 사령관이 병사 수천으로 폭풍우처럼 공격했고, 한국 병사들이 영내에서 응전하여 가지하라(梶原) 대위 이하 100여 명의 일본군을 사살했다. 더욱 화가 난 일본인들은 남대문 성벽에 숨어 기관총을 난사했고, 당시 경성에 거주하던 일본인들도 전부 무기를 휴대하고 가세했다. 일본군 소위 오다(大田)가 영내에 폭탄을 던지자 우리 병사들이 밖으로 뛰쳐나와 상호 살상이 벌어졌는데, 탄약이 떨어진 아군이 뿔뿔이 도주하자 일본군이 난사하여 위관(尉官) 중에 사망자가 많았다. 또 일본군은 민가에도 함부로 들어가 살육을 감행했는데, 우리 병사 중 사망자는 100여 명이고 부상자도 100여 명이며 체포된 자는 516명이었다. 부모 처자의 울부짖는 소리가 천지를 진동하고 피비린내가 온 나라에 가득했다.

  경성의 각 부대를 해산시킨 후 이어서 지방의 8개 진위대도 해산했는데, 한국인 대장과 일본 교관 등을 경성으로 이동하라는 발령을 내리고 일본군 8개 부대를 대신 파견하자 원주와 강화에서 소란이 일어났다.

  원주 진위대는 황제 폐위와 군대 해산에 격분하여 8월 6일 아침 일제히 궐기했는데, 일본 거류민은 놀라 도주하고 한국 병정이 우체국을 습격하여 일본인 1명을 사살했다. 계속해서 일본인 가옥을 파괴하고 두 시간에 걸쳐 일본군 경찰대와 격전을 벌인 후 일본군은 충주로 패주했다. 이때 일본 교관이 경성에서 변을 듣고 혼성 1개 부대를 동원해 원주를 공격했으므로 한국 병사들은 춘천, 횡성으로 퇴각했고 일본군이 원주 진영을 점령했다.

강화 진위대는 해산 소식을 듣고 민간인 500여 명과 연합해서 일본 주재소를 습격하여 순경 한 명과 군수 정경수(鄭景洙)를 살해했는데 정 군수는 일진회원이었다. 일본 대위 고쿠라(小倉)가 보병 2개 부대를 이끌고 월곶(月串) 부근으로 상륙하자 한국 병사가 이들을 사격하여 5명을 사살하고 5명을 부상시켰으나 중과부적으로 퇴각했고, 다음날 다시 미국 교회당 앞에서 접전을 벌였지만 일본이 대부대를 증파했으므로 한국 병사들은 뿔뿔이 흩어졌다.

제50장 민긍호(閔肯鎬) 등 의병의 봉기

갑진년(1904년), 을사년(1905년) 이후에도 국민들의 혈기는 꺾이지 않아서 전술, 병기의 우열과 성패 여부를 불문하고 순국을 결심하고는 의로운 깃발로써 동지를 모집하여 맨주먹으로 일본군의 무력과 항쟁했다. 백골이 황야에 나뒹굴고 총칼에 몸이 상하는 자가 끊이질 않았고, 앞이 넘어지면 뒤에서 일어나기를 10여 년간 계속해도 그치지 않으니 이러한 의기가 우리 민족의 혈맥이며 기본이라 할 것이다.

오호라 우리 민족이여! 그 옛날에는 우리도 강력한 무력으로 천하에 유명하지 않았던가! 을지문덕, 양만춘, 연개소문, 김유신, 강감찬, 최영, 남이, 이순신 등이 모두 우리의 선조로서 정신이 유전하고 혈통이 계속되었거늘 옛날과 지금이 어찌 이다지도 하늘과 땅 차이가 나는가.

불가에서 말하기를 "세간의 일체 현상은 업력(業力)에 연유해서 계속해서 일어나는 것으로 중생도 이러한 연고로 해서 항상 여러 가지의 선과 악의 업을 창조하게 된다. 이때 만들어지는 업이 바로 종자가 되는 것이다. 법성(法性)에 의하면 종자에서 싹이 터서 자라나 열매를 맺는데, 이를 업보라 하며, 보와 업은 어떤 차이도 없으며 피할 수도 없는 것이니, 중생이 날마다 겪어야 하는 고락도 모두 전생에서 만든 업에 의해 만들어지는 것이다. 업에는 두 가지 종류가 있으니, 첫째는 불공업(不供業)이고, 둘째는 공업(共業)이다. 불공업이라 함은 개인이 만드는 업이고, 그 종자는 관계 있는 개체에게 돌아가는 것인데, 이들이 장차 받을 보를 정보(正報)라고 한다. 공업이라는 것은 각 사람들이 만든 업으로 그 종자가 사회에 산포되는 것을 말하며 장래에 받는 보를 의보(依報)라 한다. 이것은 그 의(義)가 비록 극히 오묘하다고는 해도 선(善)이 되거나(造善) 악이 되는 것(造惡)을 요하게 되며, 그러면 업보가 꼭 응하게 되는 것이다. 그렇다면 대체로 우리나라 사회를 공업으로 본다면 그것은 조선(造善)인가 조악(造惡)인가. 구태의연한 사고방식에 사로 잡혀 일으키기를 꺼려하여 허문(虛文)만 숭상하고 무비(武備)는 폐하다시피 하며 나태하여 시대에 거역하는 악업만 조성한 지가 오래되었으니, 오늘 당하는 일을 어찌 모면할 수 있겠는가. 초사(楚辭)에서 난지(蘭芷 : 난초와 백지로 향기로운 식물)가 변하여 꽃다웁지 아니하고, 전혜(筌蕙 : 향풀과 난초로 향기로운 식물)가 변하여 잔디가 된다 하였으니, 비록 태어나면서 좋은 재주와 훌륭한 자질을 갖고 태어났다 하더라도 세상사에 빠져 타락하여 정치가 문란하고 풍속 교화가 아름답지 못한 시대에 들어서면 사회의 탁류에 물들게 되고 습관의 업장(業障 : 전생에서 지은 죄로 이승에서 어려움을 받음)에 가리게 되어, 그 향기롭고 고결함을 보존할 수 없게 되며, 변하여 썩은 냄새로 바뀌니 이는 바로 공업이 만든 것이다. 그러므로 우리 조상이 강했던 무력의 종자는 사회의 조악에 기인하여 변해서 열악하게 된 것이며, 이러한 현상을 통해서 아프고 괴롭고 슬픔을 받게 되는 것이다.

다만 의병을 일으킨 형제들만이 굳건한 자세를 견지하여 공업의 고질화된 습관에 빠지지 아니하고 의를 앞세워 자기 한 몸 보살피지 아니하며 국민의 직분을 다하였으므로, 저 세상에 있는 우리 조상의 영혼을 볼 때 부끄러움이 없으니 어찌 이것이 없어질 수 있겠는가?

이 무렵 전 의정부 참찬 허위(許蔿)는 경기에서 의병을 일으키고 유생 이강년(李康年)과 장사 신돌석(申乭錫)은 교남(嶠南)에서, 유생 이은찬(李殷瓚)은 경기도 양근(楊根)에서, 유생 김준(金準)과 전해산(全海山)은 호남에서, 군인 한치만(韓致晚)은 호서에서, 유생 이진용(李振龍)과 군인 한정란(韓廷蘭)은 해서에서, 군인 연기우(延基祐)와 김운선(金雲仙)은 관동에서, 농민 김수민(金秀民)은 장단에서 봉기했는데 모두 비분강개하여 순국한 의인들로서 적도 늘 칭찬하는 인물들이다.

이 사람들의 성적과 전투 경과는 대강을 들었을 뿐이며 상세한 내막은 알기 어려우므로 후일을 기약하고, 민긍호에 대해서는 약간의 기록이 있으므로 아래에 간단히 적는다.

민긍호는 원주 진위대 정교(正校)이며 강직하고 기백이 있었다. 이토가 황제를 멋대로 폐위했다는 소식을 듣고 통곡하며 거병하여 원주, 제천, 충주 등지에서 수많은 일본군을 사살했는데, 행군에 규율이 엄격했으므로 민심이 기꺼이 따르고 일본인도 경탄했다고 한다.

강원도 관찰사 황철(黃鐵)은 친일파였는데 민긍호를 유혹과 협박으로 설득하고 귀순을 권유했다. 민긍호는 "지금 황제가 퇴위한 것이 황제의 진심에서 나온 것이냐? 군주는 위협을 받아 물러나고 동포는 곤욕을 당해 어육이 됐으며 삼천리 강토는 타인에게 넘어가 나라가 망하는데 국민된 자가 목숨을 아끼겠는가.

이것이 우리들이 의병을 일으킨 이유이며 어찌 무명의 장수가 흥기했다 하겠는가? 또한 촌락의 황폐와 백성들의 이산을 의병의 책임이라고 하는데 부당한 말이다. 이러한 무도함이 일본인의 소행인지 의병의 소행인지는 분명한 사실이다. 만약 의병이 해산하면 국가는 당장에 멸망할 것이니 이렇게 되면 우리 백성이 수난을 당하지 않고 편안하게 태평을 누릴 수 있는가?

당신은 군주의 뜻을 받들어 백성을 다스리는 직책에 있으면서 단독으로 황제의 뜻을 따를 수 있거늘, 이렇게 하지 않고 일본군을 쫓아 여기

온 것은 우리들을 꾀어 죽이려는 계획이 아니냐?" 라고 반격했다.

민긍호가 전투를 벌이며 충주에 이르자 일본군의 야간 기습으로 장렬하게 전사했는데, 일본인도 그를 존경하여 묘비에 '조선의사 민공긍호지묘(朝鮮義士 閔公肯鎬之墓)' 라는 글을 써넣었다.

제51장 일본인의 포학성에 대한 개황

본래 일본인이 우리 한국인에게 말하기를, 양국은 순치 관계요 뿌리가 같고 문자가 같은 형제국이며 한국인은 우리 스승의 후손이라 했고, 천황은 한국의 독립을 옹호한다고 했으며, 일본 정부는 한국인을 지도하고 영토를 보전한다는 말을 명백하고도 정중하게 선언했다. 우리 한국인은 이 말을 곧이듣고 동정을 기울여 러·일전쟁 때는 철도를 건설하고 군수품을 운반하는 등 노역을 전담하고 전승을 진심으로 축하했다. 그러나 승리를 얻은 일본은 의기양양한 나머지 침략의 야욕이 더욱 커져 중국 합병론을 말하는 자도 있었고, 세계 통일론을 말하는 자까지 나왔다. 한국인을 도마 위의 고깃덩어리처럼 보았는데, 니현에서 장사하는 일본인이 매매 문제로 한국인과 시비를 벌이다가 발로 차고 때리면서 "조선인은 머지않아 다 죽을 텐데 감히 내게 대드느냐?" 하였다.

또 그들이 한국인은 불과 6,700만이니 불원간에 멸살하겠다고 입버릇처럼 말했는데, 인구를 조사하자 2000만에 달했으므로 깜짝 놀라 모두 죽일 생각을 포기했다고 한다. 일본의 신문 사설에는 "한국인 가운데 의식이 있는 자는 만여 명에 불과하니 때려잡기가 쉽고, 탐욕스런 자는 천만이지만 이들은 자연히 지리멸렬할 것이다. 재산이 있고 자활하는 자는 불과 5, 6백만인데 이는 무해 무익하므로 그대로 두어도 무방하다"라고 썼으며, "교육에 노력하는 것보다 교육의 추방에 노력하는 것이 좋다" 라는 따위의 말을 했다. 그들이 말하는 이른바 같은 뿌리의 형제와 스승의 후손에 대한 태도가 이러하니 살육과 추방을 감행하지 않으면 마음이 흡족하지 않았다.

이제 그들의 잔혹한 행동 두 세 가지를 기록해 참고로 삼을까 한다. 호랑이에 상처를 입은 자가 호랑이의 무서움을 더욱 잘 아는 법이니 세상에 나라를 가지고 있는 사람들은 또한 참고로 삼아야 할 것이다.

일본인은 한국 불량배를 이용하여 전국 각지에 밀정(密偵)을 조직하여 그물을 처놓았다. 이들에게는 월급이라 해서 처음에는 매월 30원을 주어 오다가 인원이 점차 증가하자 10원 내지 7,8원, 혹은 4,5원을 주었다. 이들은 어리석은 하층민에서부터 지식인, 양반, 사상가, 관리에 이르기까지 각계 각층을 망라하여 동포를 박해했는데, 대수롭지 않은 농담과 강가의 정자, 산 속의 누각, 술집, 찻집 구석에서 수군거린 이야기도 전부 탐지됐다. 이러한 정탐꾼들의 보고는 산같이 쌓였고, 사실 여부도 가려내지 않고 모두 체포하여 심문하였다. 그밖에 이들이 평소부터 밉게 본 사람은 배일 사상이 있다는 누명을 씌워 고의로 투서를 보내고 구금과 가혹한 고문으로 범죄를 날조했다. 또 여자 밀정도 있는데, 분과 실, 생선, 떡, 일본 잡화 따위를 휴대하고 각 가정을 돌며 사람들의 말을 탐지하는 까닭에 한국인은 친척과 친구 사이라도 서로 경계하며 깊은 이야기는 피하고 단지 먹고 노는 이야기나 농담만 주고받았다. 만일 체포되어 끌려가면 죄가 있든 없든 혹독한 형을 받았으며 사망하는 자도 속출하여, 산 사람도 폐인이 되고 말아, 전국은 마치 하나의 커다란 법정이나 감옥과 다름이 없었다.

지방의 참화를 보면, 강원도 고성군에서는 일본군이 부락에 난입하여 의병의 행적을 조사했는데, 마을 사람들이 모른다고 하자 양민 7, 8명의 목을 베어 거리에 내걸었고, 그 부근의 어떤 마을에서는 의병을 수색하다가 잡지 못 하자 부락민 두 명을 총살하여 시체를 가마솥에 넣고 끓인 후 다 익은 살덩어리를 사람들에게 꺼내 보였다.

원주에서는 의병 혐의자 몇 명을 나뭇가지에 묶어 놓고 배를 갈랐으며, 살가죽을 벗기면서 박수를 치고 즐거워했다.

어떤 지방에서는 양민 한 명을 붙들어 강제로 냉수를 먹여 배가 장구처럼 부풀게 하고는 배 위에 판자를 올려놓고 사병 여러 명이 그 위에 올라가 뛰어 입에서 물이 나오게 했고, 이를 본 군인들이 박장대소하며 장난을 쳤다.

어떤 지방에서는 양민 수백 명을 체포해 구덩이에 상반신을 묻고 날카로운 칼로 목을 베며 각자의 검술을 비교하였다.

충주에서는 일본군이 계란을 가져가고 돈을 주지 않자 주인이 부대장에게 진정서를 보내려고 했는데, 이를 안 일본군 병사가 남녀 10여 명을 총살했다.

제천군에서는 군민에게서 돈과 곡식을 강제로 거둬가고 부녀를 겁간했으며 가옥에 불을 질렀다.

어떤 지방에서는 일본군이 거리를 통과하자 아이들이 도망쳤는데, 병사들이 총을 쏴 한 아이는 즉사하고 한 명은 부상을 입었다. 사병 중 하나가 여기는 의병도 없는데 왜 이렇게 잔인한 행동을 하느냐고 대장에게 묻자, 대장이라는 자는 이렇게 해야 한국인이 겁을 먹고 폭동을 일으키지 못한다고 대답했다고 한다.

문의군 동계산(東桂山)에 신씨(申氏) 마을이 있는데, 일본병들은 이들 주민이 의병에게 음식을 제공했다고 했고, 또 신아무개가 의병을 일으키자고 선동했다고 했다. 그때 그는 서울에 머물면서 돌아오지 않았는데, 그들은 이를 무고하여 이 마을에 들어와 총을 난사하였다. 주민들이 놀라 도망치니 일본군은 각 집마다 침입하여 금전과 장식품을 탈취하고 방화하여 사당(祠堂)·낭우(廊宇)·책·가구·가축·정원수 등을 모두 불태웠고, 이 불은 이웃마을까지 번져 10여 일이 지나도록 꺼질줄을 몰랐다. 학생 1명과 농민 1명이 불에 타 죽었으며, 관리나 국민들은 이런 만행에 대해 감히 따지질 못했다. 일본병이 또한 괴일촌(槐一村)에 이르러 신씨성을 가진 노인이 소를 몰고 귀가하는데 아무런 이유도 없이 사살하였고, 또한 오씨성을 가진 집에 침입하여 임신한 부인을 겁탈하려 하자 반항하는 임신부를 쏘아죽이고 가 버렸다.

황해도 평산군에서는 의병을 수색하며 민가를 불태웠다. 때는 엄동설한인데, 남녀 수백 명을 잡아 옷을 벗기고 얼음 위에 종일토록 서 있게 하여 얼어 죽게 하였다.

일본 관리는 한국 관리를 범죄 혐의자나 천민 대하듯 대우했는데, 조금이라도 자기들 마음에 들지 않으면 구타와 욕설을 퍼붓는 등 만행이 극심했다. 각종 중요 사무는 자기들이 전담하고 한국 관리의 간여를 허락지 않았으며, 비록 고관이라도 우습게 알았고 군수나 주사는 노예처럼 경멸했다. 또 각 부서의 한국 관리가 한국인 식당에서 점심을 주문해 먹자 일본 관리가 이를 금지시키고 일본 상인에게 떡을 팔도록 했으므로 화가 난 한국 관리들이 모두 점심을 굶기로 했다.

일본인은 성질이 독하고 급해서 자기의 부자, 형제, 부부지간이라도 화가 나면 즉시 살상극이 벌어지는 게 흔한 일인데 하물며 타국인에게는 오죽하겠는가.

한 가지 예를 들면, 어떤 한국 상인이 전라도에서 백미 600섬을 배에 싣고 부산포에 입항했는데, 일본 소년이 마실 물을 달라고 했지만 마침 그때 풍랑이 심해서 미처 주지를 못했다. 그러자 그 소년이 크게 화를 내며 예리한 칼로 닻줄을 잘라 배는 뒤집히고 세 명이 익사했으며 백미는 전부 가라앉고 말았다. 상인은 일본 영사관에 호소했지만 5년이 지나도록 미루기만 할 뿐 한 푼의 배상도 받지 못했다.

1909년 봄 동경에서 박람회가 열렸는데, 장내에 '야만 인종 관람장'이란 간판을 걸고 각국인이 관람하고 있었다. 한국 학생이 입장해 보았더니 그 중에 한국인 남녀 두 명이 한복을 입고 구석에 앉아 있었는데 관람

객이 동물처럼 놀려댔다. 깜짝 놀란 학생이 까닭을 묻자 자기들은 대구 사람인데 일본인이 동경에 가면 먹고 살기가 좋다고 하기에 따라왔다. 그랬더니 그 자가 하는 말이 "내가 여비를 부담했으니까 내가 산 것이나 마찬가지다. 내 명령대로 따르라. 안 그러면 죽이겠다"고 위협하면서 즉시 이곳에 감금하고 쇠사슬을 채워 외출도 못하게 하는데, 죽고 싶어도 죽을 수가 없고 일어를 몰라 진정서를 낼 수도 없다는 이야기를 했다. 그 학생은 일본인을 찾아가 무례함을 엄중하게 비난한 후 비용을 돌려주고 두 남녀를 귀국시켰다.

일본인은 각지에서 까닭도 없이 한국인을 살해하여 마을 사람이나 친척들이 일본관리에 항의하면 범죄를 저지른 일본인은 내버려두고 도리어 항의하는 자에게 엄하게 혹형과 신문을 가하여 여러 달을 가두어 두었다. 이로 말미암아 한국인은 비록 억울하게 살해를 당해도 감히 그 억울함을 말하지 못했다. 그것은 저들이 잔인하고 포악한 참상을 엄폐하려는 수작 때문이었다.

제52장 한국인의 교육이 말살됨

쇠약한 국가를 부강하게 하고, 인민을 어리석음에서 깨우치게 하는 것은 교육이 아니면 불가능한 일이다. 한국의 애국지사가 교육이 가장 시급하다고 보아 동분서주하며 글로써 부르짖고 연설로써 격려하니 이 무렵의 학회로는 서북학회(西北學會), 기호학회(畿湖學會), 교남학회(嶠南學會), 호남학회(湖南學會), 관동학회(關東學會), 흥사단(興士團) 등이 있고, 학보(學報)로는 ≪서북학보(西北學報)≫, ≪보성학우보(普成學友報)≫, ≪대한흥학회보(大韓興學會報)≫, ≪교육월보(敎育月報)≫, ≪소년잡지(少年雜誌)≫, ≪공업계(工業界)≫ 등이 있다.

교육 사업가로는 민영휘, 유길준, 이종호(李鍾浩), 안창호(安昌浩), 이승훈(李昇薰), 이동휘(李東暉), 유일선(柳一宣) 등이 있으며, 지식인은 그 두뇌의 힘을 다하고 재산가는 재력을 기울이니 일시에 인심이 격동하고 학풍이 크게 일어 국내에 설립된 소학교, 중학교, 전문학교가 3,000여에 달하는데 대부분이 민간 유지가 설립한 학교로서 학생들이 몰려들고 학풍이 활발하여 하루에 천리를 달리는 기세로 자라났다. 그 중에도 경성의 보성(普成), 휘문(徽文), 협성(協成), 평양의 대성(大成), 정주의 오산(五山), 안주의 안흥(安興) 등이 가장 우수했다. 이러한 기세로 10년만 진행하면 문화의 발달, 민지(民志)의 통일이 될 기초가 확립됐을 것은 불을 보듯 뻔한 일이다.

그러나 통감부 설치 이래 학계에도 청천벽력이 떨어져 자라나는 새싹을 꺾게 되었다. 즉 대성, 오산, 안흥 학교는 폐교를 당하게 되고 나머지 학교도 엄격한 감독을 받았으며, 교과서에도 국가와 민족에 관한 내용은 일체 금지하고 교사의 언행과 학생의 행동을 주야로 감시했다. 재력가로서 교육비를 기증하면 배일파로 지목했으므로 이로 인해 사기가 떨어지고 학풍이 시들었으며 모든 교육기관이 쇠퇴했다.

신문 14종과 서적 30여 권도 전부 봉쇄 압수하여 불태웠으며, 외국에서 들여오는 것도 금지했다. 또 출판조례(出版條例)를 제정해서 자유로운 인쇄를 절대로 허락하지 않았으므로 한국인은 암흑의 지옥에서 신음하게 되었다.

신문 잡지의 폐간

《황성신문》,《제국신문》,《대한민보》,《대한매일신보(매수)》,《공립신보(共立新報)》,《경향신문》,《합성신보(合成新報)》,《소년잡지》,《서북학회월보》,《대한흥학회보》,《공업계》,《적삼보(赤衫報)》,《보성교우잡지(금지)》.

서적 압수

≪초등본국역사지지(初等本國歷史地誌)≫, ≪중등본국역사지지(中等本國歷史地誌)≫, ≪유년필독(幼年必讀)≫, ≪동국사략(東國史略)≫, ≪자녀국문독문(子女國文讀文)≫, ≪을지문덕전≫, ≪이순신전≫, ≪국민수지(國民須知)≫, ≪대한지지(大韓地誌)≫, ≪대한역사≫, ≪최면암집(崔勉庵集)≫, ≪소의신편(昭義新編)≫, ≪양명선생실기(陽明先生實記)≫, ≪음빙실문집(飮氷室文集)≫, ≪중국혼자유서(中國魂自由書)≫, ≪월남망국사(越南亡國史)≫, ≪신주광복지(新州光復誌)≫, ≪미국독립사≫, ≪스위스건국지(瑞士建國誌)≫, ≪이탈리아독립사≫, ≪프랑스혁명사≫, ≪폴란드망국사≫, ≪이집트근세사≫, ≪워싱턴전≫, ≪이탈리아삼걸전(三傑傳)≫, ≪피터대제전≫, ≪몽견금태조(夢見金太祖)≫, ≪몽견제갈량(夢見諸葛亮)≫, ≪금수회의록(禽獸會議錄)≫, ≪연설방법필담(筆談)≫, ≪조선론≫, ≪자유종≫, ≪만세력(萬歲曆)≫, ≪정신교육≫, ≪영웅누국사비(英雄淚國事悲)≫, ≪혈루(血淚)≫, ≪청년입지편(靑年立志編)≫.

이상의 30여 종류를 전국 방방곡곡에서 헌병과 순경이 조사 압수하여 수십만 권을 불태웠다.

이 무렵 공업전습소(傳習所) 학생들의 애국열이 가장 풍부하여 일본인에게 수업은 받았지만 그들의 행동에는 격렬한 반대를 계속했으므로, 합병할 때 이 학교 학생 조병학(趙炳學) 등을 구금한 뒤 몇 달만에 석방했다.

일본인이 우리 민족은 고등교육을 받을 자격과 필요가 없다면서 각지에 있는 사립 중등학교와 전문학교를 제도ㆍ재정상으로 압박했으며, 전국의 아동은 그들이 설립한 보통학교에 약간을 입학시키되 교과를 정리 제한하여 털끝만큼이라도 조국의 의미가 담긴 것은 전부 금지했다.

한문 과정도 폐지하고 단지 일어와 일문만을 가르치면서 일본 천황의 위업과 덕망을 칭송하게 했으며, 일본의 풍습을 침투시켜 제2의 일본 인종을 양성하는 데만 힘썼다. 따라서 우리 민족이 원래 예교를 숭상하여 예의 도덕과 의복 문물이 정제되고 엄숙했었는데, 그들의 이른바 욕의 (浴衣 : 목욕할 때, 또는 여름에 입는 무명 홑옷)라는 것은 몸을 가리지도 못하고 여름에는 남녀가 나체를 예사로 하며 남녀 혼탕도 있다고 하는데 풍습이 뒤섞여 오래 가니 어린 아이들과 배우지 못한 자들이 자연히 감염되어 일본 옷과 신발을 즐겨 사용하게 되었다.

오호라 나라가 망하니 예절과 풍습도 망했도다.

일본인 요시다(吉田東伍)는 문학박사로서 조선의 역사를 없앨 것을 창안한 사람이다. "조선 역사가 존재하면 일본이 조선문화를 받았다는 것이 남아 있게 되어, 조선 역사를 없애버려 그 흔적까지 없애버리는 것만 같지 못하다"라고 운운하였다. 옛날 진시황이 6국을 멸망시키고 그 사적을 없애려 한 것은 자기를 비방하는 것을 미워한 때문이다. 오늘날 일본인이 조선역사를 없애려 하는 것은 조선이 일본을 가르쳤다는 과거의 사실을 싫어하여 그러는 것이다. 조상의 은혜를 갚지 않으려면 그만이지 과거에 대한 보답을 잊고 복수로서 갚으려는 것인가? 조선은 고대 문화에서 일본에 많은 혜택을 주었는데 일본은 현재의 문화로 조선을 학대하니 어찌 그 성질이 그리도 상반된단 말인가!

제53장 한국인의 산업이 전무하게 됨

수십년 동안 일본인이 탈취한 우리나라의 산업은 인삼포, 어장, 광산, 철도, 산림, 농지 등이 그중 큰 것이며, 그밖에도 위력으로 강탈하고 속여서 뺏은 것이 하도 많아서 남아 있는 산업이 없었다.

그들이 우리 정부에 대해서는 한국의 부강을 도모한다 하고 백성들에게는 한국인의 복리를 도모한다고 했으며, 최후로 병합할 때까지 두 나라는 한 집안으로서 행복을 함께 하고 서양을 방어하여 대국을 유지한다는 말을 했다. 그러나 국권도 없고 산업도 없이 부강과 행복이 있을 수 있는가?

광산 정책은 통감부 설치 후 농상공부가 각도에 지시하여 적당한 광산 후보지에 대한 측량 신청이 있으면 허가를 내주라고 했는데, 한국인이 앞다투어 광맥을 개발하고 허가를 신청했더니 일인 관리가 현지를 조사한 다음 수년간 허가를 내주지 않았다. 이런 방법으로 전국의 광맥 형태와 좋고 나쁨을 아무런 노력 없이 전부 파악한 후 그중 양호한 것은 일본인이 먼저 신청했다면서 자기 나라 사람에게 허가하고 불량한 것만 한국인에게 허가했다. 이로 인해 파산한 한국인이 매우 많았다.

황무지 개간도 이러한 사기 수법으로 탈취한 것이 많았다.

국내에 개간하지 않은 황무지가 많았는데, 측량을 신청하면 허가를 내주겠다고 하여 너도 나도 신청하자 관에서 일부러 허가를 미루다가 그중 크고 중요한 것은 전부 일본인의 수중에 들어가고 한국인은 헛수고만 한 사람이 많았다. 그 가운데 청주군에서는 4, 500백석을 파종할 만한 황무지가 있었는데, 한국인이 몇 만원을 투자하여 밭을 일구고 법에 따라 신청서를 냈다. 일본 관리가 조사를 핑계 대며 미루자 그 한국인은 토지의 절반을 통감부에 헌납하고 겨우 허가를 얻었다. 그러나 5년 뒤에는 강제로 환수했으므로 그 사람은 일본인의 간계에 넘어가 측량, 개간, 신청에 들어간 비용만 손해를 보았다.

국내 금융기관으로는 한성은행·한일은행·천일은행·농공은행·광업회사·수형조합 등이 있었는데, 이는 모두 한국인이 설립한 것이고, 조선은행·제일은행·삼정회사 등은 일본인이 설립한 것이었다. 그렇지만 한국인이 설립한 은행에는 모두 일본인 감독이 있어 그 실권을 장악하였다. 일본인은 강제로 한국인 부자에게 명하여 가지고 있는 돈을 은행에 임치하라고 했다. 그리하여 임치한 돈은 수천만 원이나 되었다. 그러나 돈을 맡겼던 사람이 돈을 쓸 데가 있어 돌려달라고 하면 일본인은 이를 허락하지 않으면서, "이 돈을 어찌 다 쓰겠소"하며 겨우 1,200원, 혹은 5, 60원을 주었다. 서울에 사는 이길상(李吉相)이라는 사람은 수만 원을 예치한 후 환수하려 하였으나 일본인이 허락하지 않자 분하고 한스러워 병까지 들었고, 의주군 부호 모씨는 집안의 재산을 은행에 임치했는데, 일본인이 매월 몇십 원씩만을 내주는 등 철저히 억제했던 까닭에 돈이 있으면서도 가난하게 살아야 했다.

일본 관리들이 한국인들에게 자주 하는 말은 "지금 한국인들에게 급박한 것은 정치·법률·군사에 있는 것이 아니라 실업에 있다. 당신들이 실업에 종사할 것 같으면 장려해주고 지원해 주겠다"고 하였다. 그리하여 한국인들이 이에 힘쓰게 되어 분원자기회사·제혁소·섬유회사·제지회사·석탄회사 등이 점차 활기를 띠게 되었다. 그러자 일본인들은 오히려 이를 방해하며 망하도록 하였으니, 저들의 마음은 도대체 어떤 것인가?

실업을 장려하라고 권유한 그들의 본 뜻은 바로 한국인들이 정치 및 사상 등에 관한 관심을 돌리려는 데 있었던 것이니, 실업을 경영하는 것 또한 자기들에게 불리하다는 것을 알고 이를 해하려 했던 것이다.

경성 및 각 지방 관청에서 사용하는 물품은 쌀, 콩, 장작을 제외하고는 전부 일본 제품을 사용했는데, 건축재료·상·책상·방석·요·그릇·의복·신발·모자·양복·지필묵·연적·술·음식·담배·차·반찬·방망이·비누 등이 그 대표적인 것이었다. 일본 관리들은 연회를 할 때도 일본인이 경영하는 요릿집에서 하도록 했다. 한국인이 혹시 새로운 물건을 만들어 내면 위생에 부적합하다든지 규격에 맞지 않는다는 구실로 금지시키고 일본인이 유사품을 만들어 판매하는 사례가 허다했다.

일본인이 농토를 구할 때는 반드시 수로가 있는 곳을 골라 차지하고 한국인의 관개(灌漑)를 방해했으므로 한국인은 어쩔 수 없이 농토를 일인에게 팔았다.

그 까닭에 일본인이 한 군데를 점령하면 부근이 모두 일본인의 소유로 변했다.

한국의 풍속은 남녀의 유별을 특히 강조하는데, 일본인들이 한국 농촌에 들어와 살면서부터는 여름철에 살을 내놓고 한국인 집안에 불쑥 들어가는 통에 한국 부녀자들이 놀라서 피하기가 일쑤였다. 이에 참을 수 없는 사람들은 다른 곳으로 이사를 가버리곤 했는데, 그들은 이처럼 난잡한 행동을 통해 한국인들을 내쫓곤 하였던 것이다.

일본 관리가 재정권을 장악한 후 전조(田租)의 수입은 그들의 수중으로 들어갔다. 그들은 국내의 지폐를 모아들여 지방에서 유통하기 어렵게 만들어 놓고 전조를 독촉하니, 돈줄이 막혀 현물을 많이 내놓는 바람에 곡가가 떨어져 농민들의 생활이 매우 궁핍해져서 제때에 납세하지 못하게 되면 일본인들은 민가에 침입해서 곡류나 기물을 수탈해갔다. 그리고 이들이 수탈해 가는 물품은 전조 값의 10배 이상이 될 뿐 아니라, 일본인은 그러한 물건을 염가로 구입하여 다시 팔아 큰 이득을 보았다.

일본인과 한국인이 같이 살게 되자 그들은 고의로 소와 말을 놓아 한국인의 벼와 곡식을 뜯어 먹게 하였지만 한국인들은 무서워서 감히 아무 말도 하지 못했다. 그러나 한국인의 소와 말이 일본인 땅에 들어가면 한국인 주인을 구타하고 그것을 빼앗아 갔다.

일본인들은 또한 한국인에게 집을 빌려 달라고 하여 듣지 않으면 그들의 피해를 받아야 했다. 반대로 이를 허락하면 자기들이 집주인인양 행세하여 마음대로 집을 수리하고 집 주인은 행랑채로 쫓아냈는데, 이를 듣지 않으면 아예 그 집에서 쫓아버렸기에 조금이라도 괜찮은 집은 모두 일본인들이 들어가 살게 되었다.

강원도 전 지역과 함경도 평안도의 태반은 산이 많고 평야가 적으며 그 지형이 매우 험한데, 일본인들은 이곳에서 도로를 수개축한다고 하여, 매 군마다 1개월에 연인원 50만 명을 동원케 하여 매일 부역을 시켰으나 품삯은 하나도 지불하지 않았다. 그러나 일본인에게는 매일 1원이 넘는 금액을 품삯으로 지불하였다.

평양에 있는 인력거꾼 중에서 한국인은 단지 3명이었고 나머지는 모두 일본인들이었다.

한국인들이 온돌방바닥이나 벽을 바를 때는 가는 모래들을 이용하는데, 일본인들은 관청의 인가를 받기만 하면 강안 수십리 땅을 점거하고 모래를 관리하여 한국인들에게 세금을 받으며 모래 채취를 허용하였다. 진흙을 파가는 것 역시 세금을 바쳐야 했다. 각 마을의 우물은 공용인데도 일본인들이 와서 살면 우물에 뚜껑을 씌워놓고 돈을 주지 않으면 물을 퍼가지 못하게 하였다. 여러 곳의 온천 및 누각, 정원 등도 일본인들이 모두 차지하였다. 그러면서 그들은 한국인 대관이나 부호에게 "당신들은 속히 시골로 돌아가시오, 서울의 큰 저택에는 모두 일본인들이 살아야겠소"라고 떠들어대곤 하였다.

경성에서 수거하여 교외 전토에 가져다 파는 권리도 일본인들이 빼앗아간 까닭에 한국인들은 이를 마음대로 이용할 수가 없었다.

또 일본인들 땅에 한국인 묘지가 있으면 그 자손에 통지조차 안하고 마구 파내어 시체가 훼손되기 일쑤이고, 그마저 하천에 내다 버려 골육이 사방으로 흩어지게 하곤 하였다. 그 자손이 소문을 듣고 달려가 이장을 하려들면 어느 것인지 알 수가 없어 단지 통곡만 할 뿐이었다.

일본의 도적이나 떠돌이 걸식자들이 한국에 많이 건너와 은행이나 정거장 등에서 돈이나 화물을 훔치는 일도 다반사였다. 농촌 벽지에서는 백주에도 이들의 횡포가 만연하여 서양 각국인에게 조차도 근심 걱정을 주었는데, 이것은 서양인들이 한국에 있는 것을 꺼린 그들이 이런 행동을 하여 그들이 평안히 살 수 없도록 하여 기세를 꺾으려는 생각에서 나온 행위들이었다.

일본인은 한국인들이 가지고 있는 총이나 칼 등을 찾아내어 하나도 남겨두지 않았다. 강원·함경·평안 3도는 산이 험하여 사람들은 표범·사슴·노루를 잡아 생계를 유지해 나갔는데, 아무리 사냥 기술이 익숙하다 해도 무기를 빼앗겼으므로 수렵하는 일은 더 이상 어렵게 되었다. 그리하여 범이나 표범 등이 자주 출현하여 많은 사람들이 피해를 입었고, 사슴·노루 등이 산야에 두루 퍼져 콩·조 등의 잎을 뜯어먹어 수확이 크게 감소하여, 국민생활은 더욱 곤란하게 되었다.

한국인들은 10년 전에 유황연료를 제조하여 사업을 시작했으나 일본인들이 그 이익을 탈취하기 위해 여러 상자를 구입한 다음 몰래 물에 적셔 팔아 불이 켜지지 않게 해놓고는 한국인들이 만든 유황 연료는 좋지 않다고 선전하여 회사를 문닫게 하였다. 이외에 한국인들에게 해를 끼치는 일을 한 것은 헤아릴 수 없을 정도로 많았다.

일본인들이 수백 원을 내어 도박장을 열어 한국인 유랑자들에게 수십 원을 나누어 주고는 매 1원당 10%를 갈취했는데, 여러 회를 하게 되면 그 이득이 자본금의 수십 배나 되었다. 하루의 도박이 끝나면 그 수익이 수천 원이나 되고, 4, 5일이 지나면 수만 원에 이르렀다. 또 어음같은 증서를 받은 후 관에다가 받아줄 것을 부탁하면 일본 관헌은 자기 국민을 비호하여 한국인의 재산을 오히려 빼앗아 주곤 하였다.

일본인들은 전토와 삼림이 딸려 있는 한국인의 유명한 가옥들을 보면 어떤 꾀를 내서라도 빼앗았는데, 즉 사람을 시켜 그 집안의 못된 아들을 불러 내어 약간의 돈을 주고는 주색과 도박에 쓰게 하고는 그 집을 샀다고 하는 증서를 쓰게하여 집을 빼앗곤 했다. 이 소식을 들은 그 집안에서는 크게 놀라 종문(宗門)들을 불러 모아 돈을 각출하여 되찾으려 하면 그 값이 천정부지로 뛰어올라 적게는 기천원에서 많게는 기만원이나 되어 버렸기에 이를 찾을 수가 없게 되었다. 이에 일본인에게 애원하면 약간의 변상을 받는 경우도 있지만, 거절하는 자가 더 많았다.

또 일본인이 삼림을 사고 그 주민들을 시켜 벌목을 시켜 운반했는데, 말을 듣지 않으면 공갈과 협박이 심했고, 임금도 매우 적게 지불하였으며, 그것마저 지불하지 않는 경우가 많았다. 또한 유랑배들을 유인하여 약간의 돈을 준 후에는 수천수백 원의 증서를 받아내 그의 부모나 형제, 친척 등에게서 받아냈으며, 혹은 의병과 관계가 있다거나 배일행동을 했다거나, 치안을 방해했다는 등의 죄를 뒤집어 씌어 그의 재산을 탈취하는 경우도 있었다.

어쨌든 매국노들은 하늘도 땅도 용서할 수 없는 일을 저질렀을 뿐만 아니라, 만대에까지 그들의 더러운 형적을 남긴 몹쓸 자들이라고 하겠다. 한국의 모 대관은 어찌 금전과 이익에 양심을 빼앗기지 않을 수 있겠는가 하며 변명하는 자도 있으나, 결국 그 금전이 그들에게서 나온 것이지만 다시 그들에게 돌아가니 과연 자신의 소득이라고 할 수가 없었던 것이다.

일본인들은 교제술에 능해 한국 대관에게 아첨을 잘 했고 그들을 기쁘게 해 줄줄 알았다. 시계·과자·일본산 비단·금반지 등을 선물하고 아주 공손하게 그들을 대해 주어 마치 일본인들이 자기를 존경하여 친하게 지내려는 것으로 착각하여 일본을 위해 온갖 것을 주선해주거나 그들의 환심을 사기 위해 오히려 힘을 쓰니 마침내는 임금을 팔고 나라까지 팔아 먹게 되었어도 자신의 잘못을 되돌아 보지도 않았던 것이다. 그러나 자신들의 지위를 유지하기 위해서는 그런 처신을 했음에도 불구하고 일본인들에게 뇌물을 주지 않으면 원하는 관직이나 계급을 얻지 못하였다. 뇌물도 그 액수에 따라서 얻어지는 것이 달랐으므로 대신의 경우는 수만 원에 이르기까지 했다. 이완용의 경우는 자기의 위치를 유지하기 위해 3, 40만원을 뇌물로 주었다고도 한다. 그러니 5, 6년 동안 바친 금액만도 총금액이 3, 4백만 원에 이르렀으며, 이러한 돈은 모두 황실의 내탕금과 국민의 재산을 탈취해서 얻은 것들이었다.

우리나라는 가난한 나라로서 상공업이 부족한 탓에 과세도 원래 가벼워 1년간 국세액이 1000만 원에 불과했는데, 일본인이 행정을 맡은 이래 각종 세금이 늘어나 가옥세, 토지세, 영업세, 인지세, 우마(牛馬)세, 돼지

세, 소송세, 혼인세, 불세, 우물세, 도로세, 묘지세 외에 담배는 경작세와 판매세가 있고, 술은 양조세와 판매세가 있으며 국수까지도 세금을 매겨 1년도 안 되는 사이에 1억 원을 넘었고, 계속 증가하여 한국인의 생산력은 여지없이 위축되고 말았다.

합방 이후 도로정책을 더욱 확대하여 국도·군도·면도 등 3등급으로 나누어 직선으로 길을 뚫었는데, 노면이 넓어 국민의 전답을 많이 침해했는데도 보상을 하지 않았다. 그러므로 길가에 땅을 가지고 있던 사람들은 땅 하나 없게 되어 유랑하며 걸식하는 사람이 많았다. 그리고 도로공사를 하면서 부역 나온 사람들에게 임금을 주지 않음은 물론 채찍질까지 해대었다.

제54장 장인환, 전명운이 미국인 스티븐스를 사살함

미국인 스티븐스는 광무 9년 6월 일본 정부의 추천으로 우리나라의 외교 고문이 된 자인데 각 부의 일본 고문과 한통속이었다. 이토가 보호조약을 체결할 때 외부에서 적극적으로 알선해 일본에 충성한 자로서 한국의 녹을 먹고도 한국을 망하게 하니 인간이 아닌 자로서 한국의 원수이다.

이토가 한국을 통치할 때 겉으로는 회유 수단을 쓰면서 내용은 강탈을 실행하니 한국인의 원한이 깊었으며 외국인도 크게 비난했다.

영국인 맥캔지(F.A. Mckenzie)는 ≪한국의 비극≫이란 책을 써서 각국에 전파하고, 미국인 헐버트(Hulbert)는 미국 월간지에 한국인의 원통한 현상을 써서 이토의 야심 정책을 비난했으며, 영국인 베델은 《대한매일신보》에서 이토를 기탄없이 공격했다. 이들 소수의 언론이 일본의 침략을 저지하지는 못 했지만 옆에서 보는 언론조차도 방해가 됐으므로 이토는 스티븐스를 미국으로 보내 미국 언론에 일본의 정책을 찬양하게 했다.

스티븐스가 서류를 휴대하고 샌프란시스코 항에 도착하여 각 신문에 보도하기를, "한국은 왕실의 실정이 크고 정당은 완고하여 인민의 재산만 탈취하며, 국민은 우매하여 독립할 자격이 없다. 그러므로 만약 일본에게 복속되지 않으면 러시아에게 점령당한다"는 등의 말을 했고, 또 "이토의 한국 통치가 한국을 유익하게 하는 까닭에 한국인이 환영하며 나쁜 감정이 없다"고 했다.

이에 앞서 한국의 빈민들이 미국은 잘 산다는 말을 듣고 도미하는 자가 많았는데, 샌프란시스코, 뉴욕, 캘리포니아, 하와이 등지에 거주하는 자가 8,000여 명으로 대부분이 노동자였으나 사회 지도층과 교회 신자 유학생도 있어서 서양의 문명 사조를 흡수하여 국가 사회의 발전에 보탬이 되고자 했다. 그러나 조국이 망했으므로 감정이 북받치고 뜨거운 피가 끓어올라 단체를 조직하고 기부금을 모아 신문도 발행하고 기숙사도 건립하여 인재를 양성하고 조국의 광복에 공헌하고자 했는데, 이제 스티븐스의 모욕과 원수를 찬양하는 보도를 듣고 울분을 참을 수 없게 된 것이다.

한국인 정재관(鄭在寬) 등이 스티븐스의 숙소로 찾아가 한국을 모욕한 이유를 따졌더니 스티븐스가 이토의 정책을 입에 침이 마르도록 칭찬했으므로 흥분한 정재관이 의자로 스티븐스를 구타했다.

다음날 스티븐스가 워싱턴으로 가려고 오클랜드(Oakland)역에 나섰을 때 한국인 전명운(田明雲)이 권총을 발사했지만 불발이었다. 놀라기도 하고 화가 난 스티븐스가 전명운을 껴안고 난투극을 벌이는 도중에 뒤쪽에서 다시 탄환이 날아와 한 발은 전명운에게 맞고 한 발은 스티븐스에게 명중했다. 이 탄환을 발사한 사람은 평양 사람 장인환(張仁煥)인데 둘은 서로 알지 못했지만 각기 스티븐스를 살해하겠다는 생각을 가지고 있었으며, 우연히 이 자리에서 만나 전명운이 엉뚱하게 부상을 입은 것이다. 전명운은 경성 사람이었다.

경찰이 스티븐스와 전명운을 병원으로 옮기고 명운에게 사유를 물었더니 다음과 같이 대답했다.

　　일본이 러시아와 싸울 때 우리나라의 독립을 원조하겠다고 했음에도 불구하고 우리 국권을 빼앗고 재정을 훔쳤으며 관직을 차지하고 헌병 경찰을 전국에 풀어놓았다. 따라서 나는 미국으로 건너와 학문을 연마하고 국권을 회복하려 했는데 스티븐스가 각지에 허위 사실을 보도하여 고의로 한국인을 모욕하고 일본인과 영합하므로 이 도적을 죽이려던 것이다.

　장인환은 "스티븐스가 보호조약을 찬성하고 한국인이 일본 통치를 환영한다면서 거짓말을 퍼뜨렸으므로 죽이려고 한 것이다"라고 대답했다.
　미국의 각 신문은 이 사실을 보도하면서 한국인의 애국심을 칭찬했으며, 어떤 부인은 장인환의 손을 붙잡고 극구 칭찬하면서, "이렇게 어린 소년의 애국심이 이 정도니 참으로 통쾌한 일이다. 우리 미국인도 장인환을 닮아야 한다"고 말했다.
　전명운은 그후 퇴원했고 스티븐스는 중상으로 사망했는데, 미국 법정이 공판을 열고 심의할 때 장인환은 애국심에 의한 살인이라 하여 특별 감형으로 15년 징역을 선고하고 전명운은 즉시 석방되었다.

제55장 이토가 육군, 사법 양부를 폐지함

　이토가 통감으로 있을 때 소네 아라노스케(曾彌荒之助)를 부통감으로 임명해 보좌역으로 삼고, 각부 고문을 폐지하고 협판을 차관(次官)으로 개칭하면서 일본인을 임명했다. 또 13도에 사무관을 두면서 일본인을 임명했으며, 한국인 순경 250명을 해직하고 일본인을 대신 충원했다. 이토는 태자의 스승이라는 직책으로 황태자와 함께 동경으로 가고 소네가 후임 통감으로 임명됐다.

얼마 후 이토가 다시 내한하여 이완용 등과 협의한 뒤 우리 군부를 폐지하고 시위 보병부대도 일본 사령관의 통제 아래 들어가게 했으며, 법부도 폐지하여 사법권을 전부 일본인의 관리로 넘기고 재판소는 일본인 재판관을 임명했다.

형법은 일본의 법률을 의용하고 한국의 구법은 폐지하게 됐으므로 김윤식이 자기 친구에게 "우리가 다 늙어서 우리 법에 죽지 못하고 일본 법에 죽게 됐다"고 한탄했다. 이 말을 전해 들은 이토가 크게 노하여 위협을 가했으므로 두 번 다시 입밖에 내지 못했다.

사법 사무 인도에 관한 조약문은 다음과 같다.

> 일본국 정부는 한국의 사법 및 감옥 사무를 개선하고 한국 국민과 외국 국민에 대한 생명과 재산을 확실히 보호하며, 아울러 한국의 재정적 기초를 공고히 할 목적으로 이 조약을 약정한다.
>
> 제1조 한국의 사법 및 감옥 사무가 완비되기 전에는 이를 일본국 정부에 위탁한다.
> 제2조 일본국 정부는 일본인 및 한국인으로서 일정한 자격이 있는 자를 한국에 있는 일본 재판소 및 감옥의 관리로 임명한다.
> 제3조 한국에 있는 일본 재판소의 협약 또는 법령에서 특별한 규정이 없는 경우 외국에 있는 한국 국민에게는 한국 법규를 적용한다.
> 제4조 한국의 지방 관청 및 관리는 각기 그 직무에 따라 사법 및 감옥 사무에 있어서 한국에 있는 해당 일본 관청의 지휘 명령을 받고 이를 보조한다.
> 제5조 일본국 정부는 한국의 사법 및 감옥에 관한 일체의 경비를 부담한다.

제56장 안중근(安重根)이 이토를 사살함

기유년(1909년) 10월 이토가 만주 시찰에 나섰는데, 일종의 유람이며 아무런 정치적 의도가 없다고 선언했지만 일본 신문에도 이토의 이번 행차가 만주 경영을 실시하는 단서가 될 것이며 한국 병합의 결실을 볼 것이라고 보도했다.

중국 신문에는, 항간의 소문에 의할 때 이토의 이번 방문 목적은 만주를 처분하고 중국의 내정을 간섭함에 있다고 했다. 즉 러시아와 만주 문제를 협상한 뒤 각국 외교관과 협의하여 중국의 재정을 감독하며 자신이 통감이 되겠다는 야심을 가진 것이라고 보도하여 세계의 이목을 끌더니 이번에 하얼빈 역에서 한국인 의사(義士) 안중근에게 사살당한 것이다.

안중근은 황해도 해주가 고향이며 아버지 태훈(泰勳)은 진사(進士)로서 기개가 있었다. 갑오년(1894년)에 동학난이 일어나자 향병(鄕兵)을 모집하여 토벌에 나섰는데 이때 안중근은 15세였다. 아버지를 따라 붉은 옷을 입고 돌격할 때 총을 쏘면 헛방이 없었다고 한다. 동학 교도를 평정한 후 부대를 해산하고 다시 생업에 종사했는데, 원래 우리나라가 문예만 숭상하고 무예를 경시한 탓에 오합지졸인 동학 교도를 관군이 토벌하지 못하고 화가 전국에 미친 것이며, 더군다나 외국 군대까지 끌어들여 동아시아에 전란이 일게 된 것이다.

안중근은 이를 개탄하여 상무(尙武)와 교육에 진력하기로 결심하고 사재를 털어 학교를 세우고 무기를 구입하여 청년들의 훈련에 노력했다. 갑진년(1904년)에 러·일이 개전하자 안중근은 "이 전쟁은 우리나라의 존망에 관계가 있는데, 러시아가 이기면 러시아에, 일본이 이기면 일본에 합병될 우려가 있다"하며 탄식했다. 을사년(1905년) 10월에 러·일이 강화하고 한·일협약이 성립되자 중국으로 건너가 연대(煙臺), 교주(膠州), 위해(威海), 상해 등지를 돌아다니며 널리 동지를 모집하는 도중 부친상을 당해 귀국했다. 병오년(1906년) 봄 평안도 삼화(三和)의 진남포로 이주하여 삼흥학교(三興學校)를 세운 뒤 청년들을 교육하고 두 동생을 경성으로 유학시켰으며, 뜻 있는 사람들을 모아놓고 연설을 통해 시국을 비판하면 비분강개한 청중들은 울분을 참지 못해 울곤하였다.

 정미년(1907년) 7월에 이토가 우리 황제를 폐위하고 군대를 해산시키자 의병을 일으키려 했지만 무기를 구할 수가 없었다. 빈 손으로 호랑이를 잡을 수는 없었으므로 후일을 도모하기 위해 러시아령 블라디보스토크로 가서 한국 이주민들과 함께 활동 방향을 모색했는데, 동지 12명을 얻어 손가락을 자르고 '대한독립' 네 자를 써서 하늘에 맹세하고 각지를 돌아다니며 군대를 편성 교육하니 300여 명에 달했다.

 기유년(1909년) 6월 의기(義旗)를 올리고 두만강을 건너 경흥부에서 일본군을 습격했는데, 세 차례의 교전에서 적병 50여 명을 사살하고 다시 회령의 일본군 부대를 공격했다. 일본군은 각지에 주둔한 병력 5,000을 끌어 모아 맹렬한 포격으로 반격했고 안중근은 반나절 동안 격전을 벌였지만 탄약이 떨어져 뿔뿔이 흩어졌는데 그를 따르는 자는 단 두 명이었다. 험로와 짙은 안개를 무릅쓰고 급박한 추격을 피해 낮에는 숨고 밤에만 걸으면서 밥을 굶은 지가 닷새나 되자 따르는 자는 배고픔과 피곤으로 거의 사색이 됐지만 안중근은 여전히 의기가 살아 있었다. 다시 러시아로 들어가 동지를 규합하고 뒷날을 계획하던 중에 이토가 만주를 시찰한다는 말을 들었는데, 이를 천재일우의 기회로 여긴 안중근은 크게 기뻐하면서 동지 우덕순(禹德淳), 유동하(柳東夏), 조도선(曺道先)과 함께 하얼빈으로 가서 우, 조 두 사람은 관성자(寬城子)에서 대기하고 안중근은 하얼빈에 머물렀다.

 이토는 10월 25일 관성자에서 하룻밤을 묵고 다음날 아침 러시아의 특별열차 편으로 오전 9시에 하얼빈 역에 도착했다. 도착 즉시 러시아 대신의 환영을 받고 수천에 이르는 러시아 병사의 경호 아래 약간의 수행원을 거느리고 각국 영사단 집합소를 향해 서서히 걸어갔다. 이때 군악이 울리면서 축포가 터지기 시작했는데, 안중근은 양복을 입고 러시아 경호병 뒤쪽에서 같은 방향으로 걷다가 이토와 열 발자국 정도 떨어진 거리에 이르게 됐다. 이때를 놓칠 수 없다 하고 권총을 뽑아 발사했는데 첫발에 이토의 가슴을 명중시켰지만 축포의 폭발음 때문에 다른 사람들은 눈치채지 못했다. 계속해서 두 발에 늑골을 명중시키고 세 발에 복부를 명중시키자 이토는 "앗!" 하는 외마디 소리를 지르면서 쓰러졌고, 다시 가와카미(川上) 일본 총영사, 모리(森) 비서관, 다나카(田中) 철도 총재 세 명을 쏘아 모두 쓰러뜨렸다. 여섯 발이 연달아 명중하고 실수가 없었던 것은 안중근의 담력과 사격술이 뛰어났던 탓이다. 이때 부근에 있던 군인들이 깜짝 놀라서 흩어졌는데, 총소리가 멎자 러시아 기병 두어 명이 달려와 안중근을 체포하려 하자 안중근은 한국어와 러시아어로 "대한독립만세"를 각각 세 번씩 외친 다음 큰 소리로 웃으면서 "내가 왜 도망을 가느냐?" 하더니 순순히 포박을 받았다.

이토는 그 즉시 혼절했는데 사람들이 기차 안으로 옮기고 주사를 놓자 한때 의식을 회복했지만 10분도 안 돼서 숨이 끊어졌다. 이 거사가 전 세계에 알려지자 모든 사람들이 이구동성으로 하는 말이 "한국에도 사람이 있다"면서 칭송했고, 당시 러시아 사진사가 이토 사살 장면을 활동사진으로 촬영하여 각국에 배포하자 일본이 6,000원을 주고 이 사진을 매수해서 폐기시켰다.

일본 관헌에게 인도된 안중근은 여순(旅順) 감옥에 수감됐는데, 철사줄로 꽁꽁 묶어두고 학대가 심했으므로 안중근이 "나는 대한의 의병장이므로 너희 나라 고관과 동등한 대우를 해야 한다" 하고 호통을 쳤다.

처음에는 일본 검사가 매일같이 감옥으로 와서 당장에 죽일 것처럼 위협과 강압을 가하더니 안중근이 털끝만큼도 굽히지 않자 강제로 굴복시키지 못할 것을 깨닫고 포승을 풀어주며 좋은 음식과 책, 필기도구 등을 넣어 주었다.

일본인 사카이(境喜明), 소노키(園木次郎) 두 명이 찾아와서 만일 오해였다고 자백하면 특별히 관대한 처분을 내리겠다고 유혹하자 안중근은 "내가 구차하게 살 생각을 했다면 왜 그런 일을 했겠는가?"하고 거절했다. 이때 일본 정부는 한국인의 저항이 세계에 드러날까 우려하여 200여 일을 구금하면서 갖은 위협과 유혹을 동원하여 오해에서 비롯된 것이라는 진술을 받아내려고 노력했지만 안중근은 시종일관 단호하게 거절했다.

옥 중에 있으면서도 기색이 태연자약하고 한가로이 시를 읊거나 독서로 시간을 보냈으며, 동양 평화라는 수천마디 말로써 자신의 주장을 표시했으므로 일본인도 그 의기에 감복해 글씨를 써 달라는 자들이 많았는데, 이런 요구에 일일이 응하여 쓴 글이 200여 폭에 달했다.

공판정에서 법관이 무슨 이유 때문에 이토공(公)을 살해했느냐고 묻자 안중근은 다음과 같이 대답했다.

> 귀국이 러시아와 개전할 때 귀국 황제는 우리나라의 독립을 원조하겠다고 천하에 선포했으므로 우리나라 사람들이 고마워서 허다한 노력을 제공하고 많은 희생을 내면서도 일본군의 승리를 축원했는데, 마침내 승리하자 이토는 우리 군신을 위협하여 우리 독립을 강탈하니 이는 분명히 귀국 황제의 본심이 아니며 이토가 공을 탐낸 것으로서 세계 인도(人道)의 적이요 대한 만세의 원수이다. 어찌 죽이지 않을 수가 있는가?
> 나는 대한 의병의 참모장이다. 의병을 모집하고 병기를 구입하여 이토를 죽이고 독립을 회복하려 했는데, 마침 이토가 하얼빈에 온다는 말을 듣고 동지 두세 명과 함께 원수를 죽인 것이다. 그러므로 나는 적국이라는 입장에서 볼 때 포로의 신분이며 형사 피고인이 아니다.

안중근은 다시 이토의 열세 가지 죄목을 거론하면서 장시간 동안 규탄했는데, 도도한 웅변과 번쩍이는 눈빛은 모든 방청객을 경탄시켰다.

아울러 이토는 비단 우리나라에 대하여 왕비 살해, 황제 폐위의 대죄를 범했을 뿐만 아니라 귀국에 대해서도 대역무도한 죄를 범한 자라고 하자 법관이 무슨 뜻이냐고 물었다. 안중근이 이토는 귀국의 전 황제 고

메이천황(孝明天皇)을 시해하지 않았느냐고 하자 깜짝 놀란 법관은 공개를 금지하고 방청객을 퇴장시켰다.

공판이 끝나고 사형이 선고되자 두 동생 정근(定根), 공근(恭根)에게 유언을 남겼다.

내가 죽거든 나의 유골을 하얼빈 공원에 묻었다가 조국의 광복을 기다려 고향 땅에 묻어 달라. 나는 천국에 가도 우리나라의 광복을 위해 힘을 다할 것이니 너희들은 나를 대신하여 우리 동포에게 알려라. 각자가 국가의 책임을 부담하여 국민의 의무를 다하고 동심 협력으로 일치 단결하여 대한 독립의 소리가 천국에 들리면 나도 춤을 추며 만세를 부를 것이다.

안중근은 경술년(1910년) 양력 3월 10일 오전 10시에 형장에 섰는데, 한복을 갈아입고 태연하게 웃으며 "나는 대한독립을 위해 죽는 것이며, 동양평화를 위해 죽는 것인데 어찌 유감스럽겠나?"하며 집행을 받으니 그때가 32살이었다.

동지 우덕순(禹德淳)은 3년, 조도선(曹道先)과 유동하(柳東夏)는 각각 1년 징역을 선고받았다.

제57장 이재명(李在明)이 이완용(李完用)을 찌름

이토가 죽고 소네가 다시 동경에서 병사하자 육군대신 데라우치(寺內正毅)가 후임 통감이 되었다. 이 무렵 합병된다는 말이 신문에 보도되자 사람들이 위구감을 느껴 인심이 흉흉했는데 평양 사람 이재명(李在明)이 동지 김정익(金貞益)과 의논하기를 "국사가 위급하니 우리들은 죽음이 있을 뿐이다. 전에 일인들이 강제로 조약을 체결한 것은 우리나라 매국노가 이익을 탐하여 나라를 판 까닭이다. 우리들이 이때 매국노를 제거하면 조약의 강제 체결도 저지하고 만에 하나라도 나라의 운명을 구할 수 있을 것이다. 이완용과 일진회의 이용구는 매국노의 우두머리니 우선 이 자들을 살해하자"고 뜻을 모았다. 이에 단도를 품고 대동강을 건너 경성에 다다르자 때는 초겨울이라 낙엽은 떨어지고 천지가 쓸쓸한데 장사(壯士)가 서쪽에서 오니 살기가 돌았다. 두 사람이 매국노 일당의 동정을 남몰래 살핀 결과 기유년(1909년) 12월 23일 이완용이 명동성당에서 벨기에 황제 추도식에 참석한다는 것을 알았다. 이재명이 군밤 장수로 가장하고 성당 앞에서 밤을 구우며 기다리던 중에 이완용이 인력거를 타고 나왔다. 이를 본 이재명이 칼을 뽑아들고 달려들자 인력거꾼이 방어했으므로 한 칼에 즉사시키고, 땅으로 굴러 떨어지는 이완용의 허리와 등을 찔러 중상을 입혔는데, 일본 순사들이 급히 달려와 그를 구하고 이재명을 체포하였다. 이완용은 입원 수개월만에 살아서 퇴원했고 이재명은 살인죄로 사형 선고를 받아 교수형에 처해졌다.

 김정익은 이용구의 동정을 정찰하던 중에 이재명의 거사로 발각되자, 가지고 있던 칼을 꺼내던지며, "내가 이 칼로 이 역적을 죽이고 나라를 구하려던 뜻을 이루지 못하게 되었으니 어찌 한스럽지 않은가!"라며 한탄했다. 그는 살인음모죄로 종신 징역이 선고되었다.

 이재명은 어려서 부친을 여의고 13세에 기독교에 입문하여 서양 목사를 따라 미국으로 건너갔는데, 노동으로 약간의 자금을 모은 뒤 귀국하여 평양에서 뜻이 맞는 동지들과 조국 광복을 맹세하고 러시아 각지를 방랑하며 동포들을 찾아다녔다.

 김정익은 집이 가난해 남의 집 고용살이를 했는데, 일 하는 틈틈이 노동 야학에 다니면서 얼마간의 학문을 배우고 이재명과 함께 나라를 위해 죽기로 맹세한 사람이다. 이 두 사람은 모두 미천한 가문 출신인데 매국노를 처단하여 나라를 구하고자 기꺼이 자신을 희생함으로써 세계를 놀라게 했으니 참으로 장한 일이다.

제58장 한·일 합병

이에 앞서 일본인이 동경 시바구로쿠정(芝區綠亭)에서 모임을 조직하고 한국 문제를 토론했는데, 하세가와(長谷川芳之助)가 의장이 되고 한·일합방을 목표로 다수의 위원을 두었다. 또 수십 년 전에 모리모토(森本藤吉)라는 자가 '대동 합방론(大東 合邦論 : 일·한·중국을 포함)'을 발표한 적이 있는데, 지금에 와서 이를 다량으로 인쇄 배포하고 한국의 일진회도 이에 호응하여 일본 고문 우치다(內田良平)가 합방청원서를 작성하여 정부에 제출하고 일반에도 발표했다. 우리의 대한협회, 국민대회 등 애국단체가 궐기하여 이 학설에 반대하고 성토대회를 열었으나 통감부가 지도자를 구금하고 해산할 것을 강력히 명령하므로 민중이 감히 동요하지 못했다.

이때 일본 내각 총리대신 가쓰라와 육군대신 데라우치는 강경파라서 급진적으로 한국 합병을 결의하고 데라우치가 통감, 야마가다(山縣伊三郎)가 부통감이 되어 7월 15일 동경을 출발하여 한국으로 왔고, 도착 즉시 경찰권을 일본에 위임하도록 총리 서리 박제순과 협의 후 조인하고 25일에 발표했다.

> 일본국 정부 및 한국 정부는 한국의 경찰 제도를 개선하고 재정 기초를 공고히 할 목적으로 아래와 같이 조약을 체결한다.
> 제1조 한국의 경찰 제도가 완비될 때까지 경찰사무를 일본 정부에 위임한다.
> 제2조 한국 황궁 경찰사무에 관하여 필요한 것은 궁내대신이 사무관과 임시협의하여 처리할 것.

이리하여 통감부는 일부 관제를 변경하여 전국의 경찰권을 경무총감이 통일하고 각도 경찰은 헌병이 주체가 되는 헌병 경찰 제도를 시행했으며, 다시 헌병 2,000여 명을 증원하고 다수의 밀정을 각지에 배치해 보조원으로 삼았다. 또 군함 수십 척이 한국 연해를 떠다니며 경비를 엄중히 했다.

이 무렵 이완용은 상처가 완치되어 온양 온천에서 귀가했는데, 집안 사람들이 사직을 권하자 이완용이 하는 말이 "내가 국민들에게 원한의 표적이 된 지 오래니까 지금 물러나면 화를 당할 것이다. 차라리 시종일관 일본에 의지하여 스스로 지키겠다"라고 했다.

7월 31일 이완용, 박제순, 조중응 3인이 한성 구락부에 모여서 시국 문제에 대해서는 3인이 일치하여 행동하기로 의견을 모았다.

일본 헌병 사령관 겸 한국 경무총감 아카시(明石元二郎)가 데라우치의 내락을 받고 수차에 걸쳐 납량회(納凉會), 관일회(觀日會) 등을 개최하고 원로 대신과 유력 인사를 초빙해 담소하는 자리에서 시국 문제를 언급하며 암시를 주고 속뜻을 탐지했다. 또 그 무렵 동경에 대홍수가 발생했는데, 이완용이 8월 16일 오전 통감부를 찾아가 위로의 말을 전하는 자리에서 데라우치가 합병안을 제시하며 설명하므로 수긍하고 돌아왔다. 그 날 밤 이완용은 정부 참여관 구니와케(國分象太郎)를 방문하여 밀담을 나눴고, 다음날 아침 내부대신 박제순, 탁지대신 고영희, 농상대신 조중응을 불러 협의를 거친 뒤 8월 22일에 어전회의를 열고 오후 3시에 합방안을 결정했으며 오후 5시에 조인을 마쳤다. 이때 경무총감 아카이시가 헌병과 경찰을 동원해 궁궐 안팎은 물론이고 전국 각지를 철통같이 경계했으며, 국내 각 신문을 정간하고 일본 신문도 압수했다. 각종 애국단체는 해산되고 신사 중에 명망있고 배일 사상이 있는 자 수천 명을 구금했으며 군인과 경찰이 실탄으로 무장한 채 항구와 시가지에 배치되어 삼엄한 경계를 폈다.

전에 이토는 이완용과 송병준을 끌어들여 침략의 앞잡이를 삼았는데, 두 사람이 서로 권력을 다투며 이토의 환심을 사려고 수단과 방법을 불사하며 경쟁적으로 매국을 감행했으므로 이토의 행동이 더욱 용이했다. 그후 이완용이 조중응과 힘을 합치자 송병준은 실각되고 앙심을 품은 채 동경으로 건너갔다.

이제 데라우치가 합병을 단행할 때도 이를 이용하여 이완용에게 독촉하기를, 동경에서 송병준이 온다는 전보가 왔는데 그가 오면 일이 빨리 진행될 것 같다는 말을 하여 이완용을 충동했다. 이완용은 송병준에게 실권을 뺏길까 염려하여 자기 스스로 황급하게 조약을 체결했다.

아! 슬프도다! 4300년의 문명 역사를 향유한 뿌리 깊은 대한이 경술년(1910년) 8월 29일에 종말을 고하게 되었구나 하늘이시여!

이완용 일당이 합방 조서를 교묘하게 꾸며 황후 숙부인 시종원경(侍從院卿) 윤덕영(尹德榮)을 시켜 황제께 올리고 옥새를 찍게 하니 황제께서는 비통에 잠겨 허락치 않으시고 황후께서는 대성통곡하였다. 윤덕영은 원래 탐욕 간교하여 이완용과 한 패가 된 자인데, 황후께 울음을 멈추기를 청하면서 이렇게 하지 않으면 멸족(滅族)의 화를 당한다고 위협하며 억지로 옥새를 찍어 이완용에게 건네주었다.

이 공로 때문에 일본 정부는 윤덕영을 자작(子爵)으로 봉하고 40만 원을 상금으로 주었다.

일·한 합병 늑약(勒約)

일본국 황제폐하와 한국 황제폐하는 양국간의 특수한 친밀관계를 살펴 상호의 행복을 증진하고 동양의 영원한 평화를 확보하고자 하는 바 이 목적을 달성하기 위해서는 한국을 일본제국에 병합하는 것이 옳다는 것을 확신하고 이에 양국간의 병합 조약을 체결하기로 결정하며, 일본국 황제폐하는 통감 자작 데라우치를 한국 황제폐하는 내각 총리대신 이완용을 각각 전권위원으로 임명하여 회동 협의한 뒤 아래의 조문을 협정한다.

제1조 한국 황제폐하는 한국 전부에 관한 일체의 통치권을 완전하게, 또 영구히 일본국 황제폐하에게 양여한다.
제2조 일본국 황제폐하는 전조에 기재한 양여를 수락하고, 또 한국을 일본제국에 병합함을 승인한다.
제3조 일본국 황제폐하는 한국 황제폐하 태황제폐하 황태자 전하 및 그 후비와

후예로 하여금 각기 지위에 상당한 존칭·위엄 및 명예를 향유하게 하며, 아울러 이를 보존하기에 충분한 세비(歲費)를 공급하기로 약속한다.

제4조 일본국 황제폐하는 전조 이외의 한국 황족과 그 후예에 대하여 각기 상당한 명예 및 대우를 향유하게 하며, 또 이를 유지함에 필요한 자금을 공급하기로 약속한다.

제5조 일본국 황제폐하는 공훈이 있는 한국인으로서 특히 표창을 수여함이 적당하다고 인정하는 자에 대하여 작위를 수여하고 또 사은금을 지급한다.

제6조 일본국 정부는 전기(前記) 병합의 결과로서 전면적으로 한국의 시설을 담당하고 동지(同地)에서 시행하는 법규를 준수하는 한국인의 신체 및 재산에 대하여 충분한 보호를 주고 또 그 복리의 증진을 도모한다.

제7조 일본국 정부는 성의있고 충실하게 새로운 제도를 존중하는 한국인으로서 상당한 자격이 있는 자는 사정이 허락하는 한도에서 한국에서의 제국 관리에 등용한다.

제8조 본 조약은 일본국 황제폐하 및 한국 황제폐하의 재가를 거친 것으로서 공포일로부터 시행한다.

이상의 증거로 당해 전권위원이 기명 날인한다.

메이지(明治) 43년(1910년) 8월 22일
통감자작 데라우치 마사다케(寺内正毅)

융희(隆熙) 4년(1910년) 8월 22일
내각 총리대신 이완용(李完用)

    8월 29일 이를 발표한 뒤 통감부를 개칭하여 조선 총독부를 설치하고 각 도에 고시했다.

    합병을 선포한 이후 일본 경찰이 한국 국민에게 감상을 질문했는데, 만일 반대하든지 얼른 대답하지 않으면 구타했고, 또 합방 찬양문 1통을 작성하여 사람들에게 돌려보게 하고 강제로 서명 날인을 요구했다. 이를 거절하면 처벌하는 까닭에 도피하는 자가 많았으며, 시골 사람 중에 도장이 없는 자는 일본 경찰이 대신 파서 날인했다.

합방이 발표되자 경향 각지에서 남녀노소가 통곡하고 애통해 했으며, 나라를 위해 순국한 사람도 많았지만 각 신문은 발행이 정지되고 경찰의 비밀 사찰은 혹심하여 천지가 암흑과 같았다.

자세하게 알 수는 없지만 근근히 얻어 들은 약간의 순절(殉節)을 기록한다.

금산(錦山) 군수 홍범식(洪範植), 러시아 공사 이범진(李範晋), 승지 이만도(李晩燾), 진사 황현(黃炫), 환관 반학영(潘學榮), 승지 이재윤(李載允), 승지 송종규(宋鍾奎), 참판 송도순(宋道淳), 판서 김석진(金奭鎭), 참판 정 아무개(鄭謀, 金溝人), 의관(議官) 백 아무개(白謀, 興德人), 의관 송익면(宋益勉), 정언(正言) 정재건(鄭在健), 감역(監役) 김지수(金智洙), 감찰(監察) 이 아무개(李謀, 報恩人), 영양 유생 김도현(金道賢), 동복(同福:전남 화순) 송완명(宋完明), 태인 김천술(金天述), 김세영(金世永), 익산 정동식(鄭東植), 선산 허 아무개, 문의(文義) 이 아무개, 충주 박 아무개, 공주 조장하(趙章夏), 연산 이학순(李學純), 전의 오강표(吳剛杓), 태인 김영상(金永相), 홍주 이근주(李根周) 등 29명.

이들 외에도 이름을 알지 못하는 많은 사람들이 순국했는데, 이들은 대체로 명문 출신이거나 유림의 명망가로서 그 순국에도 목을 매거나 할복하는 자, 물에 뛰어든 자, 단식 끝에 죽은 자, 음독 자살한 자, 절명사(絶命詞)나 유언을 남기고 죽은 자 등이 있다. 역사가가 대서특필하여 이들의 전기를 쓸 일이지만 일본 경찰이 가족을 위협하여 발설하지 못 하게 한 까닭에 그 충절을 표창하지 못 하게 되니 참으로 비통한 일이다.

이제 전해 들은 이야기 가운데 두셋을 적고 나머지는 다른 사람이 기록해 주기를 바란다.

홍범식은 고(故) 판서 우길(祐吉)의 손자이며 참판 승목(承穆)의 아들이다. 가족간에 우애가 두텁고 지절(志節)을 숭상했는데 을사년 이후 항상 비분강개의 눈물을 흘리면서 민 충정공을 사모했다. 금산 군수로 재직할 때 합방의 변을 당하자 부친과 가족에게 유서를 남기고 객사(客舍)로 가서 목을 매달아 죽었는데 벽에 '나라가 망하고 임금이 쓰러지니 죽지 않고 무엇하랴(國破君亡不死何爲)'라는 글을 써놓았다. 두 아들 명희(命喜)와 성희(性喜)가 있으며 명희는 인재로서 나와도 교분이 두텁다.

김도현의 자는 명옥(明玉)이며 경상도 영양군이 고향이다. 기질이 강건하고 승지 이만도와 가까이 교제하더니 경술년에 이만도와 함께 순국을 결심하자 모친이 극력 만류하였다. 어쩔 수 없이 참고 지내던 중 갑인년(1914년) 11월에 모친상을 당하자 비로소 영해(寧海) 관어대(觀於臺)로 가서 바다에 몸을 던졌다.

그 아들에게 이르기를 "내 시체를 건지지 말라. 건지면 불효니라" 하는 말을 남겼는데, 근처 사람들이 김도현의 충절과 효행 모두를 칭찬했고, 그의 가족은 지금도 바닷고기를 먹지 않는다.

무릇 일시에 죽음을 결심하는 것은 쉬운 일이지만 5년이나 지나도록 의지가 변치 않고 기어이 그 뜻을 단행한다는 것은 더욱 어려운 일이라 할 것이다. 그의 절명사(絶命詞)는 다음과 같다.

> 내가 조선 끝무렵에 태어나니 붉은 피가 텅 빈 창자에 가득하다.
> 중간 열아홉 해이건만 수염과 머리털이 가을 서리를 맞은 것 같네
> 나라가 망하여 눈물이 채 그치지도 않았는데, 어버이마저 돌아가시니
> 허한 마음 더욱 아프네
> 만리에서 넓은 달을 바라보니 이 날이 동지로다
> 홀로 고산 절벽에 올라서서 백방으로 생각해도 한 가지 방책 하나 서지 않지만, 희디흰 천길 물 속에는 내 한 몸 감출 수는 있으리

황현의 자는 운향(雲鄕)이며 전라도 구례 사람이다. 문장과 절개가 사

림 중에서도 출중하며 ≪매천집(梅泉集)≫이라는 저서가 있는데 매천은 그의 호(號)이다. 친구 김택영(金澤榮)이 발행하여 전파한 것이다. 그는 절명시 4수를 남겨 그 문인에게 주고 독약을 마시고 죽었다. 그의 시를 일부 소개한다.

> 난리를 겪는 동안 백발이 되었구나
> 몇 번이고 목숨을 끊으려 했건만 이루지 못했네
> 그러나 이제는 어쩔 수가 없으니
> 가물거리는 촛불만이 푸른 하늘을 비추네
> 요망한 기운에 가린 제성(帝星)이 옮겨가니
> 구중궁궐은 어두워져 빗물마저 감춰지네
> 새와 짐승도 슬피울며 산과 바다 또한 찡그리네
> 무궁화 삼천리 강산은 이미 망했구나
> 가을 등불 아래 책을 덮고 천고를 회상하니
> 인간의 배움이 왜 어려운지 알겠노라
> 일찍부터 나라를 위한 조그마한 공도 없으니
> 인(仁)만을 아는 것이지 충(忠)은 모르는거나 한 가지가 아닌가
> 그러니 윤곡(尹穀 : 중국 長沙 사람으로 몽고군 침입시 가족과 함께 자결함)이나 따를 수밖에
> 허나 진동(陳東 : 중국 丹陽사람으로 흠종에게 채경을 죽이라는 상주를 올리고 의병을 일으킴)만은 따르질 못 하니 어찌 부끄럽지 않은가

합병 직후 총독부 관제 및 관원

총독 데라우치, 정무총감 야마가다(山縣伊三郎), 총무부장 아리요시(有吉忠一), 탁지부장 아라이(荒井賢太郎), 사법부장 구라토미(倉富勇三郎), 농상공부장 기노치(木內重四郎), 내무부장 우사미(宇佐美勝夫), 취조국장 츠카이시(官石塚英藏), 임시 토지조사국 부총재 다와라(俵孫一), 통신국장 츠

카이케다(官池田十三郞), 중추원 의관(議官) 김윤식, 이완용, 박제순, 고영희, 조중응, 이용직, 이지용, 권중현, 이하영, 이근택, 송병준, 임선준, 이재곤, 조희연, 이근상.

작위와 은사금(恩賜金)을 받은 자

공작(公爵) 이강(李堈), 이희(李熹), 이준용(李埈鎔) / 3인

후작(侯爵) 이재완(李載完), 이재각(李載覺), 이해창(李海昌), 이해승(李海昇), 윤택영(尹澤榮), 박영효(朴泳孝) / 6인

백작(伯爵) 이지호(李址鎬), 민영린(閔泳璘), 이완용(李完用) / 3인

자작(子爵) 이완용(李完鎔), 이기용(李埼鎔), 박제순(朴齊純), 고영희(高永喜), 조중응(趙重應), 민병석(閔丙奭), 이용직(李容稙), 김윤식(金允植), 권중현(權重顯), 이하영(李夏榮), 이근택(李根澤), 송병준(宋秉畯), 임선준(任善準), 이재곤(李載崑), 윤덕영(尹德榮), 조민희(趙民熙), 이병무(李秉武), 이근명(李根命), 민영규(閔泳奎), 민영조(閔泳韶), 민영휘(閔泳徽), 김성근(金聲根) / 22인

남작(男爵) 「윤용구」(尹用求), 홍순형(洪淳馨), 「김석진」(金奭鎭), 한창수(韓昌洙), 이근상(李根湘), 조희연(趙羲淵), 박제빈(朴齊斌), 성기운(成岐運), 김춘희(金春熙), 조동희(趙同熙), 박기양(朴箕陽), 김사준(金思濬), 장석주(張錫周), 민상호(閔商鎬), 조동윤(趙東潤), 최석민(崔錫敏), 「한규설」(韓圭卨), 「유길준」(俞吉濬), 남정철(南廷哲), 이건하(李乾夏), 이완원(李完元), 이용태(李容泰), 민영달(閔泳達), 민영기(閔泳綺), 이종건(李鍾健), 이봉의(李鳳儀), 윤웅렬(尹雄烈), 이근호(李根澔), 김가진(金嘉鎭), 정낙용(鄭洛鎔), 민종묵(閔鍾默), 이재극(李載克), 이윤용(李允用), 이정노(李正魯), 김종한(金宗漢), 「조정구」(趙鼎九), 김학진(金鶴鎭), 박용대(朴容大), 조경호(趙慶鎬), 김사철(金思轍), 김병익(金炳翊), 이주영(李胄榮), 정한조(鄭漢朝), 민형식(閔炯

植) / 44인

그중에 김석진은 자살하고 조정구는 자살미수, 윤용구와 한규설, 유길준은 작위를 거부했다.

일본이 한국을 점령하기 위해 우리를 구원해 준다고 하며 속임수를 쓴 예는 아주 많다. 일본인들이 한국을 점령하려고 생각했던 것은 고대에는 도요토미 히데요시로부터 시작되었고, 근래에는 사이고 다카모리(西鄕隆盛)부터 시작되었는데, 그에 의해 류큐(琉球)를 합병한 것이 한국을 합병하는 효시가 되었다. 병자수호조약 이후 교류가 빈번해지자 일본은 한국을 병탄할 기회를 엿보고 있었지만, 당시의 세력상 일본이 필적할 수 없을 만큼 강한 중국이 한국의 배후에 있으면서 감시를 하니 자신들의 의도대로 할 수가 없었다. 더구나 중국인들의 역사적 · 지리적 · 종족적 및 감정상에서 한국과 아주 밀접하게 연결되어 있었기 때문에, 그러한 연결고리를 끊지 않는한은 일본이 백 배나 강하다 해도 한국에 대한 간섭은 할 수가 없었던 것이다. 그럼에도 일본은 자신들의 욕심을 포기하지 않고 여러 가지 계책을 써서 한 · 중 양국의 관계를 단절시켜 자신들의 목적을 관철시키려 하였다.

이때 한국이 여러 나라와 수교하여 자주권을 인정 받는 외교관계를 통해 독립국으로서의 지위를 지키려 하자, 일본은 재빨리 "독립"이라는 문제를 이용하여 한국으로부터 중국인을 배척하는데 이용하려 하였다. 마침 이때 우리나라 유명 집안의 자제들 중 여러 면에서 뛰어난 자들을 해외에 유람시켜 세계적인 안목을 높여 국가의 위상을 높여야 겠다는 생각이 싹트게 되었고, 그 결과 일본과의 교류가 가장 활발하게 되었으므로 일본인들은 교활한 수단을 이용하여 이들을 자기쪽으로 끌어들이려 하였다. 즉 이들에게 독립을 해야한다고 유도하며 이들에 대해 원조를 단행하였다. 그로 인해 갑신정변이 일어났고 그들은 친청파(親淸派)를 다수

살해하고 친일 정부를 조직하여 자신들의 세력기반을 넓혔다. 그러나 곧바로 청나라 병사들에 의해 격퇴되었고 다케소에(竹添) 공사 등은 자기 나라로 쫓겨가고 말았다. 그러나 표면적으로 일본인들은 패하기는 했지만 얻은 것이 많았고, 다만 피해를 본 것은 한국뿐이었다. 이때 한국의 국가 사범들이 이용되었고, 이들은 다른 친일파들과 음으로 연계되었다. 그리하여 자연히 이들은 친일 외에는 살아갈 방법이 없게 되었으니, 이들이 장차 그들에게 이용당함은 당연한 귀결이었다.

  이때 일본은 천진조약을 중국과 맺어 중국으로부터 양보를 얻어내어 그들과 동등한 지위를 얻어낸 것은 장차 그들과 결전을 하기 위한 전단계로서 그들을 속여 이득을 취한 것이다. 갑오년에 한국에서 동학란이 일어나자 서로 간섭하게 되어 전쟁이 일어나니, 일본인들은 "우리는 한국의 독립을 이루기 위해 군대를 출동시킨 것이다"라고 하며 떠들어 댔다. 그러자 세계 여러 나라들은 일본인의 이번 전쟁이 의협심에서 나온 것으로 평하게 되었다. 이로써 한국 친일파들은 죽음의 구렁텅이에서 나오게 되어 정권을 독점하게 되었으며, 일본에 대해 어떻게 더 잘 대해주어야 할지 안절부절 못하였다. 혹 그들의 요구를 들어주지 못하고 편하게 해 주지 못하는 것이나 아닐까 하며 노심초사할 정도였다.

  이러한 상황에 대해 대원군은 의견을 달리했기 때문에 이들 친일파들은 그가 청국과 내통하고 있다고 하여 정계에서 내쫓아 버렸다. 이렇게 되자 재야에 있던 수구파 사람들은 이들의 의도에 동조하지 않으면 지위도 권한도 없어질 것이 뻔했으므로 이들에게 붙어 사는 수밖에 없게 되었으니, 일본인들은 아무런 제한 없이 수륙전쟁을 치루는 동안 많은 편의를 얻게 되었고, 아무런 방해도 받지 않으며 일을 진행해 나갈 수가 있었다. 만일 한국인들이 모두 같은 마음을 갖고 일본을 원수로 여겨 그들의 일을 방해했다면 그들은 승리하지 못했을 것이니, 이것 또한 저들의 속임수에 빠진 두 번째 예라고 하겠다.

  을미년에 명성황후가 러시아와 관련을 갖자, 일본을 배반했다 하여 그

녀를 시해함으로써 자신들의 해독을 제거하여 궁중에서의 감찰 문제를 예방한다는 계획을 결정하였다. 그리하여 이노우에가 일본으로 돌아가는 날 궁궐에 들어가 상주하기를 "일본인들은 궁중의 대권을 유지하며 안녕을 확보하기만 하면 다른 걱정은 없다"고 하고, 민씨들을 불러 정계에 참여시킬 것을 청하였다. 그러자 궁에서는 이 말을 믿고 걱정을 그만두고 경계심을 풀었던 것이다. 그러자 그는 미우라(三浦梧樓) 무리들에게 명하여 민비를 시해토록 하고 일본에 등을 돌린 인물들을 제거토록 하였으니, 이것이 속임수를 써서 자신들의 이익을 얻어낸 세 번째의 예이다.

갑진년에 러시아에 대해 선전포고를 하면서 '한국의 독립을 위하는 길이다' 라고 하였으며, 한국인에게는 만주를 개방시키기 위해 각국의 동정을 얻어가며 북진하는 것이라고 속이니, 한국인들은 그들의 군수물자를 운반해 주고, 철도 부설 공사에 참여해 주는 등 많은 도움을 주었고, 일본이 승리할 것을 기원하였다. 이처럼 한국인들이 일본을 두둔하였기에 이 전쟁에서 이겼던 것이다. 그런데 러시아와 화의가 체결되자마자 곧바로 한국을 병탄하겠다는 야심이 나타났고, 혼자서 만주에서의 이권을 획득하였으니, 이것도 속임수를 써서 이익을 취한 네 번째 예이다.

이후 일본이 한국 경내에 들어와 하야시가 한국 조정을 협박하여 6개 조에 이르는 조항을 체결하고 막대한 권리를 차지하였고, 다른 행동들도 모두 침략을 위해 실행한 일이었다. 그러자 한국인들은 이제 일본에 대해 의구심을 품게 되었다. 그리하여 의원(議院)을 설립하여 입헌제도를 본 뜬 민의기관을 설립할 것을 건의하였는데, 이는 상하가 한마음이 되어 망해가는 나라를 구하겠다는 계획을 실천하려 한 것이었다. 그러나 이토 히로부미가 전권대사로 한국에 와 황제를 알현하면서 "일본의 이번 거사는 한국의 독립을 부식시키고 만주를 확보하여 중국의 영토로 하기 위함이라고 하며 "폐하께서는 여러 신하들의 말을 가벼히 들으시고 임금의 권한을 잃지 마십시오. 한국 황실이 원래부터 이토를 존중해 주었으니, 이토는 앞으로도 임금의 권한을 보호해 주겠습니다. 의원을 만들자는 근신들의 요청은 임금의 권한을 축소시키려는 데서 나온 의도이지 충성을 하려는 것이 아닙니다"라고 하였다. 그래서 의원은 결국 설립되지 못했는데, 훗날 늑약을 제출하고 정부의 소수인원을 협박하여 실효를 거두면서, 어떤 저항도 받지를 않았으니, 이것이 속임수를 써서 얻은 다섯 번째 예이다.

갑오년에 동학당이 패하여 해산되던 때에, 이용구·송병준 등은 일본에 망명하여 동경에 있었고 그 잔당들은 각지에 많이 남아 있었다. 일본은 이들에게 "우리 일본이 한국에서 이미 세력을 구축하였으니 당신들이 앞으로 정부 내에서 개혁정치를 하도록 하시오"라고 하자 그들은 아주 기뻐하며 이들이 중심이 되어 하나의 큰 단체를 만드니 바로 일진회가 그것이다. 그리고 어리석은 자들을 많이 꾀어 이 회에 들어오게 했는데, "우리들은 장차 개혁정치를 할 것인데 내부 직책으로는 대신·협판, 외부직으로는 관찰사·군수 등은 우리 회원이 아니면 안 된다"고 하였다. 또 "부자들의 땅도 모두 우리들의 공동재산이니 당신들은 자신의 가옥과 전토를 팔아 회의 비용으로 내면 크고 작은 관직을 얻을 수 있고, 부자들의 전토도 당신들의 수중에 들어 갈 것이다"고 하였다. 이를 들은 어리석은 하류민들은 기뻐 날뛰며 앞다투어 회원이 되었고 전 재산을 털어 바쳤다.

일본인들은 또 돈을 주면서 그들 세력을 보호해 주었고, 어떤 일을 할 때마다 이들을 이용하였다. 그리고는 이런 모든 일들에 대해 "이러한 일들은 모든 한국인들이 동의해서 하는 일이다"라고 전국에 선전하였다. 그런데 합방이 되자마자 이들 단체를 해산하니 토지 및 가옥을 팔아 바쳤던 이들 어리석은 자들은 소득이라는 게 매국자라는 악명만을 얻은 것이었고, 모든 것을 잃었기에 떠돌아다니며 구걸행각이나 해야 했던 것이다. 이것이 그들이 속여서 얻은 이익의 여섯 번째 예이다.

한편 황실의 존엄을 유지해 주겠다고 하며 갑자기 폐위를 시켰고, 화폐를 개량한다고 해놓고 재산을 다 빼앗았으며, 병제를 대신해 주겠다고

해 놓고는 군대를 해산시켰으며, 교육을 지도해 주겠다고 해놓고는 학교를 폐쇄시키고 서적을 불태웠으며, 한국을 부강하도록 해놓겠다고 하고는 부의 원천을 모두 빼앗아가 조금도 남겨두지 않았으며, 사람들의 행복을 증대시켜 주겠다고 하면서 산업을 유린하여 먹고 사는데 힘들어 허우적거리게 했으니 이러한 것도 모두 그들이 속여서 이익을 얻은 대표적인 것들이다. 그 외에 다른 모든 행위들도 속임수를 쓰지 않고 행한 것이 하나도 없으니 한국이 망하게 된 것이다. 세상에 나라를 갖고 있는 국민이 외국인의 술책에 걸려들어서는 안 될 것이며, 또 스스로가 반성해야 할 것이다. 누가 우리나라를 망하게 했는가 하고 물으면 정부를 책하는 사람들은 정치가 부패했기 때문이라고도 하며, 국민을 질책하는 사람들은 민지가 유치해서 그렇게 됐다고도 한다. 이러한 말 모두는 근거가 있는 것으로 모두가 당연한 말이다.

　우리 선조들이 가르쳐온 이념이 바뀌어 이 지경에 이르렀으니 무엇이라고 말할 수도 없는 것이다. 지구상의 각국의 예를 보면 패자(覇者)가 되기도 하고 노예가 되기도 하며, 흥하기도 하고 망하기도 하였다. 그런데 그 원인을 보면 그 나라 국민의 무력이 강하고 용감하며 목숨에 대해 애착을 느끼지 않는 국민은 패자가 되었고 흥하였으며, 그 국민이 문약하여 겁많고 죽을 것을 두려워 하는 자는 노예가 되었거나 망했음을 알 수 있다.

　우리나라가 건국한 역사와 고대 문화에 있어서는 일본보다 앞서왔기에, 저들은 우리의 유교·불교의 가르침과 온갖 기술, 시·서예·악 등을 아주 흠모하여 우리에게 배워갔다. 임진왜란 때의 일본 장수인 사야가(沙也可)는 군대를 이끌고 우리나라에 들어왔다가 우리나라에 귀화하여 우리의 것을 본받는데 힘을 쏟고 우리나라의 중흥을 찬양해 마지 않았다. 그러나 어찌 침략 중에 한 번 보고서 이런 결단을 내릴 수 있겠는가? 그것은 그가 우리나라를 흠모한 지가 이미 오래되었음을 말해주는 것이다. 사야가는 일본의 뛰어난 장수로 임진왜란시 우측 선봉장으로 우리나라에 들어왔는데, 우리의 문물을 보고는 바로 항복하였다. 그리고는 말하기를 "섬나라에서 낳아 오래도록 귀국의 문화를 흠모하다가 이제 와서 보니 토요토미 히데요시의 명분 없는 침략이 마음 속으로 잘못됐다 싶어 성인(聖人)의 백성이 되었다"고 하였다. 그리고는 여러 차례에 걸쳐 공을 세우자, 이것이 상주되어 그의 이름으로 '김충선'이라는 이름이 내려지게 되었다. 갑자년(이괄의 난)·병자호란 때 그는 또한 큰 공을 세우니 후인들이 그의 사당을 만들어 제사를 지냈다. 그의 문집 2권이 있어 세상에 전해지고 있다.

그럼에도 이제 일본인들이 우리나라를 멸망시키고 우리 민족을 노예로 만들어 지옥 밑으로 떨어뜨리려 하는 것은 무슨 연고에서인가? 그들이 비록 서양문화를 보다 빨리 수입하여 우리의 정치·학술보다 비교적 조숙하고 또한 약간 발전했다 해서 승패의 운수가 전적으로 자신들에게 있는 것도 아닌데, 저들은 무력으로 힘이 강하다 하여 우리의 문약함을 노리고 쳐들어 온 것이다.

한편 수십 년간 우리의 충의지사들이 순국할 것을 결심하고 맨손을 펼쳐 휘둘렀다면, 또 죽음을 두려워 하지 않고 의혈(義血)을 뿜어대는 자가 많았다면, 비록 자방(子房)의 철퇴와 포서(包胥)의 곡성과 예양(豫讓)의 칼부림 같은 것이 요란하고 열렬하여 세계를 진동시켰다고 할지라도 일본인들은 자신의 뜻을 성사시킬 수는 없었을 것이다. 따라서 나라가 망하는 것을 구해내지 못했다고 하는 것은 우리 민족 전체가 문약해서 저들의 힘을 대적하지 못한 것이니, 우리나라의 무력이 약해진 것은 어느 때부터인가? 조선왕조 5백년간은 문치를 숭상하고 무(武)를 물리침이 아주 심하여, 무(武)가 약하게 됐다고 하는 사실은 모두 알고 있는 일이나, 내가 보기에는 우리 조상의 교육 정신이 바뀌어 무력이 쇠퇴하게 된 것이 아닌가 한다. 대체로 총·포·칼·창·기계는 무기이며 충성·믿음·용감한 정신은 무(武)이다. 이는 기계의 사용은 반드시 정신에 의해야 한다는 진리이다. 우리 조상의 상무정신을 계승해온 것으로 삼국시대의 오교를 들 수 있다. 즉 충성으로 임금을 섬기고, 효도로써 어버이를 섬기며, 믿음으로 벗을 사귀고, 싸움에 임해서는 물러서지 말아야 할 것이며, 살생은 가려서 해야 한다는 것이 그것이다. 이 오교를 국민에게 보급하여 그들의 마음 속에 주지시켰기에 당시 우리 조상들은 나라를 위해 목숨을 바쳤으며, 싸워서 물러나지 않아 수나라의 백만대군을 살수에다 수장시켰으며, 당나라 십만대군을 안시성에서 곤궁에 빠뜨렸으니, 어찌 우리 민족에게 무가 없었다고 하겠는가? 우리 선조의 이런 정신이 이제 바뀌어 상무정신이 보존되지 않음으로 해서 이렇게 되었으니 지금에 이르러 누구의 허물이라 하겠는가! 다만 슬프고 안타까울 뿐이다.

제59장 한국인의 불복과 의심스런 투옥사건

안명근(安明根)은 안중근의 사촌 동생으로 형을 닮아 기질이 강건했다.
일본이 한국을 합병하자 전국에 걸쳐 엄중한 계엄을 시행했는데, 서로 쳐다보고 대화를 나누지도 못 하게 하였다. 그리고 애국당이라 이름이 붙은 자는 장차 모두 죽여 하나도 살려두려 하지 않았다. 특히 안중근 일가에 대해서는 출입을 감시하고 행동을 속박하여 죄인과 다름이 없이 취급되었다.
그러나 안명근은 이에 좌절하지 않고 동지들을 통해 무기를 몰래 준비하며 철도 요지에서 데라우치를 저격할 준비를 했다. 그러나 실행 직전에 계획이 누설돼 체포되었다. 법관이 그 까닭을 묻자 명근이 대답하길 "그대는 하얼빈 역에서 이토를 살해한 안중근 의사를 아는가? 그가 바로 나의 형님이시니 나도 나의 형님의 뜻을 계승하여 데라우치를 살해하고 나라의 원수를 갚고자 한 것이다" 하였다. 그러자 법관이 "그대는 나라를 위한다는 핑계로 금전을 모아 사람들이 싫어함에도 재물을 취하였으니 도적이 아니고 무엇인가?"라고 묻자, "그대들은 우리 2천만 동포가 죽는 것을 무서워하지도 않고, 주려고도 안 한 우리나라를 강탈하였으니 천하의 대도적이 아니고 무엇인가. 이제 내가 이 도적을 제거하고 우리나라를 구하여 천하의 공리를 펴려고 하는 것인데 어찌 도적이라 하겠는가" 하자 법관이 감히 따지려 들지도 않고 살인미수죄를 적용하여 종신 징역을 언도받았다. 이때 방청석에서 "안중근 의사와 누가 더 위대한지를 가리기 어려우니 천고에 빛날 것이다"라고 하였다.

일본인들은 안중근 의사 사건이 있은 후 애국당을 없애려고 여러 차례에 걸쳐 애국자들을 체포구금하는 일을 벌였다. 그리하여 김홍량(金鴻亮), 김도희(金道熙), 고정화(高貞華), 이상진(李尚眞), 이승길(李承吉), 주진표(朱鎭杓) 등 100여 명이 체포 투옥됐으며, 지방 신사 중에도 어느 정도 재산과 명망이 있는 사람은 누구를 막론하고 체포했으므로 해서지방의 명문 대가 가운데 화를 면한 집이 없었다.

진사 신석충(申錫忠)은 송화군(松禾郡) 사람인데, 7세대가 동거하여 식구가 수백이며 재산이 많고 덕망도 높았지만 가난한 사람들을 구휼하여 인근에서 혜택을 보지 않은 사람이 없었다. 따라서 난폭한 동학 교도들도 이 집은 침범하지 않을 만큼 덕행이 뛰어났는데, 일본인이 그 집을 시기하여 사건에 연루됐다면서 석충과 사촌형 2명을 체포하려 하자 두 사람은 모욕을 당하지 않고 자결했다.

김홍량은 안악군(安岳郡) 사람인데 부유한 집안 출신으로서 의기가 비범하고 일본에 유학한 후 학교를 세워 청년 교육에 힘쓰고 모범농장도 계획했었다. 그런데 일본 경찰이 안명근을 도왔다고 모함하여 체포 후 15년 징역에 처했다.

제60장 우리나라의 종교와 일본의 속박

대체로 종교라는 것은 천하의 공덕(公德)이며 천명(天命)의 정칙(定則)

이다.

어떤 종교를 막론하고 교주된 자는 모두 전 세계를 대상으로 민중을 구제함을 종지(宗旨)로 하는 법이며 어찌 한 나라 한 민족에 국한되겠는가.

동해 북쪽 바다에 성인이 나오셔서 모두 이와 같은 이치로서 그 지방과 풍속에 따라 각각 교문(敎門)을 세워 그 국성(國性) 족성(族性)이 됐으며, 우리나라의 종교도 이 땅에서 창시된 것도 있고 다른 나라에서 전래된 것도 있지만 신앙의 자유는 옛날이나 지금이나 차이가 없다. 각 종교의 역사도 장구하고 신앙의 깊이도 심원하여 우리나라 사람들의 정신적 지주가 됨은 동일한 것이다.

이에 그 대략을 적어 동포들의 참고로 삼는다.

단군신화

시조 단군(檀君)이 신도(神道)로써 설교하고 제천(祭天)으로써 보본(報本)하니 부여, 고구려, 백제, 고려가 대를 이어 그 교를 받들었으며, 우리나라 사람이 자녀를 출산하면 반드시 삼신(三神)에게 제사 지내 생산의 신을 모신다고 하는데, 삼신은 환인(桓因), 환웅(桓雄), 단군을 말한다. 기자(箕子)조선 때 단군 사당을 세웠고 삼국시대에 불교가 크게 일어나자 환인제석(桓因帝釋)을 받들어 화엄경 중에 기재했고, 국내 사찰에서는 지금까지 변함 없이 환인제석을 모시고 있으며 제석은 인도어로 상제(上帝)를 뜻한다.

고려 때 묘향산(妙香山)에 360여 개의 암자를 지었는데 단군이 다스리던 360여 가지의 일을 상징한 것이며, 승려 일연(一然)이 ≪삼국유사(三國遺事)≫를 지을 때 세 명의 신이 나타나 이러한 단군에 관한 일들에 대해 교사해 준 일이 있다는 사실을 언급하고 있다. 조선에 들어서도 유학자 이익(李瀷)은 우리나라의 종교가 단군에서 비롯됐다고 했고, 정약용(丁若鏞)은 삼신이 우리 민족의 시조라고 했는데 이는 모두 신앙의 원류를 고

증하기에 충분한 것이다.

제천보본(祭天報本)하기 때문에 〈배천교(拜天敎)〉 또는 〈대종교(大倧敎)〉라고 하는데, "종(倧)"이라는 것은 상고(上古) 시대의 신인(神人)을 말한다.

기자(箕子)의 예교(禮敎)

은나라 태사(太師) 기자가 주(周)나라의 신하가 되지 않고 조선 땅으로 건너와 8조의 법을 세우고 예양(禮讓)의 풍속을 일으켰는데, 백성들은 변두(籩豆)로 음식을 만들고 부인은 정숙하여 음란하지 않았고 도적이 없어 밤에도 문을 닫지 않았으며 성인 현자의 가르침이 있으므로 천하가 군자국(君子國)이라고 불렀다.

수천년이 지나도 옛 성인의 발자취가 변하지 않았으며, ≪요사(遼史)≫에도 역시 "요는 원래 조선의 옛 땅이므로 기자의 유풍이 남아있다"는 기록이 있다.

즉 홍범(弘範)의 학(學)은 기자가 주나라 무왕(武王)으로부터 전수받아 온 천하에 전하게 된 것이며, 이 문화는 우리 민족이 혼자서 그 혜택을 누리지 않고 다른 곳에 전파했고, 지금도 우리나라 유가(儒家)에서는 홍범의 학을 중히 여겨 ≪홍범강의(弘範講義)≫, ≪홍범우익(弘範羽翼)≫ 등의 저술이 있다.

소연(小連)과 대연(大連)의 윤리와 가르침

소연과 대연은 공자시대 우리나라 사람이다. ≪예기(禮記)≫에 공자는, 소연과 대연은 부모님의 장례를 잘 치루었는데, 장사한 지 3일 동안은 조금도 눈을 붙이지 않는 등 태만히 하지 않았으며, 3개월 동안도 딴 생각하지 않고 오직 슬퍼하고 비통해 하였다. 그리고 이후 3년간은 부모님을 그리워하며 우울하게 지냈으니 이들이 바로 동이(東夷)의 자손들이다 라고 하였다. ≪논어≫에서는 일민(逸民)이라고 할 수 있는 사람으로 백이

(佰夷), 숙제(叔齊), 우중(虞仲), 이일(夷逸), 주장(朱張), 유하혜(柳下惠), 소연(小連) 등을 들 수 있다 라고 하였다. 공자는 또 유자혜와 소연에 대해 말하길 자신의 의지대로 행하였으며 몸을 욕되지 않게 하였다고 하면서, 이들의 말에는 윤리가 있으며, 행동하는 데도 항상 생각하면서 행동했다고 하였다. 이처럼 공자는 소연을 백이와 유자혜와 같은 인격자로 보았다. 따라서 소연이 천하의 대현(大賢)이었음을 분명히 알 수 있다. 또한 소연과 대연의 효행은 세상에서 특히 유명하여 공자까지도 이들을 칭찬하였으며, 효라는 것은 인(仁)의 근본이고, 행(行)의 원천이라 하였다. 그리하여 이 효라는 것이 고금을 통해 또한 국내외를 막론하고 백성들을 교화하는데 기초가 되었음은 당연한 것이다. 또한 이들의 말함이 언제나 의에 맞고 이치가 있었으며 행동함이 세상 인심에 맞는 것으로 실로 현인군자라 아니할 수 없다고 하였다. 그러므로 같이 사는 이들에게 이들의 행동이 교훈이 되어 일반인에게 계도됨으로써 이들의 후덕한 덕이 전하여지게 되어 그 자손들이 번창하게 되었으니 이는 바로 덕이 풍성하게 된 데 대한 보답이라고 할 수 있을 것이다.

삼국 시대의 세속 5교

삼국 시대에 세속 5교라는 조목이 있는데, 즉 나라에 충성하고(事君以忠), 부모에게 효도하고(事親以孝), 친구는 신의로써 사귀고(交友以信), 전쟁에 임하면 물러서지 말고(臨戰無退), 함부로 살생하지 말라(殺生有擇)는 것이다.

고운(孤雲) 최치원(崔致遠)의 말에 "우리나라에는 현묘한 도(道)가 있는데, 이는 삼교(三敎)를 포함하고 삼라만상을 교화하니, 즉 들어가면 부모에게 효도하고 나오면 나라에 충성함은 노사 구(魯司 丘:공자를 일컬음)의 뜻이요, 모든 악(惡)을 짓지 않고 모든 선(善)을 받들어 행함은 축건태자(竺乾太子)의 가르침이며, 무위(無爲)의 사(事)에 처하여 불언(不言)의 가르침을 행함은 주계사(周桂史)의 근본이다" 라고 했다.

신라 시조, 고구려 시조는 신선으로 교를 삼았다

신라 시조왕은 선도성모(仙桃聖母)의 아들이다. 고려의 김부식(金富軾)이 송나라로 건너가 우신관(佑神觀)에 나갔더니 어떤 사당에 여신상 하나가 있었다.

왕보(王輔)라는 설명자의 말에 따르면, 이 여신은 귀국의 신인데 옛날 황실의 여자였다. 독신으로 잉태하여 사람들의 의심을 받자 바다를 건너 진한(辰韓) 땅에 와서 아들을 낳았는데 이 아이가 해동(海東)의 시조이다. 이 황실녀는 신선의 도술을 터득하여 지선(地仙)으로서 항상 선도산(仙桃山)에 살았으며 이것이 바로 그 여신상이라고 했다. 또 송나라 사신 왕양(王襄)의 〈동성신모 제문(東聖神母 祭文)〉에 '임신한 현녀가 나라를 세웠다(娠賢肇邦)'는 문구가 있다. 왕이 신덕(神德)으로 백성을 교화하니 원근이 기꺼이 복종했고, 왜(倭)가 변경을 침범하려다가 왕의 신덕을 듣고 물러갔다고 한다.

고구려 시조 동명성왕의 어머니 유화부인(柳花夫人)은 해 그림자를 느끼고 왕을 낳았으므로 스스로 '천제(天帝)의 아들'이라 불렀고, 신무(神武)의 재능으로써 졸본(卒本) 지방에 나라를 세워 19년간 다스렸는데, 신선의 도술로써 인마(麟馬 : 날아다니는 환상의 말)를 타고 하늘로 올라간 뒤 내려오지 않았다고 한다.

고구려 관제에는 종교를 관장하는 '대선(大仙)'이라는 직책이 있었고, 영류왕(榮留王) 때 연개소문이 도교를 창도하고 노자(老子)를 강의했으며 천존상(天尊像)을 받들었다.

신선 사상(神仙 思想)은 단군 때부터 '신지선인(神誌仙人)'의 전설이 있었고, 그 후에도 수련자가 끊이질 않았지만 여기서는 생략한다.

삼국시대의 유·불 2교

삼국시대 초에 남쪽에 한 나라가 있었는데 나라 이름은 '가락(駕洛)'이며 왕은 김수로(金首露)였다. 왕비 허씨(許氏)는 천축국(인도)에서 왔는데,

이는 즉 동한(東漢) 건무(建武 : 서기 25~56년) 연간의 일로써 이것이 불교가 전해진 시초가 된다.

고구려 소수림왕(小獸林王) 2년(372년)에 〈태학(太學)〉을 세우고 유교를 가르쳤는데, 그 해에 진(秦)왕 부견(符堅)이 부도(浮屠 : 승려) 순도(順道) 및 불상과 불경을 보내왔다. 왕이 그 책으로 자제를 가르쳤으며, 후에 혜량(惠亮), 혜관(惠觀) 등 유명한 승려가 배출되었다.

백제 근초고왕(近肖古王) 29년(374년)에 고흥(高興)을 박사로 삼았고, 다시 박사 왕인(王仁)에게 명해 논어와 천자문을 가지고 일본에 가서 그 나라 왕자를 가르쳤는데 이때부터 일본에 문자가 생겼다.

무녕왕(武寧王)과 성왕(聖王) 때에 이르러 오경박사(五經博士)를 두었고, 침류왕(枕流王) 원년(384년)에 인도 승려 마라난타(摩羅難陀)가 진(晋)에서 건너와 이듬해에 한산사(漢山寺)를 세우고 불법을 받들었으며, 성왕이 다시 양(梁)나라에 사신을 보내 열반경(涅槃經)을 구해오고 석가불(釋迦佛)·금동상(金銅像)·번개(幡盖)·경론(經論) 등을 일본에 보냈으며, 법왕(法王)은 불법을 장려하고 살생을 금지했다.

신라 눌지왕(訥祗王) 때 승려 묵호자(墨胡子)가 고구려에서 건너와 왕녀의 병 치료를 위해 기도했고, 법흥왕(法興王)은 더욱더 불법을 닦고 살생을 금지했다.

진흥왕(眞興王) 때 혜량(惠亮)이 고구려에서 건너와 승통(僧統)이 됐는데, 백좌강회(百座講會)를 열고 팔관법(八關法)을 설법했다. '관(關)'이라는 말은 '폐(閉)'라는 뜻이므로 팔관은 즉 여덟 가지 죄를 폐한다는 의미이다(살생하지 말 것, 도둑질하지 말 것, 음란하지 말 것, 함부로 말하지 말 것, 술 마시지 말 것, 높고 큰 책상에 앉지 말 것, 향료를 바르지 말 것, 쾌락을 멀리 할 것).

진흥왕은 다시 승려 각덕(覺德)을 양나라로 보내 부처님의 사리(舍利)를 구해왔다.

신라의 명승으로는 원효(元曉), 의상(義相), 원광(圓光), 도선(道先) 등이 있는데 원효는 특히 해동종(海東宗)을 열고 ≪대승기신론소(大乘起信論疏)≫ 6권을 저술해서 중국에 보냈으며, 원광은 세속오계(世俗五戒)를 지어 백성들에게 전했는데 즉 나라에 충성하고(事君以忠), 부모에게 효도하고(事親以孝), 친구는 신의로써 사귀고(交友以信), 전쟁에 임하면 물러서지 말고(臨戰無退), 함부로 살생하지 말라(殺生有擇)고 가르쳤다.

신문왕(神文王) 2년(682년)에 '국학(國學)'을 세우고 공자와 제자들의 상(像)을 받들었으며, 경덕왕(景德王)과 경문왕(景文王)은 박사를 두고 친히 국학에 나가 강의를 들었다. 신문왕 때 명유 설총(薛聰)은 방언(方言)으로써 문자를 만들고 구경(九經)을 해석하여 후세 사람에게 교훈을 남겼으며, 한자를 빌려 이두(吏讀)라는 글자를 만들어서 관리들에게 쓰도록 했다. 설총은 원효의 아들이다.

문성왕(文聖王) 3년(841년)에 '독서출신과(讀書出身科)'를 설치했는데, 춘추(春秋) · 좌전(左傳) · 예기(禮記) · 문선(文選) · 논어(論語) · 효경(孝經) 등을 읽게 하여 오경과 삼사(三史), 제자(諸子)에 능통한 자는 특별히 높은 관직에 임명했다.

고려와 조선왕조의 유 · 불 2교

고려 태조의 즉위 초에 천축국 법사 마후라(摩睺羅)와 질리박일라(窒縛日羅)가 왔다. 왕이 예의를 갖춰 영접한 뒤 불사(佛事)를 크게 벌려 연등회(燃燈會)와 팔관회(八關會)를 열었고, 성종(成宗)은 승려를 국사(國師)와 왕사(王師)로 삼았으며, 덕종(德宗)은 보살계(菩薩戒)를 받았다. 그 후의 왕들도 도량(道場)을 세우고 사원에 다녔으며 승려에게 공양하는 일이 매우 많았다.

인종(仁宗)은 묘청(妙淸)과 백수한(白壽翰)의 말을 듣고 상안전(常安殿)에 관정도량(灌頂道場)을 설치했으며, 원종(元宗)과 충선왕(忠宣王)은 모두 관정례(灌頂禮)를 행했다.

성종(成宗)은 승려 30여 명을 중국 항주(杭州)에 보내 영명사(永明寺)의

지각선사(知覺禪師)에게 수학하게 하고 ≪종경록(宗經錄)≫을 얻어 왔다.

문종(文宗)은 왕자 조(照)와 규(䂓)의 머리를 깎고 승려를 만들었는데 조는 총명하여 화엄경에 밝았으며, 다시 유가 사상을 두루 공부하고 요동에서 불경과 경서를 구입하여 이를 간행하고 천태종(天台宗)을 창시했다. 그후 왕자 가운데 출가하는 자가 많았으며, 당시 불교는 교종(敎宗 : 천태종)과 선종(禪宗 : 慈恩宗,曹溪宗)으로 나뉬었는데 선종이 더욱 번창했다.

공양왕(恭讓王) 때에 이르러 송나라의 정주학(程朱學)이 유행하자 사대부 중에 불교를 배척하는 자가 늘어나더니 이조(李朝)에 이르러 불교가 크게 쇠퇴했다.

도교(道敎)는 불교보다 융성하지 못했지만 예종(睿宗) 때 원시천존상(元始天尊像)을 옥촉정(玉燭亭)에 모셔 두고 매달 제사 지냈으며, 의종(毅宗)은 도사 수백 명을 모아서 항상 제사를 지냈는데 그 비용이 엄청났다.

고려 성종 11년(992년)에 주공(周公)과 공자의 가르침인 "부모는 자애롭고 자식은 효도하며, 형은 돕고 아우는 공경한다(父慈子孝 兄友弟恭)"는 기풍을 불러일으키기 위해 전국 12목(牧)에 경학박사(經學博士)를 두었고, 문종(文宗) 때 최충(崔沖)이 9재학당(九齊學堂)을 세워 생도를 가르쳤으므로 '최공도(崔公徒)'라고 불렀다. 또 유신(儒臣)으로서 학생을 모아 강학하는 자 11명이 있었는데 항간에서는 이를 '12공도'라고 불렀지만 그 중에서 '최공도'가 가장 융성하여 '해동공자(海東孔子)'라는 칭호를 얻었다. 왕이 국자감(國子監)에 나가 공자상에 두 번 절하고 공자를 '백왕사(百王師)'로 존칭했다.

예종(睿宗)은 인재를 선발해 송으로 유학 보내고 다시 청연각(淸筵閣)·보문각(寶文閣)에서 경학을 강론하게 했으며 널리 학교를 세우고 생원(生員)을 두었다.

인종은 호부상서(戶部尙書)를 시켜 5전(五典)을 민간에 보급하고 효경과 논어를 어린이들에게 가르쳤으며, 유신과 함께 경전의 뜻을 토론하니 이

때 유학이 극성기를 맞이했으나 실천이 적고 문예에만 힘쓴 것이 크나큰 실책이다.

충렬왕 때 안유(安裕)의 노력으로 대성전(大成殿)을 세우고 충효의 실천에 힘썼으며, 전답과 노비를 문묘(文廟)에 헌납하여 교육비로 쓰게 했으므로 공로가 특히 현저했다.

충숙왕(忠肅王) 때 백이정(白頤正)이 중국에 들어가서 주자학을 배우고 왔으며, 이제현(李齊賢), 박충좌(朴忠佐) 등이 뒤따라 배웠고 권부(權溥)의 건의로 주자의 ≪사서집주(四書集註)≫를 간행했다. 우탁(禹倬)은 ≪정씨역전(程氏易傳)≫을 연구하여 후학을 가르쳤고, 이어서 이색(李穡), 윤회(尹淮), 권근(權近), 이인복(李仁復), 김구용(金九容), 정몽주(鄭夢周), 박의중(朴宜中), 이숭인(李崇仁) 등을 배출하여 성리학의 극성기를 가져왔다.

정몽주의 호는 포은(圃隱)인데 품성이 고매하고 절개가 탁월했으며, 학문이 뛰어나서 그가 하는 모든 말이 이치에 어긋나는 것이 없었으므로 우리나라 성리학의 시조로 불리운다. 또 선죽교(善竹橋)를 물들인 피의 흔적이 태양처럼 영원히 빛나니 우리 민족 정신의 뛰어난 점이 여기에 나타난 것이다.

문선왕묘(文宣王廟)는 매년 봄 음력 2월의 첫 정일(丁日 : 丁으로 시작되는 날)과 음력 8월의 첫번째 정일에 석전제(釋奠祭 : 문묘에서 공자에게 제사 지내는 의식)를 지냈으며, 안자(顏子) 이하 72인과 좌구명(左邱明) 이하 23인 및 우리나라의 명유 최치원, 설총 등 18인을 배향(配享)하고 국왕이 친히 제사를 올렸으며 제주사업(祭酒司業) 박사가 헌관(獻官)으로서 제사를 도왔다.

공자의 53세손 연성공(衍聖公) 완(浣)의 둘째 아들 소(昭)가 원나라 한림원(翰林院) 학사로서 원의 대장공주(大長公主)가 고려 공민왕에게 출가할 때 따라와 그의 처 황보(皇甫)씨를 거느리고 경기도 수원에 거처하니, 조선은 기자, 단군 이래 백성에 대한 교화가 잘 이루어져 공자님도 한반도에 와서 살기 위해 바다를 건너려고 한 적도 있었다. 지금은 공자상을 받들고 있는 관리사(關里祀)가 있을 뿐이다.

조선의 유학은 고려 때보다 융성했는데, 김종직(金宗直), 김굉필(金宏弼), 정여창(鄭汝昌), 이언적(李彦迪), 조광조(趙光祖), 이황(李滉), 이이(李珥), 김안국(金安國), 김정국(金正國), 조식(曹植), 박영(朴英), 서기(徐起), 성혼(成渾), 김인후(金麟厚), 기대승(奇大升), 서경덕(徐敬德), 송익필(宋翼弼), 조헌(趙憲), 김장생(金長生), 김집(金集), 정술(鄭述), 장현광(張顯光), 송시열(宋時烈), 송준길(宋浚吉), 박세채(朴世采), 허목(許穆), 윤증(尹拯), 김창협(金昌協) 등이 학풍을 잇고 한 나라를 풍미하니 그 원류는 전부 정포은(정몽주)으로부터 나온 것이다.

조광조의 호는 정암(靜庵)이고 이황의 호는 퇴계(退溪)며 이이의 호는 율곡(栗谷)인데 이들 세 성현은 우리나라 유가의 조종(祖宗)이라고 할 수 있다. 그중 퇴계는 기자 이후 제1인자로 불리우는데 학문의 깊이가 진서산(眞西山)보다 낫다고 하며, 그의 영향은 일본에까지 미쳐 일본 학자로서 퇴계를 숭상하는 것이 우리나라 유학자가 회암(晦庵)을 숭상하는 것과 같았으며, 지금도 일본에 퇴계학파, 퇴계학회 등이 있다.

조선의 입국 규범이 선비들의 의견을 가장 존중하였던 고로, 초야에 있는 이름 없는 선비라도 모두 참정권이 있으며, 대정(大政)이나 대례(大禮) 문제가 있을 때는 종종 유림의 격문 한 통에 여론이 서로 호응하여 정부도 어쩔 수 없이 굴복하는 사례가 있는데, 이는 서양의 민론(民論) 존중과 차이가 없는 것이다.

500년을 이어오는 동안 이러한 힘이 공헌한 바가 많았으나 한편 그 폐단으로는 사림의 권한이 커서 명예심이 지나치고, 명예심이 지나친 탓에 당쟁이 치열하고 당쟁이 치열하니까 사화(士禍)가 혹심하여 알력과 참소와 귀양과 살육이 그칠 날이 없었다. 그래서 공정한 언론이 없어지고 침묵으로 죄과를 모면하려드니 국가의 대권은 외척과 권신의 농간에 일임하게 되어 기강이 떨어지고 풍기가 혼탁해져 수습할 수 없게 된 것이다. 또 학문도 고전에만 힘쓰고 주자학에 몰두하여 이와 다른 자는 전부 이단으로 몰아 배척하니 주자학조차도 감히 수습하지 못하면서 하물며 서양의 새로운 학문은 어떻겠는가. 이로 인해 속속들이 썩은 탓에 시의에 따라 적당히 이용하지 못하고 국사에 보탬이 안 되는 것이다.

불교는 고려 말부터 배척되더니 조선에 들어서서 극도로 억압당했다. 그 중에도 명승으로 나옹(懶翁), 극허(極虛), 서산(西山), 진묵(眞默)이 조사(祖師)의 자리를 차지하는데, 서산은 임진란 때 제자 유정(惟政), 처영(處英) 등과 함께 승병을 일으켜 왜적을 토벌했으며, 영규(靈圭)는 국난에 순국하여 세인의 칭송을 받았지만 불교의 쇠약은 점점 더 심해졌다.

세종대왕 국문의 교(敎)

지구상의 모든 나라가 자기 나라의 글을 갖고 있지 않음이 없다. 대국은 물론이거니와 덴마크·멕시코·스웨덴 등과 같이 예전에 인구 백수십만을 가진 나라들도 그 나라 글로 된 서적 50만 권 정도를 학교에 소장해 오고 있다. 우리나라는 인구 2천만이나 되는 나라로서 국문으로 저작된 서적들이 저들의 것과 비교하여 어느 정도나 되는가. 식자들은 이에 대해 힘을 기울였던 우리의 노력에 주의를 기울여야 할 것이다.

우리나라 국문은 신라 승려 요희(窈熙)가 창작했지만 세상에 보급되지 못하고 단절됐는데, 조선의 세종대왕 28년에 국문국(國文局)을 세우니 이것이 우리나라 문명사에서 특기할 만한 사실이다. 여기서 자모(字母) 28자를 직접 만들어 성삼문(成三問), 신숙주(申叔舟) 등에게 책을 쓰게 하고 이름을 훈민정음이라고 했다. 초성·중성·종성을 합해서 글자를 만들었는데, 자체는 고전범자(古篆梵字)를 본 떠서 만든 것으로 다섯 음으로 나누어 분별했으니, 아·순·치·후 음이 그것이다. 순음은 경중의 차이가 있으며, 설음은 반·정(反正)의 구별이 있다. 즉 자음 또는 청음과 반청음, 그리고 탁음과 반탁음이 있으니 불청과 불탁의 차이가 그것이다.

언어와 사물을 기록하지 못 하는 발음이 없고 아주 쉽게 배울 수 있으므로 아무리 미련한 사람이라도 하루 이틀만 허비하면 충분히 습득할 수 있게 되니 천하의 국문 가운데 제일 우수하다. 농공상인과 부녀자에 이르기까지 국문을 이해하지 못하는 자가 없을 만큼 보편화되었다.

대체로 우리나라의 국문은 쓰기 어려운 한자와 비교해서 어렵다 쉽다라고 비교할 여지도 없는 것이다. 일본은 비록 국문이 있기는 하나 한자를 빌리지 않으면 말을 꾸밀 수조차 없는데, 이에 비해서 우리 국문은 한자를 빌리지도 않고 국문만 사용해서도 문장을 꾸밀 수가 있는 것이다. 이처럼 그 만듦이 정교하니 어찌 일본글과 비교할 수 있겠는가?

서양인이 포교할 때 우리 글을 이용하는 경우가 많고, 일본인이 한국을 합병한 후에도 기관지에 우리 글을 이용하여 전폐하지 못하게 되었다. 오늘날 우리가 망하지 않은 것이 하나 있다면 바로 이것 문자 뿐이다.

서양 신구교의 발전

프랑스 천주교가 우리나라에 들어와 대원군에게 학살당한 것은 전편에서 상술했지만, 그후 우리나라가 프랑스와 통상조약을 체결할 때 신앙의 자유를 약속했으므로 비로소 신부가 내한하여 포교에 전력했다. 이들은 명동에 중앙 교회당을 세웠는데 높이가 수십 장에 빼어난 외관을 자랑하며, 남녀 신자가 날이 갈수록 늘어났다. 각 지방에도 성당을 세우고 학교를 부설하여 교육사업에 현저한 공로가 있으며, 아울러 명동 성당에서 경향신문을 발행하여 시사에 관한 사항을 정확하게 보도했는데 일본인의 눈에 거슬려 철폐하게 되었다.

미국의 개신교(예수교)는 프랑스의 구교보다 전래가 뒤졌지만 그 발전의 형세는 지극히 빨라서 교회, 학교, 병원을 각지에 세우고 교육사업과 자선사업에 현저한 공적을 남겼다. 신도가 수십만에 달하고 그중에도 서북 3도가 가장 번성했다.

천도교와 시천교(侍天敎)는 모두 동학의 후신인데, 천도교는 손병희(孫秉熙)가 주재하며 그 신도가 100만에 달한다고 한다. 시천교는 대부분이 일진회원이다.

일본의 종교 박해

일본이 이상 각 종교에 대하여 조종을 꾀하고 혹은 속박을 가하여 방법이 각기 달랐지만 결국은 한국인의 사상을 뿌리뽑자는 것이었다.

유교를 예로 들자면, 데라우치가 성균관에 대제학(大提學), 부제학(副提學), 대사성(大司成), 성균 강사 등을 두고 박제순, 이용직, 이인직 등이 그 임무를 맡았는데, 이들은 이완용과 같은 부류로서 일본의 노예나 마찬가지인 인물들이 사문(斯文)의 강석(講席)을 주재한들 어찌 유교도의 영광이겠는가? 한편 재야의 유림으로 국민의 신망을 받는 인사는 주야로 일본의 감시를 받아 언론과 행동의 자유가 없었다. 우리의 선유(先儒) 퇴계는 비단 우리나라의 유종(儒宗)일 뿐만 아니라 일본 학파도 막대한 혜택을 받은 셈인데, 왕년의 그 후예가 타인에게 무고를 당하자 일본군이 그 집에 난입하여 부녀를 끌어가 문집과 각본(刻本)을 훼손하였다.

불교의 미약함은 오래된 일이지만 일본 승려가 각지에 들어와서 그들의 각 종파가 주도권을 장악하고 전통 있는 사찰은 일어설 기회를 얻지 못했다.

대종교는 병합 당시 일본인들이 해산하려고 했으나 일본의 《태양잡지》가 논평하기를, 조선의 대종교는 오래된 종교로서 그 신도가 많다고 하지만 수중에 무일푼이니 설령 불온한 행동이 있다 해도 크게 염려할 것이 없는데, 지금 강제로 해산하여 종교를 간섭했다는 원망을 살 필요가 없다고 했다. 따라서 일본인이 해산은 중지했지만 경찰과 탐정이 교당을 엄중히 감시하여 교인 가운데 억울하게 처벌받은 사람이 적지 않았다.

일본은 특히 기독교도를 반일파라 하여 심하게 질시했고 항상 이들을 박멸하려고 했으나 신앙의 자유는 만국 공법이므로 명령으로 해산하지는 못했다. 그러나 이따금씩 있지도 않은 사건을 날조하여 신도를 체포하고 혹심한 고문을 가해 죽거나 병드는 자가 많았다. 시골에 사는 영세민이라도 교적에 이름이 올라 있는 사람이 소송 문제로 법정에 서게 되면 이유 여하를 막론하고 교인이 패소했다.

미국인 선교사까지도 엄중하게 감시했는데, 서신의 왕래에도 우체국에서 뜯어보는 등 예기치 못한 장애가 속출했다.

오호라 망국의 백성이 언론 행사에 자유가 없는 것은 당연한 일이지만, 신앙 만은 공법(公法)도 없고 서양 선교사의 힘으로 자유를 보전할까 했더니 이 역시 속박이 이와 같아 공법과 선교사도 무력하니 참으로 탄식할 일이로다.

제61장 120인의 대규모 투옥 사건

신해년(1911년) 10월 전국을 공포로 떨게 하고 세계를 깜짝 놀라게 한 대규모 투옥사건이 일어났는데, 그것이 바로 데라우치 총독을 암살하려 했다고 하는 음모하에 꾸며진 사건이었다. 이에 윤치호·유동열·양기탁·안태국·이승훈·임치정·옥관빈·길진형·양전백·이용혁 등 120인이 모두 체포·투옥되고 가혹한 고문을 당하여, 법정에 유혈이 낭자했으며, 여러 사람이 죽게 되었다. 소위 음모사건이라고 하는 것은 증거를 제시하지도 않고 이와 같은 큰 실책을 저질렀기 때문에 하는 말인데, 이처럼 음모를 꾸민 것은, 하나는 한국의 뜻 있는 지사들을 다 없애자는 데 있는 것이었고, 다른 하나는 기독교도들을 박멸하려는 간계에서 나왔다고 할 수 있다. 저들은 비록 다방면으로 거짓을 꾸며 진실인 것처럼 만들려고 하지만, 어찌 천하의 이목을 가릴 수 있다는 것인지 알 수가 없다.

이에 대해 미국 신문들은 그러한 사실에 대해 계속해서 논박을 가하였다. 영국인 맥간서(麥墾西)는 영국 런던에서 발행되는 《태오사보(泰悟士報)》에 비교적 자세한 기사를 실어 알렸는데, 그는 그 글에서 "기자님께. 근일 일본은 데라우치 총독 암살 사건을 꾸며서 한국 북부지역에서 기독교인 100여 명을 체포하였는데, 이 사건은 아주 중요한 사건이므로 귀 신문에서는 이 문제를 등한시 해서는 안 될 것이다. 한국 북부지역에서의 기독교는 전파된 지 20년만에 그 세력이 크게 확대되어 평양에서 압록강 일대에 이르기까지 교회당이 날로 증가하여 이미 백수십여 개나 된다. 또한 일체의 비용은 각 교회에서 스스로 충당하고 있으며, 이들 교회당은 대다수가 미국 백뢰사비덕(伯雷斯比德) 종파의 목사·의사·교사들이 관리하고 있다. 이들 중에서 이러한 상황을 잘 아는 사람은 그들의 사회적·도덕적 성과에 대해 탄복하지 않는 사람이 없다. 이러한 사실은 아주 명백하기 때문에 다른 사람들도 잘 알고 있어 특별히 더 설명할 필요는 없고, 다만 종교에 관한 것만을 말하고자 한다. 일본인이 한국의 북부지역을 점령한 후 이들 교인들은 일본인들과 왕왕 충돌하는 일이 발생했는데, 교도가 아닌 사람들도 일본인들의 행위에 대하여 깊은 원한을 품고 있다. 이러한 한국인들에 대해 외국선교사들도 동정을 표하고 있으나, 정치적으로 관계되는 일에는 조금도 간여하지 않고 교회당 안에서 어쩌다 격렬한 논쟁이 펼쳐지게 되면 그때마다 교회에서 쫓아내곤 하고 있다. 이는 일본인들이 그러한 사실을 알게 되면 내란을 꾸미고 있다고 트집을 잡고 나올 것이 뻔하므로 이를 미연에 방지하여 근심을 없앤다는 차원에서 그렇게 하고 있는 것이다. 그것은 전도사들이 일본인들에게 구실을 주지 않고 교의(敎義)를 유지하려는 것으로 괴로움을 참으면서 유연하게 대처하려는 차원에서 하는 행동이다. 또 한국인의 힘이 일본인의 힘에 필적할 수 없으므로 조금이라도 양식이 있는 사람이라면 의기(義氣)나 만용이 무익하다는 것을 알 것이다. 그러나 일본인들은 그러한 상황을 알지도 못하고 도리어 선교사들이 교회에서 설교하는 것을 의심하여 설교만 한다하면 경찰이나 정탐꾼을 보내 그런 일이 일어나지 않도록 백가지 묘안을 짜내 막고 있고, 나아가 한국인들에게 외국인 교회에 나가지 못하게 하고 자신들이 만든 교회에 나가도록 유인하고 있다.

한국인 중에서 교회학교에 취학하는 자가 있으면 놀리고 유혹하여 학교를 그만두도록 시도하고 있으며, 그렇게 되면 통쾌하게 생각하고 있는 실정이다. 선천(宣川)에 오니이(奧尼爾)라고 하는 학당이 있었는데, 한국인 자제들 중 취학하는 이들이 많았다. 그 학교의 교장은 맥공(麥空)이라는 사람이며, 그 또한 백뢰사비덕 종파에 소속되어 있었으며, 한국에 머문 지 이미 7년이나 된 사람이다. 그는 일본인들이 한국인에 대한 대우가 아주 불공평하다고 생각하여 백방으로 설교하며 다녔다. 일본인들은 그러한 그를 매우 못마땅하게 생각하여 지난해에 일본인들은 큰 일을 꾸며 냈던 것이다. 그것은 그가 한국 학생들이 일본 천황의 사진을 숭배하는 것을 원하지 않는다는 사실을 말함으로써 만들어진 것인데, 그의 의도는 사진을 숭배한다는 것은 교회에서는 의당 이단시하는 것으로, 만일 숭배하는 것을 허락한다면 일본 천황을 천신(天神)으로 인정하는 것이 되어 교의에 맞지 않기 때문에 불허했던 것이다. 그러나 이러한 사실도 또한 그 자신의 의도에 의해서 만들어진 것이 아니고, 또한 그가 이 문제를 극력 주장하여 그렇게 해야 한다고 주장한 것도 아니었다. 또 그는 성경을 설교하면서 다윗과 골리앗의 고사를 예로 들었는데, 아무리 천하의 막강한 자라도 약한 자에게 질 수가 있는 것이니, 진실한 약자는 대중지정(大中至正)에서 나오는 것이라 하여 천하에는 적이 없다고 하였던 것이다. 당시 일본인들은 이러한 그의 말을 듣고는 관청에 보고하여 대역무도한 자로 지목을 했으니, 이는 그에게 죄를 뒤집어 씌우려고 한 것으로 "그의 말 중 다윗은 한국인을 말하는 것이고 골리앗은 바로 일본인을 말한다"고 하며 아주 치밀하게 수단을 강구했던 것이다. 이것이 바로 다음에 일어나는 대규모 투옥 사건의 발단이 되게 되었다. 즉 이것이 어떤 의도에서 한 말인지에 대한 추궁이 가해지게 된 것이다. 일본 신문들도 이를 기회로 삼아 이것은 한국인이 선동한 증거라고 몰아부쳐 댔던 것이다.

  10월 12일에 이르러 학당 안에서 학생 3명이 체포되었는데, 체포하는 원인에 대해서는 일체 발표하지도 않고 수일간을 구금했다가 경찰국에서 바로 감옥으로 보냈으며, 그후 학생·교사·교회당 안의 교직자 등을 계속해서 체포하는 등 교회 안에 있던 걸출한 인재들은 모두 체포해갔다. 고아원을 만든 자선가나 교회 복음에 성공한 청년회 운동가 등도 모두 줄줄이 체포되어 끌려갔는데, 처음에는 죄명도 밝히지 않더니 그 후에 가서 데라우치 총독 살해를 모의했다고 하는 혐의를 뒤집어 씌웠던 것이다. 이러한 류의 혐의범은 먼저 헌병관의 엄격한 심문을 거친 후 검찰관에게 송치되어 심문을 받았으며, 심문 후 약간 명은 석방되기도 했지만, 그들 중 두 사람은 석방된 지 얼마 후에 곧바로 죽었고, 한 사람은 옥중에서 사망했다. 석방된 자들의 말에 의하면 심문할 때 모진 고문을 가하여 강제로 자백을 받아냈다니 그 참담한 상황은 말할 수가 없을 지경이다.

나는 처음 이 말을 듣고 바로 믿으려 하지 않았으나 그후 확실한 보고를 입수한 결과 그 사건 전후의 상황이 부합되며, 또한 이런 류의 심문에 대해서는 내가 잘 알고 있으니 조금도 의심할 여지가 없는 일이다. 풀어준 혐의자가 심문 받을 때의 상황에 대해서 말했는데, 먼저 압력을 넣고 독촉을 가한 다음 데라우치 총독을 살해하려 한 계획에 대해 자백하라고 강요했다고 한다. 그래서 모른다고 하면 아주 혹독한 고문을 가하였는데, 그 심문 방법은 다섯 가지로 나눌 수 있다.

첫째는 혐의자를 조그만 상자 속에 집어넣어 똑바로 일어설 수 없게 하고 또한 움직일 수도 없게 하여 움츠리고 있은 채로 36시간이나 있게 하는 것이다. 둘째는 범인의 머리에 형구(刑具)를 씌워 높이 매단 다음 발이 닿지 않도록 하였는데, 다만 엄지 발가락만 땅에 닿도록 한 방법이다. 셋째는 엄지손가락만을 매어 공중에 달아 놓는 방법이고, 넷째는 팔과 다리를 반으로 꺾어 결박을 지어 근육에 심한 고통을 받게 하는 방법이다. 다섯째는 팔을 뒤로 뻗치게 하여 놓고 머리를 위로 향하게 하여 물을 콧구멍에 쏟아 넣는 방법이다. 이러한 다섯 가지 방법으로 고문을 하는데 한국인들은 처음에는 어떻게든 견디어 내지만 얼마 후에는 죽을 수도 없어서 허위자백을 하게 마련이다. 다만 그렇게 하는 것도 공판하는 날 모든 것을 말하여 허위자백한 것을 털어놓아 자신들의 진술을 번의하려고 했기 때문이다. 어떤 목사는 절대로 범죄사실을 들은 적이 없다고 하여 끝까지 오래도록 혹독한 고문을 받았지만 결국은 참아내지 못하고 허위 자백을 했는데, 이러한 고통을 당해 보지 않고 이를 그 목사의 허물로 돌려서는 안 될 것이다. 그후 교회 대표자들이 데라우치 총독에게 고문한 사실을 따졌으나 그는 회신을 통해 이를 절대로 인정하지 않았다. 이에 이 문제는 6월 28일에 시작하여 7월 17일까지 진행된 공판에서 심리하겠다고 했다. 그러나 얼마후 공판을 열지 않았으니, 이는 공판을 하는 과정에서 변호인들에 의해 모든 진실이 밝혀질 것을 두려워한 때문이다. 당시 혐의자들이 말한 바는 모두가 심한 고문에 의해 허위자백된 내용이었으니 당연히 진실이 밝혀질 것을 두려워했기 때문이다. 겨우 심문이 시작되어 극낭니(克郞尼)는 귀 신문이 방문할 것이라는 소식을 듣고 직접 법정에 나가 심문하는 내용을 들었는데, 모든 한국인들은 전부가 다 강압적인 위협을 두려워하지 않고 심문할 당시의 여러 학대 사실을 모두 술회하였다. 이에 심판관이 이런 진술의 사실 여부를 물었는데, 이때 한국인 한 사람이 말하길 "직접 진술한 것임에 틀림 없소이다. 단지 당시의 고문이 너무나 혹독하여 생각할 여유도 없었고, 힘이 없어 말할 수도 없었으며, 겨우 '그렇다' 란 말만 할 수밖에 없었소이다. 심문하는 사람이 '그렇다' 라는 말만 들으려 했기 때문에 부득이 억지로 말한 것이외다. 당시 우리는 결박을 당해 어쩔 수가 없었으며, 죽었다 깨어나길 세 차례나 하였소이다. 우리는 우리 앞에서 때려 죽이는 것을 보았고, 우리 몸도 약해졌으니 더 이상 매질을 견뎌낼 수가 없었던 것이오"라고 하였다.

 이상에서 말한 바는 귀 신문사가 사건의 진상을 직접 참관한 것이고 직접 들은 것으로 그 한국인이 진술한 내용 또한 직접 번역한 것이니 조금도 말을 보탠 것은 없다. 그런데도 당시 공판정에서의 심판관은 고문했다는 것은 사실무근이며 한국인의 진술은 번역하는 과정에서 심문한 전체를 다 번역하지 않고 압력을 가한 사실만 번역을 했다고 구실을 대고 있다. 그러자 변호사들이 모두 일어나 오역이 아니라고 반대하였으나 심판관은 들은 체도 안했다. 그러자 변호사들(그 중 4인은 일본인)은 모두가 심판관의 편파적인 행위라 말하고 물러가겠다고 성명을 내자 공판은 중지되고 말았다. 이러한 사실이 당시의 대략적인 상황이다. 저들은 이 사건을 일본 상급 관청으로 당연히 송치할 것으로 생각되는데, 일본인이 한국인에 대해 이렇게 대우하는 것이 영국이나 미국에 알려진다면 저들의 느낌이 어떨지 궁금하다고 운운하였다.

상해 ≪시사신보≫ 기자가 말하길, "내가 특별히 이 내용을 번역하여 신문에 실으려고 하는 것은 몇 가지 이유가 있기 때문인데, 첫째는 일본 문명을 숭배하려는 자는 일본 문명의 진상을 알아야 하기 때문이고, 둘째는 오늘날 대국을 돌아보지 않는 자에게 망국인의 고통을 알려주자는 의도이며, 셋째는 중국인의 위상도 바로 이와 같은 상황에 있으니 어찌 후일 우리나라 자제들이 입학한 후 그 나라 황제 사진에 대하여 세 번 무릎을 꿇고 아홉 번 머리를 숙이는 예를 취하게 할 수 있으며, 어찌 우리가 후일 다른 나라의 심판청에 엎드려 대역무도한 선고를 받을 수 있겠는지 그 사실을 알려주려는 데 있다"고 하였다.

이때 또한 상해 모신문사의 주필은 논설 두 편을 써서 신문에 게재하면서, 이를 영문으로 번역하여 서양 신문에까지 실리니, 일본 영사가 와서 이를 힐책하며 정정해 줄 것을 요구했지만, 그는 사리에 의해 반박하는 글을 실었으니, 그 글의 제목은 '공론(公論)과 인도(人道)'였고, 그 내용은 다음과 같았다.

"세계적인 진리라고 하는 것은 평화를 말함이지, 잔인하고 포악한 것을 말하는 것은 아니다. 혁명이라는 것도 부득이 해서 하는 것이나 그 목적도 평화를 위해서 하는 것이다. 따라서 세계적으로 행하는 행위의 목적은 모두가 평화를 이룩하기 위함에서이다. 중국은 혁명을 처음으로 성공한 나라다. 중국의 혁명은 중국의 평화만을 위한 것이 아니라 세계적인 평화를 위함에서 이루어진 것이다. 정부가 사회의 행복을 도모하지 않는다면 국민은 혁명 대열에 따르지 않게 될 것이니, 이는 인류의 유일한 진리이며, 동서고금을 통한 불변의 진리이다. 따라서 국가가 혁명이 없으면 그만이지만, 만일 혁명이 있다고 한다면 그 잘못된 죄는 정부나 자본가에게 있는 것이다. 우리는 세계의 평화와 인류에게 복이 누려지길 간절히 희망하는 바이며, 우리는 또한 세계의 정부 및 자본가가 약탈을 일삼아 혁명의 화를 불러일으키지 말 것을 간절히 바랄 뿐이다. 대개 혁명이 일어나면 정부 · 자본가 · 평민 모두가 지극히 처참한 고통을 받기 마련이다. 최근 아주 슬픈 세계의 2대 참극이 있었는데, 이를 모두 말할 수는 없고 이에 대한 개략만을 약술하여 두 나라 정부에 대한 충고로 대신하겠다……. 일본이 한국을 병탄한 이래 조선에 대한 시정(施政)이 잘 되고 못 되고 한 것은 내가 논할 바가 아니다. 그러나 한국인의 혁명사조가 날로 증가하여 이제는 혁명사건으로 간주하여 구속까지 한다는 말인가. 유동열 · 양기탁 · 안태국 같은 이나, 순국한 안중근 등은 모두 당대의 애국지사들인데, 데라우치 통독을 암살하려 했다는 죄를 씌워 구류한 자가 120여 인이나 되며 그 수령은 윤치호라 하니, 내가 일본 검사의 기소 내용을 보건대 그 소장 머리에 '윤치호 등 피고의 일부가 배일사상을 품고 1905년 한 · 일보호조약을 체결할 때, 미국과 러시아에 있는 한국인과 함께 비밀단체인 신민회의 조직을 도모했다고 하였으니, 그 목적은 암살행위를 하려는 것이었으며, 실권을 쥐고 있는 대관들이 일본 제국에 복종하지 않고 열국에게 동의를 구하여 무관학교를 설립하였는데, 이는 유사시에 독립전쟁을 일으키려는 것이다'라고 하였다.

이것이 기소장의 내용으로 이를 법이론적으로 보면 오늘의 조선은 병합한 이후의 조선이며, 병합된 후의 조선은 일본의 영토가 아닌 것이 분명한 즉, 윤치호 등은 합병되기 이전에 그들이 주장한 바 배일이 아니라 구국인 셈이다. 진실로 일본이 한국과 가장 아름답고 만족할 만한 국교를 체결하였다면 윤치호 등이 일본을 배척하려고 책동하지도 않았을 것이고, 일본에 대해 점점 더 좋은 감정을 가지게 되었을 것이다. 일본의 한국 보호를 반대한 문제와 무관학교 설립문제는 한국인들이면 반드시 해야할 일이다. 따라서 윤치호 등이 구속된 사건은 공리로 따져도 한국의 애국지사로서 의심할 여지가 없는 것이다.

그러나 지금은 일본이 이미 한국을 병합하였기에 일본이 윤치호 등에게 죄를 묻는다 해도 저항할 세력이 없으며, 일본인에 의해 재판을 맡길 수밖에 없는 일이다. 그렇지만 한국인의 암살사건에 대한 일본인의 방침을 보면 혁명 풍조가 더욱 격렬하게 일어나고 있음을 대변해 주고 있으며, 이러한 혁명사상이 일반 내지에까지 전파되고 있음을 알 수 있다. 고도쿠 슈수이(行德秋水) 사건은 바로 그 증거로 장래의 위험에 대해 일본인들은 생각하지 않는 듯하다. 내가 바라는 바는 일본인들이 박애정신으로 한국인을 대우해 줄 것이며 그들을 가볍게 대해서는 안 될 것이다. 그렇지 않으면 이는 스스로 죽음을 선택하는 정책일 뿐이다"라고 하였다.

일본은 침략을 그들의 가장 중심된 정책으로 삼고 있다. 그들의 우리나라에 대한 야심은 다른 나라에 비해 더하니, 그들 자신의 국내에 대한 위험도 이와 같을 것이다. 인도로서 외국을 대해야 또한 인도로서 자국민을 대하는 것이다. 장래의 국가는 반드시 공화국 형태를 띠게 될 것이며, 인류는 반드시 평화를 지향해 나갈 것이며, 따라서 모든 정치상의 추세를 우리는 반드시 주목할 필요가 있는 것이다.

형벌과 인도

우리가 중국사를 논할 겨를도 없는데, 타국의 역사까지 논할 여유가 있겠는가마는 그러나 인도주의는 세계 공통의 진리이다. 일본은 근 수십 년을 내려오면서 문명국임을 스스로 밝혀왔다. 그러나 문명이라는 것은 물질적으로만 진보하는 것을 말하는 것은 아니다. 능히 인류를 위해서 행복을 추구해야 하고 영구적인 세계 평화를 보존하는데 일조해야 문명이라고 할 수 있는 것이다. 일본인이 조선을 병탄한 이래 조선의 뜻있는 사람들의 의지는 날로 꺾이어 쇠진하고 있는데, 그런데도 일본인들은 일본의 안녕을 위해 그런다는 핑계를 대며 조선을 계속해서 압박하고 있다. 조선은 이미 일본의 영토가 되었으며, 따라서 일본인은 조선인을 일본인 대하듯 한다고 언제나 말하여 왔다. 그러나 토지·인민·역사·습관이 다른 민족을 같은 법률로서 다스린다는 것은 어려운 일인데, 이에 불응한다고 잔혹한 수단으로 조선인을 대하고 있으니 이 얼마나 슬픈 일인가! 중국의 멸망도 목전에 달려 있으니, 내가 조선의 사정을 보고 중국을 슬퍼하니 어찌 한 마디 말이라도 하지 않을 수 있겠는가?

  나라에 형벌이 있다고 해서 잔인한 수단으로 모든 범죄자들을 처벌하는 것이 능사는 아니다. 그러므로 형벌을 제정할 때는 반드시 학자와 형벌에 논리가 밝은 자의 말을 따라야 함을 도외시 해서는 안 되는 것이다. 영국인 빈딘씨가 말하길 "형벌은 국리·민복을 목적으로 한 것이다. 그런 까닭에 다수에 있어서 이익이 있으면 정당하다고 하는 것이고, 그렇지 못하면 정당치 못한 형벌이 되는 것이다"라고 하였다. 이것이 이익주의의 학설인 것이다. 강덕(姜德)씨는 말하길, "선은 선의 결과이고, 악은 악의 결과이다. 이미 죄악을 저질렀다면, 반드시 형벌의 결과를 받게 될 것이다"라고 하였으니, 이는 정의주의자의 학설이다. 근세의 형법학자들도 이 두 가지 설에 대해서 비록 각기 의견이 다르기는 해도 종교·도덕·국법 셋은 공통적 원리가 있다고 하였으며, 이는 바로 인도(人道)를 뜻하는 것이다. 국가의 행위도 그 목적은 다수의 행복을 도모함을 외면하지 않고 다수의 행복을 이르는 것이니, 인도를 또한 청할 따름이다. 형벌이라는 것은 국가 제재의 한 종류이며, 사회체제는 도덕으로 하고, 국가에 대한 제재는 형벌로 하는 것이니, 그 목적은 실상 같은 것이다. 따라서 이를 단적으로 말하면, 인도와 형벌이 부합되어야 이것이 정당한 것이 되며, 그렇지 못하면 인권을 유린하게 되는 것이다. 세계 문명국은 체벌을 거의 폐지하였으니, 일본도 문명국가라 자처하는 이상 체벌을 폐하고 자유벌을 취해야 한다. 지금 구미 문명국들은 사형제도를 폐지하자는 논의가 빈번한데, 체형을 폐지하지 않는다는 것은, 일본의 입법주의를 위해서나 조선인에 대해서도 행복하지 못하다는 것을 의미하는 것이 아닌가. 그리고 다시 제정한 잔혹하고 비인도적인 체형은 아프리카 토인들의 형벌과 비교해도 거의 다름이 없으니, 일본인은 어찌 불행하게도 이런 가혹한 형벌을 제정하고 조선인을 학대하여 세계사상 가장 괴상한 역사를 남기려 하는가? 또 일본 문명사 중 일대 오점을 남기려하는가? 그리고 조선망국사 중에서 일대 한을 남겨주려 하는가? 처참하기 이를 데 없도다.

≪대륙보≫에는 또한 다음과 같은 내용을 게재하였다.

일본정부는 근래 조선에 대해 문명·행복을 가져다 주었다고 하였는데, 그래 가장 교묘하고 가장 신식인 체형이 바로 그것이란 말인가? 이를 시행하라는 명령은 이미 관보에 반포되어 조선인을 징벌하는 데 적용되고 있으니 법을 시행하는 방법은 다음과 같다.

범인은 배를 땅에 향하게 하고 누워서 양팔은 곧게 펼치고, 이마를 내놓고 팔과 다리의 관절을 모두 결박하여 엉덩이를 들어 내놓게 하며, 형을 가하는 자는 오른손에 채찍을 잡고 왼손은 몸곁에 들어 오른쪽 다리에 걸터앉아 채찍으로 범인의 몸을 내려갈기니, 때릴 때마다 살점이 묻어나온다. 이러한 형벌을 가하는 것은 식후 한 시간 후에 행하는 것이 정례화되어 있다. 그때 범인이 정신을 잃게 되면 한 모금의 냉수를 주도록 한다.

이런 항목의 형벌이 인도적이란 말인가? 비인도적이란 말인가? 일본인 스스로가 생각해볼 문제이다. 이러한 형벌을 오늘날의 일본인들에게 실시한다면, 격렬한 모종의 반항이 일어날 것이다. 공공연히 조선인을 대하되 그것 또한 조선이 망하고, 국민이 쇠약하다고 속일 수 있다고 생각하는가? 그러나 세계는 공리가 멸하지 않았으니, 조선인을 죽이게 할 수는 없을 것이며, 항명할 힘이 없다 하더라도 세계의 여론을 어떻게 막을 것인가? 일본인은 몹시 잔인하며, 그들의 땅을 탈취한 것 자체가 잘못된 것인데, 더구나 여러 가지 수단으로 그들을 학대하니, 누구나 궁지에 몰리게 되면 반드시 이에 반항하게 되는 법인데, 일본인들은 근심도

안 하는 것 같다.

　그러나 비록 그렇다 하여 우리가 조선의 일을 슬퍼만 할 것이 아니다. 남만주 일대가 조선의 뒤를 밟은 것이 순식간의 일이니 내가 두려워 하는 것도 바로 이것이다. 내가 이 글을 지은 후에 눈을 돌려 보니, 이런 종류의 잔혹하고 인간의 도리에 어긋나는 형벌이 또한 우리 민족에게도 미치게 될 것을 생각하지 아니할 수 없다. 그러니 어찌 조선 사람들만을 슬퍼하겠는가 말이다.

▮ 결론 ▮

　옛날에 대씨(大氏)가 지배했던 발해는 그 영토가 5천 리나 되고 약 300년간의 영화를 누렸다. 그들은 무공이 뛰어났던 데다 문물이 번창하였기에 세상에서는 그들을 해동성국이라고 불렀다. 그럼에도 불구하고 그들이 멸망한 다음에는 발해의 역사라는 것이 명확히 후세에 전해지지 않고 있으니 그 이유는 무엇인가?
　내가 일찍이 용천(龍泉)이라는 곳에 와서 그들의 고적들을 답사하며 보았더니 잡초만이 우거져 있어 쓸쓸하기 짝이 없으니 힘차게 흘러가는 강물소리처럼 무예가 드높고 문장이 세상천지에 알려졌던 그 찬란한 위업들이 이제는 모두가 바람에 날려버린 듯 하나도 남아 있지 않음을 알 수 있다. 발해가 문장으로써 세상에 널리 알려졌을 때는 발해의 문인학사들이 당나라에 가서 과거에 급제한 자들이 많은데 어찌 문헌상에 간략하게나마 남아 있지 않으며, 또한 그들의 왕자와 왕족 그리고 그들 유민들이 요나라의 노예가 되는 것을 부끄러워하여 무기를 들고 고려로 들어온 자들이 만여 명이나 됐는데도 그들의 기록을 가져오지 않았는가? 그것은 그들 민족이 마한(馬韓)동족이고 그들의 영토가 고구려의 옛영토이기 때문에 고려인이 볼 때는 한집안이나 마찬가지였므로 방문하여 이를 기록하지 않은 것이다. 따라서 옛사람들이 발해사를 편수하지 않았던 것은 이를 고려로 알고 정리하지 않았던 것이니 이를 어찌 믿지 않을 수 있겠는가?
　무릇 인류가 이 지구의 땅 위에 집을 짓고 살면서 야만스럽고 무지함을 벗어나기 위해 국가제도를 정하고 도덕윤리와 정치, 교육, 법제 등을 갖추게 되었는데 이 모든 것이 역사인 것이다. 역사가 있다는 것은 국혼(國魂)이 존재하는 것과 같다. 아시아 최대의 또한 가장 오래된 나라들을 예로 하여 이를 말하자면 중국의 혼은 문학에 있고 돌궐의 혼은 종교에 근거하고 있다고 할 수 있다. 중국이 시대에 따라 흉노, 강족(羌族), 금원(金源), 몽고족 등에 의해 침략을 받아 지배당하기도 했으나 5천 년에 이르는 문학의 연원이 단절되지 않았던 까닭에 타민족에 동화되지 않았던 것이고, 오히려 타민족이 중국에 동화되게 되었고, 돌궐은 국세가 미약하고 강토도 점점 축소되어 감으로써 오래도록 열강들의 제재를 받아야 했지만 1억이나 되는 교도들의 세력이 언제나 강성했기 때문에 그들은 곧 국권을 회복하고 했으니 이는 바로 국혼이 강했기 때문이라고 할 수 있다. 그러나 선비(鮮卑), 거란(契丹), 몽고는 모름지기 한때는 극성하여 많은 지역을 정복함으로써 천하에 그들의 무공을 빛내기도 했으나 일순간에 그들의 국명이 다하고 말았으니 이들 나라는 백(魄)이 강한 나라라고 할 수 있다.

국교(國敎), 국학(國學), 국어, 국문, 국사는 혼(魂)에 속하고, 전곡(錢穀), 졸승(卒乘:병사와 전차), 성지(城池 : 성벽과 제방), 함선(艦船), 기계는 백(魄)에 속한다고 할 수 있다. 혼(魂)이 있는 자는 백(魄)에 따라서 죽고 살지 않으므로, 나라에서 국사(國史)를 가르치게 되면 그 나라는 망하지 않게 된다. 오호라 지금의 한국은 이미 백은 죽었다고 할 수 있으나 소위 혼이라는 것은 남아 있는가, 아니면 이미 없어져 버렸는가?

나는 단군이 개국한 지 4190년 만에 (1863년) 황해도 해변가에서 태어났으므로 점점 더 국권이 실추되어 가고 있는 지금에 있어서 국민의 한 사람으로써 국민적 책임을 지지 않으면 안 된다고 생각한다. 늙어 백발이 된 지금 국가가 존망에 처하게 되어 이제는 조상에 제사조차 지낼 수가 없게 되었으니 큰 죄를 지은 내가 어찌 편안히 고국으로 돌아갈 수 있겠는가?

  하루는 애양(愛陽)이라는 곳에서 우리 동포를 찾아 묵게 되었는데, 다음날 그 집 주인이 나에게 말하기를 꿈에 어떤 사람이 나타나서 지금 여기에 있는 자는 우리나라의 역사를 써야 할 책임을 가진 사람이라고 하였다 한다. 나는 그 말을 듣자마자 눈물을 흘리며 우리 선조님들이 묵묵히 소자에게 명을 내리시는 것이라고 생각했다. 그러나 조선이 문치(文治)를 시작한 이래 500년 동안 많은 문사들을 배양했고 그로 인해 베풀어진 은덕 또한 깊고 넓기만 하니 글을 아는 문재들도 각 시대마다 그득하다 아니할 수 없다. 나는 그들만큼의 큰 그릇이 아니니 어찌 내가 그런 계통을 이을 수 있겠는가? 그러나 그런 계통을 이을 사람이 나타나기를 오래도록 기다렸으나 이미 수년 동안 그러한 글을 썼다는 사람이 있다는 소리를 나는 듣지 못 했다. 세월이 이미 이처럼 흘러 나도 나이가 적지 않게 되었고, 나의 맡은 바 직분도 또한 그만두게 됐으니, 4천 년 문명부국이 발해국의 흥망사와는 다르므로 비록 천하 사람들이 내가 비록 부족하다고 질책하더라도 나는 이제 쓰지 않을 수 없다고 생각한다. 그러나 4천 년 전체의 역사를 쓰는 일은 보다 유능한 자가 나타나서 해야 할 일이고, 이는 세월이 알아서 할 일이라고 보며 또한 반드시 그런 인물이 나타나리라고 믿어 의심치 않는다.

  그러나 내가 세상에 태어난 이후 목격했던 근대사는 쓸 수가 있을 것 같으므로 갑자년(1864년)에서부터 신해년(1911년)까지의 역사를 총 3편 100여 장으로 나누어 서술하여 이를 '통사(痛史)'라고 하였지만 감히 정사(正史)라고는 할 수 없다. 이제 이 글을 통해 우리 동포들이 다행히 국혼이 존재하고 있다는 사실을 알기 바라며, 절대로 이를 저버리지 않기를 간절히 바랄 뿐이다.

■ 한국통사 후서(後序) ■

　나라가 망하자 선생은 아호를 '태백광노(太白狂奴)'라 짓고는 고국을 떠났는데, 그 외지에서 근세에 일어났던 사건들을 종합하여 '통사(痛史)'라는 이름을 붙인 역사서를 편찬하셨다. 통사를 완성시킨 선생께서는 나에게 "자네도 또한 광노(狂奴)일세나. 현미를 찾아헤매다 처자가 벌거벗게 되었으니 말일세, 그러나 진실로 아픈 것은 역사가 없다는 것이 아니겠는가. 그런데 이제 역사가 있게는 됐으나 이 책 뒤에다 한 마디 쓸 만한 사람이 없네 그려"라고 말씀하셨다. 그 말씀을 듣고 나는 눈물을 흘리면서 "후기가 없어서는 안 됩니다"라고 감히 말하고는, 본래 글 쓰는 데 문외한인 나이지만 선생에 대한 흠모의 정을 물리칠 수 없어 이 글을 쓰지 않을 수 없었다. 나는 원래 한이 많은 사람이라, 황폐해진 도읍을 보고도 눈물을 흘리며, 풍경은 같으나 눈에 들어오는 산하가 다른 것을 보고도 상심하는 난데, 이제 이 통사를 보니 마음이 더욱 아파 몸둘 바를 모르겠다.

　오호라. 선생께서는 연로하셨지만, 독립사(獨立史)가 없음을 알고 이를 지어 우리 국민에게 주셨습니다. 아! 국민들이여, 선생께서 모든 아픔을 참으시며 이 통사를 지으셨지만, 이것으로 모든 것을 끝내시려 하면 안 됩니다. 선생은 아직 연로하지 않으십니다. 바라옵건대 연세가 드셨지만 더욱 정정하셔서 그 찬란한 필체를 한층 더 연마하시고, 그 장엄한 필력을 더욱 휘두르시어 뜻을 같이 하는 지인들을 대표하여 광복사(光復史)를 지어주신다면, 수천수백 년 후에 우리나라 사람들은 그 영향을 받아, 비록 통사의 쓰라림이 불살라 없어진다 해도 통사의 정신은 여전히 빛을 발하게 될 것입니다. 나는 선생이 이 책을 지으신 고심의 뜻을 잘 압니다. 그러나 대동강이 첩첩산중과 험준한 벼랑 사이를 휘돌아 흐르고, 또한 층층이 쌓인 돌과 모래 속을 헤집고 달리며, 무수한 산곡을 에돌아 이 깊고 깊은 산골짜기에 모아져 흐르고는 있지만, 아직 만경대(萬鏡臺)와 진남포(鎭南浦)에는 이르지 않고 있으며, 백 번을 꺾여도 되돌아 가지 않고 결국은 황해에 다다르게 되듯이, 아직 많은 것을 더 쓰셔야 합니다. 내가 백두산 꼭대기에 올라가 큰 소리로 '우리의 성스러운 조상과 후예들이여! 모두가 이 책을 손에 드시오'라고 외친다면 장차 어떻게 되겠습니까? 우리나라 사람들은 겨우 이 책 한 권만을 보는 것으로 그치고 말 것이니, 그렇다면 이 통사도 쓰실 필요가 없는 것 아닙니까? 그러나 오늘날 그나마 겨우 이 한 책만이 있을 뿐이니 만천하의 뜻 있는 지사들은 끝까지 읽지도 못 하고 동정의 눈물만 흘리고 말 것입니다.

이 날이 며칠이고, 내가 어떤 사람인지는 알 필요 없고, 다만 아픔을 달래면서 아목루실(兒目淚室)에서 이 글을 쓴다.

한국통사 발(跋)

　글이라고 하는 것은 심정이 발로되어 쓰여지는 것이다. 따라서 지극한 심정이 있어야만 글이 쓰여지는 것이다. 공자께서 천하에 왕도가 없어 사람들이 짐승처럼 되어 가는 것을 괴로워하여 ≪춘추≫를 지어 후세에 전함으로써 어지러운 세상이 나타나면 이로써 바로 잡을 수 있게 한 것이니 바로 이런 지극한 심정에서 이루어진 일이다. 인(仁)이란 성인의 심정을 보아내는 것이다. 이런 까닭에 춘추의 뜻을 알지 못하는 자는 역사를 써서는 안 되는 것이다. 선생은 원래부터 춘추를 아주 좋아하셔서 비록 위급한 상황에 처해 있음에도 불구하고 천하를 주유하시면서 이를 읽지 않으신 적이 없다. 그러다 어느날 탄식하여 말씀하시길 "춘추가 전해주는 선왕들의 도를 따랐다면 망하지 않았을 텐데, 이것이 바로 역사가 그 시대에 미치는 공헌이다. 지금 우리나라가 망하여 우리 민족은 노예가 되었고, 4천여 년에 걸친 우리 조상의 역사는 곧 없어지게 되었도다. 아! 세상의 아픔이 이것보다 심한 것이 어디 있겠는가? 내가 이역땅으로 도망와 숨이 끊어지지 않고 간신히 목숨만은 부지하고 있지만, 비록 나라는 이미 망해버렸더라도, 우리 역사까지 없어지는 것은 차마 견딜 수 없는 일이다. 아버지·할아버지대 이상의 일은 전하여 듣기는 했으나 이를 수습하기가 매우 어렵다. 그러나 내가 세상에서 직접 본 것은 능히 그 사실을 알 수 있기에 힘써 정리할 수가 있다"고 하셨다.

　이에 갑자년(1864년)부터 신해년(1911년)까지의 일을 서술하여 통사라 하였으니, 이는 바로 그 분의 심정을 표현한 것이다. 공자가 춘추를 쓴 것은 천하에 왕도가 없음을 통탄하여 지은 것이며, 요순(堯舜)시대의 도를 이어 받도록 하기 위해 서술한 것이며, 문왕과 무왕을 본받도록 이를 명백히 하려 한 것처럼, 지금 선생께서 조국이 망한 것을 괴로워하시어 통사를 지으심은 4천여 년의 국혼에 의지하여 다시 일어설 수 있도록 한 것이니, 이는 바로 춘추의 대의를 잘 배운 덕이라 할 수 있다.

 이 책을 읽는 동포들이여! 이제 선생의 그 지극한 심정을 헤아려 눈물을 닦도록 합시다.

　　　　　　　　　　을묘년(1915년) 한진(韓震)이 삼가 씀

부록 / 한국 근대사 연표

조선	서기	간지	기사 (記事)
철종 14년	1863년	계해	12월 고종황제 즉위, 대원군 섭정
고종 원년	1864년	갑자	
2년	1865년	을축	경복궁 재건축 기공
3년	1866년	병인	천주교인 탄압, 프랑스군의 내침, 러시아함대가 원산에 출현
4년	1867년	정묘	세제개혁, 경복궁 준공
5년	1868년	무진	일본 메이지유신
6년	1869년	기사	
7년	1870년	경오	
8년	1871년	신미	프랑스군의 재침, 미 함대가 인천에 나타남, 서원철폐
9년	1872년	임신	일본정부의 정한론 대두
10년	1873년	계유	대원군이 재차 정국을 주도함
11년	1874년	갑술	원자(순종) 탄생
12년	1875년	을해	
13년	1876년	병자	조일강화조약 및 통상토지조약의 체결
14년	1877년	정축	
15년	1878년	무인	청국이 조선이 자주국임을 인정함
16년	1879년	기묘	이홍장의 충고, 원산항 개항
17년	1880년	경진	
18년	1881년	신사	
19년	1882년	임오	임오군란, 제물포조약, 대원군 청국으로 압송, 구미열강과 수호통상조약 체결
20년	1883년	계미	대일통어조약 체결, 중일 양국 군대의 조선 영내 주둔
21년	1884년	갑신	갑신정변, 일본 공사의 오개조 요구, 러시아와의 통상조약 체결
22년	1885년	을유	대원군의 환국, 중일 천진조약의 체결
23년	1886년	병술	
24년	1887년	정해	
25년	1888년	무자	
26년	1889년	기축	황두(黃豆) 배상사건
27년	1890년	경인	

조선	서기	간지	기 사 (記 事)
28년	1891년	신묘	
29년	1892년	임진	
30년	1893년	계사	
31년	1894년	갑오	동학농민운동, 청·일전쟁, 신정개혁
32년	1895년	을미	시모노세키조약, 삼국간섭, 민비시해, 칭제 건원·건양 연호, 아관파천, 태양력 사용 개시
건양 원년	1896년	병신	의병봉기, 러시아세력의 증진, 러·일협약
2년	1897년	정유	고종의 환궁, 국호를 대한으로 하고, 연호를 광무로 함, 독립협회활동
광무 원년			
2년	1898년	무술	삼림도벌사건, 경부선 철도 기공
3년	1899년	기해	광산권 점탈, 인삼을 몰래 채취해 감
4년	1900년	경자	장고도사건, 월미도사건
5년	1901년	신축	
6년	1902년	임인	일영동맹, 제일은행권 발행
7년	1903년	계묘	
8년	1904년	갑진	러·일전쟁, 온양 온천 점거, 이토히로부미의 내한, 한·일의정서
9년	1905년	을사	보호조약 늑결, 문충정공 등의 자결, 제2차 영·일동맹 체결, 통신기계의 이전
10년	1906년	병오	경원철도기공 통감부 설치
11년	1907년	정미	헤이그밀사 사건, 황위를 선양함, 조선군대의 해산, 정미7조약 늑결
강희 원년			
2년	1908년	무신	
3년	1909년	기유	안중근이 이토 히로부미 사살
4년	1910년	경술	일본의 조선 병탄
단기4244	1911년	신해	데라우치 총독 살해 조작극 발생
단기4252	1919년	기미	독립선언, 거국적인 불복종운동 전개
4278	1945년	을유	8·15 해방, 자주독립만세

옮긴이 | 김승일

1955년생. 경기도 안성(安城) 출신. 동국대(문학학사), 타이완국립정치대학(문학석사), 일본규슈국립대학(문학박사)을 졸업한 후, 현재 동아시아경제연구원 수석연구원, 3.1운동 기념사업회 공동회장, 민족음악원 부이사장 등으로 활동하고 있다. 그동안 70여 권에 달하는 동아시아 문화사와 교류사 방면의 저서와 역서, 그리고 50여 편의 논문을 통해 한중문화 교류 및 중국문화를 소개한 공로를 인정받아, 2012년 베이징 국제도서전을 주관하는 중국 정부기관인 신문출판총서로부터 '중화도서특수공헌상' 수상자로 선정되었다.

한국통사

발행일 | 초판 1쇄 발행 - 1999년 7월 15일
　　　　　초판 13쇄 발행 - 2024년 2월 5일

지은이 | 박은식　　　　　**옮긴이** | 김승일
펴낸이 | 윤형두　　　　　**펴낸곳** | 범우사
교　정 | 이선경　　　　　**디자인** | 박현진

등록번호 | 제406-2003-000048호 (1966년 8월 3일)
　　　　　　(10881) 경기도 파주시 광인사길 9-13 (문발동 525-2)
대표전화 | 031-955-6900　　**팩　스** | 031-955-6905
홈페이지 | www.bumwoosa.co.kr　**이메일** | bumwoosa1966@naver.com

ISBN 978-89-08-01049-9　04910
　　　978-89-08-01000-9　(세트)

* 책값은 뒤표지에 있습니다.
* 잘못된 책은 바꾸어드립니다.

최근 서울대·연대·고대 권장도서 및
미국의 〈뉴스위크〉〈타임〉지 '역대

범우비평판

1 토마스 불핀치 1 그리스·로마 신화 최혁순 ★●
　　　　　　　2 원탁의 기사 한영환
　　　　　　　3 샤를마뉴 황제의 전설 이성규
2 도스토예프스키 1-2 죄와 벌(전2권) 이철 ◆
　　　　　　　3-5 카라마조프의 형제(전3권) 김학수 ★●
　　　　　　　6-8 백치(전3권) 박형규
　　　　　　　9-11 악령(전3권) 이철
3 W. 셰익스피어 1 셰익스피어 4대 비극 이태주 ★●
　　　　　　　2 셰익스피어 4대 희극 이태주
　　　　　　　3 셰익스피어 4대 사극 이태주
　　　　　　　4 셰익스피어 명언집 이태주
4 토마스 하디 1 테스 김회진 ◆
5 호메로스 　　1 일리아스 유영 ★●
　　　　　　　2 오디세이아 유영 ★●◆
6 존 밀턴 　　 1 실낙원 이창배

7 L. 톨스토이 　1 부활(전2권) 이철
　　　　　　　3-4 안나 카레니나(전2권) 이철 ★●
　　　　　　　5-8 전쟁과 평화(전4권) 박형규 ◆
8 토마스 만 　 1-2 마의 산(전2권) 홍경호 ★●
9 제임스 조이스 1 더블린 사람들·비평문 김종건
　　　　　　　2-5 율리시즈(전4권) 김종건
　　　　　　　6 젊은 예술가의 초상 김종건 ★●
　　　　　　　7 피네간의 경야(抄)·詩·에피파니 김종건
　　　　　　　8 영웅 스티븐·망명자들 김종건
10 생 텍쥐페리 1 전시 조종사(외) 조규철
　　　　　　　2 젊은이의 편지(외) 조규철·이정림
　　　　　　　3 인생의 의미(외) 조규철
　　　　　　　4-5 성채(전2권) 염기용
　　　　　　　6 야간비행(외) 전채린·신경자
11 단테 　　　 1-2 신곡(전2권) 최현 ★●
12 J. W. 괴테 1-2 파우스트(전2권) 박환덕 ★●
13 J. 오스틴 　1 오만과 편견 오화섭 ◆
　　　　　　　2-3 맨스필드 파크(전2권) 이옥용
　　　　　　　4 이성과 감성 송은주
　　　　　　　5 엠마 이옥용
14 V. 위고 　 1-5 레 미제라블(전5권) 방곤
15 임어당 　　1 생활의 발견 김병철
16 루이제 린저 1 생의 한가운데 강두식
　　　　　　　2 고원의 사랑·옥중기 김문숙·홍경호
17 게르만 서사시 1 니벨룽겐의 노래 허창운
18 E. 헤밍웨이 1 누구를 위하여 종은 울리나 김병철
　　　　　　　2 무기여 잘 있거라(외) 김병철 ◆
19 F. 카프카 　1 성(城) 박환덕
　　　　　　　2 변신 박환덕 ★●
　　　　　　　3 심판 박환덕
　　　　　　　4 실종자 박환덕
　　　　　　　5 어느 투쟁의 기록(외) 박환덕
　　　　　　　6 밀레나에게 보내는 편지 박환덕
20 에밀리 브론테 1 폭풍의 언덕 안동민

셰익스피어 4대작품

溫故知新으로 21세기를! 범우사
T.(031)955-6900 F.(031)955-6905
www.bumwoosa.co.kr

미국 수능시험주관 대학위원회 추천도서!

100大 도서' 범우사 책 최다 선정(28종) 1위

세계문학

158권 ▶계속 출간

▶크라운변형판
▶각권 7,000원~15,000원
▶전국 서점에서 낱권으로 판매합니다

★ 서울대 권장도서
● 연고대 권장도서
◆ 미국대학위원회 추천도서

- 21 마가렛 미첼 1-3 바람과 함께 사라지다(전3권) 송관식·이병규
- 22 스탕달 1 적과 흑 김붕구 ★●
- 23 B. 파스테르나크 1 닥터 지바고 오재국 ◆
- 24 마크 트웨인 1 톰 소여의 모험 김병철
  - 2 허클베리 핀의 모험 김병철 ◆
  - 3-4 마크 트웨인 여행기(전2권) 박미선
- 25 조지 오웰 1 동물농장·1984년 김회진 ◆
- 26 존 스타인벡 1-2 분노의 포도(전2권) 전형기
  - 3-4 에덴의 동쪽(전2권) 이성호
- 27 우나무노 1 안개 김현창
- 28 C. 브론테 1-2 제인 에어(전2권) 배영원 ◆
- 29 헤르만 헤세 1 知와 사랑·싯다르타 홍경호
  - 2 데미안·크눌프·로스할데 홍경호
  - 3 페터 카멘친트·게르트루트 박환덕
  - 4 유리알 유희 박환덕
- 30 알베르 카뮈 1 페스트·이방인 방 곤 ◆
- 31 올더스 헉슬리 1 멋진 신세계(외) 이성규 허정애 ◆
- 32 기 드 모파상 1 여자의 일생·단편선 이정림
- 33 투르게네프 1 아버지와 아들 이철 ●
  - 2 처녀지·루딘 김학수
- 34 이미륵 1 압록강은 흐른다(외) 정규화
- 35 T. 드라이저 1 시스터 캐리 전형기
  - 2-3 미국의 비극(전2권) 김병철 ◆
- 36 세르반떼스 1 돈 끼호떼 김현창 ★●◆
  - 2 (속) 돈 끼호떼 김현창
- 37 나쓰메 소세키 1 마음·그 후 서석연 ★
  - 2 명암 김정훈
- 38 플루타르코스 1-8 플루타르크 영웅전(전8권) 김병철
- 39 안네 프랑크 1 안네의 일기(외) 김남석·서석연
- 40 강용흘 1 초당 장문평
  - 2 동양선비 서양에 가시다 유영
- 41 나관중 1-5 원본 三國志(전5권) 황병국
- 42 귄터 그라스 1 양철북 박환덕 ★●
- 43 아쿠타가와노스케 1 아쿠타가와 작품선 진웅기·김진욱

- 44 F. 모리악 1 떼레즈 데께루·밤의 종말(외) 전채린
- 45 에리히 M. 레마르크 1 개선문 홍경호
  - 2 그늘진 낙원 홍경호·박상배
  - 3 서부전선 이상없다(외) 박환덕
  - 4 리스본의 밤 홍경호
- 46 앙드레 말로 1 희망 이가형
- 47 A. J. 크로닌 1 성채 공문혜
- 48 하인리히 뵐 1 아담 너는 어디 있었느냐(외) 홍경호
- 49 시몬느 드 보봐르 1 타인의 피 전채린
- 50 보카치오 1-2 데카메론(전2권) 한형곤
- 51 R. 타고르 1 고라 유영
- 52 R. 롤랑 1-5 장 크리스토프(전5권) 김창석
- 53 노발리스 1 푸른 꽃(외) 이유영
- 54 한스 카로사 1 아름다운 유혹의 시절 홍경호
  - 2 루마니아 일기(외) 홍경호
- 55 막심 고리키 1 어머니 김현택
- 56 미우라 아야코 1 빙점 최현
  - 2 (속)빙점 최현
- 57 김현창 1 스페인 문학사
- 58 시드니 셸던 1 천사의 분노 황보석
- 59 아이작 싱어 1 적들, 어느 사랑이야기 김회진
- 60 에릭 시갈 1 러브 스토리·올리버 스토리 김성렬·홍성표
- 61 크누트 함순 1 굶주림 김남석
- 62 D.H.로렌스 1 채털리 부인의 사랑 오영진
  - 2-3 무지개(전2권) 최인자
- 63 어윈 쇼 1 나이트 워크 김성렬
- 64 패트릭 화이트 1 불타버린 사람들 이종욱

산과 바다와 여행길에
범우문고
2,800 ~ 3,900원

범우문고는 환경보호를 위해 재생지를 사용하고 있습니다.

▶전국 서점에서 낱권으로 판매합니다
▶계속 출간됩니다

* 범우문고가 받은 상
제1회 독서대상(1978), 한국출판문화상(1981), 국립중앙도서관 추천도서(1982), 출판협회 청소년도서(1985), 새마을문고용 선정도서(1985), 중고교생 독서권장도서(1985), 사랑의 책보내기 선정도서(1986), 문화공보부 추천도서(1989), 서울시립 남산도서관 권장도서(1990), 교보문고 선정 독서권장도서(1994), 한우리독서운동본부 권장도서(1996), 문화관광부 추천도서(1998), 문화관광부 책읽기운동 추천도서(2002)

1 수필 피천득
2 무소유 법정
3 바다의 침묵(외) 베르코르/조규철·이정림
4 살며 생각하며 미우라 아야코/진웅기
5 오, 고독이여 F.니체/최혁순
6 어린 왕자 A.생 텍쥐페리/이정림
7 톨스토이 인생론 L.톨스토이/박형규
8 이 조용한 시간에 김우종
9 시지프의 신화 A.카뮈/이정림
10 목마른 계절 전혜린
11 젊은이여 인생을… A.모로아/방곤
12 채근담 홍자성/최현
13 무진기행 김승옥
14 공자의 생애 최현 엮음
15 고독한 당신을 위하여 L.린저/곽복록
16 김소월 시집 김소월
17 장자 장자/허세욱
18 예언자 K.지브란/유제하
19 윤동주 시집 윤동주
20 명정 40년 변영로
21 산사에 심은 뜻은 이청담
22 날개 이상
23 메밀꽃 필 무렵 이효석
24 애정은 기도처럼 이영도
25 이브의 천형 김남조
26 탈무드 M.토케이어/정진태
27 노자도덕경 노자/황병국
28 갈매기의 꿈 R.바크/김진욱
29 우정론 A.보나르/이정림
30 명상록 M.아우렐리우스/최현
31 젊은 여성을 위한 인생론 펄벅/김진욱
32 B사감과 러브레터 현진건
33 조병화 시집 조병화

34 느티의 일월 모윤숙
35 로렌스의 성과 사랑 D.H.로렌스/이성호
36 박인환 시집 박인환
37 모래톱 이야기 김정한
38 창문 김태길
39 방랑 H.헤세/홍경호
40 손자병법 손무/황병국
41 소설·알렉산드리아 이병주
42 전략 A.카뮈/이정림
43 사노라면 잊을 날이 윤형두
44 김삿갓 시집 김병연/황병국
45 소크라테스의 변명(외) 플라톤/최현
46 서정주 시집 서정주
47 사람은 무엇으로 사는가 L.톨스토이/김진욱
48 불가능은 없다 R.슐러/박호순
49 바다의 선물 A.린드버그/신상웅
50 잠 못 이루는 밤을 위하여 C.힐티/홍경호
51 딸깍발이 이희승
52 몽테뉴 수상록 M.몽테뉴/손석린
53 박재삼 시집 박재삼
54 노인과 바다 E.헤밍웨이/김회진
55 향연·뤼시스 플라톤/최현
56 젊은 시인에게 보내는 편지 R.릴케/홍경호
57 피천득 시집 피천득
58 아버지의 뒷모습(외) 주자청(외)/허세욱
59 현대의 신 N.쿠치키(편)/진철승
60 별·마지막 수업 A.도데/정봉구
61 인생의 선용 J.러보크/한영환
62 브람스를 좋아하세요… F.사강/이정림
63 이동주 시집 이동주
64 고독한 산보자의 꿈 J.루소/염기용
65 파이돈 플라톤/최현
66 백장미의 수기 I.숄/홍경호

67 소년 시절 H.헤세/홍경호
68 어떤 사람이기에 김동길
69 가난한 밤의 산책 C.힐티/송영택
70 근원수필 김용준
71 이방인 A.카뮈/이정림
72 롱펠로 시집 H.롱펠로/윤삼하
73 명사십리 한용운
74 왼손잡이 여인 P.한트케/홍경호
75 시민의 반항 H.소로/황문수
76 민중조선사 전석담
77 동문서답 조지훈
78 프로타고라스 플라톤/최현
79 표본실의 청개구리 염상섭
80 문주반생기 양주동
81 신조선혁명론 박열/서석연
82 조선과 예술 야나기 무네요시/박재삼
83 중국혁명론 모택동(외)/박광종 엮음
84 탈출기 최서해
85 바보네 가게 박연구
86 도왜실기 김구/엄항섭 엮음
87 슬픔이여 안녕 F.사강/이정림·방곤
88 공산당 선언 K.마르크스·F.엥겔스/서석연
89 조선문학사 이명선
90 권태 이상
91 내 마음속의 그들 한승헌
92 노동자강령 F.라살레/서석연
93 장씨 일가 유주현
94 백설부 김진섭
95 에코스파즘 A.토플러/김진욱
96 가난한 농민에게 바란다 N.레닌/이정일
97 고리키 단편선 M.고리키/김영국
98 러시아의 조선침략사 송정환
99 기재기이 신광한/박헌순

100 홍경래전 이명선	156 무병장생 건강법 배기성 엮음	211 조선해학 파수록 부묵자/박원
101 인간만사 새옹지마 리영희	157 조선위인전 신채호	212 용재총화 성현/정종진
102 청춘을 불사르고 김일엽	158 정감록비결 편집부 엮음	213 한국의 가을 박대인
103 모범경작생(외) 박영준	159 유태인 상술 후지다 덴/진웅기	214 남원의 향기 최승범
104 방망이 깎던 노인 윤오영	160 동물농장 조지 오웰/김회진	215 다듬이 소리 채만식
105 찰스 램 수필선 C.램/양병석	161 신록 예찬 이양하	216 부모 은중경 안춘근
106 구도자 고은	162 진도 아리랑 박병훈·김연갑	217 거룩한 본능 김규련
107 표해록 장한철/정병욱	163 책이 좋아 책하고 사네 윤형두	218 연주회 다음 날 우치다 핫겐/문희정
108 월광곡 홍난파	164 속담에세이 박연구	219 갑사로 가는 길 이상보
109 무서록 이태준	165 중국의 신화(후편) 장기근	220 공상에서 과학으로 엥겔스/박광순
110 나생문(외) 아쿠타가와 류노스케/진웅기	166 중국인의 에로스 장기근	221 인도기행 H. 헤세/박환덕
111 해변의 시 김동석	167 귀여운 여인(외) A.체호프/박형규	222 신화 이주홍
112 발자크와 스탕달의 예술논쟁 김진욱	168 아리스토파네스 희곡선 아리스토파네스/최현	223 게르마니아 타키투스/박광순
113 파한집 이인로/이상보	169 세네카 희곡선 세네카/최 현	224 김강사와 T교수 유진오
114 역사소품 곽말약/김승일	170 테렌티우스 희곡선 테렌티우스/최 현	225 금강산 애화기 곽말약/김승일
115 체스·아내의 불안 S.츠바이크/오영옥	171 외투·코 고골리/김영국	226 십자가의 증언 강원룡
116 복덕방 이태준	172 카르멘 메리메/김진욱	227 아네모네의 마담 주요섭
117 실천론(외) 모택동/김승일	173 방법서설 데카르트/김진욱	228 병풍에 그린 닭이 계용묵
118 순오지 홍만종/전규태	174 페이터의 산문 페이터/이성호	229 조선책략 황준헌/김승일
119 직업으로서의 학문·정치 M.베버/김진욱(외)	175 이해사회학의 카테고리 막스 베버/김진욱	230 시간의 빈터에서 김열규
120 요재지이 포송령/진기환	176 러셀의 수상록 러셀/이성규	231 밖에서 본 자화상 한완상
121 한설야 단편선 한설야	177 속악유희 최영년/황순구	232 잃어버린 동화 박문하
122 쇼펜하우어 수상록 쇼펜하우어/최혁순	178 권리를 위한 투쟁 R. 예링/심윤종	233 붉은 고양이 루이제 린저/홍경호
123 유태인의 성공법 M.토케이어/진웅기	179 돌과의 문답 이규보/장덕순	234 봄은 어느 곳에 심훈(외)
124 레디메이드 인생 채만식	180 성황당(외) 정비석	235 청춘예찬 민태원
125 인물 삼국지 모리야 히로시/김승일	181 양쯔강(외) 펄 벅/김병걸	236 낙엽을 태우면서 이효석
126 한글 명심보감 장기근 옮김	182 봄의 수상(외) 조지 기싱/이창배	237 알랭어록 알랭/정봉구
127 조선문화사서설 모리스 쿠랑/김수경	183 아미엘 일기 아미엘/민희식	238 기다리는 마음 송규호
128 역옹패설 이제현/이상보	184 예언자의 집에서 토마스 만/박환덕	239 난중일기 이순신/이민수
129 문장강화 이태준	185 모자철학 가드너/이창배	240 동양의 달 차주환
130 중용·대학 차주환	186 짝 잃은 거위를 곡하노라 오상순	241 경세종(외) 김필수(외)
131 조선미술사연구 윤희순	187 무하선생 방랑기 김상용	242 독서와 인생 미키 기요시/최현
132 옥중기 오스카 와일드/임헌영	188 어느 시인의 고백 릴케/송영택	243 콜롬바 메리메/송태효
133 유태인식 돈벌이 후지다 덴/지방훈	189 한국의 멋 윤태림	244 목축기 안수길
134 가난한 날의 행복 김소운	190 자연과 인생 도쿠토미 로카/진웅기	245 허허선생 남정현
135 세계의 기적 박영준	191 태양의 계절 이시하라 신타로/고평국	246 비늘 윤흥길
136 이토록 학인심방 정숙	192 애서광 이야기 구스타브 플로베르/이민정	247 미켈란젤로의 생애 로맹 롤랑/이정림
137 카네기 처세술 데일 카네기/전민식	193 명심보감의 명구 191 이용백	248 산딸기 노천명
138 요로원야화기 김승일	194 아큐정전 루쉰/허세욱	249 상식론 토머스 페인/박광순
139 푸슈킨 산문 소설집 푸슈킨/김영국	195 촛불 신석정	250 베토벤의 생애 로맹 롤랑/이정림
140 삼국지의 지혜 황의백	196 인간제대 추식	251 얼굴 조경희
141 슬견설 이규보/장덕순	197 고향산수 마해송	252 장사의 꿈 황석영
142 보리 한흑구	198 아랑의 정조 박종화	253 임금 노동과 자본 카를 마르크스/박광순
143 에머슨 수상록 에머슨/윤삼하	199 지사총 조선작	254 붉은 산 김동인
144 이사도 덩컨의 무용에세이 I.덩컨/최혁순	200 홍동백서 이어령	255 낙동강 조명희
145 북학의 박제가/김승일	201 유령의 집 최인호	256 호반·대학시절 T.슈토름/홍경호
146 두뇌혁명 T.R.블랙슬리/최현	202 목련초 오정희	257 맥 김남천
147 베이컨 수상록 베이컨/최혁순	203 친구 송영	258 지하촌 강경애
148 동백꽃 김유정	204 쫓겨난 아담 유치환	259 설국 가와바타 야스나리/김진욱
149 하루 24시간 어떻게 살 것인가 A.베넷/이은순	205 카마수트라 바스야야나/송미영	260 생명의 계단 김교신
150 평민한문학사 허경진	206 한 가닥 공상 밀른/공덕룡	261 법창으로 보는 세계명작 한승헌
151 정선아리랑 김병하·김연갑 공편	207 사랑의 샘가에서 우치무라 간조/최현	262 톨스토이의 생애 로맹 롤랑/이정림
152 독서요법 황의백 엮음	208 황무지 공원에서 유달영	263 자본론 레닌/김승일
153 나는 왜 기독교인이 아닌가 B.러셀/이재황	209 산정무한 정비석	
154 조선사 연구(草) 신채호	210 조선해학 어수록 장한종/박원	
155 중국의 신화 장기근		

www.bumwoosa.co.kr TEL 031)955-6900 범우사

온고지신(溫故知新)으로 21세기를!

현대사회를 보다 새로운 시각으로 종합진단하여
그 처방을 제시해주는

범우사상신서

1 자유에서의 도피 E. 프롬/이상두
2 젊은이여 오늘을 이야기하자 렉스프레스誌/방곤·최혁순
3 소유냐 존재냐 E. 프롬/최혁순
4 불확실성의 시대 J. 갈브레이드/박현채·전철환
5 마르쿠제의 행복론 L. 마르쿠제/황문수
6 너희도 神처럼 되리라 E. 프롬/최혁순
7 의혹과 행동 E. 프롬/최혁순
8 토인비와의 대화 A. 토인비/최혁순
9 역사란 무엇인가 E. 카/김승일
10 시지프의 신화 A. 카뮈/이정림
11 프로이트 심리학 입문 C.S. 홀/안귀여루
12 근대국가에 있어서의 자유 H. 라스키/이상두
13 비극론·인간론(외) K. 야스퍼스/황문수
14 엔트로피 J. 리프킨/최현
15 러셀의 철학노트 B. 페인버그·카스릴스(편)/최혁순
16 나는 믿는다 B. 러셀(외)/최혁순·박상규
17 자유민주주의에 희망은 있는가 C. 맥퍼슨/이상두
18 지식인의 양심 A. 토인비(외)/임현영
19 아웃사이더 C. 윌슨/이성규
20 미학과 문화 H. 마르쿠제/최현·이근영
21 한일합병사 야마베 겐타로/안병무
22 이데올로기의 종언 D. 벨/이상두
23 자기로부터의 혁명 ① J. 크리슈나무르티/권동수
24 자기로부터의 혁명 ② J. 크리슈나무르티/권동수
25 자기로부터의 혁명 ③ J. 크리슈나무르티/권동수
26 잠에서 깨어나라 B. 라즈니시/길연
27 역사학 입문 E. 베른하임/박광순
28 법화경 이야기 박혜경
29 융 심리학 입문 C.S. 홀(외)/최현
30 우연과 필연 J. 모노/김진욱
31 역사의 교훈 W. 듀란트(외)/천희상
32 방관자의 시대 P. 드러커/이상두·최혁순
33 건전한 사회 E. 프롬/김병익
34 미래의 충격 A. 토플러/장을병
35 작은 것이 아름답다 E. 슈마허/김진욱
36 관심의 불꽃 J. 크리슈나무르티/강옥구
37 종교는 필요한가 B. 러셀/이재황
38 불복종에 관하여 E. 프롬/문국주
39 인물로 본 한국민족주의 장을병
40 수탈된 대지 E. 갈레아노/박광순
41 대장정―작은 거인 등소평 H. 솔즈베리/정성호
42 초월의 길 완성의 길 마하리시/이병기
43 정신분석학 입문 S. 프로이트/서석연
44 철학적 인간 종교적 인간 황필호
45 권리를 위한 투쟁(외) R. 예링/심운종·이주향
46 창조와 용기 R. 메이/안병무
47-1 꿈의 해석 ⓢ S. 프로이트/서석연
47-2 꿈의 해석 ⓗ S. 프로이트/서석연
48 제3의 물결 A. 토플러/김진욱
49 역사의 연구 ① D. 서머벨 엮음/박광순
50 역사의 연구 ② D. 서머벨 엮음/박광순
51 건건록 무쓰 무네미쓰/김승일
52 가난이야기 가와카미 하지메/서석연
53 새로운 세계사 마르크 페로/박광순
54 근대 한국과 일본 나카스카 아키라/김승일
55 일본 자본주의의 정신 야마모토 시치헤이/김승일·이근원
56 정신분석과 듣기 예술 E. 프롬/호연심리센터
57 문학과 상상력 콜린 윌슨/이경식
58 에르푸르트 강령 칼 카우츠키/서석연
59 윤리와 유물사관 칼 카우츠키/서석연

▶ 계속 펴냅니다

범우사
경기도 파주시 교하읍 문발리 525-2 출판문화정보산업단지 전화 031-955-6900~4
http://www.bumwoosa.co.kr (이메일) bumwoosa@chol.com